教师教育系列教材

自闭症儿童教育心理学的理论与技术
(第2版)

雷秀雅 著

清华大学出版社
北京

内 容 简 介

本书是作者在对国内外儿童自闭症相关研究进行分析的基础上，结合自己多年的研究实践成果撰写而成的。本书由上篇理论篇、中篇技术篇及下篇实践篇三篇十五章组成。在理论篇内容的组织上，将自闭症儿童教育心理学的成熟理论、实用理论和最新理论有机结合；在技术篇内容的编写上，突出各类技术的普遍适用性和实操性；实践篇是由作者创立的"北京林业大学彩虹宝贝自闭症儿童心理干预中心"近三年的工作纪实。

本书既适合作为自闭症儿童教育者、一般教师、儿童家长、心理治疗师及医学工作者的参考书，也适合作为教育学、心理学、医学等专业学生学习特殊儿童相关知识的教学辅助资料。

本书封面贴有清华大学出版社防伪标签，无标签者不得销售。
版权所有，侵权必究。举报：010-62782989，beiqinquan@tup.tsinghua.edu.cn。

图书在版编目(CIP)数据

自闭症儿童教育心理学的理论与技术/雷秀雅著. —2版. —北京：清华大学出版社，2020.9
教师教育系列教材
ISBN 978-7-302-56451-5

Ⅰ. ①自… Ⅱ. ①雷… Ⅲ. ①孤独症—儿童心理学—教育心理学—师资培训—教材 Ⅳ. ①G760 ②G44

中国版本图书馆CIP数据核字(2020)第178386号

责任编辑：陈冬梅
装帧设计：刘孝琼
责任校对：周剑云
责任印制：杨 艳

出版发行：清华大学出版社
网　　址：http://www.tup.com.cn, http://www.wqbook.com
地　　址：北京清华大学学研大厦A座　　邮　编：100084
社 总 机：010-62770175　　邮　购：010-62786544
投稿与读者服务：010-62776969, c-service@tup.tsinghua.edu.cn
质量反馈：010-62772015, zhiliang@tup.tsinghua.edu.cn
课件下载：http://www.tup.com.cn, 010-62791865

印 装 者：三河市金元印装有限公司
经　　销：全国新华书店
开　　本：185mm×260mm　　印　张：17.25　　字　数：415千字
版　　次：2012年11月第1版　2020年11月第2版　印　次：2020年11月第1次印刷
定　　价：49.80元

产品编号：083757-01

前　言

对弱势群体的关爱程度是社会进步与发展的标志之一。儿童自闭症从发现至今，与其他儿童精神疾病相比，无论在理论研究领域还是在应用研究领域都发展较慢，这其中的影响因素很多，但究其根本还是对病因没有明确的解释。作为心理学工作者，我自知自己无法在自闭症成因解释上做出太多的贡献，然而尽自己心理学人的本分，将现有心理学相关研究成果，及自身的临床经验推广给所需要的人是我编写这本书的初衷。

关于儿童自闭症的相关书籍非常多，且各有所长。早期出版的书籍，更多的是关于自闭症病症描述和诊断方法的介绍。现在出版的书籍，会更多选择在自闭症应对方法上做出各种探索。也有自闭症患者及其家庭成员写的书，这类书的特征及对策具有较高的个体性。

本书是我多年从事自闭症儿童心理干预实践与研究的结晶，在汲取现有相关研究成果的基础上突出如下特色：①在内容的选择上注重理论与实践相结合，兼顾专业使用和非专业使用；②在结构上注重指导性和实用性相结合；③在形式上注重普遍适用性和针对性相结合。此外，我长期从事自闭症儿童的心理研究，并身体力行于自闭症儿童心理干预的实践中。由我创立的"北京林业大学彩虹宝贝自闭症儿童心理干预中心"在国内学术界和全社会都具有较大的影响，书中汇集了"北京林业大学彩虹宝贝自闭症儿童心理干预中心"近几年来的相关研究成果，这些研究成果拓展了自闭症儿童教育心理学研究的途径，为自闭症儿童教育与心理干预提供了良好的实践参照，相信这些研究成果将会为推动自闭症儿童教育心理学的发展起到一定的作用。

本书由上篇理论篇、中篇技术篇及下篇实践篇共三篇十五章组成。

上篇理论篇由第一章至第六章的内容组成。第一章是自闭症概述。作为本书的开篇，本章对自闭症的概念、典型症状、成因、诊断标准、预后效果等基本知识作了详尽的介绍。本章在内容选择上，选取了目前较为成熟的相关理论及最新研究成果。第二章是自闭症儿童语言障碍的症状。本章从不同的维度和程度，对自闭症儿童语言障碍的症状表现及成因进行了详尽的归纳与总结。第三章是自闭症儿童心理创伤。这是同类书籍中首次对自闭症儿童心理创伤进行系统的描述，主要包括自闭症儿童心理创伤的特性，自闭症儿童心理创伤与一般儿童心理创伤的区别，自闭症儿童心理创伤的有效应对方法。第四章是自闭症儿童的自伤行为。本章以崭新的视角，对自闭症儿童的自伤行为进行了系统的分析，且提出了较为有效的应对方法。第五章是自闭症儿童家长的心理与教养方式。本章深入探讨了自闭症儿童家长的心理特征、教养方式形成的原因、表现形式、对儿童的影响，其目的是帮助这些家长走出不良教养环境。第六章是融合教育与资源教室。本章通过对特殊教育、融合教育及资源教室的论述，使读者不仅可以了解三者在自闭症儿童教育中的作用，而且可以清楚地认识这三者的相关理论及目前的教育现状。

中篇技术篇由第七章至第十二章的内容组成。第七章是团体心理咨询在儿童自闭症治疗中的应用。本章着重强调了团体心理咨询不仅可以提高自闭症儿童的社会交往能力，而且在缓解自闭症儿童家长心理压力方面也有很好的效果。第八章是自闭症儿童训练中的视觉社会故事教育。本章重点对视觉社会故事教育技术在自闭症儿童教育中的应用作了详尽的描述。第九章是自闭症儿童干预过程中沙盘游戏的应用。本章介绍沙盘游戏疗法的产生、应用以及沙盘游戏疗法在自闭症儿童心理治疗中的具体操作，如实施对象的选择、沙盘游戏的原则及注意点等。第十章是自闭症儿童心理干预中园艺疗法的应用。本章首先就园艺疗法的概念、发展状况及其功能等方面作了详细的讲解；然后，对园艺疗法在自闭症儿童心理干预中的技术操作等知识进行了详细介绍。第十一章是自闭症儿童综合教育案例分析。本章通过对一例 5 岁自闭症儿童实施综合教育情况的介绍，为读者详尽描述了综合教育在自闭症儿童教育中的运用，其内容具有一定的实践指导意义。综合教育分别从患儿精细动作发展、生活自理能力发展、认知能力发展、同情心培养等四个方面展开。第十二章是存在心理治疗在自闭症儿童家长心理支持中的应用。作为本书技术篇的最后一章，本章首先介绍了存在心理疗法对于家长提升的自我觉察能力，寻找存在价值及正确处理人际关系等的作用，然后就自闭症儿童家长心理支持中的心理疗法的具体操作进行了讲解。

下篇实践篇由第十三章至第十五章的内容组成。实践篇主要介绍"北京林业大学彩虹宝贝自闭症儿童心理干预中心"的实践。读者通过阅读，可以了解自闭症儿童心理专业干预的真实状况，了解从事自闭症儿童心理指导专业人员的心声，了解自闭症儿童家长的育儿心得。

本书力求以生动的语言对自闭症儿童教育心理学的理论与技术给予清晰而详尽的阐述。希望通过阅读本书，读者能初步掌握自闭症儿童教育心理学的理论体系与技术方面最前沿的研究成果，并在了解关于自闭症诊断、治疗的传统方法基础上，掌握关于自闭症儿童常见心理与行为的最新心理学解析。书中理论与技术篇避开了空洞的说教式描述，以具体的理论分析与技术实操过程的讲解为主，使读者较为容易地掌握相关知识。实践篇典型事例的列举与分析力求让读者较为直接地走近自闭症儿童。

本书既适合作为大学本科及研究生心理学、教育学及医学专业的相关基础课程的参考资料，也适合作为心理咨询培训教材、教师参考用书、自闭症儿童家长的工具书、心理健康工作者及心理学爱好者的阅读书籍。

本书的完成得益于对同行相关研究的优秀成果的继承，在此，对献身于儿童自闭症研究的前辈、同人致以崇高的敬意。

基于读者的厚爱，和清华大学出版社的支持，本书第二版出版发行了。感激之余，更多的是希望读者能从中获益。当然本书的编写仍然存在很多不足之处，一如既往地欢迎大家批评指正，以集聚大家的力量推动自闭症研究事业的发展，为自闭症儿童创造更美好的明天。

雷秀雅
2020 年 2 月 16 日
于北京

作 者 介 绍

　　雷秀雅，女，教授，研究生导师。2005年在日本山口大学获心理学博士。现就职于北京林业大学人文学院心理学系，主讲心理咨询与治疗、特殊儿童心理学、儿童绘画心理学等课程。

　　雷秀雅教授有着丰富的国内外学习和工作经验，特别是在青少年心理健康及特殊儿童心理方面的研究成果较为显著。著有《如何适应大学生活》(西北工业大学出版社，1996年)、《认识人生、再创人生辉煌》(西北工业大学出版社，1998年)，主译与特殊儿童教育相关的《家有顽童》(重庆大学出版社，2009年)、《游戏治疗》(重庆大学出版社，2011年)、《透视心灵：绘画心理分析技术》(华东师范大学出版社，2018年)等多部书籍，主编《心理咨询与治疗》(清华大学出版社，2010年)，在国内外学术杂志上发表学术论文30余篇，主持国家教育规划十一五教育部重点课题《我国特殊儿童现状与心理援助》等多项研究课题。

　　雷秀雅教授是自闭症儿童心理研究与干预方面的专家，于2008年9月，创办了"北京林业大学彩虹宝贝自闭症儿童心理干预中心"。该中心自成立以来，为自闭症儿童及家长提供社会公益心理干预100多次，目前，定期来中心进行心理干预的儿童有30例，在国内享有盛誉。

目　录

上篇　理　论　篇

第一章　自闭症概述 ... 3

第一节　自闭症的概念及其特征 ... 3
 一、儿童自闭症 ... 3
 二、自闭症的症状表现 ... 4
 三、自闭症的病因 ... 5

第二节　自闭症的诊断与鉴别 ... 7
 一、自闭症诊断的发展 ... 7
 二、DSM-V 草案中自闭症谱系障碍的诊断标准 ... 8
 三、儿童自闭症与其他儿童行为障碍 ... 9

第三节　自闭症的类型 ... 11
 一、以典型症状为轴 ... 11
 二、以智商为轴 ... 11
 三、以语言特点为轴 ... 12
 四、以情绪为轴 ... 13

第四节　自闭症的治疗与预后 ... 14
 一、自闭症的治疗现状 ... 14
 二、医学治疗 ... 14
 三、心理治疗 ... 14
 四、治疗过程 ... 16
 五、自闭症的预后 ... 17

第二章　自闭症儿童语言障碍的症状 ... 27

第一节　自闭症儿童语言障碍的特征 ... 27
 一、自闭症儿童在语言范畴中的特征 ... 27
 二、自闭症儿童语言概貌特征的图景模式 ... 29
 三、自闭症儿童语言发展的一般特征 ... 30

第二节　自闭症语言障碍的成因分析 ... 31
 一、生理原因 ... 32
 二、认知发展异常 ... 32
 三、社会、情绪等方面的作用 ... 33

第三节　自闭症语言障碍的训练 ... 33
 一、自闭症语言障碍心理干预形式 ... 33
 二、语言训练 ... 34

第三章　自闭症儿童心理创伤 ... 39

第一节　心理创伤概述 ... 39
 一、心理创伤的定义和类型 ... 39
 二、儿童心理创伤的特点及干预 ... 41

第二节　自闭症儿童的心理创伤 ... 42
 一、自闭症儿童的心理创伤模式 ... 42
 二、自闭症儿童心理创伤的应对理念 ... 44
 三、自闭症儿童心理创伤的治疗性干预 ... 45

第四章　自闭症儿童的自伤行为 ... 49

第一节　人的攻击性与自伤行为 ... 49
 一、人的攻击性 ... 49
 二、自伤行为 ... 50

第二节　自闭症儿童的自伤行为特征及干预 ... 53
 一、自闭症儿童自伤行为的特征 ... 54
 二、自闭症儿童自伤行为的干预 ... 54

第五章　自闭症儿童家长的心理与教养方式 ... 64

第一节　自闭症儿童家长的心理 ... 64
 一、自闭症儿童家庭的亲子关系 ... 64
 二、自闭症儿童家长的心理状态 ... 65
 三、自闭症儿童家长的自欺心理 ... 66
 四、自闭症儿童家庭的社会支持 ... 72

第二节　自闭症儿童家庭的教养方式
　　　　及其影响因素.................73
　　一、自闭症儿童家庭的教养方式........73
　　二、自闭症儿童家庭教养方式的
　　　　影响因素........................74
　　三、家庭教养方式对自闭症儿童
　　　　发展的影响......................75

第六章　融合教育与资源教室............77

第一节　特殊儿童及其教育..................77
　　一、特殊儿童........................77
　　二、特殊教育介绍....................78
　　三、特殊教育的现状..................79
第二节　融合教育..........................81
　　一、融合教育的产生..................81
　　二、融合教育的发展..................82
第三节　资源教室..........................83
　　一、资源教室概述....................83
　　二、我国资源教室的产生与发展........83
　　三、资源教室的教育生态学............84

中篇　技术篇

第七章　团体心理咨询在儿童自闭症
　　　　治疗中的应用...................101

第一节　团体咨询与自闭症儿童社交
　　　　障碍...........................101
　　一、团体心理咨询...................101
　　二、自闭症儿童社交障碍.............103
第二节　团体咨询治疗在自闭症儿童
　　　　社交障碍中的应用...............106
　　一、开展团体咨询前的准备...........106
　　二、实践设计.......................107
　　三、自闭症儿童团体咨询的
　　　　注意点.........................110

第八章　自闭症儿童训练中的视觉
　　　　社会故事教育...................114

第一节　视觉教育.........................114
　　一、视觉教育的渊源.................114
　　二、自闭症治疗中的视觉教育
　　　　方法...........................115
第二节　自闭症儿童训练中的视觉社会
　　　　故事教育.......................118
　　一、自闭症儿童与视觉社会故事
　　　　教育...........................118
　　二、视觉社会故事教育概述...........119
　　三、视觉社会故事教育的具体
　　　　实施阶段.......................124

第九章　自闭症儿童干预过程中沙盘
　　　　游戏的应用..................... 130

第一节　沙盘游戏疗法..................... 130
　　一、沙盘游戏疗法的含义及产生...... 130
　　二、沙盘游戏疗法的应用............. 131
第二节　沙盘游戏治疗应用于自闭症
　　　　儿童心理干预的依据............ 132
　　一、自闭症儿童游戏的特点.......... 132
　　二、沙盘游戏对于自闭症儿童的
　　　　意义.......................... 133
第三节　治疗对象的选择与沙盘游戏中的
　　　　原则.......................... 134
　　一、适合进行沙盘游戏治疗的
　　　　自闭症儿童的特点.............. 134
　　二、自闭症儿童沙盘游戏治疗实施
　　　　原则.......................... 135
第四节　自闭症儿童的沙盘游戏............ 136
　　一、自闭症儿童在沙盘游戏中
　　　　展现出的特点.................. 136
　　二、传统的沙盘游戏治疗应用于
　　　　自闭症儿童时的改变............ 139
　　三、沙盘游戏治疗与其他干预方法的
　　　　结合.......................... 140
　　四、自闭症儿童沙盘治疗的
　　　　注意点........................ 140

第十章　自闭症儿童心理干预中园艺疗法的应用 151

第一节　园艺疗法概述 151
　一、园艺疗法的概念 151
　二、园艺疗法的发展 152
　三、园艺疗法的功能 154
第二节　园艺疗法在自闭症儿童心理干预中的应用 155
　一、园艺疗法与自闭症儿童心理干预 155
　二、自闭症儿童心理干预中园艺疗法的具体实施 156
　三、自闭症儿童园艺疗法指导师 159
　四、自闭症心理干预中园艺疗法实施的原则 160

第十一章　自闭症儿童综合教育案例分析 164

第一节　案例概述 164
　一、综合教育的界定 164
　二、关键词解释 164
　三、案主介绍 166
　四、综合教育计划 166
第二节　精细动作发展中的技术 166
　一、涂色 166
　二、描字 168
　三、连线 169
第三节　生活自理能力训练技术 170
　一、洗漱 170
　二、穿脱衣服 170
第四节　认知能力发展中的技术 171
　一、配对 171
　二、空间知觉能力 172
第五节　同情心培养 175

第十二章　存在心理治疗在自闭症儿童家长心理支持中的应用 ... 183

第一节　存在心理治疗概述 183
　一、存在心理治疗的产生 183
　二、存在心理治疗的核心概念 184
　三、存在心理治疗的作用 185
　四、存在心理治疗的技能 185
　五、存在心理治疗的评价 186
第二节　自闭症儿童家长的自我关怀能力 186
　一、自闭症儿童家长的心理支持 186
　二、自闭症儿童家长的自我关怀能力分析 187
　三、存在心理治疗在自闭症儿童家长自我关怀能力培养上的作用 188
第三节　存在心理治疗在自闭症儿童家长心理支持中的操作 191
　一、存在心理治疗在自闭症儿童家长心理支持中的操作过程 191
　二、存在心理治疗在自闭症儿童家长心理支持实施时的注意事项 193

下篇　实　践　篇

第十三章　彩虹宝贝自闭症儿童心理干预中心 197

第一节　"彩虹宝贝自闭症儿童心理干预中心"介绍 197
　一、中心设置 197
　二、"彩虹宝贝"名称的来源 197
　三、项目运作流程 198
　四、项目成果及获奖 199
第二节　心理学专业志愿者心声 200
　一、怎样成长 201
　二、自闭症不代表冷漠 201
　三、他们在描绘属于自己的彩虹 203
　四、开启心中的那扇门 204
　五、"给"永远比"拿"更快乐 205
　六、爱的致谢 205

七、震撼与感动...... 206
八、他们不孤独...... 207
九、最真诚的爱...... 208
十、善待他们...... 208
十一、见证他们的点滴进步...... 209
十二、我爱你们...... 209
十三、收获了人生中一段美好的记忆...... 210
十四、彩虹下，我们一起成长...... 210
十五、偶入人间的天使...... 211

第三节 彩虹宝贝家长的育儿心得...... 212
一、KA 的成长故事...... 212
二、我的源源...... 215
三、女儿在大家的关爱下快乐地成长...... 219
四、家有小龙女...... 219

第十四章 彩虹宝贝自闭症儿童心理干预纪实...... 224

第一节 彩虹宝贝心理干预基本流程...... 224
一、个别化指导...... 224
二、彩虹宝贝自闭症儿童心理干预中心的心理干预流程...... 225

第二节 4~12 岁自闭症儿童心理干预纪实...... 226
一、小可爱 KK...... 226
二、乖宝宝 FS...... 230
三、容易紧张的可爱男孩 PP...... 234
四、精灵古怪的 DD...... 237
五、广告男孩 XZZ...... 243

第十五章 彩虹宝贝青春期自闭症儿童心理干预纪实...... 247

第一节 自闭症儿童的青春期...... 247
一、青春期...... 247
二、自闭症儿童青春期的特点...... 248

第二节 青春期自闭症儿童心理干预纪实...... 249
一、帅气的 SQ...... 249
二、"管子"男孩 LL...... 252
三、听话的男孩 ZZ...... 255
四、美丽色彩女孩 QQ...... 258
五、爱讲故事的女孩 GG...... 261

后记...... 265

上篇 理 论 篇

作为本书的开篇，本章对自闭症的概念、典型症状、成因、诊断标准、预后效果等基本知识作了详尽的介绍，目的是为读者学习和理解后面的内容奠定基础。本章在内容选择上，不仅汇聚了国内外较为成熟的研究成果，还纳入了部分著作者相关研究的最前沿信息及其研究与实践成果；在写作形式上充分考虑了各类阅读群体的需求，确保读者能准确地理解和掌握所述知识。

第一章 自闭症概述

核心概念

自闭症；典型症状；DSM；治疗方法

第一节 自闭症的概念及其特征

一、儿童自闭症

1. 儿童自闭症概念的提出

儿童自闭症(Autism)是一种严重影响儿童成长的广泛性发展障碍(Pervasive Developmental Disorder，PDD)[①]。

1943 年，里奥·坎纳(Leo Kanner)对自闭症儿童临床观察研究后，发表了 *Autistic Disturbances of Affective Contact* 一文，在文中他首先将自闭症作为一种诊断分类提出，并明确指出自闭症儿童特有的一组特征：极端的自闭性孤立、保持同一性的强迫性要求、出色的机械记忆能力、模仿言语的迟误、对刺激的过度敏感、自发性活动类型的局限性、良好的潜在认知能力，以及高智力水平的家庭[②]。他在后来的论文(Kanner & Eisenberg, 1956)中抽出极端的孤立与保持同一性的强迫性要求作为自闭症的核心症状，并认为其余的症状都是从核心症状派生出来的特征。

2. 自闭症研究的进展

自坎纳发表第一篇关于自闭症的研究论文以来，已经过了半个多世纪，在这期间有关

---

① American Psychiatric Association. Diagnostic and Statistical Manual of Mental Disorders (4th ed.).
② 李国瑞，余圣陶. 自闭症诊断与治疗研究动向综述[J]. 心理科学，2004，27(6): 1449～1450.

自闭症的研究也在不断丰富和深入，取得了不小的进展[1]。

因研究学者对自闭症患者有了更多的了解，从而对其特征及成因也有了更充分具体的说明与阐释。当前，自闭症的临床诊断标准主要有以下三点：社会交往障碍、沟通交流障碍以及存在局限性的、重复而刻板的行为、兴趣和活动。此外，还可能存在异常的人格特征、情感障碍、社会焦虑、过度敏感等症状。

对自闭症各种发展障碍根源的研究表明，自闭症儿童的认知、刻板行为、语言交流和社会性交往间的关联呈现很复杂的形态，尽管诊断自闭症儿童的三个主要依据各自解释了不同的行为特征，但三者之间不是绝对孤立的。有人认为[2]，自闭症儿童的社会性智力(相对区别于一般智力)的缺损、社会交往障碍及想象活动障碍可能与心理理论的缺失有关；自闭症儿童的注意力缺陷，以及刻板行为可能与执行控制机能存在障碍有关；另外，儿童对于细节的关注、视觉优先等行为，可能与中心整合功能缺失有关，这使儿童无法以一种内聚的、灵活的方式整合信息。

这些能力的缺损导致儿童对典型社会交互行为的动态性、不可预知性及社会性交流体验中的理解片段无法进行有效的组织，从而形成了僵化的、重复的、异常的社会性交流方式，难以完成社会性的"观点获取"，注意力缺失，感受和理解情感及表达的能力受损，限制了儿童和他人分享共同关注事物和情感的能力，从而降低了社交动机并减少了社会互动的可能性。这些能力的缺损以不同的方式共同影响着儿童，成为自闭症儿童社会性障碍的根源。

二、自闭症的症状表现

自闭症的症状表现如下所述。

第一，社会交流障碍。一般表现为缺乏与他人交流的能力或技巧，与父母之间缺乏安全依恋关系等。有的儿童从婴儿时期起就表现出这一特征，如从小就和父母不亲，也不喜欢让人抱，当有人要抱起他时不伸手表现出期待被抱起的姿势，不主动找小孩玩，别人找他玩时又表现出躲避倾向，对呼唤没有反应，总喜欢自己单独活动。有的儿童虽然不拒绝别人接近自己，但不会与小朋友进行交往，即缺乏社会交往技巧，如找小朋友时不是突然拍人一下，就是揪人一下或突然过去抱人一下，然后自己就走了，好像拍人、揪人不是为了找人联系而只是一个动作，或者说只是一种接触的形式，而无接触的内容和目的。例如，小毛在3岁以前从来没有像一般孩子那样，对父母有一种亲情，任何时候，对父母离开自己也没有强烈的反应；长到一定年龄，想和小朋友一起玩时，一不会表达自己的意愿，二不懂游戏的规则，所以无法参与小朋友的游戏。

第二，语言交流障碍。语言发育落后，或者在正常语言发育后出现语言倒退，或语言缺乏交流性质。一般自闭症儿童都是在3岁左右，由于缺乏语言交流才被关注的；有的儿童即便在小时候有一些简单的语言交流，但随着年龄的增长不仅没有进步，反而出现倒退

---

[1] 片成男，山本登志哉. 儿童自闭症的历史、现状及其相关研究[J]. 心理发展与教育，1999，1：49~52.
[2] D. Cohen，F. Volkmar(eds). Handbook of Autism and Pervasive Developmental Disorders(2nd ed.).

现象。大多数自闭症儿童言语很少，严重的病例几乎终生不语，会说会用的词汇有限，并且即使有的儿童会说，也常常不愿说话而宁愿用手势代替。有的会说话，但声音很小、很低或自言自语地重复一些单调的话。有的儿童只会模仿别人说过的话，而不会用自己的语言来进行交谈。不少儿童不会提问或回答问题，只是重复别人的问话。在语言的交流上还常常表现为代词运用的混淆颠倒，如常用"你"和"他"来代替自己。还有不少自闭症儿童时常尖叫，这种情况有时能持续到5～6岁或更晚。

第三，重复刻板行为。自闭症儿童多少都具有一些自己特有的刻板行为，如有的儿童专注于流水声音，有些对乘坐电梯情有独钟，有的对数字特别感兴趣等。

第四，智力异常。自闭症儿童的智商非常难以测量，因为现有的儿童智商测验，如韦氏儿童智力测验，在构建常模时，主要考察的是测量结果，而忽略测量过程，所以对自闭症儿童使用时有一定的局限性。因此，目前用一般智力测验测得自闭症儿童70%左右智力落后(这些儿童可能在某些方面具有较强能力)，20%智力在正常范围，10%智力超常，这种结果的说服力并不强。所以说，自闭症儿童的智商就目前的智力测验工具无法得出具有权威性的解释，且多数自闭症儿童记忆力较好，尤其是在机械记忆方面，故用智力异常描述自闭症儿童的智力特点更为准确。

第五，感觉异常。其具体表现为痛觉迟钝、对某些声音或图像特别恐惧或喜好等。例如，有的儿童特别害怕气球爆破的声音，而有些则非常喜欢；有的对柔软的沙子非常喜欢，有的则很排斥；有的儿童对静电又异常恐惧等。

第六，其他异常行为。如多动、注意力分散、发脾气、攻击、自伤等，这类行为可能与父母在教育中较多使用打骂或惩罚手段有一定关系。

第七，孤独离群。自闭症儿童不会与人建立正常的联系，缺乏与人交往、交流的技巧。他们的孤独表现在对周围的人和事漠不关心，似乎是听而不闻、视而不见，自己愿意怎样做就怎样做，毫无顾忌，旁若无人，周围发生什么事似乎都与他们无关，很难引起他们的兴趣和注意，目光经常变化，不易停留在别人要求他们注意的事情上面，他们似乎生活在自己的小天地里。另外他们不注视对方甚至回避对方的目光，平时活动时目光也游移不定，看人时常眯着眼、斜视或使用余光等，很少正视也很少表现出微笑，也很少主动和人打招呼。

第八，兴趣狭窄，强烈要求环境维持不变。自闭症儿童常常在较长时间里专注于某种或几种游戏、活动，如着迷于旋转锅盖，单调地摆放积木块，热衷于观看电视广告和天气预报，面对正常儿童较喜欢的动画片、儿童电视、电影则毫无兴趣，也有一些儿童天天要吃同样的饭菜，出门要走相同的路线，排便要求一样的便器，如有变动则大哭大闹表现出明显的焦虑反应，不肯改变其原来形成的习惯和行为方式，难以适应新环境，多数儿童还表现出无目的活动，活动过度，单调重复地蹦跳、拍手、挥手、奔跑、旋转，有的甚至自伤自残，如反复挖鼻孔、抠嘴、咬嘴唇、吸吮等动作。

三、自闭症的病因

由于现代科学发展的局限性，目前关于自闭症的病因还处于探索阶段，但是医学、心理学、教育学及社会学的相关研究者还是做了大量的工作，也取得了一些可喜的成果，虽然这些成果还不能完全释读自闭症的病源，但对于自闭症治疗和教育实践还是具有一定指导意义的。

这里，我们将全面地介绍现有研究成果中关于自闭症病因的内容。

1. 遗传因素

同病率、高发家系的研究和实验室的研究发现[①]，遗传因素在自闭症的发病中是一个不可忽视的因素。家族史调查研究发现，自闭症儿童的父母双方或某一方表现出的冷漠刻板、过分敏感、焦虑和语言缺失等症状高于一般人群，表明其父母可能存在类似障碍倾向。

2. 孕期及围产期并发症

有研究[②]显示，自闭症儿童的母亲在孕期及围产期的并发症较正常儿童的母亲明显增多。另外，高龄产妇所生的孩子、第一胎之后出生的孩子、怀孕三个月以后有阴道出血病史的母亲所生的孩子患病率均有上升的趋势。

3. 神经生物学因素[③]

1) 神经解剖及影像学研究

有一小部分研究结果表明，自闭症患者的尸检报告显示出他们的杏仁核、小脑、海马区大多数细胞有结构变化，神经细胞的髓鞘和形态有微小的改变。

与正常对照组比较，自闭症儿童头颅 CD、MRT 检查显示第四脑室扩大，大部分患儿有额叶、脑沟轻度变宽，脑室扩大，基底核异常，小脑蚓部小叶发育不良，脑干明显变小等现象。

2) 神经生化代谢

有研究显示，自闭症可能与神经递质失调有关。例如，有接近 1/3 的自闭症儿童血浆 5-羟色胺(5-HT)水平高。也有研究发现，自闭症患者的多巴胺(DA)功能低下、内源性内啡肽水平上升，尤其是有自伤行为者，其作用可能直接通过 5-HT 和间接通过下丘脑-神经内分泌经路，还可能包括前原阿片褪黑激素、皮质醇及催乳素等。褪黑激素异常可能与自闭症患儿的睡眠障碍有关。故当前临床应用盐酸纳曲酮治疗，可改善行为症状。

4. 神经生理学改变

脑电图检查结果显示，自闭症儿童自发脑电异常率为 10%～83%，大多数表现为广泛性、非特异性异常，如慢波增多(有癫痫发作者可见阵发性慢波、棘波)；自闭症儿童脑干诱发电位各波幅均低于正常儿童，潜伏期延长；自闭症儿童的语言和非语言沟通障碍，可能与左侧脑半球的信息程序紊乱有关。儿童的神经系统体征或病理性神经系统体征可能导致儿童调节刺激反应和做出相应反应的动作发生障碍，即自闭症原发于脑功能失调。

5. 社会心理因素

心理学研究在自闭症的病因分析上，提出了两种理论学说，一是心理理论，二是感情

---

① Ritvo E. R., Spence M. A., Freeman B. J., Mason-Brothers A., Mo A., Marazita M. L. Evidence for Autosomal Recessive Inheritance in 46 Families with Multiple Incidences of Autism. Am J Psychiatry. 1985，142(2)：187～192.

② http://www.autism-blog.net/2007/11/differentiating-between-aspergers.

③ 李树春，等. 儿童康复医学[M]. 北京：人民卫生出版社，2006：293～294.

认知障碍。

心理理论研究者认为，自闭症患者的人际关系障碍主要是因对他人的感情和心理的理解能力缺陷导致的社会交往障碍，对人如同对待无生命物体。

感情认知障碍研究者认为，自闭症患者的知觉障碍是不能理解他人的感情及多样的形式，因此人际的感知障碍是自闭症的本质性障碍。

6. 免疫学研究

有研究者从免疫学角度解读自闭症，认为自闭症患者存在免疫功能的异常，如淋巴细胞、辅助T细胞和B细胞数量减少。

第二节 自闭症的诊断与鉴别

一、自闭症诊断的发展

20世纪70年代后期到80年代初，随着临床精神病学的发展以及对儿童期精神问题的关注，越来越多符合坎纳(Kanner)所描述的症状，但又无法被诊断为精神分裂症的儿童开始引起临床精神病学家的关注。为这一病症确定诊断标准成为当时美国精神病协会修订DSM的重要任务之一。

1. DSM-Ⅲ中自闭症的诊断

在1980年颁布的DSM-Ⅲ中，儿童期自闭症(Infantile Autism)首次作为一项单独的诊断类别出现，与儿童期起病的广泛性发展障碍(Childhood Onset Pervasive Developmental Disorder)以及非典型广泛性发展障碍(Atypical Pervasive Developmental Disorder)共同组成DSM-Ⅲ中的新诊断类别——广泛性发展障碍(Pervasive Developmental Disorders)[1]，而此时阿斯伯格综合征仍未被列入诊断系统。DSM-Ⅲ中所罗列的婴儿期自闭症诊断标准相对较为笼统，三大核心症状也尚未形成。其中自闭症的6项诊断标准包括：①起病于30个月前；②普遍缺乏对他人的反馈(表现自闭)；③存在严重的语言发展障碍；④即便出现语言，其语言模式也表现特殊，包括回声性语言、代词使用错乱；⑤在各种情境中反应异常，包括无法适应改变、对某些事物表现出特别的爱好等；⑥不存在幻想、幻听，与精神分裂症的症状不同。

2. DSM-Ⅲ-R中的自闭症三大核心症状

随着对自闭症认识的加深，以及相关研究的不断深入，在1987年出版的DSM-Ⅲ-R标准中，美国精神病协会对广泛性发展障碍的诊断进行了调整，细化并形成了至今通用的儿童期自闭症的诊断标准。首先，在DSM-Ⅲ-R中，合并了原儿童期起病的广泛性发展障碍和非典型广泛性发展障碍形成新的诊断类别，并以待分类的广泛性发展障碍(Pervasive

---

[1] American Psychiatric Association. Diagnostic and Statistical Manual of Mental Disorders(3rd ed.). APA Mental Hospital Service，Washington D. C. 1980：86~92.

Developmental Disorder Not Otherwise Specified)统而称之。其次，明确了自闭症的三大核心症状，即社会交往障碍、言语与非言语发展障碍以及重复行为和异常的兴趣爱好。手册规定对于自闭症的诊断必须同时满足上述三个方面的缺陷，并将起病时间确定为3岁前[①]。

3. DSM-IV 中自闭症的诊断

1994 年发布的 DSM-IV 手册中，美国精神病协会沿用了自闭症三大核心症状的诊断标准，并且将雷特(Rett)综合征、阿斯伯格综合征以及儿童期瓦解性障碍从待分类的广泛性发展障碍中分离出来，与自闭症(Autistic Disorder)一起并列归属于广泛性发展障碍[②]。

4. DSM-IV-TR 中自闭症的诊断

2000 年，美国精神病协会再次对手册进行修订，调整了部分文字描述以及障碍编码，形成了 DSM-IV-TR，此版本手册一直沿用至今。DSM 系列手册作为美国临床精神病学领域重要的操作标准，在过去的30多年中指导着自闭症及各类广泛性发展障碍的临床诊断、干预及相关研究。无论是临床诊断工具，还是各类语言发展、行为矫正及社会能力发展干预计划均是以自闭症三大核心症状为基本出发点的，而这一状况随着 DSM-V 的发布将可能面临革命性的转变。

二、DSM-V 草案中自闭症谱系障碍的诊断标准

2011 年 1 月 26 日，美国精神病协会在 DSM-V 修订官方网站上公布了最新的自闭症谱系障碍诊断标准草案，具体描述如下[③]所述。

自闭症谱系障碍必须满足下述四项标准。

(1) 在社会性交往方面存在缺陷，这些缺陷具有一定的持续性，且并非由于普遍发展障碍所致，症状表现同时包括以下三项内容：①缺乏社会性情感互动的能力，具体症状表现从轻到重，包括缺乏恰当的社交技能→无法运用对话交流来分享兴趣、情绪及情感→对社会性互动缺乏回应→无法进行自发性的社会活动。②缺乏运用非言语交流行为进行社会性交往的能力，具体症状表现从轻到重，包括无法融汇使用语言交流与非语言交流技能→表现出异常的目光接触以及肢体语言→对非言语交流的理解与运用存在障碍→缺乏面部表情或非言语姿势。③无法建立或维持一段符合其年龄发展水平的社会关系，具体症状表现从轻到重，包括无法根据社会性情境的需求来调节自己的行为→无法进行想象性游戏→无法发展同伴关系→对人缺乏兴趣。

(2) 表现出局限的、重复性的行为、兴趣以及活动，症状表现至少包括以下四项内容：①刻板及重复的行为或语言，反复摆弄某些物件(例如，单一刻板的肢体行为、模仿性语言、

---

① American Psychiatric Association. Diagnostic and Statistical Manual of Mental Disorders (3rd ed. revised). APA Mental Hospital Service，Washington D. C. 1987. 33～39.

② American Psychiatric Association. Diagnostic and Statistical Manual of Mental Disorders (4th ed.). APA Mental Hospital Service，Washington D. C. 1994. 65～78.

③ American Psychiatric Association. Proposed revision of A 09 autism spectrum disorder. http://www.dsm5.org/ProposedRevisions/Pages/ propose drevision. aspx? rid= 94，2011-3-2.

重复使用某物体或存在异常的语言);②刻板地遵守某些习惯、仪式化的语言或非言语行为,或是无法接受改变(例如,仪式化行为、刻板习惯、反复提问或容易因为细微改变而引发强烈的负面情绪);③明显僵化及狭隘的兴趣爱好,表现出异乎寻常的专注强度及专注程度(例如,沉迷特殊物体、过分局限或固定的兴趣爱好);④对感知刺激表现过于敏感或过于迟钝,或是对环境中的感知刺激存在异常的兴趣(例如,无法辨别冷热痛觉、对特别的声音或材质反应异常、过度嗅或触摸某些物体、沉迷于光线或是旋转的物体)。

(3) 症状必须出现于童年早期(但也可能由于个体的社会性需求尚未达到一定水平,而使症状无法全部表现)。

(4) 症状导致个体日常功能受限或损伤。从目前公布的 DSM-V 草案可以看出,新的自闭症谱系障碍诊断标准将更强调对个体社会性发展能力的评估与支持服务,特别是早期干预的衔接。这不仅体现了当前自闭症理论及实践领域的研究成果,同时为研究的进一步开展指明了方向。希望通过对新诊断标准草案的剖析,能够为国内研究者及实践工作者提供有价值的参考建议,以促进我国自闭症谱系障碍诊断、干预及相关研究工作的开展。

三、儿童自闭症与其他儿童行为障碍

自闭症患者的个体症状表现差异很大,虽然在三大典型症状上具有共性呈现,但每个个体的三大特征呈现又会有自己独特的方式。例如,在社会交往障碍上的表现,有些患者不会有任何主动交往行为,而有些患者会不分场合和方式地与人进行相同方式和语言的交往,在刻板行为和语言的表现上更是百人百态。有的刻板于数字,有的刻板于地图等。而最可能出现的是,在诊断上我们会把自闭症和其他儿童行为障碍混淆。这里,我们列举几类容易和自闭症混淆的其他儿童行为障碍,以便于大家更好地掌握自闭症的诊断标准。

1. 雷特综合征

雷特(Rett)综合征是一种严重影响儿童精神运动发育的疾病,临床表现为进行性智力下降,孤独行为,手的失用,刻板动作及共济失调。雷特综合征的临床表现共分为四期。第一期(6~18 个月发病)表现为发育停滞,头部生长迟缓,对玩耍及周围的环境无兴趣,肌张力低下。第二期(1~3 岁)表现为发育迅速倒退伴易激惹现象,手的失用与刻板动作,惊厥,孤独表现,语言丧失,失眠,自虐。第三期(2~10 岁时)表现为严重的智力倒退或明显的智力低下,孤独表现改善,惊厥,典型的手的刻板动作,明显的共济失调,躯体失用,反射增强,肢体僵硬,醒觉时呼吸暂停,食欲好但体重下降,早期的脊柱侧弯,咬牙。第四期(10 岁以上)表现为上、下运动神经元受累的体征,进行性脊柱侧弯,肌肉废用,肢体僵硬,双足萎缩,失去独立行走的能力,生长迟缓,不能理解和运用语言,眼对眼的交流恢复,惊厥频率下降。

2. 注意缺陷多动障碍

注意缺陷多动障碍(Attention-Deficit Hyperactivity Disorder,ADHD)俗称儿童多动症,其发病原因很多,是儿童时期的常见病,有的甚至延续到成年。近年来由于环境、教育等因素的影响,注意缺陷多动障碍的发病率有逐年增高的趋势。

患有注意缺陷多动障碍的孩子表现为注意力不集中、成绩差、书写潦草、活动过多。

还有的孩子表现为冲动任性、顶嘴冲撞、不合群，缺乏自我克制能力或者行为幼稚、怪僻、无目的以及贪玩、逃学、打架，甚至说谎、偷窃等，无论怎么教育都无济于事。随着年龄的增长，因自控力差易受不良行为影响和引诱，较一般人更易发生行为问题。

3. 学习障碍

世界卫生组织(WHO)将学习障碍(Learning Disabilities，LD)定义为从发育的早期阶段起，儿童获得学习技能的正常方式受损。这种损害不是单纯缺乏学习动机的结果，不是智力发展迟缓的结果，也不是后天的脑外伤或疾病的结果。这种障碍来源于认识处理过程的异常，由一组障碍所构成，表现在阅读、拼写、计算和运动功能方面有特殊和明显的损害。

4. 儿童自闭症与其他儿童行为障碍的鉴别

这里，我们将儿童自闭症与其他儿童的行为障碍，在发病期、智力、语言、认知功能及行为表现等方面进行对比描述，以便大家能更好地掌握这几类病症的区别与联系。详细内容如表1-1所示。

表1-1　儿童自闭症与其他儿童行为障碍的鉴别

自闭症	Rett综合征	ADHD	LD
1. 可以在婴儿早期起病 2. 不发生已获得技能的散失 3. 智力不均衡，形象—空间感知及操作能力优于语言能力 4. 体格发育大致正常 5. 刻板动作更加多样复杂 6. 10岁内步态正常，大运动无异常 7. 有的有语言散失，如存在常有独特的语言方式，明显地缺乏动词 8. 典型地避免与他人眼对眼交流 9. 刻板仪式性的表现，常常涉及熟练但奇特的物品使用方式，自我刺激 10. 惊厥在青春期后期及成人期占25%左右 11. 咬牙、过度通气、屏气均不常见 12. 无舞蹈样动作及肌张力下降	1. 16～18个月发育正常 2. 进行性失去语言和手的功能 3. 各个方面的智力严重低下 4. 生长迟缓，获得性小头 5. 永久性手的失用 6. 进行性行走困难，步态不稳，躯体的失用和共济失调 7. 均散失语言 8. 眼对眼交流存在，有时还很强烈 9. 对使用物品很少有兴趣 10. 在儿童早期，至少70%有惊厥 11. 存在咬牙、过度通气、屏气、吞咽空气 12. 舞蹈样动作，肌张力低可能存在	1. 手或脚不停地动，或在座位上扭动(少年为坐立不安的主观感受) 2. 即使必须坐好，也很难静坐在座位上 3. 易受外界因素影响而分散注意力 4. 在集体活动或游戏时，不能耐心地等待轮转 5. 别人问话尚未结束，便立即抢着回答 6. 不按他人指示做事情(并非故意对抗或不理解) 7. 在做功课或玩耍时不能持久地集中注意力 8. 一件事尚未做完，又做其他事情，有始无终 9. 不能安安静静地玩耍 10. 说话太多 11. 常常打断他人的活动或干扰他人学习、工作 12. 别人和他说话，他往往没有听进去 13. 学习时的必需物品，如书本、作业本、铅笔等常常丢失在学校或家中 14. 往往不顾可能发生的后果参加危险活动	1. 总体智商(IQ)基本在正常范围内，也有的偏低或偏高 2. 在听、说、读、写、计算、思考等学习能力的某一方面或某几个方面表现为显著困难 3. 伴有社会交往和自我行为调节方面的障碍，其原因是个体内在的大脑中枢神经系统功能不全 4. 需要排除由于弱智、视觉障碍、听觉障碍、情绪障碍等或由于受经济、文化水平的影响而未能接受正规教育所产生的学习方面的障碍

资料来源：http://baike.baidu.com/view/564071.

第三节 自闭症的类型

对于自闭症的类型，不同的划分标准可以呈现出不同的类型结构。

一、以典型症状为轴

以自闭症的三大典型症状为划分标准，可以将自闭症划分为典型自闭症和非典型自闭症两类。

1. 典型自闭症

顾名思义，典型自闭症在语言交往、想象活动及社会交往方面有着明显的障碍，且伴有严重的刻板动作。这类儿童一般在 3 岁之前就表现出和一般儿童有明显的不同，也比较容易被发现及进行准确的诊断。

2. 非典型自闭症

这类儿童在 3 岁之前没有太多的异常行为，只是会多少感觉这类孩子情绪波动大、多动等，自闭症的三联症(语言问题、社会交往问题、兴趣和想象力匮乏)不明显，一般不易被发现。到了入园后，老师和家长才发现这类孩子与其他儿童有明显不同，如坐不住，不听话，无法完成同龄孩子应该完成的任务等。

二、以智商为轴

以智商为划分标准，可以将自闭症划分为高功能自闭症和低功能自闭症两类。

1. 自闭症的智商状况

一般认为自闭症患者的智商多在 70 以下，事实上正如我们上文所说的那样，关于自闭症患者的智商至今还没有明确的定论性研究成果。例如，Lotter(1996 年)指出，大约有 69%的自闭症患者的智商低于 55，Wing 和 Gould 发现有 69%的自闭症患者的智商低于 50。Gillberg(1984 年)的研究则乐观地指出只有 44%的自闭症患者智商在 70 以下，而智商在 50 以下的只有 27%。

根据韦氏儿童智力测验(WISC-R)的结果，有研究者发现，自闭症患者的操作智商(PIQ)高于言语智商(VIQ)。但是，也有研究者认为自闭症患者的操作智商和言语智商没有显著差异。例如，Siegel(1996 年)等人研究了 6 至 16 岁的自闭症儿童在韦氏儿童智力测验及 36 位自闭症成人(年龄 16 至 51 岁)在韦氏成人智力测验(WAIS)中的表现，结果显示 58%的自闭症儿童反而是言语智商高于操作智商，只有 40%的自闭症儿童的操作智商高于言语智商，2%的自闭症儿童的操作智商和言语智商没有显著差异。而在自闭症成人方面，64%显现出其言语智商高于操作智商，只有 36%为操作智商高于言语智商。Siegel 等人认为操作智商高于言语智商的现象并不适用于高功能自闭症患者,因为他们的语言缺陷比起智商低于70的自闭症患者较不明显,所以因语言缺陷而造成的较低言语智商的现象并不存在于高功能自闭症患者的身上。

在韦氏智力测验的剖析图上,自闭症患者的施测结果显现出各分测验的标准分数间有极大的落差。一般来说,他们在言语量表上,表现最好的是"记忆广度",表现最差的是"理解";而在操作量表上,表现最好的是"填图",表现最差的是"排列"。

自闭症患者的社会交往障碍,使他们无法像一般人一样完成类似韦氏这样的智力测验,因此自闭症患者的智力问题,单凭智力测验是无法做出正确评估的。所以,其智力评估方法还是一个有待于研究的重要问题。

2. 高功能自闭症的临界值

一般认为,高功能自闭症的划分标准为IQ高于70。即IQ在70以上的自闭症儿童即可被界定为高功能自闭症,低于70的即为低功能自闭症。如果Lotter的研究成果和客观事实接近,那么自闭症人群中就只有不到30%的人为高功能自闭症。

正如我们上面所分析的那样,由于自闭症患者的智商仅凭智力测验无法做出正确评估,因此对高功能自闭症人群的比例、特征也难以做出准确界定。不过高功能自闭症人群中大部分人在1~2岁时,症状不明显,有一部分患者存在较为突出的天赋,如音乐天赋、绘画天赋及计算等其他天赋,这些确实是不争的事实。

三、以语言特点为轴

1. 从语言的表述上看

从语言的表述上看,可以将自闭症患者划分为无语言型、立即仿说型和延宕仿说型。

(1) 无语言型。基本上无语言,通常会被误认为听力有问题或是失语症。

(2) 立即仿说型。一般可分为有变化、有弹性的仿说和没有变化、没有弹性的仿说。前者被视为自闭症儿童具有表达沟通的意图;后者多半不具有沟通意图。

(3) 延宕仿说型。表现为在一段时间之后喋喋不休地重复某些字、词、成语、句子、整首诗或是歌曲,同样也会有沟通性或非沟通性之分,而这种行为通常和情境、压力有所联系。

2. 从语言的掌握上看

从语言的掌握上看,可以将自闭症患者划分为无法掌握音调、音量型,字义无法变化型,不清楚肯定与否定的概念型,文法结构不成熟型及不会使用因果性的语言型。

(1) 无法掌握音调、音量型。说话时如木偶一般,十分机械,无法通过语音的音调、节奏、抑扬顿挫来表现情绪或感受,也不能在不同的情境中使用不同的音量。

(2) 字义无法变化型。如学校的"校"和校正的"校",不能分辨其读音。

(3) 不清楚肯定与否定的概念型。常使用"不",而较少使用甚至不会使用"是"或"好"。

(4) 文法结构不成熟型。有一定的语言能力,但通常只有常跟他接触的人才了解其语言所隐藏的含义。

(5) 不会使用因果性的语言型。如不会使用因为、所以、因此等因果性语言。

3. 从语言的主动性上看

从语言的主动性上看，可以将自闭症患者划分为很少发问型和固着型。

(1) 很少发问型。除了强迫性的行为表现外，他们很少提出问题，也不会主动与他人进行各类交流。

(2) 固着型。在和别人互动时，不管什么时间、场合，只是重复地念着自己感兴趣的语言。

四、以情绪为轴

1. 自闭症儿童的情绪表达特点

情绪是指个体的天然生物需要是否获得满足而产生的强烈的、具有情境性的情感反应。对于在思维、人际关系、语言沟通、智力等方面发展严重不足的自闭症儿童来说，这些都可能导致他们发生哭叫、跳闹、自我伤害、攻击他人等情绪行为。这些行为不仅严重影响对儿童的教育训练和儿童习得日常生活技能，而且可能危及儿童自身及他人的生命安全。

自闭症儿童的情绪表达和正常儿童一样受到其性格特征的影响。不同的是，自闭症儿童在语言及交往上的障碍，使他们的情绪问题会大于一般儿童。因此，我们可以将自闭症儿童的情绪表达归为四类：一是性格内向，情绪平和型；二是性格内向，情绪急躁型；三是性格外向，情绪平和型；四是性格外向，情绪急躁型。

(1) 性格内向，情绪平和型：这类儿童一般语言较少，互动的主动性较差，但比较容易听从命令，甚至盲目服从，不会表达自己的意愿，情绪表达不清晰，即喜怒哀乐基本用相同方式来表达，会有不同程度的自伤行为。

(2) 性格内向，情绪急躁型：这类儿童一般语言较少，同时也缺少与他人互动的能力。与性格内向，情绪平和型相比，不容易听从命令，也不会清晰地表达自己的意愿，情绪急躁、激怒、不满时有一定的攻击行为。

(3) 性格外向，情绪平和型：这类儿童一般有一定的语言能力，且能主动与他人交流，只是交流方式比较单一，重复性语言与行为较多，比较容易听从命令。有一定表达自己意愿的能力，情绪表达相对比较清晰，但对负面情绪的表达有一定局限性，故有程度不等的自伤行为。

(4) 性格外向，情绪急躁型：这类儿童一般语言较多，但多为无意义语言，会主动与他人交流，但基本以自己的意愿为主，因此，基本对命令无视。有一定表达自己意愿和情绪的能力，但由于交往障碍，当要求未能得到满足时，很容易出现攻击行为。

2. 温和型自闭症和攻击型自闭症

我们以情绪为轴可将自闭症划分为温和型自闭症和攻击型自闭症。根据上述自闭症儿童的情绪表达特征与性格特点，温和型包括性格内向、平和型和性格外向、平和型两类；攻击型包括性格内向、急躁型和性格外向、急躁型两类。

第四节 自闭症的治疗与预后

一、自闭症的治疗现状

从自闭症首次被明确提出到今天,世界范围内报道的自闭症患病率越来越高,并且数量增加得越来越快。最早认为自闭症只是一种罕见的疾病,20世纪40年代国外关于患病数量的调查为2万~4万,而到20世纪70~80年代,患病数量的报道大约增加到6万~13.9万,90年代以后更是惊人,美国有影响的杂志、报纸报道的患病率节节攀升,从每600名儿童就有一名,到每250名儿童就有一名,甚至到2005年时有的报道称患病率为1/166。由此看来,自闭症从过去被认为是罕见的疾病变成了现在不难见到的一种儿童心理发育障碍[1]。虽然目前并不清楚,这些数据的增加是否是因为科学界以及公众对自闭症越来越了解,从而发现的病例越来越多,但是不可否认的是,自闭症患者已经是一个庞大的群体。

随着自闭症儿童群体越来越庞大,社会各界对他们也越来越关注,其中科学界对于自闭症的研究越来越深入,使自闭症的治疗、教育方法有了显著进展。大部分教育方法都旨在发展自闭症儿童的社会交往能力,减少其问题行为,进而改善他们的生活质量[2]。当前主要的干预方式有医学治疗与心理治疗。

二、医学治疗

关于医学治疗,到目前为止,人类还没有研发出治疗自闭症的特效药。但存在一些能缓解该症状的药物,如盐酸氟苯丙胺(降低自闭症孩子血液中血清素的浓度)、羟吗啡酮(对攻击、自伤行为有效)、障碍药物(减轻精神压力和恐惧)、荷尔蒙分泌素(能改变不说话的现象)、氟哌啶醇(减轻过于兴奋、攻击、刻板和多动等症状)、抗癫痫药(应对抽筋、意识丧失和失神等)等[3]。虽然这些药物能起到一定作用,但其副作用也是不容忽视的,这些副作用可能会影响自闭症儿童的学习与生活,相对而言,心理治疗则安全很多,而且能训练儿童各方面的能力。

三、心理治疗

1. 家庭心理治疗

关于心理治疗,最近的一份关于自闭症的调查展示了国外自闭症家庭对治疗方法的选

---

[1] 杨晓玲,蔡逸周. 解密孤独症[M]. 北京:华夏出版社,2006:2~3.
[2] Dunlap G & Koegel RL. Welcoming Editorial [J]. Journal of Positive Behavioral Interventions,1999,1:2~3.
[3] 李国瑞,余圣陶. 自闭症诊断与治疗研究动向综述[J]. 心理科学,2004,27(6):1449~1450.

择使用情况。目前，国外使用的训练方法有很多种，一个家庭平均可尝试 10 多种不同的治疗方法，正在使用的方法平均为 8 种。主要的训练方法包括言语疗法、社交技能训练、感觉统合训练、图片交换系统、ABA 早期干预、地板时间等①。除此之外，还有音乐疗法、社会故事、职业治疗、动物伴侣治疗等。虽然每一种干预方法都有其适用的儿童，以及其所能获得的特定的训练效果，但其目标都是提高自闭症儿童生活及学习的能力，从而使他们更适应社会，能够在未来的生活中照顾好自己。

2. 传统疗法

1) 感觉统合治疗

自闭症儿童由于脑功能障碍导致感觉统合失调，无法将视觉、听觉、触觉、前庭觉及肌肉关节觉五种基本知觉系统接收的刺激信号及信息整理分析，因此不能对周围环境做出合适的反应。感觉统合治疗的目的在于，提供并适当控制以上几种感觉刺激，让儿童按照内在驱策力作出自然反应，借此促成这些感觉的组合和统一，帮助自闭症儿童提高专注能力、组织能力、学习能力，以及参与活动的兴趣。

感觉统合治疗是特殊教育领域所推行的一种治疗训练方式。Sherrington 和 Lashley(1960 年)首次提出了感觉统合这一概念，并广泛地应用于行为和脑神经科学的研究。

Ayres(1972 年)首先系统地提出了感觉统合理论。她认为感觉统合是指将人体器官各部分信息输入组合起来，经过大脑统合作用，对身体内外的知觉做出反应。脑的不同水平和不同区域互相联系，综合知觉反应和活动，这种统一协调的工作就是感觉统合。当这一系统无法正常运转时，就可称为感觉统合失调。1994 年北京医科大学任桂英等人首次在国内运用台湾郑信雄编制的感觉统合检核表(见附录《儿童感觉统合检核表》)进行了测试，肯定了感觉统合评定量表的可信度。

感觉统合失调的主要表现如下。①前庭平衡功能失调。注意力不集中、好动不安、言语发展迟缓等。②视觉不良。字的偏旁部首颠倒甚至不识字或无法计算。③听觉不良。不喜欢听人讲话，容易忘记老师讲的功课。④动作不协调。身体难以平衡，容易跌倒，不易学会系鞋带、骑车、跳绳、翻滚等。⑤本体感觉不佳。消极退缩、手脚笨拙、言语能力不佳、触觉敏感，性格孤僻，不合群，不愿别人碰自己，偏食、脾气暴躁等。

感觉统合训练可以运用一定的辅助器材来实施。滑板、滑梯、圆筒、四足平衡吊缆、圆木柱吊缆、旋转轮盘吊缆、游泳圈吊缆、海洋球、羊角球、蹦蹦床、平衡台、大笼球、时光隧道、滚筒、旋转浴盆、独脚凳、平衡木、绳子、跳跳乐、袋鼠跳等都可以作为感觉统合训练的器材。通过训练，使儿童前庭、肌肉、关节、皮肤、触压、视、听、嗅等多种刺激与运动相结合，能够统合这些感觉，促进脑神经生育发展，并同时做出适应性反应。

前庭感觉的训练： 腹卧、仰卧在大球上滚动；躺在大桶内滚动；站在弹簧板上跳跃；坐、腹卧、仰卧在滑板上，用绳子牵引滑板转动。

肌肉关节的训练： 手或脚尽量伸展、分开；两脚分开、合并、交叉；身体尽量屈成小姿势或伸展成大姿势；头部左右转动、上下弯曲；在身上放置有重量的物体(孩子可接受的)；提着有重量的物件走或背着走。

---

① 黄辛隐，徐晓翠. 国外孤独症治疗近态及启示[J]. 外国中小学教育，2008，6：33～36.

2) 行为治疗

目前运用最广的自闭症儿童的心理治疗方法就是行为疗法(Behavior Therapy)。

行为治疗是以减轻或改善患者的症状或不良行为为目标的心理治疗技术的总称。行为治疗强调病人的症状，即异常的行为或生理功能，都是个体在其过去的生活历程中，通过条件反射作用，即学习过程而固定下来的。因此，也就可以设计某些特殊的治疗程序，通过条件反射作用的方法，即学习的方法来消除或矫正那些异常的行为或生理功能，也可以建立新的健康行为来代替它们。

20世纪60年代中期，制约理论已经广泛地被运用在多种儿童问题的治疗上，而自闭症儿童则经由行为治疗的隔离、削弱、惩罚、差别增强等方法而改善不当的行为，包括自伤、自我刺激、多动、攻击行为等。后来操作制约技巧开始运用于自闭症患者其他能力的增进，如生活自理、职能训练等，甚至更进一步被运用于社会人际互动及语言沟通能力的训练。

行为疗法治疗自闭症的原则[①]如下所述。

第一，由于儿童缺陷和儿童家庭环境的个体差异较大，有的治疗措施对有些儿童有效而对另一些儿童却无效，所以治疗方案应个体化。

第二，由于自闭症儿童的缺陷在环境之间泛化，设计治疗方案的关键是有步骤地鼓励行为改善的泛化，帮助他们尽量把在医院和学校学习到的技巧，移植到家里和其他场合。

第三，自闭症心理干预的目的之一就是促进儿童的社会化发育，故不宜长期地住院。

第四，以家庭为基地的措施能取得家庭成员的密切合作，共同解决家庭中的问题，通过训练父母和当地的特殊教育老师去实施行为疗法可取得最佳效果。

3) 结构化教学法

现有的自闭症干预显示，结构化教学法(TEACH)是最为有效的干预方法之一。

结构化教学法是根据儿童的学习特点，有组织、有系统地安排学习环境、学习材料及学习程序，让儿童按照设计好的结构从中学习的一种教学方法。它的基本思想是把教学空间、教学设备、时间安排、交往方式、教学手段等作系统的安排，形成一种模式，使教学的各种因素有机地形成一体，全方位地帮助自闭症儿童进行学习。结构化教学法计划的特点主要是采用视觉清晰、视觉重整、有规律的工作惯性及视觉指令等方法，使自闭症儿童能够进行有效的学习。学校和家庭都可根据自闭症儿童的具体情况采用结构化教学方式。

关于结构化教学方式我们在中篇第八章会有详细的讲解。

四、治疗过程

自闭症治疗一般要经过如下四个阶段。

第一阶段：收集信息阶段。

这是整个治疗的关键阶段。收集信息是治疗的基础，有了准确的信息支持，治疗者才能做出正确的判断。由于自闭症儿童自身的病症，收集信息的主要来源是儿童的家长。常用方法是访谈法。

---

① 李树春，等. 儿童康复医学[M]. 北京：人民卫生出版社，2006：308.

访谈提纲如下所述。

孩子是否顺产？

是什么引起您对孩子问题的关注？

目前的干预训练状况怎样？

家人的态度(每个家庭成员)？

孩子是否有生理疾病？

孩子在何处被诊断为自闭症？

您觉得是什么原因导致了孩子的病症？

孩子的异常行为表现都有哪些？

家长对自闭症的认识如何？

第二阶段：判断病情状况阶段。

根据对自闭症儿童家长的访谈，在获得相关信息后，首先，应在对信息进行整合的基础上，对儿童的病因进行分析。其次，应根据整理的资料，对儿童的病症进行诊断，看其自闭症属于哪种类型。

第三阶段：选择治疗方案阶段。

自闭症儿童的个体差异较大，每个儿童在同一症状上都会有不同的表现，因此治疗方案的选择就显得十分重要。并不是每一种方法都适合所有儿童，即便是使用相同的方法，在实施时也要根据儿童的实际症状作一定调整。

第四阶段：实施治疗阶段。

该阶段是治疗的关键阶段，治疗能否取得好的疗效，主要体现在此阶段。治疗实施取得好的疗效的因素有三个：一是治疗师要有丰富的经验；二是儿童家长要密切配合；三是治疗的预期符合儿童的实际情况。

五、自闭症的预后

1. 影响自闭症预后的主要因素

影响自闭症预后的因素较多，其中病情、婴幼儿时期语言发育状况、智力高低、病因及训练教育状况是主要因素。

2. 儿童期状况与预后

大约有 2/3 的自闭症患者预后较差，由于存在着明显的社会适应性不良，需要长期照顾。因其没有独立社交能力，不能学会任何生存本领，无法独立生活。在 5 岁以前已发展了有用的语言者，预后较好，高功能自闭症儿童多在最初 1~2 年发育正常或基本发育正常，仍保持简单的认知和语言交流功能，与父母和周围人也能保持一定的情感联系，无癫痫发作脑部器质性病变，以后出现的自闭症症状也较轻；而低功能儿童则反之。重度病例中大约有半数在青春期症状恶化，表现为活动过度，攻击、自伤、伤人或行为刻板，仪式性或行为不可预测性，甚至言语技能丧失及缓慢的智力倒退，女童较男童更易恶化。

3. 青春期预后状况

在青春期儿童的心理和精神症状存在戏剧性转化，症状开始改善，至成年期大约 1/10 的患者尽管还有些奇怪的行为，但社会化方面有较明显的进步。在青春期前期症状表现往往有明显的周期性和波动性，给治疗带来一些困难，在此时最好避免环境变动，如更换抚养人、转学等。

4. 成年预后状况

到成年期患者的行为有以下三种类型：一是仍然远离他人，与正常人不同；二是积极友好，能长期与人在一起，也无明显的焦虑不安；三是虽然被描述成活跃，但行为离奇，存在社会交往的不适应。自闭症中一大半属于第一类，而第二类和第三类占一半。

5. 预后与病因

自闭症预后与病因有一定关系，有 3%～5%的自闭症患者起病涉及结节性硬化、进行性衰退的病因，同时伴有癫痫及心、肾损害，青春前期的死亡率较高。自闭症涉及的综合征还有脆性 X 综合征，其在儿童期的临床表现是活动过度、神经质、回避凝视、害羞等。

6. 癫痫与自闭症

自闭症中有较高的癫痫患病率，发病率约占全部病例的 1/3，可在儿童早期或青春期发作，在青春期前发病约为 11%，大多发作不频繁。一般认为 24～36 个月内就开始干预治疗，其预后较 4 岁后治疗好。

附录：自闭症儿童评估相关工具

附录一：DSM-5 诊断标准：自闭症(孤独症)谱系障碍

孤独症谱系障碍(Autism Spectrum Disorder)299.00 (F84.0)
诊断标准

A. 当前或历史地在多种场景中存在社会交往和社交互动的持续的缺陷，表现如下(举例仅起说明作用，而非详尽的表现，见正文)。

1. 社会情感互反性存在缺陷，例如，从社交途径异常和无法正常往复交谈，到缺少兴趣、情绪和感受的分享，再到无法发起或回应社交互动。

2. 用于社交互动的非言语沟通行为存在缺陷，例如，从言语和非言语沟通之间的协调差，到眼神接触和肢体语言反常或理解和运用手势存在缺陷，再到完全缺乏面部表情和非言语沟通。

3. 发展、维持和理解人际关系存在缺陷，例如，从难以依据不同的社交场景调节行为，到难以参与想象性游戏或交友困难，再到对同龄人缺乏兴趣。

详细说明当前严重程度：
严重程度基于社会交往能力受损和局限重复的行为模式(见表 1-2)。

B. 当前或历史地表现出局限的、重复的行为、兴趣或活动模式，至少表现为以下两项(举例仅起说明作用，而非详尽的表现，见正文)。

1. 运动动作、物品使用或说话方式表现的刻板或重复(例如，简单运动刻板定型、排列玩具或翻动物品、模仿言语、措辞怪异)。

2. 坚持单调无变化,僵硬地坚持常规习惯或方式、言语及非言语行为仪式化(例如,对微小变化极度苦恼、难以过渡转变、思维模式僵硬、问候仪式化、每天必须走相同的路线或吃相同的食物)。

3. 极为局限的、迷恋的兴趣,并且兴趣强度和兴趣点反常(例如,对不寻常的物品强烈地迷恋或专注,过度局限的或固执的兴趣)。

4. 对感官输入反应过度或反应不足或对环境的某些感觉方面有异常的兴趣(例如,对疼痛或温度明显淡漠、对特定的声音或质感反应不适、过多地嗅或触摸某些物体、视觉上对光亮或运动痴迷)。

详细说明当前严重程度:

C. 症状必须在发展时期早期出现(但症状有可能直到社交要求超过其受限的社交能力时才会充分显现,或有可能被后期生活中习得的对策掩盖)。

D. 症状在社交、职业或该功能起作用的其他重要领域中临床上导致显著的功能受损。

E. 这些障碍无法用智力缺陷(智力发育障碍)或全面性发育迟缓更好地解释。智力缺陷和孤独症谱系障碍常并发;若要做出孤独症谱系障碍和智力缺陷并发症的诊断,其社会交往水平应低于预期的整体发育水平。

注释:过去由普遍接受的 DSM-IV 诊断为孤独症(Autistic Disorder)、阿斯伯格症(Asperger's Disorder)或未区别分类的广泛性发育障碍(Pervasive Developmental Disorder)的,应诊断为孤独症谱系障碍(Autism Spectrum Disorder)。具有明显的社会交往障碍,但症状不符合孤独症谱系障碍其他标准的,应针对社会(实际)交往障碍(Social(pragmatic) Communication Disorder)作进一步评估。

附录二:适合家长使用的简易行为评定量表——克氏孤独症行为量表

克氏孤独症行为量表(孩子最近一个月的情况)

项目	行为表现	从不	偶尔	经常
1	不易与别人混在一起玩			
2	听而不闻,像是聋子			
3	教他学什么,他强烈反对,如拒绝模仿说话或动作			
4	不顾危险			
5	不能接受日常习惯的变化			
6	以手势表达需要			
7	莫名其妙地笑			
8	不喜欢被人拥抱			
9	不停地动、坐不住,活动量过大			
10	不望对方的脸,避免视线接触			
11	过度偏爱某些物品			
12	喜欢旋转的东西			
13	反复怪异的动作或玩耍			
14	对周围事物漠不关心			

注:"从不"——此行为从未出现过。
"偶尔"——此行为有时出现,但频率不高(每周几次)。
"经常"——此行为几乎每天出现,引人注目。

用表说明:

(1) 用于自闭症儿童的筛查。

(2) 量表由14项内容组成,行为出现频率分"从不""偶尔"和"经常"三级。分别评分为"0""1""2"分。

(3) 累分≥14分且"从不"≥3项,"经常"≥6项者,可能为自闭症,分数越高,可能性越大。

(4) 该表灵敏度高,但特异度不高(即易发现,但又不准确)。

附录三:儿童感觉统合检核表

本量表包含64个项目,每个项目可分五级评分。以下是一些儿童的脑及生理发展情况和学习行为的描述,请仔细阅读,并根据孩子最近半年的表现,圈选出一项符合他(她)实际情况的答案。

每项得分情况如下。从不:1分;很少:2分;有时:3分;常常:4分;总是:5分。

1. 儿童特别爱玩旋转圆凳和公园中旋转的球或飞转设施,且不觉头晕。
2. 儿童看来正常、健康、有正常智慧,但学习阅读或做算术特别困难。
3. 眼看得见,但屡碰撞桌椅、杯子或旁人,方向和距离的估计不正确。
4. 手舞足蹈,吃饭、写字、打鼓等双手或双脚的配合不良,常忘一边。
5. 表面上左撇子、左右手都用或尚没固定偏好使用哪只手。
6. 大动作笨拙,容易跌跤,不会伸手保护自己;拉他时显得笨重,手握得很紧。
7. 没时间仔细考虑时,分不清左右手或方位;一再把鞋子或衣服穿反。
8. 阅读常跳行和跳字;抄写常漏字,漏行或漏整段;写字时左右上下写反。
9. 俯卧时全身很软,无法把头颈胸抬离地面。
10. 常不停地爬上爬下和跑进跑出,不听劝阻,或把大人的处罚很快忘光。
11. 走路、跑、跳常碰撞东西,不善投球传球给同伴,排队和游戏有困难。
12. 容易分心、不专心、坐着动作不停或上课左顾右盼。
13. 偏食或挑食:不吃水果、蔬菜、蛋;只吃白饭、牛奶、肉等。
14. 害羞:碰到陌生人赶紧躲避、紧张、皱眉头、结巴说不出话。
15. 看电视电影时,高兴时又叫又跳,或很易受感动;恐怖场面不敢看。
16. 很怕黑暗,到暗处需有人陪,晚上总拒绝出去,不喜欢到空屋。
17. 换床睡不着,换枕头或被褥会睡不好,外出总是担心睡眠的问题。
18. 若被人用棉棒清洁鼻子和耳朵时,往往不舒服。
19. 喜欢往亲人的身上挨靠或搂抱,常被认为是被宠坏或被溺爱的孩子。
20. 睡觉时总爱触摸被角,抱棉被、衣物或玩具,否则会不安也睡不好。
21. 脾气不好,对亲人特别暴躁,为琐事或无故发脾气,或强词夺理。
22. 到新的场合或人多的地方不久,就因待不下去而跑掉,或要求离开。

23. 患病轻微，病后曾多次表示不喜欢上学；或以各种理由拒绝上学。
24. 常吮舔手指头或咬指甲，不喜欢别人帮助剪指甲。
25. 不喜欢脸被碰；认为洗脸、洗头或理发是最痛苦的事。
26. 帮他拉袖口和袜子，或协助穿衣服而碰到皮肤时，会引起苦恼。
27. 游戏中或玩玩具时，屡担心别人从后面威胁他(她)而引起苦恼。
28. 到处碰、触、摸个不停，却又避免碰触特殊毛毯、织造玩具的表面。
29. 常常喜欢穿宽松的长袖衬衫，虽不冷也常穿毛线衫、夹克等。
30. 虽爱聊天或有无接触的交往，但很不喜欢跟朋友搭肩或有肌肤接触。
31. 对某类布料很敏感，不喜欢穿某类布料所做的衣服。
32. 对自己的事务很敏感，很容易伤感，计划或结果改变时不能容忍。
33. 无所谓的瘀伤、小肿块、小刀伤等，总觉很痛而诉怨不止。
34. 顽固偏执又不合作，学习没有伸缩性，一直坚持自己的习惯方式。
35. 到上幼儿园年龄尚不会洗手、剪纸，或厕后不会自己擦屁股。
36. 到上幼儿园年龄不会使用筷子，或一直坚持用汤匙吃饭，不会拿笔。
37. 到上幼儿园年龄不会玩需要骑上、爬上，或钻进去等的大玩具。
38. 到上幼儿园年龄还不会站起来用脚荡秋千，不会攀绳网或爬竹竿。
39. 穿脱袜子、衣服，扣纽扣，系鞋带等动作向来非常慢，或做不来。
40. 入学后尚不会完全自己洗澡；单脚跳、跳绳子等做不好也学不来。
41. 入学后对拿笔写字、剪折作业、涂颜色等做不好或非常慢。
42. 到入学年龄经常弄脏饭桌，很难收拾杂乱的桌面或玩具。
43. 到小学四、五、六年级，做劳动或家务很笨拙，使用工具很不顺手。
44. 动作懒散，行动迟缓或不积极；做事非常没有效率。
45. 常惹事，如弄翻碗盆、溅撒牛奶、从三轮车上跌落等，需家长特别保护。
46. 在年幼时，玩积木总比别人差。
47. 外出或远行常达不到目的地，很易迷失且不喜欢到陌生的地方。
48. 用蜡笔着色和铅笔写字都不好，比别人学得慢，常超出线或方格之外。
49. 拼图总比别人差；对模型或图样的异同识别常有困难。
50. 不会走迷宫，或不会在游戏中寻找隐藏在混淆背景图形中的动物。
51. 个性内向，不喜欢出去玩、朋友少、沉默寡言，只喜独处，或帮做家务。
52. 上下阶梯或过路旁栏杆多迟疑；登高会觉得头重脚轻不敢看或不敢走动。
53. 被抱起举高时，很焦虑地要把脚碰地，经可信赖人的牵助才会安心配合。
54. 总设法避免从高处跳到低处；在高处或有跌落危险时，表现非常害怕。
55. 不喜欢把头倒置：如避免翻跟斗、打滚，或室内打斗游戏。
56. 对游戏设施不感兴趣，也不喜欢活动性玩具。
57. 对不寻常移动(如上下车、前座移到后座、走不平地面)动作缓慢。
58. 上下楼梯很慢，紧紧抓着栏杆；尽量避免攀登。
59. 旋转时，很容易感到失去平衡；车行进时，转弯太快也会吓坏。
60. 不喜欢在凸起的地面上走，总会抱怨或内心感到不愉快。
61. 成绩"最近"暴落，神态恍惚，读书很易分心，另有心绪行为问题。

62. 脾气"最近"变暴躁，自我控制有困难，打架、骂人等恶劣行为加剧。
63. 对老师的要求或功课、环境等压力，常承受不了，而易产生挫折感。
64. 对自己的形象感觉不良，认为自己很差劲，往往有情绪和行为问题。

评分标准：

本量表包含64个项目，每个项目分从不、很少、有时候、常常、总是五级评分。

1~11　前庭平衡和大脑双侧分化情况：小于16正常，17~21轻度，22~27中度，28~44重度。

12~20　脑神经生理抑制状态：小于14正常，15~19轻度，20~25中度，26~36重度。

21~34　触觉防御和脾气敏感状况：小于19正常，20~25轻度，26~34中度，35~52重度。

35~45　发育期运动和日常操作运用：小于16正常，17~21轻度，22~27中度，28~44重度。

46~50　空间形态与视知觉：小于7正常，8~11轻度，12~14中度，15~20重度。

51~60　本体感(重力不安全症)：小于15正常，16~19轻度，20~24中度，25~40重度。

61~62　学习、情绪与自我形象感：小于3正常，4~5轻度，6~7中度，8重度。

63~64　心理承受压力及行为表现：小于3正常，4~5轻度，6~7中度，8重度。

附录四：孤独症儿童行为量表(ABC量表)

本量表是由Krug(1978年)编制的，共列出孤独症儿童的感觉、行为、情绪、语言等方面的异常表现57项，可归为5个因子，即感觉、交往、躯体运动、语言、生活自理，如表1-2所示。每项选择"是"或"否"的回答，对"是"的回答，按其在量表中的负荷大小分别评为1、2、3、4分。如第10项分值是3，只要儿童有该项表现，无论症状表现轻重都可评为3分。作者提出筛查界限分为53分，而诊断分为67分以上，本表由家长或抚养人填写。

表1-2　孤独症儿童行为量表

项　目	评　分				
	S	R	B	L	S
	I	II	III	IV	V
1. 喜欢长时间地自身旋转					
2. 学会做一件简单的事，但是很快就"忘记"					
3. 经常没有接触环境或进行交往的要求					
4. 往往不能接受简单的指令(如坐下、来这儿等)					
5. 不会玩玩具等(如没完没了地转动或乱扔、乱揉等)					
6. 视觉辨别能力差(如对一种物体的大小、颜色或位置等特征的辨别能力差)					
7. 无交往性微笑(如无社交性微笑，即不会对人点头、招呼、微笑)					
8. 代词运用颠倒或混乱(如把"你"说成"我"等)					
9. 长时间地总拿着某件东西					
10. 似乎不在听人说话，以致怀疑他(她)有听力问题					

续表

项 目	评分				
	S	R	B	L	S
	I	II	III	IV	V
11. 说话无抑扬顿挫(不合音调),无节奏					
12. 长时间地摇摆身体					
13. 要去拿什么东西,但又不是身体所能达到的地方(即对自身与物体距离估计不足)					
14. 对环境和日常生活规律的改变产生强烈反应					
15. 当和其他人在一起时,对呼唤他(她)的名字无反应					
16. 经常做出前冲、旋转、脚尖行走、手指轻掐轻弹等动作					
17. 对其他人的面部表情或情感没有反应					
18. 说话时很少用"是"或"我"等词					
19. 有某一方面的特殊能力,似乎与智力低下不相符合					
20. 不能执行简单的含有介词语句的指令(如把球放在盒子上或把球放在盒子里)					
21. 有时对很大的声音不产生吃惊的反应(可能让人感到儿童听力有问题)					
22. 经常拍打手					
23. 发大脾气或经常发大脾气					
24. 主动回避与别人进行眼光接触					
25. 拒绝别人接触或拥抱					
26. 有时对很痛苦的刺激(如摔伤、割破或注射)无反应					
27. 身体表现很僵硬,很难抱住(如打挺)					
28. 当被抱时,让人感到他(她)肌肉松弛(不紧贴着抱他(她)的人)					
29. 以姿势、手势表示所渴望得到的东西,而不倾向于用语言表示					
30. 常用脚尖走路					
31. 用咬人、撞人、踢人等来伤害他人					
32. 不断地重复短句					
33. 游戏时不模仿其他儿童					
34. 当强光直接照射眼睛时,经常不眨眼					
35. 以撞头、咬手等行为来自伤					
36. 想要什么东西不能等待(一想要什么就马上要得到什么)					
37. 不能指出五个以上物体的名称					
38. 不能发展任何友谊(不会和小朋友来往、交朋友)					
39. 有许多声音的时候常常掩着耳朵					
40. 经常旋转碰撞物体					
41. 在训练大小便方面有困难(不会控制大小便)					
42. 一天只能提出五个以内的要求					
43. 经常受到惊吓或非常焦虑、不安					
44. 在正常光线下斜眼、闭眼、皱眉					
45. 若没有别人的帮助,不会自己给自己穿衣					
46. 一遍一遍地重复一些声音或词					

续表

项目	评分				
	S I	R II	B III	L IV	S V
47. 瞪着眼看人,好像要"看穿"似的					
48. 重复别人的问话和回答					
49. 经常不能意识到所处的环境,并且可能对危险情况不在意					
50. 特别喜欢摆弄某种单调的东西,或着迷于某种游戏、活动等(如来回地走或跑、没完没了地蹦、跳、拍、敲)					
51. 对周围东西喜欢触摸、嗅和(或)尝					
52. 对生人常无视觉反应(对来人不看)					
53. 纠缠在一些复杂的仪式行为上,就像缠在魔圈内(如走路一定要走一定的路线,饭前或睡前或干什么以前一定要把什么东西摆在什么地方或做什么动作,否则就不睡、不吃等)					
54. 经常毁坏东西(如玩具、家里的一切用具很快就弄破了)					
55. 在两岁半以前就发现该儿童发育延迟					
56. 在日常生活中至今仅会用 15 个但又不超过 30 个短句来进行交往					
57. 长期凝视一个地方(呆呆地看一处)					

附录五:儿童孤独症评定量表(CARS)

儿童孤独症评定量表(Childhood Autism Rating Scale,CARS)由 Schoplen(1980 年)编制,是由 15 项内容组成,由检查者使用的评定量表。本量表每项按 1~4 级评分,总分大于或等于30~36,并且低于 3 分的项目不足 5 项可诊断为轻、中度孤独症,总分高于30分且至少有 5 项的评分高于 3 分则评为严重孤独症。

1. 人际关系

1分:与年龄相当——与年龄相符的害羞、自卫及表示不同意。

2分:轻度异常——缺乏一些眼光接触,不愿意,回避,过分害羞,对检查者反应有轻度缺陷。

3分:中度异常——回避人,要使劲打扰他(她)才能得到反应。

4分:严重异常——强烈地回避,儿童对检查者很少反应,只有检查者强烈地干扰,才能产生反应。

2. 模仿(词和动作)

1分:与年龄相当——与年龄相符的模仿。

2分:轻度异常——大部分时间都模仿,有时激动,有时延缓。

3分:中度异常——在检查者强烈的要求下有时模仿。

4分:重度异常——很少用语言或运动模仿他人。

3. 情感反应

1分:与年龄相当——与年龄、情境相适应的情感反应,愉快不愉快,以及兴趣,通过面部表情姿势的变化来表达。

2分:轻度异常——对不同的情感刺激有些缺乏相应的反应,情感可能受限或过分。

3分:中度异常——不适当的情感的示意,反应相当受限或过分,或往往与刺激无关。

4分：严重异常——极刻板的情感反应，对检查者坚持改变的情境很少产生适当的反应。

4. 躯体运用能力

1分：与年龄相当——与年龄相适应的利用和意识。
2分：轻度异常——躯体运用方面有点特殊，某些运动刻板，笨拙，缺乏协调性。
3分：中度异常——有中度特殊的手指或身体姿势功能失调的征象，摇动旋转，手指摆动，脚尖走。
4分：重度异常——如以上所描述的症状严重而多次发生。

5. 与非生命物体的关系

1分：与年龄相当——适合年龄的兴趣运用和探索。
2分：轻度异常——轻度的对东西缺乏兴趣或不适当地使用物体，像婴儿一样咬东西，猛敲东西，或者迷恋于物体发出的吱吱叫声或不停地开灯、关灯。
3分：中度异常——对多数物体缺乏兴趣或表现有些特别，如重复转动某件物体，反复用手指尖捏起东西，旋转轮子或对某部分着迷。
4分：严重异常——严重的对物体不适当的兴趣、使用和探究，如以上情况频繁地发生，很难使儿童分心。

6. 对环境变化的适应

1分：与年龄相当——对改变产生与年龄相适应的反应。
2分：轻度异常——对环境改变产生某些反应，倾向于维持某一物体活动或坚持相同的反应形式。
3分：中度异常——对环境改变出现烦躁、沮丧的征象，当干扰他(她)时很难被吸引过来。
4分：严重异常——对改变产生严重的反应，假如坚持把环境的变化强加给他(她)，儿童可能逃跑。

7. 视觉反应

1分：与年龄相当——适合年龄的视觉反应，与其他感觉系统是整合方式。
2分：轻度异常——有的必须提醒儿童去注意物体，有的全神贯注于"镜像"，有的回避眼光接触，有的凝视空间，有的着迷于灯光。
3分：中度异常——经常要提醒他们正在干什么，喜欢观看光亮的物体，即使强迫他(她)，也只有很少的眼光接触，盯着人看，或凝视空间。
4分：重度异常——对物体和人的广泛而严重的视觉回避，着迷于使用"余光"。

8. 听觉反应

1分：与年龄相当——适合年龄的听觉反应。
2分：轻度异常——对听觉刺激或某些特殊声音缺乏正常反应，反应可能延迟，有时必须重复声音刺激，有时对大的声音敏感，或对此声音分心。
3分：中度异常——对听觉不构成反应，或必须重复数次刺激才产生反应，或对某些声音敏感(如很容易受惊、捂上耳朵等)。
4分：重度异常——对声音全面回避，对声音类型不加注意或极度敏感。

9. 近处感觉反应

1分：与年龄相当——对疼痛产生适当强度的反应，正常触觉和嗅觉。
2分：轻度异常——对疼痛或轻度触碰、气味、味道等有点缺乏适当的反应，有时出现婴儿吸吮物体的一些表现。

3分：中度异常——对疼痛或意外伤害缺乏反应，比较集中于触觉、嗅觉、味觉。

4分：严重异常——过度地集中于触觉的探究感觉而不是功能的作用(吸吮、舔或摩擦)，完全忽视疼痛或过分地做出反应。

10. 焦虑反应

1分：与年龄相当——对情境产生与年龄相适应的反应，并且反应无延长。

2分：轻度异常——轻度焦虑反应。

3分：中度异常——中度焦虑反应。

4分：严重异常——严重的焦虑反应，可能儿童在会见时不能坐下，或很害怕，或退缩等。

11. 语言交流

1分：与年龄相当——适合年龄的语言。

2分：轻度异常——语言迟钝，多数语言有意义，但有一点模仿语言。

3分：中度异常——缺乏语言或有意义的语言与不适当的语言相混淆(模仿言语或莫名其妙的话)。

4分：严重异常——严重的不正常言语，实质上缺乏可理解的语言或运用特殊的离奇的语言。

12. 非语言交流

1分：与年龄相当——与年龄相符的非语言交流。

2分：轻度异常——非语言交流迟钝，交往仅为简单的或含糊的反应，如指出或去取他想要的东西。

3分：中度异常——缺乏非语言交往，儿童不会利用或对非语言交往做出反应。

4分：严重异常——特别古怪的和不可理解的非语言交往。

13. 活动很大

1分：与年龄相当——正常活动水平，不多动亦不少动。

2分：轻度异常——轻度不安静或有轻度活动缓慢，但一般可控制。

3分：中度异常——活动相当多，并且控制其活动量有困难，或者活动相当少或运动缓慢，检查者很频繁地控制或以极大努力才能得到反应。

4分：严重异常——极不正常的活动水平，要么是不停，要么是冷淡的，很难得到儿童对任何事件的反应，几乎不断地需要大人控制。

14. 智力功能

1分：与年龄相当——正常智力功能，无迟钝的证据。

2分：轻度异常——轻度智力低下，技能低下表现在各个领域。

3分：中度异常——中度智力低下，某些技能明显迟钝，其他的接近年龄水平。

4分：严重异常——智力功能严重障碍，某些技能表现迟钝，另外一些在年龄水平以上或不寻常。

15. 总的印象

1分：与年龄相当——不是孤独症。

2分：轻度异常——轻微的或轻度孤独症。

3分：中度异常——孤独症的中度征象。

4分：严重异常——非常多的孤独症征象。

语言障碍是儿童自闭症的核心症状之一，所有自闭症患者在这一领域都存在明显的滞后和障碍。本章从不同维度和不同程度，对自闭症儿童语言障碍的症状表现及成因进行了详尽的归纳与总结。本章的学习内容，将为读者对自闭症儿童语言发展水平进行评估提供一定的参考，也有助于医疗、心理及教育层面的治疗者与教育者选择有效的治疗、教育方案。

第二章　自闭症儿童语言障碍的症状

核心概念

语言障碍；代词逆转；创造新词；语用

第一节　自闭症儿童语言障碍的特征

自闭症儿童语言障碍是指儿童在理解或运用语言符号及规则方面发生的问题或者儿童语言能力的发展明显落后于同龄伙伴的水平。心理学关于自闭症儿童语言障碍的研究主要集中于语言的四大范畴研究，即语音、语义、语法和语用。在语言发展上的延缓和异常这两大基本特点是自闭症儿童语言障碍的主要表现。

一、自闭症儿童在语言范畴中的特征

1. 语音

Dawson 等人[1]的研究表明，虽然多数自闭症儿童的语音较为清晰，但其语音发展较正常儿童迟缓，语音错误与正常儿童和弱智儿童非常类似，他们与正常儿童和弱智儿童所犯的语音错误不仅属于同类，而且错误频率也差不多；尽管自闭症儿童的语言能让人听懂，但往往缺乏日常生活中人们应有的语调及重音。Duchan 的研究[2]还发现，与正常儿童相比，自闭症儿童更容易犯重音错误；而 Augusty 等人的研究发现，自闭症儿童在韵律的感知与表

---

[1] Dawson G. & Adams A. Imitation and Social Responsiveness in Autistic Children. Journal of Abnormal Child Psychology, 12. 1984.

[2] Duchan J. Clinical Interaction with Autistic Children: The Role of Theory. Topics in Language Disorders, 4. 1984.

达方面与正常儿童相比有显著差异,这导致自闭症儿童说话的语调比较平缓呆板。徐琴芳[1]等国内学者也对自闭症儿童在发音上存在的异常作了一定程度的研究,其研究成果显示,自闭症儿童也存在构音障碍和声音障碍,说话时出现音素的替代、歪曲、遗漏和添加等言语异常现象,如 zh、ch、sh 与 z、c、s 分辨困难及分辨较迟等现象。

2. 语法

大量研究发现,自闭症儿童语法错误和异常是常见的,尤其在自发性言语中。例如,Scarborough 等研究者的研究表明,自闭症儿童倾向于运用范围较窄的语法结构。此外,研究者还发现,"代词逆转"是自闭症儿童语法异常的显著体现,他们在交流时出现说者与听者之间转换对话角色的困难。

3. 语义

从语义发展方面来看,自闭症儿童的语义发展比正常儿童要落后很多,Jill Boucher[2]最新的研究成果证明了这一点,而且他还发现自闭症儿童很少利用语义关系来理解语言。Johnny L. Matson 等人进一步指出,自闭症儿童的语义障碍表现在其对语言概念的高度信息处理和概念的灵活运用等问题上,他们不了解社会生活中的会话规则,经常使用一些与社会规则和语境相矛盾的语言,无法理解自己与他人是有区别的这一事实,不能根据会话双方的关系进行会话等。还有研究表明,自闭症儿童获得的词语或句子很少与意义有关,词汇的语音形式与意义内容并未完全整合在一起,因此他们一般不能利用语义关系来理解语言。虽然他们说出来的话语音清楚,合乎语法,让人听得懂,但是在语义上与交际毫无关系。

4. 语用

目前在关于自闭症儿童语言障碍症状的研究中,这一部分涉及面最广,研究成果也最丰富,主要包括了兴趣缺失、情境理解异常、会话技巧贫乏、使用新异词汇等方面。

有相关研究表明,自闭症儿童通常对语言及交际缺乏兴趣,他们很少自发地与别人交谈,谈话时也很少运用手势语;Shefi Perko 和 T. F. McLaughlin[3]曾对自闭症儿童进行了研究,发现其所存在的语用问题主要表现在三个方面:①不能区分说话者与听话者之间的关系及作用;②不能正确使用对话规则表示客气;③不能区分新旧信息以致错误使用不同的人称代词。

Frith 等发现自闭症儿童使用语境有困难,在阅读句子过程中不能借用语境加工信息,难以参照语境给出多音字的正确读音,而是倾向于根据词的一般含义发音,不能根据语境排列句子或进行整体推理;而 Losh 等人关于自闭症儿童情境叙述能力的实验则表明,自闭症儿童在叙事时,对交流对象和情境的敏感程度不够。

---

[1] 徐琴芳. 自闭症儿童的语言障碍及语言发展[J]. 中国特殊教育,2004,4:61～65.

[2] Jill Boucher. Language Development in Autism. International Journal of Pediatric Otorhinolaryngology, 2003: 159～163.

[3] Sheri Perko, T. F. McLaughlin. Autism: Characteristics, Causes and Some Educational Intervention. International Journal of Special Education, 2002, 17(2).

根据对以上自闭症语言障碍症状的研究现状，不难发现，国内外在此方面的研究相对较为成熟。不过就目前的总体趋势来看，由于此方面的研究主要集中在自闭症言语认知发展这个基本的主题之下，还没有形成系统的心理学理论和方法，还需要结合其他领域，如社会心理学，进一步进行全面具体的分析和整合。

二、自闭症儿童语言概貌特征的图景模式

1. 语言图景

语言图景(Language Profile)研究聚焦于语言各范畴的同步关系，该方法强调评估障碍儿童的多种语言技能，采用标准化的分析方法，将得到的障碍儿童的语言图景模式与年幼的普通儿童或其他种类的障碍儿童进行配对比较。这种个体语言图景的构成方式，可以概括出语言各范畴的相对强项和相对弱项的模式。

2. 自闭症儿童语言图景

在普通儿童语言发展的过程中，其语言各范畴间的发展关系相当密切，各范畴间的发展是高度制约、相互影响的关系，而来自发展或习得困难群体的语言的某个范畴则会出现选择性的障碍。

目前，自闭症儿童语言图景研究的结论主要倾向于以下两点。

第一，自闭症儿童语言出现的障碍形式包括语言形式(语言结构)和语言功能(语言运用)的脱节。也就是说，在语言的四个范畴，即语音、语义、语法和语用中，语言的表达形式相对没有障碍或者障碍程度较轻，但是语言的功能出现明显的障碍，如表2-1所示。

表 2-1 自闭症儿童语言图景

语言范畴	语音	语义	语法	语用
障碍程度	轻	重	重	重

结合前文所述，自闭症儿童在语言四大范畴中的特点，我们在此整理出自闭症儿童在语音上，即语言的表达形式上基本无障碍或障碍较轻，而在语言功能，即语义、语法及语用上则障碍较重。

第二，语用是自闭症儿童语言发展的核心障碍。自闭症儿童可能具有较为完整的语言知识，但在其语言发展过程中语用范畴技能弱势的图景相当清晰，而且这些语用困难将影响其词语意义的习得。例如，出现"隐喻式"和异常的言语，包括异常使用的但有意义的单词或者短语；自己创造的或者无意义的单词(新词)；模仿不适合当前情境的单词、短语；语用困难还将影响其语法的习得，如在与他人交流中，自闭症儿童吸引他人注意力的能力和讨论共同注意事件的能力较低，这就制约了其句法结构的发展。

如图 2-1 所示，语用作为自闭症儿童语言发展的核心障碍，直接对儿的语义和语法习得产生了一定影响，对语音的影响虽无语义和语法大，但也会有一定的影响，而儿童在语义、语法和语音上的障碍又会加重其语用障碍。

从"图景"的角度对自闭症儿童多项语言技能进行的考量，证明了不论自闭症个体所能达到的实际语言水平如何，他们都存在语言障碍的系统模式。因此，图景研究视野的重

要性在于，自闭症儿童的语言各范畴的表现确实存在不同步的现象。

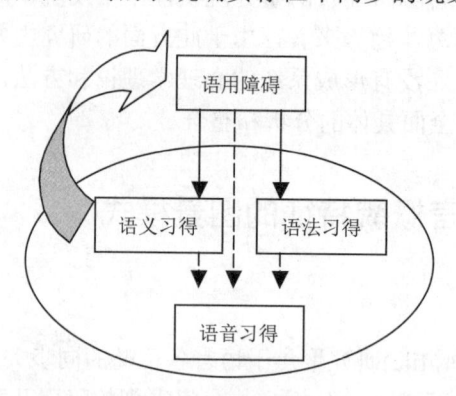

```
        ┌─────────┐
        │ 语用障碍 │
        └─────────┘
         ↙       ↘
   ┌─────────┐ ┌─────────┐
   │ 语义习得 │ │ 语法习得 │
   └─────────┘ └─────────┘
         ↘       ↙
        ┌─────────┐
        │ 语音习得 │
        └─────────┘
```

图 2-1　语用核心障碍示意图

三、自闭症儿童语言发展的一般特征[①]

1. 语言发展迟缓与缄默

与正常儿童语言发展相比，自闭症儿童的语言发展速率存在明显差异。例如，正常儿童两岁时已经能够较好地运用语言进行交流，能够用简短的词句向父母提出自己想得到某样东西的要求。但是在这个阶段，几乎所有的自闭症儿童难以使用语言，他们通常使用姿势让他人满足要求，如拉着他人的手到他想要的物体的地方。自闭症儿童语言的这种滞后发展状况一直延续到婴幼儿时期以后，他们的语言发展在语言发生之后的每一步都很缓慢。此外，他们几乎不会主动说话，即使说话也给人自言自语的感觉，有明显的障碍存在。

2. 回声式语言

回声式语言是自闭症儿童语言的经典特征。在自闭症儿童群体中属于常见现象。自闭症儿童的回声式语言具有两种不同的情况。一种是即时性回声，即儿童往往重复刚刚听到的所有话语或部分话语。例如，问一个自闭症儿童"你叫什么名字？"他的回答还是"你叫什么名字？"这种即时性回声语言又被称为"鹦鹉学舌"。另一种是延迟性回声语言，是指自闭症儿童重复在过去的某一时刻听到的话语。过去曾有一些研究者认为回声式语言没有价值，必须予以制止。但是，近年来的一些研究成果改变了这种看法。研究者开始认为，对自闭症儿童而言，回声式语言具有一定的功能性价值。在自闭症儿童不能理解话语，没有习得适当回应他人的语言技能时，回声式言语使他们具有交流的倾向，产生与交流对象谈话的轮流现象(话轮)，这样有利于他们和别人维持交流的过程。因此，在针对自闭症儿童进行语言教育的时候，特别是刚开始进行语言干预的时候，一味排斥回声式语言是不科学的做法。

3. 创造特异新词

在高功能自闭症儿童与成人中经常出现的自创特异词汇意义现象，被称为"创造新

[①] 李晓燕，周兢. 自闭症儿童语言发展研究综述[J]. 中国特殊教育，2006，12：60～66.

词"。在 Volden 等人的研究[①]中，研究者以生理年龄和语言技能为匹配标准，对 80 个自闭症儿童、弱智儿童和正常儿童使用的新词或特异性语言进行了编码。研究证实，自闭症儿童使用新词与特异性语言的频率随语言的复杂性增强而上升，而弱智儿童特异性语言的使用频率随语言能力的增长而下降。由此研究者认为，自闭症儿童的自创特异新词倾向与他们认知社会的能力和语言能力有关。

4. 代词逆转与回避

"代词逆转"是自闭症儿童运用语言时显现的另一个显著特征，被视为自闭症诊断的重要指标之一。通常情况下，自闭症儿童常把自己说成"你"，把交谈对象说成"我"，表明他们在交流时出现说者与听者之间转换对话角色的困难，反映出自闭症儿童在对自己和他人进行概念化加工的过程中存在问题。此外，自闭症儿童说话时还有回避使用人称代词的现象。一项横向匹配研究[②]发现，与非自闭症弱智儿童比较，自闭症儿童较少运用代词"我"的宾格，他们更多地使用指物或指人的名称代替代词。这些研究结果说明，大多数自闭症儿童在日常生活中有明显的人称代词使用问题，存在以其他名称指代自己或其他人、事的现象。

5. 语言韵律失调

人们常常感觉到，自闭症儿童说话的声音语调比较单调直板，无抑扬顿挫之感，还会出现异常的高声尖叫。之所以出现这样的情形，是因为自闭症儿童在韵律的感知与表达方面与正常儿童相比有显著差异。这些儿童虽然能感知到通过口头呈现的故事中的韵律线索，但是不能把感知到的这种韵律线索运用到表达性语言中。即便是高功能自闭症儿童，也较少能采用有效的语调模式参与交流，他们或是将语调信号随意地传递给听者，或是完全系统性地错误运用语调。

6. 缺乏有效交流

尽管有些自闭症儿童的语音、词汇、语义和语法能力接近正常儿童的水平，但是在具体的社会情境中，他们不能有效地理解和运用语言。其具体表现是：对他人发起的交谈没有反应；即使参与交谈或回应他人，对当时进行的话题反馈也较少；交谈时维持话题较为困难，常常提供与主题无关的评论，因而对话难以有效地维持。

第二节 自闭症语言障碍的成因分析

就目前的研究来看，自闭症儿童语言障碍的成因研究较少，大多属于一定基础之上的理论假设，主要包括生理原因和心理原因两个方面。和症状研究类似，成因分析研究也主要集中在言语认知机制这一领域。

---

① Volden J. Lord C. Neologisms and Idiosyncratic Language in Autistic Speakers. Journal of Autism and Developmental Disorders, 1991, 21(2): 109～130.

② Jordan R R. An Experimental Comparison of the Understanding and Use of Speaker—Addressee Personal Pronouns in Autistic Children. British Journal of Disorder Communication, 1989, 24: 169～179.

一、生理原因

1. 脑损伤或者脑发育不全

首先，脑损伤或者脑发育不全，可能是导致自闭症患者出现言语障碍的原因之一。Frith(1989年)研究发现，自闭症儿童虽然能够记住所用的词汇，但却不能抽取段落大意，这可能是由于其脑发育不全而造成的心理状态归因能力的欠缺所致。而 Rutter 等人认为，自闭症患者的语言障碍是由于先天性器质病变引起的。

2. 听觉损伤

自闭症患者普遍存在的听觉损伤可能比智力低下对自闭症症状程度的影响还要大。电生理研究也为影响自闭症患者语言发展的听觉加工缺陷提供了生物学证据，有言语的自闭症儿童存在颞横回的听觉输入异常。

3. CNTNAP2 基因

2008年，美国加州大学洛杉矶分校 Alar-con 报告，一个与自闭症有关的基因，可能也是导致儿童最常见的语言障碍的因素之一。科学家发现，一个叫作 CNTNAP2 的基因最可能解释常见的语言障碍问题。CNTNAP2 基因的变异可能影响了一种蛋白质的产生，而这种蛋白质对于胎儿神经系统，乃至日后语言能力的发展具有重要的作用。研究者指出，男孩自闭症发生率是女孩的3倍，也许该研究结果可以部分解释此现象。

二、认知发展异常

关于自闭症语言障碍成因分析的研究，主要还是集中在认知过程异常上。这与自闭症的成因研究是相辅相成的。总体来说，主要有以下三种观点。

1. 元表征缺失

Leslie(1991年)，Frith(1992年)提出，自闭症是由"元表征缺失"所造成的，而元表征的缺失是由于自闭症儿童缺少一种与生俱来的大脑机制，这样他们就会缺乏中央信息处理的能力，无法将分散的信息整合为有意义的信息，也就导致了其语言学习和使用的异常。

2. 缺乏语言学习的内部装置

一些研究者根据语言获得理论中的核心理论——"制约论"，提出了自闭症儿童语言障碍的内在原因，即缺乏语言学习的内部装置。他们认为，自闭症儿童在言语学习的认知机制上存在着先天性的制约或者缺失。这一观点目前在成因分析上占主导地位，但较为宽泛，有待进一步确定是认知机制中哪一环节出现的异常导致了语言障碍的发生。

3. "时间分析"不足

Boucher 根据"时间分析"不足理论提出了自己的观点。他认为自闭症的语言障碍在于他们在对言语的时间分析上存在能力的不足，进而导致语法和语义学习上的缺陷。这一假设较为新颖，但目前还没有得到充分的证据支持，有待进一步分析。

三、社会、情绪等方面的作用

研究者还从社会环境、情绪体验的角度来解释自闭症儿童出现语言障碍的原因。有研究者认为，自闭症儿童的行为异常可导致个体与环境之间的互动出现障碍，影响到他们的语言社会环境，这种异常的语言环境与言语的脑机制相互作用，最终导致语言障碍的形成。同样，Duchan[①]等研究者主张从言语获得理论中的"语用论"和"社会的、情绪的相互作用"的角度来分析自闭症患者的语言障碍，自闭症患者的情绪体验会影响其言语理解和学习的效果。也就是说，当前的成因研究，不仅较为注重语言障碍的内在机制，更关注其与外界因素的相互作用。

目前，关于自闭症语言障碍成因方面的研究为数不多，基本上还停留在理论假设或者猜想的阶段，这其实也是自闭症本身成因难以确定的体现。虽然缺乏统一和有效的验证，但是这一领域的研究正在逐步完善，即内部认知机制与外部环境因素的相互作用。因此，接下来的研究可以从这一主题出发，结合症状分析，从细节入手，进而推论整体。

第三节 自闭症语言障碍的训练

一、自闭症语言障碍心理干预形式

目前，关于专门的自闭症语言障碍的心理干预研究还较少，大多是基于自闭症心理干预方法之下的延伸，主要有以下几种分类方法可以进行总结。

1. 从心理干预对象数量上分类

从心理干预对象数量上来分，可以将其分为个体干预和团体干预。个体干预就是使用一种或多种心理干预方法对某一自闭症患者进行干预的研究。例如，赵晓妍[②]采用图片交换沟通系统(PECS)对一名自闭症患者进行了语言干预就属于个体干预。团体干预则是对多个自闭症患者的集体干预(详细方法见第七章)。

2. 从干预对象上分类

从干预对象的角度来分，又可以将其分为患者干预和家庭干预。患者干预指的是只有自闭症患者参与的心理干预，这一方法在此领域较为普遍。家庭干预指的是患者及其家庭成员共同参与的干预。由于家庭在自闭症干预中有着不可替代的作用，因此在自闭症语言

---

① Duchan J. Describing the Unusual Behavior of Children with Autism. Department of Communicative Disorders and Sciences. Center of Cognitive Science, State University of New York at Buffalo, Buffalo, J Commun Disord. 1998, 31(2)：92～110.

② 赵晓妍. 图片交换沟通系统(PECS)在自闭症儿童语言训练中的运用——无语自闭症儿童语言训练的个案研究[J]. 现代特殊教育，2007(6).

障碍的心理干预过程中，家庭训练这一形式也受到越来越多的重视和运用。

3. 从干预性质上分类

从干预性质上来分，又可以将其分为语言干预(语言训练)和辅助性干预。语言干预是指针对自闭症语言障碍的言语方面的训练和干预，包括发音训练、沟通训练、听说训练等。言语训练往往与听觉训练结合使用，如龚群等人[①]使用听觉统合训练对自闭症语言障碍患者进行心理干预。辅助性干预是指除主要的言语干预外，其他的一些起到辅助性效果的干预方法，如感统训练、任务完成、人际交往练习等，这些干预方法不直接从语言上进行训练，但能够间接地起到干预作用，因此也不可缺少。

总体来说，目前关于自闭症语言障碍的心理干预手段还是缺乏系统性，研究也缺乏长期的跟踪研究和科学的评估方法以判断其效果。因此，在以后的研究中，应该注意制定较为综合全面的干预方案，并制定科学可行的评估标准，使用纵向研究加以检验。

二、语言训练

上述自闭症儿童语言障碍干预形式中，在实际操作中最有影响的当属语言训练。

1. 自闭症儿童语言训练的阶段

自闭症儿童语言训练分为三个阶段，即评估阶段→训练阶段→巩固阶段。

第一阶段：评估阶段。

评估的主要目的是了解儿童的语言障碍特点，进而采取有针对性的干预方法。评估是整个训练取得良好效果的基础，正确的问题评估才能保证在方法选择上不出现太大的问题。

虽然语言障碍是自闭症儿童的典型症状之一，但其症状表现在每一个儿童身上却各有特点。例如，有些儿童在语音上和语法上几乎和同龄孩子的能力相当，而有些儿童则几乎没有语言能力；有些儿童有一定的理解能力，而有些儿童则无任何理解能力等。根据儿童的特点对症择法，是语言训练取得良好疗效的有效保证。

第二阶段：训练阶段。

训练阶段的主要任务是在选择适合儿童的训练方法后，实施有效的训练，该阶段是整个语言训练的主要阶段，其顺利实施的关键是训练方法的选择、训练计划的制订与实施。故该阶段应该注意如下几个问题。

(1) 要有一个适合儿童的语言训练干预目标，包括短期目标和长期目标。短期目标是指一个阶段儿童要实现的目标。长期目标是指儿童在某一个发展阶段要实现的目标。短期目标应该是实现长期目标过程中的阶段性目标，两者是相互对应的，一个个短期目标的实现，可以使长期目标的达成成为可能。

(2) 必须制订一个可行的训练计划，包括单次训练计划和阶段性训练计划。训练计划的制订首先要和训练目标保持统一。

(3) 每次训练都应该有计划实施状况反馈。针对每次训练的情形，干预人员都应该对

---

① 龚群，等. 听觉统合训练自闭症儿童语言障碍的疗效观察[J]. 中国妇幼健康研究，2010，21(2).

计划的实施状况进行总结与分析，看看哪些计划在训练中得以顺利实施，哪些计划无法完成。这样的分析能确保我们掌握训练方法的选择是否得当，计划的制订是否正确等，以保证训练的有效性。

第三阶段：巩固阶段。

这一阶段的主要任务就是评估训练效果，进行一些相关成果巩固训练及制订下一阶段的训练目标和计划。

2. 语言训练方法[①]

语言训练是自闭症儿童获取语言能力、提升语言水平和应对语言障碍最为有效的方法。一般包括语言前期训练→听觉训练→理解训练→发音训练→单音、单词训练→句子训练→理解、逻辑思维、叙述能力的训练等。此处所列各类训练方法的排序是按语言训练由低级目标至高级目标达成而列，或者说由初级语言训练至高级语言训练排列。

在对自闭症儿童实施语言训练时，可根据儿童的具体语言障碍状况，选择不同方法作为起始阶段。例如，语言障碍较为严重的儿童训练可从语言前期训练开始，而语言障碍较轻的儿童训练可选择适合他(她)的方法开始。

1) 语言前期训练的常用操作方法

(1) 视觉搜索追踪：拿一件孩子喜欢的物体放在他们眼前，移向不同的方向，吸引孩子的目光注视。

(2) 目光对视训练：利用孩子喜欢的物品来吸引他们，要求他们看父母或老师的眼睛，再把物品奖励给他。如果儿童不配合，则要用手固定其头部，只要他们看一眼就把物品奖给他们。当在生活中孩子有要求，要吃、要玩时，都要求他们用目光注视你，然后才满足他们的需要。

(3) 沟通欲望的培养：吸引儿童去玩各种玩具，当其对各种玩具感兴趣时，则要他们有目光或手势的表示，才给他们玩；通过户外活动培养孩子们的兴趣，改善其对环境的适应能力；多进行一些集体活动，以增强孩子们的互动交际能力。

2) 听觉训练的操作方法

听觉训练的操作方法，一般由简单的声音开始，先让孩子听一段声音，然后让其说出是什么声音。声音可以是动物的叫声、人的说话声、大自然的其他各种声音，然后过渡到一段音乐。

3) 理解训练的常用操作方法

(1) 配对训练：先利用实物，让孩子理解日常实物名称，还可以让其理解五官、日常动作的名称，再利用卡片让其能将实物与卡片配对、卡片与卡片配对。

(2) 动作模仿：先由简单动作开始，如拍手、挥手、踩脚、伸手等；再进行一些大动作，如跳、爬、飞等；以及日常生活动作，如洗脸、刷牙、梳头、睡觉等；或模仿使用物品，如使用牙刷刷牙、剪刀剪东西、梳子梳头、杯子喝水、勺子吃饭等。

(3) 听指令训练：先从简单的一步指令开始，内容简洁明确，如来、这里、坐一下、亲、抱，儿童完成后给予奖励。

4) 发音训练的常用方法

[①] 张荣花，陈景辉. 自闭症儿童语言障碍治疗方法[J]. 中国康复理论与实践，2008，14(3)：296～297.

(1) 如果孩子的构音器官存在运动功能障碍，则要进行训练，具体操作步骤包括咂唇、伸舌、左右摆舌、上下卷舌、鼓腮、弹舌、吹气、发短音"啊"、发长音"啊——"、张闭嘴。

(2) 可以配合口面穴位刺激，手指按摩应缓慢、均匀、力渗透，所按穴位有颊车、下关、迎香、地仓、水沟、承浆、廉泉(位于人体的颈部，当前正中线上，喉结上方，舌骨上缘凹陷处)。所按穴位位置如图2-2所示。

(3) 呼吸训练：发长音"啊——"；吹气球，吹口琴，吹纸条；俯卧撑，仰卧起坐，跑步；口呼吸，鼻呼吸，深呼吸，憋气；按压背部；声乐疗法。

发音训练要由简单到复杂，然后利用各种音的组合进行训练。治疗时可让儿童由模仿逐渐转向自己训练，训练中后期以说话整体的清晰度和自主说话量为主。

韵律训练应从以下几个方面进行：音的高低强弱、重音训练、语调的扬抑、速度的快慢、节奏舒缓等。

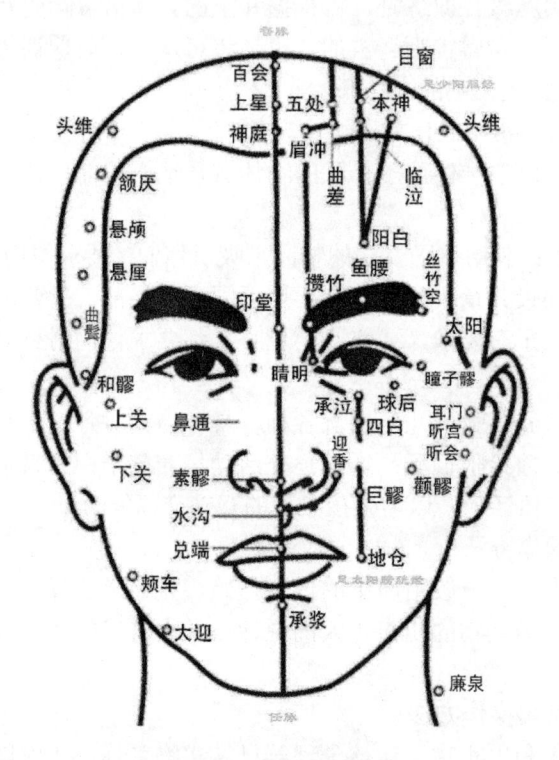

图2-2 口面穴位指示图

资料来源：http://www.xaxa16.com/2010/04/41311.html

5) 单音、单词的训练

对于没有言语表达能力的自闭症儿童，我们训练的主要方法还是在其现有的理解能力的基础上，进一步提高理解能力，让其掌握更多的知识，最大限度地提高孩子的语言理解水平。与此同时，对其进行单词水平的表达训练，可由手势符号开始，逐渐至语言符号。老师的声音要洪亮，表情要丰富，口型要夸张。可由一些简单的日常生活常用单词开始，让孩子感受发音的气息，口型的变化；感受到说话的乐趣。以多种方法去诱发孩子模仿口型、发音、说出单词。所发的音应从容易发的音开始，逐渐过渡到难发的音。通过学习尽量多掌握日常生活中经常使用的词汇，扩大单词量，为其学习句子做准备。

6) 句子训练

(1) 简单句训练。当孩子可以说一定量的单词时，可逐渐开始训练其说出二词句、三词句。例如，当其会说吃、饭、苹果、妈妈等词后，则可教妈妈吃、吃饭、吃苹果、妈妈吃饭、妈妈吃苹果等。当孩子可以理解常用词汇时，要进一步加大孩子的词汇量。从名词到动词，教其掌握同义词、反义词、空间方位词等，在教的时候要结合实例，通过演示、感受让孩子更好地去理解，并结合身边的实例让其应用。

在句子顺序、语法结构的训练方面，语言能力相对较好的自闭症儿童一般都是用单词、简单的句子来表达其所要表达的重点，且句子不完整，语法结构错误，句子前后顺序颠倒。教他们怎样度过这一阶段，学会正确的语法规则，完整地表达他们的需求与感受十分重要。首先当他们说出的话只有重要的语素时，我们要将正确的表达方式告诉他们，让其重复一次，然后再满足他们的需要。经过长期反复的训练，孩子慢慢会掌握一定的语言技巧。训练可以从最简单的和日常化的内容开始，如孩子想吃苹果，他们说出来的是"苹果"或只是说"吃、吃"时，要教其说"吃苹果""我要吃苹果"才给他们，然后逐渐增加句子的长度。当孩子的语法结构颠倒，如"我饼干要吃"，则要让他们说出"我要吃饼干"再满足他们，然后将其作为一种句型教给他们。自闭症儿童视觉记忆比较敏感，可以通过看图片说一句完整的话然后让儿童模仿，再让孩子看图片自己说一句话，逐渐增加句子的长度。

(2) 学舌式说话的矫正。学舌式语言的孩子表明他们有一定的语言能力，但没有互动的语言交流能力，缺乏有意识的语言交流，怎样诱发出有意识的互动的语言交流是训练的关键。我们要先教其认识各种事物，然后通过问答的方式进行互动语言训练，改善学舌式说话。例如，问"这是什么？"儿童也重复"这是什么？"要即时制止儿童，再问一次"这是什么？"然后回答"这是××"，让孩子重复"这是××"。通过多次重复训练，达到能正确回答提问的程度。同样也可以问功能性问题、季节性问题、常识性问题，让儿童学会回答问题，了解物品用途。在训练时一定要让其理解，不要死记硬背。

7) 理解、逻辑思维、叙述能力的训练

通过讲故事，提问故事中有哪几个人，发生了什么事，谁做了些什么，告诉我们什么道理。根据故事列出几条主要内容，打乱，让孩子排序，并讲出故事的主要内容，再进一步教其讲出这个故事。可以几个人进行故事的角色扮演，让孩子扮演其中一个角色，更好地理解故事的内容，发展其逻辑思维能力及人际沟通能力。可通过让孩子写日记，先从简单的一句话开始，逐渐过渡到一段话，让其把所看到的事或发生在他身边的事记下来、说出来。这对他的表达能力、思维能力有很大的帮助。

3. 自闭症儿童的语言训练原则

(1) 要通过详细的评估了解自闭症儿童现在的语言能力，制订有针对性的训练计划，选择合适的教材，因材施教，注意解决儿童的困难。

(2) 激发儿童的兴趣，所教内容要融于游戏或娱乐活动中。

(3) 激发儿童互动交流能力，多给儿童说话的机会，鼓励儿童多说话。

(4) 要尽量多用目光与儿童对视，这样既可以让儿童学习模仿，又可以鼓励儿童说话。

(5) 注意培养儿童的理解与沟通能力，达到交流的目的。
(6) 训练内容经常重复，由易到难。
(7) 视、动、听相结合，充分利用儿童的视觉优势去进行训练。

儿童语言障碍的矫正，不仅对自闭症儿童，对于其他语言障碍的患者来说都是最难的工作之一，因此无论是儿童家长、教师还是治疗师，都必须在具备足够的耐心和爱心的基础上，了解自闭症儿童的心理特征和语言学知识，掌握一定的教学技能，在实践中探索出一条适合儿童病情特征的教学方法。

总之，在自闭症儿童的语言训练中，通过正确的评估，找准存在的问题，应用正确的训练方法，一定能取得事半功倍的效果。

本章详细地描述了自闭症儿童心理创伤的特性及其与一般儿童心理创伤的区别,并对自闭症儿童心理创伤的有效应对方法进行了介绍。其主要内容为:自闭症儿童的心理创伤和一般儿童心理创伤一样有着不安、回避、退缩和压抑等表现,同时由于他们存在社会交往等障碍,自闭症儿童的心理创伤表现又有其自身的特点;在自闭症儿童心理创伤的应对方式上,相信自闭症儿童自身的生命力,给予孩子安全感,采取预防为主、防治结合等方式。

第三章 自闭症儿童心理创伤

核心概念

心理创伤;生活事件;安全感;预防为主

第一节 心理创伤概述

一、心理创伤的定义和类型

1. 心理创伤的定义

心理创伤(Trauma)一词来源于希腊语"损伤",既可指由某种直接的外部力量造成的身体损伤,也可指由某种强烈的情绪伤害所造成的心理损伤[1]。通常,人们将这种外部力量称为"生活事件"。心理创伤就是由和这些生活事件有关的天灾人祸所引发的一种强烈的情感反应,特别是危及生命的事件所导致的。目前,心理创伤的研究主要关注看似并未危及生命,实际上为慢性的负面情感积累,最终会导致情感、认知、行为及躯体部分或全面障碍性疾病,它可以在创伤数天、数月或数年后发生[2]。

2. 心理创伤的类型

在心理创伤的治疗实践中发现,年龄、性别、创伤源等因素使患者的临床特征存在较明显的差异,创伤影像学和治疗学的发展,也印证了这一点。

关于心理创伤的类型,现在多采用泰尔分类法:将发生在成年期的一次性创伤称为Ⅰ

---

[1] 杨蕴萍,王倩. 创伤:精神分析进展[D]. 北京安定医院,2005,10.
[2] 赵冬梅. 心理创伤的治疗模型与理论[N]. 华南师范大学学报,2009,(6):125~129.

型心理创伤；而将略微复杂一点的(持续时间较长的、反复发生的、开始于童年期的)称为Ⅱ型心理创伤，即复合型创伤。两类创伤的区别与联系如表 3-1 所示。

表 3-1　Ⅰ型心理创伤和Ⅱ型心理创伤的对比表

创伤类型	Ⅰ型创伤	Ⅱ型创伤
创伤诱因	多是急性重大危险事件	通常是生活经历中慢性应激事件
性质	急性	慢性
特点	形成创伤的时间是短暂的，或者是一次性的；可以发生在儿童和成人不同的阶段；并且形成创伤后持续时间不长，一般在三个月以内；有的自然愈合，有的经过治疗获愈	心理创伤形成时间长久，对个体身心影响广泛；可以发生在儿童和成人不同的阶段；一般不会自然愈合；症状表现复杂多样
分离症状	频率低	频率高
影像学病理反应	基本无广泛的功能及病理形态方面的改变	有广泛的功能及病理形态方面的改变
预后	相对较易	相对较难
二者的联系	Ⅰ型创伤可转化为Ⅱ型创伤	

根据表 3-1 的描述，我们可以概括出，Ⅰ型心理创伤一般是指由一次性的创伤事件所导致的剧烈害怕、无助或惊恐等的情感反应。在Ⅱ型心理创伤中，现在的创伤事件只是一个"扳机点"，其创伤源具有多重性，既有现实创伤，又有沉积创伤，同时受性格等因素的影响。二者无论在创伤诱因、症状特性表现、病理反应及预后上都有一定的区别。

3. 创伤后应激障碍(PTSD)及其诊断

心理创伤引起学者和有关人士的关注始于从越南战争回国后退伍的老兵，虽然他们的生活已经恢复了平静，可是他们感觉好像每天总是在战场上一样，不断地闪现出战争的画面，死去的战友，杀戮的场面，枪声喊声等；睡眠紊乱，情绪非常不稳定，对生活没有快乐感，每天生活在过去的回忆中，而且是片段性、零碎的。后来对这些退伍的老兵进行心理干预，并提出一个诊断名词——创伤后应激障碍。这使心理创伤研究的范围和深度得到更大、更快的发展[①]。

目前，在心理创伤的诊断中，影响最为广泛的是美国精神疾病诊断标准(DSM-IV-TR)中关于创伤后应激障碍的诊断。

在 DSM-IV-TR 中，急性应激障碍的诊断标准如下所述。

(1) 患者曾经历创伤性事件，存在以下两种情况。

① 患者亲自体验、目睹或遭遇某一或数件涉及真正的(或几乎会招致)死亡或严重损伤，或者涉及自己或他人躯体的完整性威胁事件。

② 患者有强烈的害怕、失助或恐惧反应。

(2) 在体验这种令人痛苦的事件之时或之后，患者会表现出下列诸项分离性症状。

① 麻木、脱离或没有情感反应的主观感觉。

② 他对周围的认识能力有所降低(如"发呆")。

---

① http://baike.baidu.com/view/1671150.htm.

③ 现实解体(自发地诉说外部世界的性质发生了改变,因而显得不真实,如感到现实世界疏远、缺乏生气、似乎是假的或者像舞台,人们在上面扮演着规定的角色,而不是自己的精神活动或身体的性质改变。病人一般知道这种改变是不真实的,否则为现实解体妄想)。

④ 人格解体(一种知觉障碍,特征为自我关注增强,但感到自我的全部或部分似乎是不真实、遥远或虚假的。这种改变发生时,感觉正常而且情感表达能力完整。觉得身体某部位变大、变小、分离、嵌合、空虚。自知力一般能保留,否则为人格解体妄想)。

⑤ 分离性遗忘(不能回忆该创伤的重要方面)。

(3) 以一种以上的方式,持续地重新体验到这种创伤事件:反复的印象、思想、梦、错觉、闪回发作或这种体验的生动再现感,或者是回忆上述创伤事件时的痛苦烦恼。

(4) 对于能引起创伤回忆的刺激,出现明显的回避(如思想、感受、谈话、活动、地点、人物)。

(5) 明显的焦虑或警觉增高症状(如难以入睡、烦躁、注意力不集中、警觉过高、过分的惊吓反应、坐立不安)。

(6) 此障碍产生了临床上明显的痛苦烦恼,或在社交、职业或其他重要方面的功能缺损,或者影响了患者继续其必需的事业,如花了不少时间去告诉家人这些创伤体验以期获得帮助。

(7) 此障碍至少可持续两天,最多不超过 4 周;并发生于创伤事件之后 4 周之内。

(8) 此障碍并非由于某种物质(如某种滥用药物、治疗药品)或由于一般躯体情况所致的直接生理性效应,也不可能归于短暂性精神病性障碍,而且不只是 DSM 多轴系统中已有轴Ⅰ(临床障碍)或轴Ⅱ(人格障碍)障碍的恶化加重。

二、儿童心理创伤的特点及干预

1. 儿童心理创伤的特点

儿童由于处于成长阶段,对于外界的刺激无法达到和成人一样的理解与接纳程度,特别是在遇到突发消极生活事件时,儿童的内心冲突和情绪反应较成人相比会更加激烈和异常。通常儿童心理创伤可以表现为以下几种特性[1]。

第一是极度不安。儿童会因为微弱的不良刺激而极度警觉,惊恐不安,难以平静。

第二是回避。儿童对应激突发事件表现出异常的反应,身心疲惫。

第三是心理退缩。当遇到应激事件时,儿童无法积极面对,往往以不符合其年龄,较为幼稚的行为方式应对,以明显的退行表现获得一时的消极慰藉。

第四是压抑。儿童表面虽无明显表现,但其内心却强烈激荡,处于一触即发状态。

Yule 及 Williams(1990 年)的研究表明[2],儿童受到心理创伤后确实会出现困扰性行为和感受,如果没有得到及时妥善的治疗和帮助,则会影响他们的正常发展,尤其是心理的发展。

---

[1] [美]科恩. 心理创伤与复原[M]. 耿文秀译. 上海:华东师范大学出版社,2009.
[2] 毛颖梅. 儿童创伤后应激障碍及其游戏治疗[J]. 中小学心理健康教育,2009(5):7～9.

2. 校园创伤

和成年人一样，儿童心理创伤根据不同的分类标准可分为多种类型。在这里，我们仅就儿童生活的主要社会环境所产生的创伤，即校园创伤进行描述。

心理创伤行为界定[①]具体如下所述。

(1) 学生或教师的创伤性突然死亡或严重伤害(例如，由于儿童突然死亡综合征、窒息、事故、运动场事件、校车惨案、自然灾难、炸弹爆炸等引起的伤害)。

(2) 患有晚期疾病的学生或教师死亡。

(3) 在幼儿园、学校或其他机构发生追尾或儿童绑架事件。

(4) 外部人员在校园内向其他人威胁使用暴力。

(5) 由下列原因导致的建筑物的重大损害：火灾，炸弹恐吓，通过加热或冷却系统的化学品渗透，自然灾害(飓风、地震、洪水)。

(6) 长期被迫离家上学与父母分离。

(7) 睡眠障碍或与创伤性事件相关的噩梦。

(8) 各种躯体不适主诉，包括头痛，胃痛，小便、大便失禁或其他自创性事件发生后的各种退行性行为。

(9) 以伤心、哭泣或退缩等形式表达的悲伤情绪。

(10) 沉溺于死亡或更多的语言形式表达的自杀想法。

3. 儿童心理创伤的干预目标

任何一种心理治疗与干预都要以一个切实可行的目标为起点，儿童心理创伤的干预也如此。

通过干预可使儿童降低长期心理忧虑的风险，接受为适应创伤性事件所需的心理和社会性支持，表达悲痛并且使用一种健康适当的方法处理损失，克服对伤害的恐惧，并重返正常功能水平。

第二节　自闭症儿童的心理创伤

一、自闭症儿童的心理创伤模式

心理创伤可以影响整个人，包括身体、智力、情绪和行为的改变。儿童因为发育尚不成熟，其受到的消极影响大于成人是不言而喻的。正常儿童尚且如此，对于那些在心智特质、感觉能力、神经动作或生理特质、社会行为和沟通能力方面偏离一般儿童，或具有多重障碍的自闭症儿童来说，创伤的影响将会更加严重。因此，研究与分析这类儿童的心理创伤，对于增强自闭症儿童心理干预的有效性有着重要的意义。

---

① 梁军，译. 危机干预与创伤治疗方案[M]. 北京：中国轻工业出版社，2004：104～105.

1. 创伤模式①的分类

关于创伤模式，心理学家从各种独特的视角对其作了解读。

1) 皮亚杰式创伤模式

皮亚杰从创伤经历受害人的主观解释、行为模式、认知模式等方面勾画出皮亚杰式创伤模式。

从心理学角度来看，皮亚杰式创伤模式是一个脱节的模式。当精神创伤发生时，它既有被其他结构(认知)同化的倾向，也完全有可能被卷进一种慢性的疾病当中，也可以延伸到所谓创伤过程之中。例如，一位自闭症患儿在公园玩耍时，心爱的玩具被他人抢走，因此产生拒绝去公园玩的行为，就是因为公园的场景很容易让儿童联想起被欺负的场景。在精神分析中，这是症状原发性获益的来源，也可以用神经症性的防御机制来加以理解。

2) 费弗尔式创伤模式

费弗尔等指出，创伤模式包括：精神创伤发生以后有组织的感知和行为；实质为一种抗争/逃避脱节的行为结构；可以引起大量的感知和认知上的歪曲；有扩散(泛化)到其他精神范畴中的倾向(如泛化的焦虑)。

2. 自闭症儿童的创伤模式

1) 自闭症儿童创伤应激反应特点

由于自闭症儿童的症状，即语言、社会交往及行为等障碍，自闭症儿童在遇到创伤性事件后的表现与正常儿童有很大差异性。如表 3-2 所示。

表 3-2 自闭症儿童与一般儿童应对生活事件的态度

		一般儿童	自闭症儿童
创伤事件发生	情绪	极度警觉；惊恐不安；难以平静	惊恐；焦虑等
	行为	极度不安；回避；心理退缩；压抑	尖叫；大哭或大笑；攻击或自伤
	语言	基本上能清晰地描述事件给自己带来的内心不安及消极影响	表述不准确或无法表述
	障碍	通过儿童的情绪与行为，很容易发现儿童处在创伤后应激障碍中	通过儿童的情绪与行为，无法发现其遭受创伤

根据表 3-2，自闭症儿童在遇到创伤事件后，在情绪上无法准确反映创伤给自己造成的伤害，在语言上也无法准确描述自己的感受，在行为上会以异常行为显现创伤事件给自己带来的伤害。因此，我们很难按一般儿童的创伤后应激事件模式分析自闭症儿童的心理创伤。

2) 自闭症儿童创伤模式的具体表现

根据前文所述，这里我们对自闭症儿童的创伤模式进行详细描述。在精神创伤发生时，自闭症儿童特有的主观解释、认知模式和行为模式会使这类儿童对待"事件"产生特有的

---

① 施琪嘉. 创伤心理学[M]. 北京：中国医药科技出版社，2006：22～26.

反应。例如,遇到心爱物品遭到抢夺的自闭症儿童,无法像一般儿童那样理解抢夺者及其行为给自己造成的伤害,也不懂得保护自己,因此他们事后最多的行为就是不断地重复创伤事件的核心词汇,如自己心爱的汽车模型被抢,就会不断说"汽车没了"。创伤事件出现后,自闭症儿童一般不会将事件与自己的情绪反应联系在一起,他们会把创伤事件带来的负面情绪泛化到自己所有生活事件中。并且,由于自闭症儿童的语言障碍,他们无法接受一般性创伤治疗,所以,相对于其他人群,一旦Ⅰ型心理创伤发生在自闭症儿童身上,更容易向Ⅱ型心理创伤转化。

二、自闭症儿童心理创伤的应对理念

根据以上对自闭症儿童心理创伤特性的描述,下面我们以存在心理治疗的理论为基础,对自闭症儿童此类特性加以分析,并概括出应对自闭症儿童心理创伤的核心理念。

1. 相信自闭症儿童的生命力

存在心理治疗对人的看法是依据整体论,其典型特点是大整体观,它不仅把个体的自我看作一个完整的心理实体,也把个体与他人、社会、自然联系在一起,构成一种内外一致的人格整体,任何人的内心深处都竭力要保持生命的整体性和一致性[①]。对于自闭症儿童来说,他们同样有能力维持自身的一致,有能力将自身与社会、自然联系在一起。因此,在实施对自闭症儿童的心理治疗时(也包括家庭教养),首先应当相信孩子的生命力,尊重孩子的个体特性,而不要根据治疗者或家长自己的需要安排孩子的一切生活。自闭症儿童的心理创伤确实是一个治疗难题,解决难题的前提就是信心,而这种信心只能来自我们对孩子生命力的信赖。

2. 给予孩子安全感

存在心理治疗是一种主观的平等关系的治疗,治疗的最终目的不是追求十全十美,而是使人体能够根据自己的能力,创造性地、建设性地生活。对于自闭症儿童的治疗来说,既要考虑其个性特点,更要考虑到其本质属性,为儿童提供人道的、以儿童为中心的治疗方式,相信儿童发展、成长的能力,为其创造出无条件的成长空间,增强儿童的安全感。

安全感是人与人进行交往、建立信任关系的前提。如果儿童对他人缺乏安全感,他们就不敢或不愿与别人进行交往。一个人是否拥有安全感,是否体验到足够的安全感,对其行为方式和价值体系的形成会产生重要影响,也会对其人格的健康发展产生重要的影响[②]。假如在与别人交往的过程中儿童的安全感遭到了破坏,他们的社交意愿也可能遭到阻抑。在章节后面研究案例Y的案例中,她的不安全感可通过不接受任何人的任何礼物表现出来,此外,活动中所有的游戏材料均是Y自己准备的,她从不动用治疗室中的任何设备。

在心理创伤治疗的目标中,最重要的是让儿童自己有明确的安全感,这就要求我们要

---

① 雷美位,谢立平. 存在主义的心理学方法论探析[N]. 长沙理工大学学报(社会科学版),2007,22(2):30～32.

② 潘福勤. 安全感对学前儿童心理健康发展的重要影响[J]. 山东教育,2002(9):51～52.

营造一种良好的环境氛围,老师、家人及其他接触自闭症儿童的成年人都应该内心稳定、心理健康。另外,对于社会来说,应当推广融合教育的发展,创造更多的机会能让孩子回归到正常儿童的生活中。

3. 自闭症儿童心理创伤以预防为主,防治结合

由于自闭症儿童自身在语言、情感方面存在的障碍,自闭症儿童在遭遇创伤性事件时更容易出现应激反应,且一般持续时间较长。因此,在平时生活中当以预防为主,尽量避免让孩子受到创伤。当然,这就需要家庭、学校、社会三线联合起来,为自闭症儿童提供良好的生存环境,对孩子日常的变化多加关注,一旦应激事件发生应当及时处理。

对社会弱势群体的保护程度是一个社会文明程度的标志之一。因此,研究者期望社会各界能最大程度地对自闭症儿童给予关注,期待社会对自闭症儿童接纳程度的增大,希望自闭症儿童的心理创伤在社会的关怀下愈合,在社会的呵护中消失。

三、自闭症儿童心理创伤的治疗性干预

1. 治疗性干预的具体实施

由于自闭症儿童的症状特点,所以遇到创伤事件可使儿童产生一定的应激反应,相对于其他群体,其治疗和干预效果均难达到理想状态。但是,必要的心理创伤干预还是不可缺少的,如果选择了良好的干预方法并实施了适当的干预,还是能够起到缓解和疏导儿童情绪的作用的。

自闭症儿童创伤后应激问题治疗性干预具体实施方法如下所述。

(1) 进行广泛的心理社会评估,包括创伤前的活动、创伤时的社会支持反应以及创伤对心理处理的影响与抑制。

(2) 确定能够提供社会支持的可信赖者。

(3) 书写一份让他人参与情感支持的计划。

(4) 澄清儿童对创伤事件的记忆。

(5) 确定家庭治疗及家庭治疗的参与者。

(6) 向家庭成员传授对待儿童应激事件的技巧。

(7) 监视儿童对待创伤特有的情绪与行为反应。

(8) 选择有效的疗法,如艺术疗法、游戏疗法、行为放松疗法等。

2. 治疗方法

1) 艺术疗法[①]

艺术疗法又称艺术治疗,是心理治疗的一种。一般心理治疗多以语言为沟通、治疗的主要媒介,而艺术治疗特色最为鲜明,主要是以提供艺术素材、活动经验等作为治疗的方式。

美国艺术治疗协会在 20 世纪 80 年代对艺术治疗所下的定义为:艺术治疗提供了非语

---

① http://baike.baidu.com/view/734781.htm.

言的表达和沟通机会。艺术治疗的领域有两个主要取向：艺术创作便是治疗，这种创作的过程可以缓和情绪上的冲突，有助于自我认识和自我成长；若把学习艺术应用于心理治疗，则学生所创作的作品和关于作品的一些联想，对于维持个人内在世界与外在世界平衡一致的关系有极大的帮助。由此可见，艺术治疗的两种取向中，一种为心理分析导向的艺术治疗模式。此模式中，艺术成为非语言的沟通媒介，配合当事人对其创作的一些联想和诠释来抒发负面情绪，解开心结。另一种取向则倾向于艺术本质。通过艺术创作，缓和情感上的冲突，提高当事人对事物的洞察力或获得净化情绪的效果。这两种取向都是把艺术当作表达个人内在和外在经验的桥梁，让当事人能透过创作释放不安情绪，澄清以往经验。在将意念转化为具体形象的过程中，传递出个人的需求与情绪，经过分享和讨论，使其人格获得调整与完善。

2) 游戏疗法

儿童期主要是在游戏中度过的。游戏疗法是指利用儿童游戏来对儿童进行心理治疗的方法。主要是通过游戏这一非语言媒介来实现心理健康教育的心理学治疗技术。儿童的语言能力发育还不成熟，因此他们有时很难用语言准确地表达自我的情感，而游戏疗法的实施，恰恰能够弥补因儿童语言上的局限性所导致的治疗缺陷。所以，对儿童实施游戏疗法获得到事半功倍的疗效。

在游戏治疗中存在两种主要的学派，即精神分析学派和人本主义心理学派。

精神分析学派。该学派认为儿童天生具有的种种内在的需求和欲望要得到满足、表现和发泄，于是儿童就要在游戏中发泄情感、减少忧虑、发展自我力量，以补偿现实生活中不能满足的欲望和需求，从而得到身心的愉悦和发展。精神分析游戏治疗就是借助游戏这个媒介分析潜意识，将这些尚未解决的潜意识内容，提升到意识层次，从而彻底解决问题。在儿童精神分析游戏治疗中，游戏是用来与儿童建立分析性关系的手段、观察的媒介、分析资料的来源和导致顿悟的工具，这种心理治疗技术比较注重因人而异。

人本主义心理学派。该理论的本质是相信每个儿童都有自我发展的力量。

自闭症儿童的语言障碍的存在，使其无法准确地用语言描述自己的情绪，因此游戏疗法成为自闭症儿童心理治疗的主要方法之一。

3) 其他疗法[①]

(1) 眼动脱敏再处理(EMDR)技术。该技术已经得到国际公认，是快速而有效的，臧海龙医师在大量临床经验的基础上，又自行开发了一套眼动脱敏的治疗软件，能更有效地处理当事人的创伤回忆和情结。

(2) 整合的心理剧疗法。该疗法在处理心灵创伤方面已经积累了丰富的经验，主要方法是让主角在演出的过程中，通过宣泄、表达、重新经验、重构、转化、恢复主角的自我能量，处理内心的创伤。

研究案例：自闭症儿童心理创伤案例分析

一、研究目的

研究者在从事自闭症儿童心理研究与心理治疗实践中，经常会被那些自闭症儿童的心

---

① http://baike.baidu.com/view/1671150.htm#5.

理创伤所困扰，更多时候是由于儿童的心理创伤导致对其心理治疗陷入困境。如何突破这一困境，研究者的研究实践表明，只有了解自闭症儿童心理创伤的症状表现，才有可能找到走出这一困境的有效方法。

本节通过对一例自闭症儿童和一例选择性缄默症儿童心理创伤的研究与分析，以存在心理治疗理论为研究基础，呈现自闭症儿童心理创伤的具体特性，探索应对自闭症儿童心理创伤的有效方法。

二、案例介绍

案例1，自闭症儿童心理创伤案例分析

L，15岁，男孩，近视。两岁半时因为语言停滞、经常发脾气被送往医院进行检查，最终确诊为自闭症。参与"北京林业大学彩虹宝贝自闭症儿童心理干预中心"活动16个月。曾随班就读于北京郊区某普通小学，后因适应不良转往特殊教育学校。对井盖、管子、烟囱等物体有特殊喜好，与任何人的聊天常常会围绕这三个主题，主要表现为重复性的话语，如"你跟我说说，那个管子……""你知不知道烟囱……"等。有时也会在情绪紧张、不满意或者开心时谈及"管子"。

经深入了解，我们发现L的这些重复性话语源于小学时的一节体育课。由于不能很好地参加集体活动，课堂上L往往被老师安排为单独活动。某次课堂上，趁其不备，几个有些淘气的小朋友抢了L的眼镜并将其隐藏起来。最终L在学校操场的一排水管道处找到眼镜，但由于方法不当将管道弄坏，校方要求L对所有损失进行赔偿，并责令其休学半年。此后，L经常说起"管道"等话题，并表现出对母亲的极度依赖，一度拒绝再次回到该校园。最后，事情以L的转校和增加课堂陪读告一段落。

作为广泛性发展障碍之一的自闭症，在感情和社会互动及语言交往方面均存在一定障碍。一般儿童在两三岁时开始有感情的意识，他们不仅能表达自己的一些感情，更重要的是开始懂得他人的许多感情。但自闭症儿童在这一方面往往表现出极大的困难，他们不容易理解他人的感情，也不能恰当地表达自己的感情[1]。

当那些伤害性的事件不断地"闪回"到脑海中并引发负面情绪时，自闭症儿童不能用恰当的方式来表达自己的恐惧情绪，进而可能带来更多影响，如问题行为的产生或加重。受到创伤的自闭症儿童可能会变得对亲人极度依赖，对其他人表现出极度恐惧，还可能会加重社会功能退缩的程度。例如，不能进入曾经熟悉的场景，不能和原来熟悉的小朋友一起玩，不能上幼儿园、上学，也有不少儿童会出现退行现象，或者出现严重的自伤行为。

在本案例中，被要求进行赔偿，并被勒令休学对于L来说无疑是一次创伤性体验，这导致他在情绪、认知、行为各方面均出现不同程度的应激反应。由于自闭症儿童在语言描述上的障碍与缺陷，L不能通过语言来表达自己的恐惧情绪，当这种恐惧情绪被内化时，L就会表现出自伤行为，当其被外化时则可能表现为祥林嫂般的重复语言描述或攻击行为。

案例2，选择性缄默症儿童的心理创伤案例分析

Y，7岁，女孩。约5岁时因老师反映其异常而送医，确诊为选择性缄默症。参与"北京林业大学彩虹宝贝自闭症儿童心理干预中心"活动13个月，现就读于北京市某普通小学。与陌生人不说话，上学前快到学校时即变得沉默，放学时走出学校一段距离后才同母亲说

---

[1] 黄伟合. 儿童自闭症及其他发展性障碍的行为干预[M]. 上海：华东师范大学出版社，2003：17~30.

话，并自称"怕被同学看见"。在学校中从不主动交流，回避眼神交流，可小声回答老师提问。在家中表现活泼，给父母表演，唱歌跳舞，会给父母讲述学校趣事，并进行老师学生的角色扮演。最初到治疗中心时一直保持沉默，几次活动后可同其母亲进行交流，并通过母亲间接回答治疗师的话题。在圣诞节前夕，治疗中心向其赠送自制卡片，Y一直拒绝，并表现出前所未有的愤怒和焦急，跺着脚要求离开治疗室。

Y从小由母亲带大，较少接触其他同龄小朋友，家长汇报语言功能完全正常。上幼儿园期间，一次午休时尿床，遭到老师的责骂及同学的嘲笑，此后一段时间曾拒绝进行午休。后来老师反映Y语言功能可能存在问题，引起家长重视。

选择性缄默症(Slective Mutism，SM)通常是指儿童听说发音器官没有障碍，在一定场合下言谈正常(如在家中)，但面临特定的社会情境(如在学校)或人物时表现出持续不语的复杂行为特质[1]。选择性缄默症儿童常用手势、点头、拉、推或单音节的字词而不是轻松流畅的言语与他人进行交流。同时还可能表现出以下特征：极端羞怯、社会性孤独(社会隔绝)、过度依赖父母、强迫特质、爱发脾气(Temper Tantrums)、有反抗行为等[2]。

在本案例中，Y幼年时母亲的过度保护导致她几乎很少能与同龄人进行交流，也失去了很多本该拥有的成长机会。这可能会影响其亲子依恋关系的发展，也会削弱儿童的自我保护能力，限制儿童生理、心理及各种能力的正常发展，进而影响到其后期的社会交往。另外过度保护使Y本身可能具有敏感、胆小的性格特征，导致Y对刺激事件更容易产生应激反应。如上所述，面对尿床后老师的责骂和小朋友的嘲笑，Y表现出比较强烈的应激反应，并直接影响到她对外界安全感的建立。

三、案例分析小结

从上述心理创伤案例中本文得出，由于自闭症儿童自身的身心障碍，自闭症儿童的心理创伤除了具备一般儿童心理创伤的特性以外，又有其独特的特性，具体概括为以下几个方面。

第一，自闭症儿童由于与他人交流存在障碍，无法合理表达自己的意愿，不仅很容易与他人发生冲突，而且易导致心理创伤。

第二，由于自闭症儿童与外界沟通存在障碍，更多的时候会沉浸于自我世界，因此心理创伤的外泄渠道受阻，和一般儿童相比创伤存在的时间更长，对其情绪、认知和行为的影响也较大。

第三，由于治愈心理创伤需要一定语言能力和理解能力的支持，而交流障碍和语言匮乏又是自闭症儿童的典型症状表现，因此自闭症儿童一旦出现心理创伤，预后效果较差。

第四，自闭症儿童心理创伤的外在表现极为复杂，虽然他们也会出现一般儿童那样的不安、回避、退缩和压抑，但更多的时候是无意义的自言自语或对周围一切的无视。

(资料来源：北京林业大学彩虹宝贝自闭症心理干预中心研究成果)

---

[1] Valeriel. Krysanski. A Brief Review of Selective Mutism Literature. The Journal of Psychology, 2003, 137(1): 29～40.

[2] Dow S. P., Sonies B. C., Sceib, et al. Practical Guidelines for the Assessment and Treatment of Selective Mutism. Journal of the American Academy of Child and Adolescent Psychiatry, 1995, 34: 836～845.

自伤行为是自闭症儿童的一种常见问题行为，探寻引发自闭症儿童自伤行为的原因与行为表现特征是自闭症儿童心理研究的重点问题之一。本章着重强调引发自闭症儿童自伤行为的原因是多样的，不仅仅是因为自身需要得不到满足，还包括了强化影响及情绪表达与宣泄等因素；自闭症儿童自伤行为源于其攻击性行为；自伤行为在自闭症儿童中具有普遍性，在教育方法得当的情况下，其自伤行为发生的程度轻，频率低。

第四章　自闭症儿童的自伤行为

核心概念

自伤行为；攻击性行为；强化

第一节　人的攻击性与自伤行为

一、人的攻击性

在心理学领域，攻击的概念最先是由弗洛伊德提出的。他认为，我们人类具有攻击的本能。在他的死本能理论中，他认为攻击可能转向内部成为自毁行为，也可以转向外部成为朝他人的攻击。依据该理论，可以得出自伤行为源于人的攻击性，因此，我们首先要对攻击性作一个全面的了解。

弗洛伊德认为人有两大本能，即生的本能和死的本能。儿童往往会表现出一些攻击性行为，这其实是源于儿童死的本能，或叫破坏性本能。这种本能无论以什么形式终归都得表现出来，否则就会导致精神疾病，而攻击性行为只不过是以社会不允许的方式表现了出来。

攻击性行为作为发展心理学、教育心理学的重要研究方向，经过近百年的发展，现已取得许多重大成果。但和心理学的其他研究领域一样，研究者对攻击性质的认识至今仍存在分歧，尚未有统一的令人信服的定义。

一般认为，攻击性是指具有对他人有意挑衅、侵犯或对事物有意损毁、破坏等心理倾向和行为的人格表现缺陷。但这一解释无法涵盖人的攻击性的全部。心理学领域关于攻击性的解释有很多，这里我们详细描述两种较有影响的理论。

1. 挫折—攻击理论

20世纪20年代，"攻击性行为"被看作"避免痛苦与寻求快乐的行为遭受挫折时的基本反应"，这就是著名的挫折—攻击理论。

挫折—攻击理论认为，攻击行为的发生必先有挫折。所谓"挫折"是根据某种愿望表现有目的的行为时，由于内部或外部障碍，欲求的满足受到阻碍，这种状态就是挫折。挫折—攻击理论主要由多拉尔德、米勒等人提出。多拉尔德认为，攻击发生的强度与个体欲求不满的程度成正比，个体欲求未得到满足的程度越大，其攻击强度也越大。例如，他在分析贫困阶层犯罪率较高的原因时作了如此描述，穷困者所遇到的挫折远比富裕者大，因此，穷困者的犯罪率也大，此外，家庭地位低下的、身体有缺陷的、劣等种族的人等都有着较大的挫折，所以他们的攻击行为也多。

相对于多拉尔德的观点，米勒则比较客观。他认为，挫折并不都会引起攻击。他把人们对挫折的反应归纳为三种：第一种是人受到挫折后反而增强了战胜困难的决心；第二种是人受到挫折后变得紧张、倒退、无动于衷或陷入空想等；第三种是引起攻击行为。他认为，一般挫折转为攻击，还需要环境中存在着引起攻击的线索。

2. 袭击—攻击理论

20世纪30—70年代，较多的心理学家赞同将攻击定义为"以直接伤害他人为目的的任何行为"。随着研究的不断进展，齐尔曼提出了新的攻击定义，认为攻击是对他人造成身体或生理伤害的企图。可见此时，虽然研究者仅考虑到生理上的伤害，还未涉及心理伤害，但已经开始从行为造成的结果来界定攻击。后来，班杜拉提出：攻击是一个涉及行为结果、形式、强度、意图以及行为者和行为对象之间关系等多种因素的复杂结构，在界定攻击性行为的时候，仅以其中一种因素或一个维度作为标准是不适合的，应综合考虑上述各种因素。此外，艾瑞将攻击性行为定义为"一种经常有意地伤害和挑衅他人的行为"。其中，伤害意图、伤害行动与社会评价是攻击性行为概念的三个要素，攻击者具有伤害他人的主观意图，目的是直接造成被攻击者的伤害或通过唤起被攻击者的恐惧而达到其目的。

二、自伤行为

1. 自伤行为概念的提出

Menninger被认为是第一个提出了"自伤行为"概念的人。早在1938年，他就在自己的著作《自我对抗的人们》(Man Against Himself, 1938)中写道："局部身体的自我伤害是一种'自杀'行为，这种行为区别于结束生命的自杀，是局部的自杀。"然而，直到1983年，经过了Kahan与Pattison的努力，自伤行为才开始受到了更多的关注。

Tate和Baroff把自伤定义为，导致个体自己身体受到损害的行为[①]。此外，智力落后分类手册中把自伤行为定义为，对自身的行为伤害或破坏身体的一部分[②]。以上定义的出发点主要是行为的具体表现，其中Tate和Baroff的定义从行为的结果入手，而智力落后分类手册的定义则同时强调行为的施动者与行为的结果两个方面。

---

① 陈淑鄂，陈哗，李建英. 正强化法治疗儿童孤独症的实践与体会[J]. 临床实践，2006(1)：140~149.
② 王雪芹，郭延庆. 应用行为分析在孤独症早期干预中的应用[J]. 国际精神病学杂志，2006(2)：104~106.

2. 自伤行为的分类

如同自伤行为的定义一样，目前，关于自伤行为的分类也是多种多样的，但是比较具有影响力的是两种分类形式，一是广义分类，二是 Favazza 和 Simeon(2001)提出的自伤行为的分类系统。

自伤行为在广义上能被分成两大类：社会习俗和异常自伤。

社会习俗是被社会成员广泛接受的一种自伤行为，例如打耳洞；而异常自伤是一种病理性的自伤行为，这种行为被定义为"在非自杀意图下故意改变或破坏自身的组织结构"。如果按照这个分类方法，自闭症儿童的自伤行为自然不应当属于社会习俗，却也不属于后者，因为没有人能证明其自伤属故意行为。

Favazza 和 Simeon(2001)针对异常自伤行为，提出了较为系统的分类形式。其分类的特点在于，从行为的表现形式和特征入手进行分类，加强了行为与行为之间的区分度；最终落实到症状分类上，对诊断和制定干预方案有着重要价值。因此，这一分类系统是目前最被认可和应用最为广泛的分类。它们的分类系统如下。

(1) 刻板性自伤行为。

刻板性自伤行为的表现形式为撞头、咬自己、拉头发等反复的行为。发生人群一般为智力落后、自闭症、自毁容貌症、科妮莉亚德兰格综合征、帕德—威里综合征等。

(2) 严重自伤行为。

严重自伤行为的主要行为有阉割、剜眼睛、切割肢体等。发生人群一般为精神疾病、严重人格障碍、易性癖等。

(3) 强迫性自伤行为。

强迫性自伤行为的主要形式有拉头发、咬指甲等。发生人群一般为拔毛发癖、带有自伤行为的刻板运动障碍。

(4) 冲动性自伤行为。

冲动性自伤行为的主要形式有切割皮肤、灼烧皮肤、打自己等。发生人群一般为边缘型人格障碍、反社会人格障碍、饮食障碍以及其他冲动型人格障碍。

3. 自伤行为的发生人群与发生率

与自伤行为相关的障碍种类有很多，Stephen 总结了与自伤行为有关的障碍。

第一，发展性障碍，主要是在自闭症患者和智力落后个体当中。

第二，神经性障碍，如发声与多种联合抽动障碍。

第三，精神性障碍，如人格障碍、饮食障碍、拔毛发癖等。

第四，基因性障碍，如自毁容貌症、科妮莉亚德兰格综合征等。

第五，在特殊教育领域，自伤行为多出现在自闭症患者与智力落后群体中。

第六，其他障碍，如学习障碍、视觉障碍、听觉障碍等。

4. 自伤行为产生的原因

自伤行为这种让人困惑的行为在病因学上还处于发展阶段，究竟是什么原因使个体残忍地对待自己的身体，这里，我们就自伤行为产生的原因，进行探究性分析。

1) 生物学因素

有研究[1]从生物学等不同角度入手，就自伤行为的产生进行了尝试性探寻。

研究者认为自伤行为的产生存在一个器质性基础，也就是说自伤行为是由于机体的某种病变引发的。研究表明有几个具体的病症与自伤行为有着密切的联系，其中包括自毁容貌症、科妮莉亚德兰格综合征、帕德—威里综合征、脆性X综合征等。患有这些疾病的个体都表现出一定的自伤行为，如在自毁容貌症中，最常见的自伤行为是咬身体的某个部位。Lowell Anderson[2]的调查显示，在所调查的自毁容貌症群体中有这类行为(咬身体的某部位)的个体占92.5%。

对痛觉调控的神经学研究[3]使研究者们发现了一个内源性阿片肽系统(Endogenous Opioid Peptides System)。极高水平的生理压力刺激内源性阿片物质的释放，从而增强了对痛觉产生刺激的忍耐力。因此研究者假设：可能一些个体的自伤行为就是通过内源性阿片物质的释放来维持的。这些解释涉及更为复杂的药理学研究，现有的支持性例证也处于比较混乱的阶段。但这一假设引起了用药物抑制自伤行为的广泛研究。

动物实验结果表明，刻板行为以及一些自伤行为可能源于一系列外科、化学上的因素，包括脑损伤、注射或摄取酒精、咖啡因等。尽管没有直接的证据表明这些可能引起自伤行为的原因在人类中同样适用，但至少可以为研究提供一定的依据。

2) 环境、行为因素

除了从生物学因素入手外，研究者还从环境刺激与行为之间的关系入手对自伤行为的原因进行了分析，其中有代表性的是Carr的假设[4]。Carr在综述关于自伤行为动机的文献的基础上，提出了自伤行为动机的五种假设，即正强化假设、负强化假设、自我刺激假设、器质性假设和心理动力学假设。这个研究结果给自伤行为的研究带来了新的活力，使关于自伤行为原因的研究转折性地跳出了行为本身的限制，开辟了"环境—行为"这一新的研究领域。该理论主要包括以下几个方面的假设。

(1) 社会性正强化假设。

这一假设认为自伤行为持续依赖于随之产生的社会性结果，主要包括获得社会性注意、接近喜爱的事物等。以社会性注意为例，由于自伤行为的危险性，监护人在发现个体从事自伤行为时一般会把注意力转移到他们身上，对之进行安抚，而这种关注强化了这一行为，使个体错误地认识到只要从事自伤行为就能获得监护人的关注，从而在想要获得关注的时候，再次从事自伤行为以达到目的。这一假设认为自伤行为会随着社会性注意的增加而增加，反之则会随之减少。

---

[1] 孙立双. 自闭症儿童自伤行为的功能性行为评估及干预研究[D]. 北京师范大学，2008.

[2] JAMES W.B, Frank J. S, Dawn E., and Mark H. L. Varieties of Repetitive Behavior in Autism: Comparisons to Mental Retardation[J]. Journal of Autism and Developmental Disorders, 2000, 30(3): 237~243.

[3] MARGARET MCALLISTER. Multiple Meanings of Self Harm: A Critical Review [J]. International Journal of Mental Health Nursing, 2003, 12：177~185.

[4] KIMBERLY A. C, JENNIFER VALDOVINOS, Troy J. Z, Jessica A. R Z, Steven E. L, Maria G. H, and Stephen R. S. Use of Functional Analysis Methodology in the Evaluation of Medication Effects[J]. Journal of Autism and Developmental Disorders, 2003, 33(3): 6.

在这一假设中，社会性注意和自伤行为似乎呈现出矛盾的关系，由于自伤行为是一种危险性行为，当这一行为出现时，人们自然地会给予注意，但这正强化了该行为，增大了其再次出现的概率。

(2) 社会性负强化假设。

这一假设认为自伤行为的目的在于逃避其不喜欢的事物或情境，例如，"成人的要求""难以完成的任务"等。当个体遇到其不喜欢的事物或即将被要求从事其不喜欢的任务时会表现出自伤行为，而这种危险行为一旦发生，监护人一般会采取中止当前活动的行为，这一行为便成了自伤行为的强化物，当个体再次遇到其不喜欢的事物或想要逃避要求时，便会再次从事自伤行为以达到中止当前活动的目的。

(3) 生理性正强化假设。

这一假设认为，自伤行为是弥补感觉刺激缺失的一种途径，相对于较为丰富的环境刺激，个体在环境刺激较为贫乏的情况下，更容易发生自伤行为以弥补感觉刺激的缺失。

(4) 生理性负强化假设。

一些反应能直接终止或至少是弱化正在进行的刺激。比如，抓皮肤可以暂时缓解由于蚊虫叮咬而带来的"痒"的感觉，揉太阳穴能缓解头痛等。由此推理，当头部或面部出现局部疼痛时，打击面部的行为可能会发生，由于它缓解了疼痛，就形成了负强化，当刺激再次来临，此行为会再次出现并持续下去。因此，某些个体的自伤行为可能与其身体的局部病变有关。比如撞头行为可能与中耳炎有关。

其他一些假设还包括：器质性假设，即认为自伤行为是异化了的生理机能进程的结果；心理动力学假设，认为自伤行为可能由一些心理上的因素引起。

随之而来的一些实证性研究验证了 Carr 的假设，表明一些个体的自伤行为可能是由社会性因素维持的，自伤行为可能通过正强化或负强化而得到加强。从这一角度出发的理论认为自伤行为是一种习得性反应，个体通过"学习"行为与环境事件之间的关系而获得相关信息，并在一定时刻表现出自伤行为，而使自己的需要得到满足。

第二节　自闭症儿童的自伤行为特征及干预

如果说攻击性行为是一种本能行为的话，那么所有个体都应具有相同水平的攻击性倾向。普通儿童通常会出现攻击性行为，那么自闭症儿童也应该会出现同样的行为。但是在所查阅的资料中，描述自闭症儿童攻击性行为的却不多见，倒是大部分资料都会提到在自闭症儿童的异常行为中有自伤行为。众所周知，自闭症的典型症状之一就是社会交往的障碍。自闭症儿童总是沉浸在自己的世界中，缺乏与外界交流沟通的愿望和能力，因此，其对外界的攻击性在理论上说也就应该少了，或其攻击性意向更多地会表现为自伤意向。依据弗洛伊德的观点，自伤行为是攻击性向内转化的一种表现，和外向攻击一样都是体内能量的一种释放。

一、自闭症儿童自伤行为的特征

1. DSM-IV 中关于自闭症儿童自伤行为的界定

自闭症儿童是一个特殊的群体，所以自闭症儿童的自伤行为应该有别于普通意义的自伤，而有其独特的含义。但很可惜，在这一点上目前的研究尚无明确的定义。在 DSM-IV 中，自闭症被归在了广泛性发展障碍中。但如上文所述，DSM-IV 所描述的自闭症的症状虽提到了刻板行为，却没有说自伤行为。而在"婴儿、童年或少年期其他障碍"一类中，有"刻板运动障碍"一项，在这一项中提到了自伤行为的症状为"反复的、被驱使似的和不起作用的行为(例如，摇手、挥手、摆动身体、撞头、咬物、咬自己、挖皮肤、挖鼻孔或外耳道、打自己的身体)"。

2. Staci 等人关于自闭症儿童自伤行为的界定

国外文献中，在 Staci C. Martin, Pamela L. Wolters 和 Ann C. M. Smith 的研究[①]中，他们把自闭症儿童的自伤行为分为了 11 种，分别是：打自己、咬自己、用自己身体撞击地面或物体、把手指伸入除嘴以外的身体开口处、撕扯头发或皮肤、抓自己、拔头发、用物体打自己、戳眼睛、拔下手指甲或脚趾甲、拔牙。其中打自己和咬自己的发生率最大，在他们的研究中，这两项发生率分别是 93% 和 80%。但这也只是研究者们在实验中观察到的一些自伤表现，一些其他自伤行为可能并没有包含其中，而其中的一些行为可能也不具有普遍性。

3. 国内研究关于自闭症儿童自伤行为的界定

我国的相关研究，对于自闭症儿童自伤行为的界定非常少，只有在国内一些自闭症教育机构，以及自闭症儿童家长的描述中，才能获得关于自闭症儿童自伤行为的一些具体表现。这些自伤行为主要包括：打自己(打脸，撞头，打头，掐脖子)；咬或吸吮某些部位身体(咬手指，咬手臂)；捏，刮，戳，或拉某些部位身体(戳眼睛，拔头发，拉耳朵)；重复呕吐或反刍食物；吃不该吃的东西(吃香烟，吃粪便)；持续地激烈尖叫和哭喊；躺在地上打滚；无视危险。以上这几点也是作者在长期从事自闭症儿童心理干预中所能观察到的行为，这可能更反映自闭症儿童的自伤行为特征。

二、自闭症儿童自伤行为的干预

1. 自闭症儿童自伤行为干预的发展状况

20 世纪 80 年代以前，研究者一般采取以惩罚为基础的干预方法，如隔离法。惩罚法的特点是不用鉴别问题行为的维持变量，直接对问题行为本身给予一个厌恶性刺激，因此该

---

① STACI C. M, Pamela L. W, And Ann C. M. S. Adaptive and Maladaptive Behavior in Childrenwith Smith-Magenis Syndrome[J]. Journal of Autism and Developmental Disorders, 2006, 5.

方法在应用上较为简单，并且一般都能取得及时的效果，在一些有严重自伤行为的个体上能起到很好的作用。但惩罚法也存在一些不可避免的缺点，如只是一味地抑制自伤行为，并不能根除。另外，惩罚程序一般不涉及适当行为的塑造，因此，是一种比较消极的干预方法，而且惩罚法的应用涉及伦理及法律的问题。

随着对研究方法的进一步研究，越来越多的研究者意识到，好的干预方法应该是不会或很少对个体造成侵犯的，并且应该教给个体一种替代性的行为。从这一观点出发，厌恶性干预方法(以惩罚为代表)越来越受到人们的质疑，人们尝试着避免采用这样的程序，以免对个体造成侵犯。有研究者在惩罚法的基础上对其进行改进，取得了一定的成效，如Rachel和Iwata等通过对比实验发现，惩罚法在与强化法联合使用时能提高效率，达到更佳的效果[1]。这也对干预方法的联合使用有一定的启示作用。另外，关于非侵扰性策略的研究也有一定的进展，如Lizen以两名深度智力落后的个体为被试，检验了"消退+非侵扰性保护措施"法的效果，发现干预开始后，自伤行为迅速减少并持续6个月没有再出现[2]。

2. 干预的必要性和可行性[3]

(1) 必要性。

首先，自伤行为是特殊儿童问题行为中最极端、最危险的行为，它不仅给特殊儿童自身带来痛苦，更给家庭及社会带来沉重的精神压力和经济负担。对自伤行为进行干预是家长们的迫切需求，也有益于整个社会的和谐发展。

其次，在全纳教育的背景下，自伤行为阻碍了特殊儿童的受教育进程。由于自伤行为的存在，儿童不能走进学校，不能参与正常的学习，大部分时间在家庭和医院里度过。对自伤行为进行干预是促进此类儿童回归主流社会的当务之急。

(2) 干预的可行性。

首先，对自伤行为进行干预是可能的。虽然自伤行为无论对于家长还是特殊教育工作者来说都是一种十分困扰的问题行为，但是这种极端的问题行为也是可以改变的。

其次，自然情境下干预问题行为是一个长期的、艰巨的过程，不仅需要对被干预者及其所在环境进行全面的评估，而且要控制环境中易于引发自伤行为的情境因素，争取在场人员的支持与配合。但是自然情境下的干预有利于转换成实际的经验，有利于对现实环境进行真实、有效的调整。自闭症儿童的自伤行为从表面上来看是让人困惑的一种问题行为，但是只要通过功能分析，深入了解儿童的心理变化，对自伤行为进行干预还是可能的。

最后，家长、监护人以及老师都是对自伤行为进行评估和干预的最有利的资源。其一，他们对儿童的日常行为表现是最熟悉的；其二，从行为与环境之间交互作用的角度讲，他们的反应也会直接影响儿童行为的变化，因此他们对于特殊儿童自伤行为的干预起着关键

---

[1] JAMES W. B, WILLIAM R. M, JAMES M. M, MARTISA REGISTER, RICHARD B. M, and MARK H. L. P. Double-Blind Evaluation of Long-Term Naltrexone Treatment Effects for Adults with Mental Retardation and Self-Injury [J]. Journal of Developmental and Physical Disabilities, 1997, 9(2): 135~152.

[2] ANN PALEN MCGLYNN and BILL J. L. A 25-year Follow-up of a Punishment Program for Severe Self-injury[J]. Behavio: Interventions, 1997, 4:31 . JONJ JACOBSEN BOSCH. An Interdisciplinary Approach to Self-injurious and Aggressive Behavior [J]. Journal of Development and Physical Disabilities, 2001, 2.

[3] 孙立双. 自闭症儿童自伤行为的功能性行为评估及干预研究[D]. 北京师范大学，2008.

的作用。

3. 干预过程中应注意的问题[1]

(1) 干预前应注意的问题。

由于引发自伤行为的原因多种多样，并且大多数处于假设、推断阶段，所以在干预之前应该注意两个问题。

首先，对个体进行医学上的检查。由于自伤行为带有明显的伤害性，并且它很可能是由于先前存在的某些生理病症所引发的，所以在进行综合治疗之前进行医学上的检查是必要的。比如，一些局部的摩擦、撞击行为很可能是由于局部皮肤病变或感染引发的。另外对于自伤行为所导致的伤害的程度也需要提前了解，以便为之后的系统干预提供支持性的数据。

其次，在干预方法的选择上需要考虑几个因素：干预方法是否适合个体的身心发展水平？是否适合干预的场景？个体对干预方法可能会出现什么反应？

(2) 干预过程中应注意的问题。

首先，转变观念，正视问题行为。问题行为也是行为的一种，因此不能否认问题行为的意义。由于自闭症儿童一般存在沟通障碍，不能与他人进行有效的沟通，所以可能会引发一系列问题行为。对于自闭症儿童来说，问题行为是其与环境相互作用过程中的一种反应形式。因此，问题行为有多种含义，如对环境的不适应，个体的需要、意愿，释放压力等。另外，在对问题行为进行干预的过程中，要从"环境—行为"互动的角度去研究行为，而不是仅从行为本身来研究改善的方法。从对自闭症儿童自伤行为的研究来看，大部分自伤行为与个体的身体状况无关，而与特定的环境事件相关，由此可见，局限于问题行为本身去研究问题行为很可能适得其反。

其次，对自伤行为进行严谨的评估。功能性行为评估与干预之间是不断循环、相互制约的关系，因此干预要想达到显著水平离不开可靠的评估。

最后，干预过程中，要重视适应性行为(如合作、服从、参与)的塑造，即用适应性行为部分或全部地代替问题行为。这是因为大多数自伤行为都有交流、沟通的功能，只有教会个体另一种具有沟通功能的行为，自伤行为才会真正地减少。

4. 干预的主要方法

钮文英[2]在对特殊儿童的自伤行为进行分析的基础上，提出了包括前事控制策略、行为训练策略、其他变量介入策略、后果处理策略、生态环境改善策略五大类别的具体干预方法。

(1) 前事控制策略。

前事控制策略是指通过控制或改变可能引发问题行为的环境因素来弱化其对行为的影响，最终达到减少问题行为发生的目的。这一策略强调对问题行为产生前的环境刺激(前提事件)进行分析，找出可能或容易引发问题行为的环境刺激，之后对这些刺激进行弱化，减

---

[1] 孙立双. 自闭症儿童自伤行为的功能性行为评估及干预研究[D]. 北京师范大学，2008.

[2] 钮文英. 身心障碍者行为问题处理：止向行为支持取向[M]. 中国台北：心理出版社股份有限公司，2001：259.

少诱发个体自伤行为的环境刺激,增加不易引发个体问题行为的环境刺激。例如,当发现个体的自伤行为主要功能是寻求感官刺激,研究者可以采取一些措施使自伤行为的自娱感觉削弱或改变。前事控制策略主要包括:调整环境因素、调整课程及工作有关的因素、给特殊儿童进行选择的机会、进行适当的体育运动、使用一些保护性措施、使用感觉削弱策略以及反应中断策略等。

(2) 行为训练策略。

行为训练策略主要是通过对特殊儿童进行弥补性的行为训练而增加适当行为,从而达到减少问题行为发生的目的。行为训练策略包括训练特殊儿童的社会技能、沟通技能、休闲技能,培养自我控制能力等。

(3) 其他变量介入策略。

其他变量介入策略在这里主要是指药物治疗等其他治疗方式的介入。因为有些个体的问题行为可能起因于某些病症(包括基因性、神经性疾病,以及中耳炎等局部病变),研究者应与医生合作,选择适当的药物进行治疗,尽可能消除病灶,在干预方法上避免使用忽视法和隔离法,必要时采用各种行为阻断方法来及时地控制行为。在对自伤行为这种病因复杂、危险性大的问题行为进行干预之前,最好首先对其进行医学上的全面评估,排除医学因素之后再应用其他干预方法。

(4) 后果处理策略。

后果处理策略是指通过对问题行为产生的结果进行调控以达到减少问题行为的目的。特殊儿童的自伤行为很可能具有特定的功能,如逃避要求、获得注意等,通过对可以控制的结果进行调整,可以阻碍自伤行为功能的实现从而最终减少它的发生次数。后果调控策略主要包括区别强化法、消退法、正面练习的过度矫正法等。

(5) 生态环境改善策略。

生态环境改善策略是指,有时个体的自伤行为可能产生于情绪困扰,为了避免他(她)的自伤行为,应注意其情绪的变化,并给予他们适当的支持;除此之外,可以给予他们一定的选择和决定的机会,教导他们采用正确的方式来控制环境。

总之,干预方法的正确运用是取得良好干预效果的关键,对自伤行为的干预并不能一概而论,需要对自伤者的身心特点、所处环境、行为的功能等相关因素进行全面分析,然后选择那些适当的、可行的干预方法。当前的研究显示,干预方法的选择趋向于个别化、融合性的特征,所以对干预方法进行有效的组合也是一个非常关键的问题。

研究案例:中、轻度自闭症儿童自伤行为的案例分析

一、研究意义

自闭症儿童的自我保护意识较差,这本已使得家长和教师需操更多的心,然而自闭症儿童往往还伴随有自伤的行为,这使得儿童更加容易出现身体组织的损坏,影响心理生理正常发育。如果充分了解了儿童的自伤行为特点,家长和老师就能在自伤行为出现的时候及时矫正,从而使孩子建立良好的行为习惯,最终能健健康康长大。因此,这项研究又具有重要的现实意义。

二、研究方法

1. 自然观察法

自然观察法是对儿童不加任何控制，研究者直接到自然的情境或现场中去观察感兴趣的事物的儿童行为。

观察项目：①自伤行为，包括打自己；咬或吮吸某些部位身体；捏，刮，戳或拉某些部位身体；重复呕吐或反刍食物；吃不该吃的东西；持续地激烈尖叫和哭喊；躺在地上打滚；无视危险。②攻击性行为，包括打人，骂人，拉扯他人衣服，与他人推搡。

2. 结构化访谈法

结构化访谈法是根据事先编制好的访谈提纲进行访谈。由于自闭症儿童在语言交流上有障碍，访谈对象为家长。访谈内容主要可分为：①家长对自闭症的认识程度；②家庭成员情况与母亲妊娠史；③诊断情况与案主发育史；④自伤行为和攻击行为的状况。

3. 调研地与调研日期

调研地：北京两所私立特殊教育学校。

调研日期：2006年11月至2007年5月，共观察20次，每次3小时左右。

4. 研究对象

随机选取特殊教育学校在校生4~6岁的自闭症儿童3名，ADHD(注意力缺陷多动症)儿童1名。研究对象详情见表4-1。

表4-1 研究对象一般状况

案例 一般状况	自闭症儿童			ADHD儿童
	案例Ⅰ	案例Ⅱ	案例Ⅲ	对照案例
性别	男	男	男	男
年龄	4岁	5岁	6岁	6岁
症状程度	中度	轻度	中度	中度
自伤行为	有(较少)	有	有(多)	有(少)
攻击行为	无	有(少)	有(少)	有(多)
家庭支持状况	良好	良好	良好	一般

案例Ⅰ

基本情况：父亲41岁，母亲，39岁，均为中等文化水平，父亲现在英国经商。家庭经济状况较好。家中母亲与孩子关系最好，家人对孩子的态度都很好。母亲怀孕10个月，怀孕期间营养及身体状况正常，情绪状况良好。并非近亲结婚，也没家族遗传病史。案主出生时体重7斤，顺产，健康状况良好。早期表现正常，1岁10个月能走路，但一直不说话。在英国期间，孩子被送入英国的特殊教育学校两年。其结果，症状改善不显著。随后带孩子回国进行治疗。2005年于北京儿童医院确诊为自闭症。目前由母亲陪伴，每天坚持送孩子到特殊学校培训，现已培训3周，学会很多动作，效果显著。

笔者观察：案主自我封闭，性格内向，比较安静，行为刻板，有特殊兴趣爱好，语言交流有障碍，不说话，但基本能听母亲和老师的指令。在观察中仅有一次轻微的自伤行为，表现为声嘶力竭并伴有打自己的行为，未观察到攻击行为。

母亲反映：案主平时自伤行为很少，出现时主要表现为哭闹、打滚、撞头，母亲印象深刻的自伤行为是用头撞墙。没有攻击性行为。

案例 II

基本情况：父亲 38 岁，母亲 35 岁，均为中等文化水平，家庭经济条件一般。家中母亲、外婆和孩子最亲，家人对孩子态度总体来说很好。母亲足月剖腹产。孕期母亲身体不好，又由于工作调动，情绪不稳定。孩子母亲的舅舅有精神病，母亲的哥哥是色盲。案主出生时 6 斤 8 两，医院评分为 10 分(满分)。1 岁 3 个月走路，后来慢慢能开口叫爸爸妈妈。孩子从小一直由外婆看管，到了入托年龄(两岁)上幼儿园。入园后孩子表现出非常不适应，说话极少。2006 年 11 月在北医六院被诊断为自闭症。现由母亲陪同每天坚持在特殊学校培训，已培训两个月。

笔者观察：案主自我封闭，性格内向，爱好唱歌，有少量言语，听指令，但与人交流愿望不强。在观察中没有发现其有自伤行为，也没有攻击行为。

母亲反映：案主平时有自伤行为。印象比较深的一次是孩子与别人搭积木，比谁搭得快，结果输了，之后就发脾气，开始不停地打自己的头，制止后停止。孩子有过推人的行为，差点把别的小孩从楼梯上推下去。虽然自伤与攻击性行为都有，但总体来看，自伤行为还是要多于攻击性行为。

案例 III

基本情况：父亲 32 岁，母亲 31 岁，为中等文化水平，家庭经济状况一般。孩子与母亲相处时间较长、关系最好，家人对孩子都很好。父母对孩子是既严厉又溺爱，外公、外婆和奶奶对孩子很溺爱。母亲怀孕过程中身体健康，营养与饮食正常，没有出现过意外，只是情绪不好，总无缘无故哭泣。无家族病史。案主出生时 6 斤 3 两，身体健康，顺产。13 个月时能走路，5 岁之前没有语言。2005 年 11 月被北医六院诊断为自闭症。现由母亲外婆带领，每天进行训练，已持续三个月。

笔者观察：案主性格外向，比较活泼，行为能力较强，但部分动作不协调。语言开发较晚，口齿不清，但是能用简单语言表达自己想法，有一定的表达愿望。在观察过程中，没有发现自伤行为和攻击性行为。

母亲反映：孩子有过自伤及攻击性行为。印象深刻的自伤是在孩子父亲教其发音时，孩子说不好不想说，但其父要求他进行下去，之后他就开始掐父亲，父亲性子急躁就打了他。以后他就不敢再掐父亲，开始打自己。在发生过的自伤与攻击性行为中，自伤行为多于攻击性行为。

对照案例

基本情况：父亲 40 岁，农民，母亲 38 岁，农民，文化教育水平较低，家庭经济状况偏低。之前在郑州被诊断为自闭症。2007 年在北医六院被诊断为注意力缺陷多动障碍(ADHD)，智商偏低。

笔者观察：案主脾气十分倔强，行为动作不协调，注意力不集中，遇困难就想放弃，只做自己喜欢的、简单的事情。语言的听说功能很好。由于智力原因语言内容局限在较小范围内。能表达不想培训的意愿。在观察过程中，有较少的自伤行为(地上打滚)与较多的攻击行为(口中常出现污言秽语，向人吐口水，拉扯他人衣服)。

母亲反映：案主有时抓人打人，急躁的情况下会有自伤行为，表现为抓自己的手。但有攻击性倾向的行为远远多于自伤行为。

三、自闭症儿童自伤行为的分析

通过前三个案例可以看出，中、轻度自闭症儿童的自伤行为其实比想象中少很多，而且出现以后只要家长方法得当，很快就会消失。虽然大部分有关自闭症的资料都会写到自伤是自闭症的重要特点，但这也许只能说明自伤行为在自闭症中具有普遍性，而在中、轻度自闭症中，这种行为发生的频率却是比较低的，且程度轻，容易矫正。在三个案例中，案主的自伤行为要么是很少，很长时间才出现一次，要么就是出现以后在很短时间内就矫正了，现在已经完全消失。为什么本研究会和先前研究产生如此大的差距？分析其原因可能是研究被试的选择导致的。

本研究所选择的三个案例都是在北京某自闭症干预机构全部六十多名自闭症儿童中随机抽取的，虽然案例在参与干预的自闭症儿童中具有普遍性和概括性，但是相对于自闭症这个患者群体来说则具有局限性。同时，作者在与干预机构里的六十多名儿童中的接触中，经过二十次自然观察，确实也很少见到定义中的目标行为；在与孩子家长的接触中，很多家长都表示自己的孩子有或者曾经有过自伤行为，但之后家长们往往很轻松地表示这些行为很少出现，或者就是已经矫正并消失。根据以上研究所呈现的现象可以推测：①主动参与教育心理干预与培训且能持续下来的儿童，其病情一般都较轻，情绪也相对比较稳定，故在这类自闭症儿童身上，自伤的行为表现不多；②自伤行为在中、轻度自闭症儿童中具有普遍性，但发生的程度轻，频率低。

虽然本研究案例被试的选择具有一定的局限性，但是其研究成果仍有一定的实践价值。

1. 自闭症儿童的自伤行为表现个体差异较大，家长的应对方式需灵活选择

案例中三名儿童的家长针对自伤行为都各有方法，他们与大部分自闭症儿童的家长一样，多少受过一些专业培训与训练，因此，面对自己孩子的行为问题很有办法。但如果推广到自闭症儿童的应用人群，还是存在一定的局限性。因为，每个儿童的自伤行为表现不同，有的较重，而有的较轻；各自有各自的自伤行为方式。从案例Ⅰ中可以得知，儿童妈妈只带着儿童在康复中心培训了3周，而且儿童的自伤行为在去五彩鹿(北京市的一所自闭症干预机构)之前就出现了，但在那时其母就运用忽视消退的方法使得儿童的自伤行为没有被强化，一直保持在频率很低的状况。

毫无疑问，大部分自闭症儿童的家长都是很爱自己孩子的，他们通常都迫切地想了解孩子的症状和将来的前途，因此，很多家长都会参加培训或者自己买书学习。但是在实际的操作中，理论的掌握和科学的实际操作还是有距离的。因此，希望家长在应对孩子的自伤行为时，一定要因材施教，且不可简单模仿他人的做法，尽管别人的做法取得了成功，但其做法不都适合您的孩子，因为每个孩子的自伤行为表现存在差异，自然应对方法也不同。

2. 需要得不到满足导致了自闭症儿童的自伤行为

通过案例分析可证实一点，即需要得不到满足导致了自闭症儿童的自伤行为。先结合参照多动症的案例，在案主儿童不想训练的愿望不能实现时，他随即出现了骂人、向人吐口水、拉扯人衣服等行为。这些行为明显是针对他人的，并且儿童有意通过这些行为使他人身体或者心理受到伤害。这可以充分验证"挫折—攻击"理论。从案例可知，这个理论放在自闭症儿童身上同样适用，也就是"挫折导致自伤"。从案例Ⅲ中可知，儿童在学说话时不想完成任务但受到强迫之后通过掐父亲表示自己不满，在被父亲打后出现自伤行为。

儿童逃避任务受到了阻止，并被要求把任务进行下去，由此引发了伤他和自伤，即攻击。也就是说，在儿童愿望和需求没有得到满足的时候，最终引发了他的攻击性行为。据作者的观察和了解，很多自闭症儿童在被迫做自己不想做的事情时，会出现自伤行为，即自身需要得不到满足是能够导致自伤的。然而，并不是说自伤一定是由自身需要得不到满足导致的，即"需要得不到满足"是自闭症自伤行为的充分非必要条件。

3. 由于自闭症儿童的语言表达障碍，自伤行为可能是其表达情绪的一种方式

从案例分析中我们可以知道，在案例Ⅰ儿童母亲印象深刻的那一次自伤中，儿童出现用头碰墙的自伤行为之前，是他先不小心把头碰在了墙上，根据自伤行为前的先导行为及其母亲的分析，正是无意中的"头碰墙"造成了后来的自伤。按照一般孩子的情况来说，头被碰疼了肯定是先摸摸或者揉揉头。可以想象，不小心把头碰疼了肯定心中恼怒，同时身体痛楚，又有谁会继续用头碰墙，从而对自己身体造成更大的伤害，带来更强烈的疼痛呢？顶多就是嘴上再埋怨或骂两句。"摸摸头"是对身体的保护，"骂两句"则是情绪的宣泄。然而我们知道，自闭症的儿童在语言方面是有障碍的，当他们的头不小心碰在墙上时，心中固然也有气，但他们又或轻或重存在语言障碍，因此无法通过"骂两句"来解除心头之恨，最后只能继续用头碰墙来宣泄心中的不满。当然，宣泄情绪虽然无法用语言来进行，但也可以凭借其他很多形式，并不一定非得用头去碰墙。自闭症儿童在认知发展上是迟滞的，因此这里存在一个假设，即儿童并不知道为什么自己头碰了一下墙以后就会疼，他们未能建立"头碰墙—疼痛"的联系；也或者由于他们在感觉上存在障碍，对疼痛并不敏感，因此选择自伤的方式来表达情绪。不管怎么说，通过这个例子我们都能感觉到，自闭症自伤行为的发生还有可能是源于在语言无法使用情况下对情绪表达与宣泄的需要。可以参照的案例还有案例Ⅱ，儿童在搭积木比赛中输了就打自己的头。

4. 强化是自伤行为固化的主要因素

自闭症儿童的自伤行为一开始很可能只是一个无意的动作，但是由于家长过分关注和重视，最终导致了自伤行为频率提高，程度加重，发展为危害儿童身心健康的自伤行为。因此，很多家长也表示，矫正自伤行为的一个很好的方法就是在自伤行为刚出现时采取消退的方法，忽视这些行为，很可能以后这些行为就不会出现。

当然自伤行为也有可能是儿童吸引家长或别人的注意力的手段，这点和其他所有儿童一样，只不过自闭症是通过"自伤"这样的方式来吸引他人注意。这可以从与家长和老师的访谈中得知。对于这种情况，消退可以使自闭症儿童知道通过自伤来获得关注是无效的，所以自伤行为会逐渐减少或消失。

5. 自闭症儿童的自伤行为发生次数远多于其自身攻击性行为的次数

经过对案例的采集发现，攻击性行为在自闭症儿童身上出现的概率很高，而是否常出现攻击性行为在很大程度上取决于自闭症儿童的意图是否时常通过攻击性行为得以实现或者这种行为是否受到家长和老师的强化。很多时候，孩子家长并不是有意要强化攻击性行为，只不过用不恰当的方式对这种行为进行了关注，使得孩子发现自己的行为能吸引家长注意，所以经常采取这样的行为方式，就如同孩子开始学会骂人一样。在案例Ⅲ中，一开始儿童通过掐父亲表达自己不想进行发音训练的愿望，如果此时儿童父母真就停止了对其训练，那么可想而知儿童以后攻击性行为会出现得更多。不过经过作者观察与访谈，绝大部分自闭症儿童无论是在康复培训中心还是在家里，其自伤行为还是要远多于攻击性行为。

可以设想，当自闭症儿童想要通过行为进行自我表达时，更倾向于使用一种向内的方式，即自伤。而作为参照，本研究中多动症案例案主的攻击性行为远多于自伤行为。在一般儿童中，自伤行为属于行为的异常现象，而攻击性倾向却是所有儿童都可能具有的。因此，可以推断，一般儿童的自伤行为比攻击性行为发生概率低。

6. 矫正自伤行为的有效方法

通过对案例的分析，可以总结出几种对矫正自伤行为行之有效的方法。第一是消退。这适用于自伤行为刚开始出现的时候。自伤行为出现也许是无意的，只要家长假装采取忽视的态度，过一段时间这种行为可能就会消退。第二是奖励。但这种奖励并不是奖励自伤行为。当自闭症儿童愿望得不到满足而出现了自伤行为时，如果家长心软，满足了儿童的愿望，这就对自伤进行了助长，使行为受到了强化，以后自伤的出现频率就会提高。但是如果家长此时的行为不是满足孩子的愿望，而是继续使孩子愿望得不到实现，但不时对其进行适当奖励，奖励的内容可以是孩子喜欢的食物或物品，那孩子以后就很可能增加之前非意愿行为的发生次数。这种方法对训练孩子某方面技能非常有效。第三是惩罚。当孩子出现自伤时，通过罚站、关禁闭等类似的方式使孩子知道以后再出现自伤行为就将被剥夺满足自己某方面需要的机会或权利。如果孩子自伤行为已经逐渐加重，用消退或奖励的方法已不能纠正，可考虑使用此方法。不过使用惩罚的方法一定要得当，否则有可能反而使孩子产生逆反心理，对自伤行为形成强化。关于矫正自伤行为的方法很多，不过通过作者二十次的观察，以上三种确实是比较常见和有效的方法，有很大的现实价值。

7. 自伤行为与年龄的关联

通过对三个自闭症案例的分析我们能够发现，三个案例中，儿童的年龄是递增的，而症状程度却是递减的；再结合图4-1，我们可以发现一个有趣的现象，案例中的三位母亲的年龄是递减的，也就是说她们的生育年龄是递减的。案例Ⅰ的母亲生育时的年龄为35岁，案例Ⅱ的母亲生育时为30岁，而案例Ⅲ的母亲生育时为25岁，而结合3名案例的症状程度也与母亲的年龄相关，即母亲生育时年龄越高，越容易生育重度自闭症小孩。当然，年龄递增的3名儿童症状程度递减，很有可能与其生理的成熟以及认知的发展有关，但这也不能排除"高龄生产更易造成自闭"的可能性。作者对此无法予以证实，因此，此处仅提出假设。

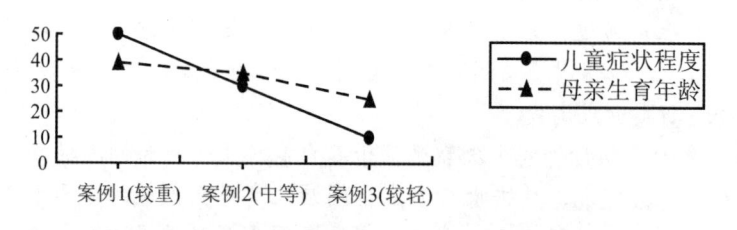

图4-1 母亲生育年龄与儿童症状程序关系图

本研究属于案例分析，主要采用自然观察法和结构化访谈法进行。通过对自闭症儿童的观察及对其家长老师的访谈的结果进行分析，现得出以下结论：自闭症儿童的自伤行为与一般儿童的攻击性行为之间确实存在相似性，用挫折—攻击理论能够说明自闭症儿童自伤行为发生的原因。产生自闭症自伤行为的原因是多样的，不仅仅是因为自身需要得不到满足，还包括了强化影响，想引人注意及情绪表达与宣泄等因素；中轻度自闭症儿童自伤行为的次数远多于攻击性行为次数。另外，自伤行为在中、轻度自闭症儿童中具有普遍性，在教育方法得当的情况下，其自伤行为发生的程度轻，频率低。

　　根据对本研究中案例的观察，作者在案例分析的第五点中又提出了一个假设，即"高龄生产更易造成自闭"，对于这点还有待讨论，作者无法予以证实。希望广大学者及感兴趣的朋友能在此方面进行研究。

　　　　　　　　(案例来源：北京林业大学彩虹宝贝自闭症心理干预中心研究成果)

自闭症儿童家长的心理与其教养方式不仅仅会影响家长的情绪、行为，也会直接对自闭症儿童的成长与康复产生极大的影响，因此，深入地探讨与分析自闭症儿童家长的心理与教养方式，有助于为家长提供良好的心理指导，进而促进自闭症儿童的成长。本章深入探讨了自闭症儿童家长的心理特征以及教养方式形成的原因、表现形式、对儿童的影响，其目的是帮助这些家长走出不良的教养环境。

第五章　自闭症儿童家长的心理与教养方式

核心概念

亲子关系；自闭症儿童家长；自欺心理；社会支持；教养方式

子女是父母自我建构的一部分，父母常常会把子女看作希望的延续，或是自我的延续，往往会不自觉地把自我存在的价值建立在子女身上。当自闭症儿童的家长面对孩子病情时，会产生怎样的心理呢？本章以此问题为核心，对自闭症儿童家长的心理与教养方式进行详尽的描述。

第一节　自闭症儿童家长的心理

一、自闭症儿童家庭的亲子关系

1. 亲子关系

亲子关系(Parent-child Relationship)原是遗传学用语，指亲代和子代之间的生物血缘关系。心理学上指以血缘和共同生活为基础，家庭中父母与子女互动所构成的人际关系。

亲子关系是个体一生中最早接触到的人际关系，是影响儿童未来同伴关系发展的重要源泉之一，包含亲子之间的关爱、情感和沟通[1]。亲子关系对儿童身心的成长与发展有着至关重要的影响，相关研究表明，亲子关系对儿童社会化和人格发展、儿童学业成绩以及儿童同伴关系和师生关系都有影响[2]。

---

[1] 王云峰，冯维. 亲子关系研究的主要进展[J]. 中国特殊教育，2006，7：77.
[2] 叶一舵，白丽英. 国内外关于亲子关系及其对儿童心理发展影响的研究[J]. 福建师范大学学报(哲学社会科学版)，2002，2：131～132.

2. 自闭症儿童家庭亲子关系的特殊性

自闭症儿童存在社会交往障碍，其感情交流障碍同时存在于与父母的交流中，这就导致了在亲子关系上自闭症儿童家庭无法建立同一般家庭类似的亲子关系。自闭症儿童家庭亲子关系的特殊性主要表现在以下几点。

第一，在家长对自闭症儿童的关爱方面，自闭症儿童体会不到或者体会到了却无法正常的表达出来，导致家长并不能体验到孩子接收到了关爱。

第二，自闭症儿童不能按照常理表达自己的情感，其情感障碍的程度直接影响着亲子间的交互作用。

第三，自闭症儿童与其家长之间建立起比较顺畅的沟通，需要很长的磨合期，但即使相对顺畅，也存在很多时候家长不能了解孩子的反应，孩子不能体验家长的真实感受的情况。

二、自闭症儿童家长的心理状态

由于自闭症儿童家庭情况的特殊性，自闭症儿童父母心理状态有其特殊的表现并不是一个难以理解的问题，概括起来其特点如下。

1. 自闭症儿童家长的焦虑和抑郁水平偏高

自闭症儿童家长的心理压力水平会直接影响自闭症儿童的家庭治疗，也是影响其家庭建立良好亲子关系的主要因素之一。

儿童严重的行为障碍、沉重的照料负担都令自闭症儿童父母经历着"慢性悲痛"，感情痛苦与需要特殊照顾孩子的责任感交织在一起，是抚养残疾儿童家长心理健康的主要影响因素。因此，自闭症儿童父母与正常儿童父母相比，其在社会互动中表现出更少的反馈。与患有其他疾病(如弱智、脑瘫和癫痫)的孩子家长相比自闭症儿童家长的心理压力亦呈现出高水平状况，他们更易遭遇抑郁、婚姻危机、社会隔绝等健康损害的问题。究其原因，除了家长自身的一些影响因素外，自闭症儿童症状本身，也是导致家长心理压力水平较高的重要因素。

虽然自闭症儿童父母更容易诱发负面情绪，幸福感因此降低，但也有研究发现，随着家长对儿童病情的适应程度加深，他们的积极情绪会有所提升，应对困境的能力也会逐步发展。

2. 经济状况是影响自闭症儿童家长的心理健康水平的主要因素

经济状况是影响自闭症儿童家长的心理健康水平的主要因素，具体表现为自闭症儿童家长收入越高、职业越稳定，则心理健康水平越高，积极应对程度越高；而低收入、职业不稳定的家长，焦虑和抑郁水平更高，更容易消极应对生活。

3. 自闭症儿童父母的心理健康状况存在差异

一般来说，自闭症儿童母亲的抑郁程度比父亲高。这其中的原因是多方面的，最核心的因素是，由于社会幸福角色不同，一般自闭症儿童父亲的家庭参与感要低于母亲，所以，父亲和母亲受孩子自闭症的影响具有差异，母亲更容易受到孩子的直接影响，因为母亲承担了更多的照料孩子的责任，所以她们的应激水平更高。

三、自闭症儿童家长的自欺心理

1. 自欺心理

存在主义心理学强调人的存在价值，主张人有自行选择其生活目标及生活意义的自由，并且强调人必须对其自由行动所产生的后果负责。虽然自由通常被理解为一个积极、正向的概念，但它也有阴暗的一面，因为"从自我创造、选择、意志力、行动的角度来看，自由是一个在心理上很复杂的概念，而且弥漫着焦虑"。雅洛姆认为自由意味着缺乏外在结构，这代表着在我们之下，毫无根据，什么也没有，只有虚无的深渊，人们无法面对由这样一种绝望处境所引发的焦虑[1]。因此，人必须去寻找一些防御机制，使自己免于承受这样的焦虑，其中的一个方法便是"自欺"。

法国存在主义大师揭示了"自欺"的本质，在他看来，自欺是人们常用的逃避焦虑、价值选择与道德责任的一种手段，人为了逃避自由、逃避责任而陷入自欺的困境。"自欺"从根本上否定了人生焦虑的存在，以此来逃避那些人们无法逃避的问题[2]。"自欺"是人们自我保护的一种方式，每个人在"做什么"与"能够做什么"之间都会有一条鸿沟存在，换句话说，就是理想与现实，完美与缺憾之间的鸿沟[3]，当人们想要缩小这个差距，却害怕选择，拒绝承担责任时，就会采用自欺的方式来加以平衡，既不做出选择，也不违背自己的信念。

2. 探讨自闭症儿童家长的自欺心理的意义

自闭症儿童的家长也是如此，也会产生自欺心理，而这种自欺心理不仅会影响家长的情绪与行为，也会直接对儿童的康复产生极大的影响，形成一种恶性循环。作者长期从事自闭症儿童的心理研究及心理干预实践，在研究实践中的一个深切体会就是，只有了解自闭症儿童家长的自欺心理，才能够及时帮这些家长走出心理困境，正视子女的病症，从而达到给予子女良好教养的目的。由此可见，探讨与分析自闭症儿童家长的自欺心理具有重大的实际意义。

3. 自闭症儿童家长自欺心理的表现形式

自闭症儿童的家长在子女幼儿时期就会察觉到一些异常，一般确诊时间都在两三岁。从确诊之日起，家长就明确知道子女患有自闭症，这种病因不明确，并且在目前来说无法治愈的疾病，伴随而来的是对这种命运的不解，对子女的担忧，对未来的迷茫与恐惧。这个时候的家长，察觉到了自己所肩负的重担，但这种察觉是令人恐惧的，因为这个时候，

---

[1] 魏宏波. 自由与心理治疗——欧文·雅洛姆存在心理治疗理论评述之一[J]. 河北科技师范学院学报(社会科学版)，2007，6(3): 113～117.

[2] 赵海燕. 自欺的人生——浅谈萨特哲学[J]. 山西农业大学学报(社会科学版)，2002，1(3).

[3] 叶浩生. 存在主义心理学的理论及其特征[J]. 南京师范大学(社会科学版)，1991，1.

他们会发现，除非凭借自己的努力与创造，否则，自己与孩子都会陷入泥潭，这种突如其来的改变，完全扰乱了他们曾经坚持的生活意义与价值，家长不得不重新选择自己的人生意义与目标，并且还需要承担起照顾子女的重任，原有的生活秩序被打乱，家长需要重新选择，面对这种未知的焦虑，他们希望通过自欺的手段让自己逃避这些责任。所以对于这些家长来说，最为困难的是接受事实，并承担起积极寻找适合儿童的治疗方法与教育方法的责任，此时，有些家长害怕甚至是想拒绝承担这样的责任，但又觉得作为儿童的家长，自己没有理由这样做，为了平衡这两种心态，就表现出了各种各样的自欺心理，下面笔者将对不同的自欺心理的成因及表现形式进行深入的分析与探讨。

(1) 转移责任。

持有这种自欺心理的家长为了拒绝接受事实，会存在这样的假想，即"如果……，我的孩子就不会有这些问题"，否认自己可以通过努力，改善这一现状，否认自我的自由与超越，认为自己只能是现状的承受者，试图以此来转移自己当前所要面对的选择，以及需要承担的责任。因为自闭症儿童的病因尚未明确，虽然干预方法有很多，但都不能确保治疗的有效性，即使有效，也不知道会有多大的成效。面对这样的未知性，家长感到焦虑不安，家长不希望儿童处于这样的状态，却又不愿意去积极努力地尝试，便会转移责任对象，使自己处于受害者的角色中，以此来消减焦虑情绪，逃避自己的责任。

转换责任

持有这种自欺心理的家长会把责任转嫁于他人身上，认为子女的现状是由他人导致的。

首先，夫妻双方会相互埋怨、指责，认为是对方照顾孩子不周，甚至对方的脾气秉性、家庭背景，只要有可能对儿童产生影响的因素，都会加以指责，在照顾子女过程中，所产生的负面情绪也会转嫁于对方，认为对方对孩子不尽心，或者对自己不理解等。Higgins 与 Bailey(2005)针对自闭症儿童家长所得的 134 份调查研究显示，家长有较低的婚姻满意度、家庭凝聚力和家庭的适应性。而多数研究也提出相同的观点(Howlin et al, 1989；Norton & Drew, 1994；Siegel, 1996；Weiss, 1991；倪志琳, 1995)，说明自闭症儿童的家长在婚姻维系上常面临崩解、失调、冲突与离婚的过程[1]。

其次，会对治疗机构甚至是社会加以抱怨。家长会将子女好转的希望寄托给治疗机构，而自己不做任何努力。当子女未见好转时，会指责治疗机构方案方法不对，或是老师的教育方法不得当。研究者接触过一位家长，由于自己事业繁忙，所以请来了两个保姆带孩子，并且花高价带孩子去参加各种治疗，一旦觉得没有任何进展就转换治疗机构，但是自己很少抽出时间来陪孩子。这种家长把培养孩子的职责全部交给他人，在他们看来，自己不断地为子女寻找各种治疗机构，为他们提供优越的物质生活条件，这些都是对子女负责的表现，但其实这只是他们逃离对孩子教育与指导的方式，因为拼命地赚钱要比面对一个患病的孩子容易得多，批评治疗机构不专业要比接纳孩子的现状容易得多。

自责与懊悔

这种心态的家长会认为是自己的某些行为导致了孩子的现状，会对自己过去的行为有很多猜想：比如是不是因为孩子某次生病没有及时送去医院？是因为怀孕期间自己吃了什么不对的食物？是不是因为自己忙于工作而陪孩子的时间太少了？这种自责虽然看似是在

---

[1] 钟璧卉，郭煌宗. 自闭症儿童家长亲职压力与亲情充权文献回顾之初探[J]. 早疗协会，2006.

承担责任，但实际上，却间接表明家长对儿童病情不接纳的态度，对自己过去行为的懊悔，使他们存有这样的幻想"如果当时……现在就不会这样了"。在这样的假想中，家长可以获得一点心理安慰，因为这能使他们相信，自己和孩子的生活本来可以很好的。

放弃责任

这是最糟糕的情况，当家长无法承受这种责任时，便会想要放弃。有的家长会选择生第二个孩子，并且对这个孩子宠爱有加，而对自闭症儿童较少关心。研究者见到一位家长，因为第一个孩子患病，就又生了一个孩子，对小儿子宠爱有加，但对大儿子却极为严厉，一旦犯了什么错就大加责骂，甚至会明显偏袒小儿子。每次送儿童来参加治疗，都很少关心儿童最近的表现及进步，而是不断抱怨自己有多么辛苦，孩子最近做错了什么事情等，甚至询问我们是否可以找到人能领养这个孩子。有的家长会彻底放弃对儿童的教育，只是尽到抚养的责任，但对其教育不再付出努力。

(2) 对儿童病症的歪曲理解。

抱有这种自欺心理的家长已经意识到了子女的特殊性，孩子表现出的各种异于正常孩子的行为已经让他们没有退路，只能接受这一事实，但是，每一个家长都希望自己培养出优秀的孩子，也希望子女能成为自己的骄傲，从而实现其自我价值，而自闭症儿童显然不能像正常的孩子那样达到父母的期望与要求，于是，这些家长就会对儿童的各种特殊行为进行歪曲理解，以此来获得自己作为家长的价值感。

把症状看作优点

抱有这种自欺心理的家长会把子女异于普通孩子的行为表现看成是他们的优点。比如有家长告诉笔者，自己的孩子小时会爬到高处一个人静静地看书长达几个小时，家长认为孩子很勇敢，并且很爱学习；还有位家长，说自己的孩子能背很多诗词，记忆力非常好等。其实，这些都是自闭症的一些病理症状，而家长却会把这些行为看成是子女的优点，并引以为傲，甚至只是关注孩子这些特点，而不去关注其相对薄弱的能力，其实那些能力才是家长真正需要关注的。

对儿童的病症避而不谈或加以掩饰

家长期望成功养育子女而实现自我价值，但是拥有一个患有自闭症的孩子，他们不但不会像自己曾经设想的那样优秀，甚至连普通人的水平都难以达到，并常常会因为一些怪异或莽撞的行为攻击或侵犯他人，因此招来他人的愤怒和谴责声，这会使家长感到自卑、无奈与委屈。他们意识到自己无法通过原先设想的方式实现家长的价值，就会选择掩饰，使自己逃离这种无助的境地。

有些家长会认为"因为这个原因，人们肯定会看不起我们了，也不愿意和我们往来了"。因为这种自卑心理，他们精神紧张，心情压抑，对家庭外的人隐瞒孩子的实情，生怕别人一旦知晓就会影响到自己目前的生活。还有一些家长因为害怕带孩子出去会惹来一些不必要的麻烦，或者受到欺负，就会尽量少带孩子外出，或者是极少让孩子与同伴接触。在痛苦、害怕和无奈之中，父母们只好让自己和孩子与外界隔离[①]。研究者遇到一位家长，因为孩子总是在公众场合大喊大叫，总令他觉得自己颜面扫地，非常尴尬，所以就不好意思带孩子出门，他带孩子参加治疗的其中一个目的就是希望能消除孩子的这种行为，他在对孩

---

① 中国孤独症资源网，www.guduzheng.net。

子进行教育时，非常关注如何让孩子变得听话并且有礼貌，带孩子参加训练时，会特意让孩子双手合十感谢老师。这位家长的关注目标并不在于如何让孩子学会与人交往，掌握一般的交往技巧，而是让孩子在他人面前表现出乖巧、礼貌的一面，这让他有一种自我价值感，即教导出了这么一个乖巧懂事的孩子，但其实对儿童的意义并不大，只是家长的一种自欺心理，以此来满足自己的虚荣心。

虽然家长了解孩子是因为患病才会有那些古怪的行为，并且也深知尽量多地与人接触，对孩子的成长是有促进作用的，会把自己的行为看作是对子女的一种保护，但其实，这是家长因为害怕面对他人的不解与责备而采取的一种自我保护，好让自己在家以外的世界中，依旧保持正常的生活，能够暂时从这种痛苦中抽离出来。

(3) 不切实际的期望与要求。

存有这种自欺心理的家长虽然已经能够接受子女的疾病，并且开始积极努力地指导子女配合相关机构的治疗，但是他们总会拿自己的孩子与正常孩子相比，希望他们能达到正常孩子的水平，这是他们能够坚持下来的动力。家长虽然在尽心尽力地指导子女，但是却无法接受自己努力的付出，换来的却是子女微小的进步，甚至是毫无进展，其实有时，子女已经有很大进步了，可是当有人这样如实告诉其家长时，这些家长就会举出几个和自己孩子同年龄的正常孩子来对比，怎么比就是距离太远，从而认为自己的孩子什么都不好[①]。家长努力付出的动力就是希望孩子能够达到正常儿童的水平，并且是越快越好，家长认为，只有让孩子与同龄的正常儿童发展水平一样，才算是完成了自己的职责，而如果承认子女无法达到正常儿童所能达到的水平，就意味着自己一生都要背负这种负担，并且会对孩子的将来感到忧虑，怕自己不能再照顾子女，这些恐惧与焦虑使家长选择自欺的方式，不去正视孩子的病情，为孩子制定不切实际的目标，并为之努力。

研究者接触到的一些家长，他们为子女报很多的补习班，英语、算术、绘画等，却忽视了孩子最需要的人际交往方面的训练；还有一些家长，在辅导子女时，期望子女的注意力与理解力都与正常儿童一样，会对子女要求过高或者没有耐心，因而责骂子女；有些家长更是希望孩子每天都要有进步，对教师施加过大的压力，自行制订计划，一周内要会叫妈妈，一个月内会说话等。这些家长虽然明知道让孩子达到这些目标非常困难，但会把孩子达不到目标的原因归结为孩子不够努力，或者治疗方法不对等，而不去反思这些目标与要求是否真的适合子女，盲目地认为只有帮助子女达到正常儿童的水平才能使孩子生活得更好。

(4) 过分地溺爱与保护。

有一些家长会心疼孩子，过分替孩子担忧，认为自己的孩子很不幸，今后要保护孩子，不能让孩子再受任何委屈了。于是全盘包办，即使孩子出现异常症状，家长都采取顺从的态度，只想让孩子高兴。他们认为这是自己疼爱孩子的表现，实际上，只是为了让自己舒服一点，因为他们认为自己对此毫无办法，不知道如何去面对子女的病情，也不知道怎样做才可以真正帮助孩子，所以这种过分的溺爱与保护，是家长对孩子的一种补偿，他们认为自己可以为孩子做的只有这些，这种做法是他们看来可以让孩子获益的最直接的途径，也因此可以认为自己是尽责的，自己是对这个孩子有所付出的。

---

① 叶浩生. 存在主义心理学的理论及其特征[J]. 南京师范大学学报(社会科学版), 1991, 1.

研究者遇到一个自闭症儿童，家人都对她很宠爱，所有好吃的都先给她吃，即使她现在已经很胖了，并且已经影响到了她的正常活动，使她在做感统训练时非常费劲，家人也依旧如此。万事都顺着她，即使参加一些康复训练，如果她不愿意，家长就会跟老师请假，平时家庭训练中，只要孩子不愿意做了，就不勉强，甚至会主动减少孩子的作业。其实依照这个孩子的病情，应该能够达到一个更好的水平，但家长的这些行为严重阻碍了孩子的发展。

4. 自闭症儿童家长自欺心理对儿童的影响

家长的期望、要求、教育方法、教育心态都直接影响着孩子的成长，这些因素对于自闭症儿童甚至比正常儿童更为重要。因为自闭症儿童本身分辨不清是非，难以理解自己身处的世界，也不会表达自己的要求和想法，可以说他们的每一种行为都是受家长影响的。因此，自闭症儿童家长的心态在很大程度上对自闭症儿童的发展方向与发展水平有所影响。而自闭症儿童家长的自欺心理会直接影响其情绪与行为，这也就间接地对儿童产生了一定的影响。

(1) 延误治疗时机。

由于抱有自欺心理的自闭症儿童家长，把大量的时间与精力都用于逃避现实，不能冷静客观地去了解子女的实际状况，也就不能积极地寻找适合子女的治疗方法，更没有勇气与信心去帮助孩子成长。然而，自闭症的最佳治疗时机是2～6岁，并且越早进行治疗，儿童进步的空间就越大，而家长的自欺心理会拖延他们积极采取应对措施的时机，因此延误了最佳治疗时机。

(2) 使儿童偏离正确的发展方向。

自闭症儿童家长的自欺心理，使他们不能够正视子女所缺乏的能力，对其忽视、否认或者歪曲理解，并且为儿童定下不切实际的目标，这些行为都会导致儿童偏离正确的发展方向。其实儿童最需要的是人际沟通的训练，其次是生存技能的训练，最后才是知识等内容的训练。家长为了掩饰子女的病情，尽量减少他们与人群的接触，这就减少了他们学习人际交往的机会；家长的过分保护会使儿童产生依赖心理，因为所有的事情都由家人处理，儿童完全不需要主动提出自己的要求，也不需要理解他人的言语、情感，以及与人交往的方法，他所需要的家长都已经准备好了，这种做法完全消除了儿童主动沟通的动机；而要求儿童达到正常儿童的发展水平，家长就会要求儿童去学习一些他们并非必须掌握的知识，比如高难度的算术、英语等，这些繁重的课业，使儿童没有时间训练人际沟通的能力，也因此为日后的学习与生活留下隐患。家长的自欺心理影响了他们对子女的教育，使子女偏离了正确的发展方向，导致儿童的病情更为严重。

(3) 增强儿童的消极情绪。

如果自闭症儿童家长一直存有自欺心理，那么就无法用平和的心态去面对子女的现状，取而代之的是焦虑、抑郁、自卑、烦躁不安等消极情绪。而自闭症儿童在监控自己的情绪、内心活动状态和情绪反应上有困难，需要家长给予指导，并做出榜样，而家长的这些消极情绪就会影响到儿童，他们的情绪会变得更不稳定，更容易急躁或者不安。同时自闭症家长不现实的培养目标，超过了儿童自身的能力，这也会增强儿童的消极情绪。

5. 自闭症儿童家长走出自欺心理的方法

自闭症儿童家长是因为原有的生活意义及价值观被打破，又要肩负起一个一生都无法摆脱的重担，因而陷入对未知的恐慌与焦虑之中，为了逃避这种焦虑，选择自欺心理作为自我保护的一种方式。本节针对自闭症儿童家长自欺心理产生的原因，列出帮助自闭症儿童家长走出自欺心理的几种方法。

(1) 重新确定人生的意义与价值。

首先，要让家长看到希望，看到其他儿童成长的例子，给他们信心，让他们有勇气去重新设定自己的目标。其次，要让家长意识到人生的意义不会自动出现，需要自己选择，由于我们可以决定自身的行为，因此就可以在一定程度上掌握自己的命运。虽然子女患有自闭症的这一现实是无法改变的，但是家长却可以选择对待孩子的态度，可以选择积极地面对。最后，帮助家长深入了解自闭症，并对自我有更深的认识，找到恰当的人生目标与自我价值，要让家长意识到，自己还有很多选择的自由，不一定培养一个品学兼优的孩子就是家长的价值所在，也许让自己的孩子有一点点的进步，或是能够陪伴在孩子身边就是家长的价值所在。

(2) 理性应对焦虑情绪。

存在主义心理学认为，焦虑是人们在生活中应对各种问题所必然导致的结果，不必因此恐慌，重要的是应对焦虑的模式，即保持真诚的生活态度和积极面对困境的心境，学会正视自由与责任。在自闭症儿童家长教育子女的过程中，也必然会产生各种焦虑，可以帮助家长去正视这些焦虑，并进一步去探索焦虑的根源，当家长看到焦虑背后潜藏的各种担忧时，可以跟家长一起探讨与分析，鼓励他们说出自己的想法，帮助他们建立起应对这些焦虑的积极模式，比如与家人讨论、向专业机构咨询等，而不是选择消极回避。

(3) 参加讲座与经验交流会。

自闭症儿童家长感到焦虑是因为自己不知所措，不知道如何应对这个突发事件。通过参加讲座与经验交流会的方式，家长可以更直接地获得很多自闭症的相关知识，以及其他家长的经验教训，这样有助于家长正视当前的困难，不仅不会不切实际地将这个困难夸大，而且会了解自己要面临的各种具体问题，同时能够了解自己可以做一些什么，以及可能产生的效果，这些都能促使家长正视困难，做出选择。同时，经验交流会还能使家长获得心理支持，感到自己并不那么孤单，从而更有力量去面对生活。

自闭症家长面对子女患有自闭症这一事实，往往都难于接受，但是有些家长在痛苦过后会选择积极面对，有些家长则用自欺的方式麻痹自己，其实这种自欺的方式，反而不利于子女成长，家长也不能从消极的心态中解脱出来，家长应该认识到，有一个自闭症的孩子，并不意味着就会失去幸福的生活，其实自闭症儿童也有他们特有的天真与可爱，当家长看到通过自己的努力，孩子有所进步时，会体会到正常孩子家长所不能体会的幸福感，所以，摆正心态，脱离自欺心理，面对这一事实，并积极地寻找解决方法，不懈地坚持，耐心地辅导子女成长，这才是帮助家长和孩子走上幸福之路的方法。

四、自闭症儿童家庭的社会支持

社会支持是现代社会人们应对各种压力与困境的必要条件之一，获得较多的社会支持是自闭症儿童家庭走出所面临着的压力与困难的必要途径。相关研究表明影响特殊儿童父母压力最重要的一类变量是应对资源，包括社会支持等，获得的社会支持越多，父母的压力越小[①]。人是群居动物，任何情况下社会支持的增大都会使人们生活满意度提高，对于自闭症儿童家长这样一个特殊群体，由于其本身面临困境所产生的消极情绪、自尊水平下降、心理稳定性降低等原因，需要更多的社会支持来满足其安全感及生活满意度的需要。

自闭症儿童家庭的社会支持主要分为客观支持、主观体验到的支持和对支持的利用度三种。

1. 自闭症儿童家庭的客观支持

自闭症儿童家庭的客观支持包括来自社会、家庭和朋友的支持，这其中包括社会福利政策、治疗、社会舆论及社会的关爱等。客观支持是自闭症儿童家庭满足他们社会、生理和心理需求的重要资源。

现实社会中，每个自闭症儿童家庭所获得的客观支持存在着明显的差异。高社会支持的获得也使得其家庭成员能够以良好的心态应对疾病，家庭的整体生活质量也会相对较高，从而使得家庭处于一种良好的状态；相反，那些低社会支持的家庭，不仅无法建立起良好的疾病应对心理，其生活质量也难以令其家庭成员满意，而这种不满意又使得部分家庭成员会不自觉地把责任推向儿童。

当前我国自闭症儿童家庭的社会支持来源主要包括学校、社区、政府部门、企业以及宏观支持系统(舆论、法律、社会价值观等)。其中学校给予家长的支持是最大且最持久的，其他社会支持来源都存在着不同程度的缺失，自闭症儿童家长面临的最大的问题是经济和教育困难。

自闭症儿童家长对社会支持保持较高的期望，但目前我国还没有建立起一套行之有效的社会支持机制，例如，自闭症儿童家长最需要的社会支持是学校接受教育的支持和增加特教人员，而这一点我国目前的教育却无法满足。

2. 主观体验到的支持

主观体验到的支持是自闭症儿童家庭所体验到的情感上的支持，也就是他们在社会中受尊重、被支持、被理解因而产生的情感体验和满意程度。

即便是客观支持相同，如果自闭症儿童家庭成员对于支持的主观体验不一样，那么社会支持的作用亦不同，主观体验较高的家庭其情感体验和满意程度也高，反之亦然。主观体验到的支持主要受个体的主观感受影响。

主观感受性是指我们人类对于刺激物的感觉能力，人的主观感受性的强弱随着主客体条件的变化而变化。自闭症儿童家庭对社会支持的体验主要受如下因素的影响：一是社会

---

① 黄伟合. 社会观念的改变与自闭症事业的发展[J]. 上海师范大学学报(哲学社会科学版)，2008，9.

支持的力度，即支持力度大，一般家庭的总体感受性就强；二是社会支持与家庭需求之间的关系，社会支持需求大的家庭主观体验到的感受就强；三是家庭成员之间的互相影响，主观体验感受性强的成员占主导，家庭成员对社会支持的整体感受性就强。

3. 对支持的利用度

对支持的利用度是自闭症儿童家庭对社会支持的利用情况，不同的家庭对相同的社会支持有着不同的利用程度。例如，针对国家相关政策有些家庭了解，却不主动利用，甚至拒绝外界的各种帮助，而有些家庭则会充分利用各种社会支持，其生活质量也会随着支持的利用度不断提高而提升。例如，接受了及时心理干预的父母比没有接受干预的父母更容易接受孩子患自闭症的事实，也更容易及时投入到孩子的治疗当中。这说明，社会支持特别是家长心理援助，能帮助自闭症儿童家庭积极面对现实，及时摆脱不良情绪。

第二节　自闭症儿童家庭的教养方式及其影响因素

一、自闭症儿童家庭的教养方式

家庭教养方式是指父母对子女抚养教育过程中所表现出来的相对稳定的行为方式，是父母各种教养行为的特征概括[①]。家庭教养方式是父母价值观、教育观等因素的外部表现，直接或间接地影响到幼儿的心理发展，深入地探究家庭教养方式的形成及其对儿童发展的意义有助于帮助父母更好地教育子女，也能使儿童有更好的发展。

1. 自闭症儿童家庭教养方式的概念

近几十年来，国内外心理学界在探索自闭症儿童家庭教养方式方面投入了较大的力度。自闭症儿童的各种症状，特别是社会功能交往障碍，导致了自闭症儿童较少地参与到家庭以外环境中，使得他们活动的主要空间在家庭，交往最多的人是父母，由此可见，家庭教养方式对自闭症儿童较一般儿童会有更大的影响。从父母的教养方式单向影响儿童转变为亲子双向互动的今天，我们更应该关注家庭教养方式对于家庭、父母与儿童发展之间的关系及作用机制的了解。

自闭症儿童的家庭教养方式是指父母对儿童在抚养教育过程中所表现出来的相对稳定的态度和教养行为模式。具体表现为，家长对儿童成长及康复所持有的态度；家长在儿童教养上的精力分配；家长对孩子的期待；家长在教养中固定实施的行为模式。

2. 自闭症儿童家庭教养方式的类型

我们以教养态度(非科学教养→科学教养)和行为模式(不积极投入→积极投入)为轴，可以将自闭症儿童的家庭教养方式划分为四种类型，详情见图5-1。

有效型教养方式：家长对儿童的病情有着较为全面及准确的理解，懂得自己的孩子需

[①] 徐慧，张建新，张梅玲. 家庭教养方式对儿童社会化发展影响的研究综述[J]. 心理科学，2008，31(4)：940～942.

要什么，能够在哪些方面有所发展，即有着科学的育儿态度。同时会积极主动地参与儿童康复与发展的一切育儿活动，即在育儿行为上积极主动。这类教养方式无疑会有利于儿童的发展和康复，故我们称其为"有效型教养方式"。

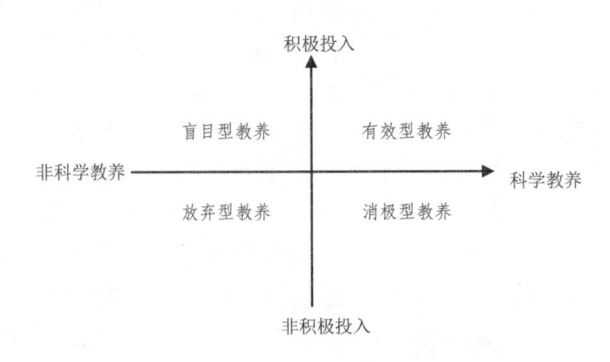

```
                    积极投入
                      ↑
         盲目型教养  │  有效型教养
非科学教养 ──────────┼──────────→ 科学教养
         放弃型教养  │  消极型教养
                      │
                    非积极投入
```

图 5-1　自闭症儿童家庭教养方式类型

盲目型教养方式：家长对儿童病情的理解有一定的片面性，例如，自欺心理特征表现比较明显，会把儿童的刻板行为当成天才行为对待；再如，一些家长不顾也不懂孩子的需要，而是根据自己的需要，为孩子选择做什么和不该做什么，虽然这类家长也会积极主动地参与到育儿行动中，但由于是在非科学的育儿理念指导下的教养，因此，难免在育儿中带有盲目性。虽然这种教养方式偶尔也会产生较好的育儿效果，但从长远角度来看，并不利于儿童的发展和康复，故我们称其为"盲目型教养方式"。

消极型教养方式：虽然家长对儿童的病情有着较为全面及准确的理解，懂得自己的孩子需要什么，能够在哪些方面有所发展，即有着科学的育儿态度，但由于各种原因家长不能积极主动地参与儿童康复与发展的育儿活动。这类教养方式无疑也不会有利于儿童的发展和康复，故我们称其为"消极型教养方式"。

放弃型教养方式：家长既没有科学的育儿态度，也没有积极主动地参与儿童康复与发展的育儿活动，当然也无疑会不利于儿童的发展和康复。因其特点为放弃状态，故我们称其为"放弃型教养方式"。

二、自闭症儿童家庭教养方式的影响因素

自闭症儿童家庭教养方式和一般儿童家庭教养方式一样受以下因素的影响。

1. 社会环境对其教养方式的影响

父母所处的社会环境对其教养方式的影响，包括社会文化背景、社会阶层、经济地位、所处地区、社会支持、父母体验到的压力等家庭系统以外的更大的社会系统层面的影响。有研究发现[①]，在亚洲国家权威文化社会中，专制型的父母不会像在西方国家自由文化中的

---

① 陈陈. 家庭教养方式研究进程透视[J]. 南京师范大学学报(社会科学版)，2002，6：96～104.

那样有损于儿童的心理健康。又如,有研究者认为[①],中阶层职业的人有高度自主性,使得他们更重视子女的自主、好奇及自制的品质培养,因此中阶层父母重视内在行为标准的发展,良好的行为本质上是根据自己的原则行事,而低阶层的父母在工作环境中必须遵从权威的外在规则,所以重视诚实、服从、整洁等受人尊重的品质,认为良好的行为本质上是不违反规定,另外,由于他们较低的职业地位、较少的升迁机会与物质酬报、较小的权力、较差的工作条件,本身常遭受较大的挫折,有较强的威胁感,他们对待子女也就更多地使用惩罚与拒绝的方式。

2. 家庭内部的环境对父母教养方式的影响

家庭内部的环境对父母教养方式的影响,如家庭完整性、夫妻婚姻状况、家庭类型、社会福利等的影响。桑标等人提出父母意识是成人对于为人父母这一社会、家庭角色的自觉、不自觉的态度、评价与操作方式,它不仅与父母的个性特点密切相关,而且体现着父母的价值趋向,进而影响其教养模式以及对孩子的态度[②]。

3. 儿童特征对于父母教养方式的影响

儿童特征对于父母教养方式的影响,包括儿童的年龄、性别、所在学校、气质类型等因素的影响。研究[③]显示儿童对父母教养行为的影响要大于父母教养行为对儿童的影响,母亲比父亲更容易受到儿童抑制性行为的影响。

三、家庭教养方式对自闭症儿童发展的影响

自闭症儿童家庭教养方式对儿童发展的影响也和一般儿童家庭教养方式一样表现为以下几个方面。

1. 对儿童认知发展的影响

研究关注于学业不良或学习困难的学生,显示学习成绩不良除了与智力因素有关以外,还与家庭环境、父母教养方式等因素有关[④]。还有研究者发现父母教养方式与儿童认知方式的发展有关[⑤],场依存学生的父母对其有较强的严厉管制倾向,场独立学生的父亲表现出更多的偏爱行为,场独立学生的母亲有更多的拒绝、否认的行为。

2. 对儿童语言发展的影响

有研究者发现父母的教养方式尤其是父亲的严格教养方式与儿童的气质间存在一定

---

① 王晓阳. 国外关于不同阶层家庭教养方式的研究[J]. 北京师范大学学报(社会科学版),1993,5:89~95.
② 桑标,杜乃芳. 父母意识的影响因素分析[J]. 心理发展与教育,2000,(1).
③ 夏明珠,刘文. 儿童气质与父母教养因素相互作用的研究新进展[J]. 大连理工大学学报(社会科学版),2004,25(2):65~70.
④ 夏明珠,刘文. 儿童气质与父母教养因素相互作用的研究新进展[J]. 大连理工大学学报(社会科学版),2004,25(2):65~70.
⑤ 王勍,程利国. 父母教养方式研究综述[J]. 当代教育论坛,2007,7:32~33.

的相互影响，教养方式影响着儿童的在陌生情境中的语言表达水平[1]。

3. 对儿童人格的影响

研究发现[2]，人格维度神经质(N)、精神质(P)得分分别与父母不良的教育方式如严厉惩罚、拒绝否定、过度干涉呈显著的正相关关系。还有研究表明[3]，早年低水平的父母照顾与抑郁症有关。长期不当的父母教育方式易使子女形成难以适应社会的不良人格特征，从而为人格障碍、神经症的发生提供了病前人格基础。而父母的理解、情感温暖有助于子女增强自信[4]，建立更为健全的人格。

4. 对儿童社会性发展的影响

这一领域当前研究最为深入广泛，所涉及的内容很多，包括儿童的自我概念、同伴关系、社会性情绪、道德行为与道德体验、自我控制能力、攻击性、独立性、孤独感、应对方式、问题行为等。如在同伴关系领域中，有研究者从鼓励成就、鼓励独立、过度保护、接受性、拒绝、惩罚6个维度研究母亲教养方式与青少年合作意识、合作情感、合作策略、合作意图的关系。结果发现母亲的接受性越好，青少年合作意识就越高，在学习合作中，合作情感越高，越倾向于采用积极的合作策略，并且利己意图越低[5]。

---

[1] 李寿欣，李波. 父母教养方式对学生认知方式发展的影响[J]. 健康心理学杂志，2004，12(2)：156～157.

[2] 王丽，傅金芝. 国内父母教养方式与儿童发展研究[J]. 心理科学进展，2005，13(3)，298～304.

[3] Kaoru Sakadoa, Tetsuya Satob, Toru Ueharaa Miwako Sakadoa Toshiyuki Someyaa. Perceived Parenting Pattern and Response to Antidepressants in Patients with Major Depression[J]. Journal of Affective Disorders，1999，52：59～66.

[4] 金毅，王克荣，刘芳，王素芬，朱庆霞，刘维丽. 高中二年级学生的自信心与家庭教养方式的关系[J]. 中国心理卫生杂志，2005，19(7)：494.

[5] 赵章留，王树华. 母亲教养方式与青少年合作的关系[J]. 心理发展与教育，2007，3：37～42.

自闭症儿童的教育实践证明，自闭症儿童即便是接受普通教育，也离不开特殊教育的支持，融合教育是特殊教育发展的必然产物。融合教育是包括自闭症儿童在内的所有特殊儿童获得良好教育的有效教育模式，而资源教室又是融合教育的重要组成部分。本章通过对特殊教育、融合教育及资源教室的论述，使读者不仅了解三者在自闭症儿童教育中的作用，而且清楚地了解这三者的相关理论及目前的教育现状。

第六章　融合教育与资源教室

核心概念

特殊儿童；融合教育；回归主流；资源教室；教育生态环境

第一节　特殊儿童及其教育

一、特殊儿童

1. 特殊儿童界定

特殊儿童是指在智力、感官、情绪、身体、行为或沟通能力上与正常情况有明显差异的儿童[①]。特殊儿童和一般儿童一样也会经历动作、语言及认知等各领域的发展。因此，根据他们的需要实施特殊教育对其成长有着重要的意义。

2. 特殊儿童类别

特殊儿童，既包括那些在学习中有困难的儿童，也包括那些由于成绩优异而必须要对课程和教学进行调整才能帮助其发挥潜能的儿童。因此，特殊儿童是一个内涵丰富的术语，它涉及那些有学习或行为问题的儿童、有身体残疾或感觉损伤的儿童以及智障和有特殊才能的儿童[②]。

特殊儿童有着共同的身体特征或学习和行为模式。根据这些特征可以把特殊儿童归纳为以下类别。

(1) 智力落后。

---

① 美国《百科全书》第九卷"教育"条目.1980：698
② [美]休厄德. 肖飞，等译. 特殊需要儿童教育导论[M]. 北京：中国轻工业出版社，2007，5：10.

(2) 学习障碍。
(3) 情绪与行为障碍。
(4) 自闭症。
(5) 沟通(言语和语言)障碍。
(6) 听觉损伤。
(7) 视觉损伤。
(8) 身体和健康损伤。
(9) 创伤性脑损伤。
(10) 多重残疾。
(11) 天才和有特殊才能者。

由于特殊儿童与常人显著存在差异,因此需要个别地制订教育教学计划或者实施特殊教育措施才能使他们从教育中充分获益。

二、特殊教育介绍

1. 特殊教育的定义

特殊教育是使用一般的或经过特别设计的课程、教材、教法和教学组织形式及教学设备,对有特殊需要的儿童进行旨在达到一般和特殊培养目标的教育。它的目的和任务是最大限度地满足社会的要求和特殊儿童的教育需要,发展他们的潜能,使他们增长知识、获得技能、完善人格,增强社会适应能力,成为对社会有用的人才。

特殊教育是一项复杂的事业,可以从多角度来定义和衡量它。美国对于特殊教育做了诸如此类的规定。首先,可以将特殊教育看成由立法来管理的事业,其从业者关注的问题包括正当程序的过程,即告知家长他们有权利参与孩子的教育计划的制订,学区内的所有个别化教育计划都要包括《残疾人教育法》所要求的各项内容。其次,从纯粹的行政管理角度来看,它要求在班级中保持适当的师生比,并运用特殊的规则来决定对相关服务人员的资助水平。最后,从社会政治角度看,特殊教育可以被看作民权运动的产物,它见证了社会对于残疾人的心态的转变。这些对于我国特殊教育的发展有一定的借鉴意义。

2. 作为干预的特殊教育[①]

特殊教育首先是有目的的干预,其意图在于预防、消除或克服那些可能阻碍残疾人进行学习和全面、积极地参与学校和社会生活的障碍。干预有三种基本类型:预防干预、治疗干预和补偿干预。

(1) 预防干预。

预防干预旨在阻止潜在的问题或较为轻微的问题发展成为残疾。如阻止某件事的发生或减轻已被鉴定的问题或情况的发生。

---

① [美]休厄德. 肖飞,等译. 特殊需要儿童教育导论[M]. 北京:中国轻工业出版社,2007,5:33~34.

(2) 治疗干预。

治疗干预旨在减轻某类残疾所造成的特殊影响。如针对自闭症患者的社会交往障碍，实施作业疗法，提升患者的社会交往能力等。

(3) 补偿干预。

补偿干预旨在为特殊需要儿童做出一些有价值的贡献，无论是提供某些设备还是进行特殊的训练。补偿性干预主要包括教授特殊需要儿童特殊技能或者设备的使用以使得患者能够完成一些任务。

3. 作为教学的特殊教育

特殊教育的主要部分是教学。特殊教育教学的特殊之处就在于，所教对象的特殊性，教学内容的特殊性及教学形式的特殊性。

(1) 教学对象的特殊性。

特殊教育中最为重要的一个问题是教谁，受教育者的特殊性在哪里，即这些受教育者因为哪些因素使其必须有个别化制订的教学计划等。特殊教育的教育对象是那些需要特殊帮助的特殊儿童，如自闭症儿童由于其言语问题、社会交往问题和行为问题无法像正常儿童一样完成一般学业，这就是这类教育对象的特殊性。

(2) 教学内容的特殊性。

一般来说课程设置是区分特殊教育和普通教育的一个重要标准。特殊教育之所以特殊，就在于其课程设置上有别于普通教育。尽管每个特殊学生都需要学习并在其间需要支持辅助，以便能够学到普通教育课程中尽可能多的内容，但是由于特殊儿童在学习需要上的特殊性及个性差异，所以，课程指南中是找不到统一标准的。如即便都是自闭症儿童，每个患儿在病症上的差异性，也会导致他们在学习需求上存在较大的不同。在特殊儿童教学内容中，"功能性课程"是最能体现特殊教育需要的教学内容。"功能性课程"被用来描述为了使特殊儿童在其日常生活、个人与社会、学校、社区和工作环境中，尽可能地获得成功和独立所需的那些知识和技能。像穿衣、进食和如厕这样的自助能力，是许多重度特殊学生的学校课程中非常重要的部分。

(3) 教学形式的特殊性。

特殊教育在教材的选择、教学方法及授课场所等方面都与普通教育有所不同。特殊教师会在特定的教育场所教给特殊儿童某种特殊的科目，如一名特殊教育工作者教一名特殊儿童如何通过指认他所携带的特殊小册子中的图片来表达他的要求等。

三、特殊教育的现状

1. 美国特殊教育状况

在美国，2003—2004 学年，每四名学龄特殊儿童中就有三名是在普通教室中接受他们所需的教育或至少是其中的一部分教育。其中49.9%的学生全天在普通教室学习，27.7%的学生每天都要到资源教室进行一段时间的学习。在全体特殊儿童中，大约有1/5是在普通学校中单独的教室里接受教育的。大约3%的学龄特殊学生是在特殊教育学校中接受教育的，尤其是那些重度特殊儿童。在寄宿制学校上学的特殊儿童不到1%，处于非教育环境中如因病在家或住院学习的儿童的人数也不足1%。

两个最庞大的特殊学生类别中的大多数儿童，即86%的学习障碍儿童和95%的有言语或语言障碍的儿童，都能够在普通教室中进行至少他们一部分的学习。相反，在2003—2004学年，尽管在普通教室接受教育的智力落后儿童、自闭症儿童、多重残疾儿童和聋—盲儿童的人数已比之前有所增长，但也只有42%的智力落后儿童、44%的自闭症儿童、29%的多重残疾儿童和36%的聋—盲儿童每天有部分时间在普通教室中接受教育。

2. 我国特殊教育现状

1987年4月1日，我国第一次残疾人抽样调查结果显示，我国有残疾人口5164万，其中0~18岁的残疾儿童数量为1074万，0~14岁的残疾儿童有817.5万，6~14岁义务教育学龄阶段的残疾儿童约625万。当时中国大陆人口总数约为10亿，如果1998年按有人口12亿来计算的话，我国大陆现有残疾人约6200万，0~18岁残疾儿童约1289万，6~14岁义务教育学龄阶段的残疾儿童约750万，其中视力残疾儿童15.1万，听力语言残疾儿童96.6万，智力残疾儿童513.6万，肢体残疾儿童57.8万，精神残疾儿童1.4万，综合残疾儿童65.9万。

(1) 我国特殊教育的形式。

特殊教育学校

随着1951年周恩来总理《关于学制改革的决定》的签署，特殊教育即已成为新中国国民教育体系中的一个重要组成部分，从新中国成立初到20世纪80年代中期，特殊教育学校一直是我国大陆实施特殊教育的主要形式。

随班就读

1986年《义务教育法》的颁行，特别是1990年《残疾人保障法》和1994年《残疾人教育条例》的实施，使推广残疾儿童义务教育的任务迫在眉睫，根据中国残疾儿童数量多、80%分布在广大的农村地区(经济落后、交通不便)，特殊教育学校数量不多、规模不大并且都集中在大中城市，建特殊教育学校一次性投资太大等国情，1989年在总结了1988年全国第一次特殊教育工作会议经验的基础之上，国务院办公厅转发了国家教委等八部委的《关于发展特殊教育若干意见》，在确立了发展特殊教育的基本方针(贯彻普及与提高相结合，以普及为重点的原则，着重抓好初等教育和职业技术教育，积极开展学前教育，逐步发展中等教育和高等教育)的同时，提出了在普通学校附设特教班和残疾儿童在普通班级随班就读的新形式。我国基本形成了以教育部门为主，民政部门、卫生部门、残联部门和社会力量作补充的特殊教育办学渠道，正在形成学前教育、基础教育、中等教育、高等教育的残疾人教育体系。

我国的特殊教育形式是特殊教育学校和随班就读两种形式并存。

(2) 特殊儿童的义务教育。

1915年7月民国政府的《国民学校令》就提出了特殊儿童的义务教育问题，但战乱之中的旧中国特殊儿童义务教育只能是一纸空文；1989年国务院办公厅转发的《关于发展特殊教育的若干意见》中第一次明确地提出了特殊儿童义务教育的问题，要求"把残疾儿童教育切实纳入普及义务教育工作的轨道，各级教育部门要把残疾少年儿童教育同当地实施义务教育工作统一规划、统一领导、统一部署、统一检查，将残疾少年儿童教育发展规划执行情况作为检查、验收普及初等教育的内容之一"。国家此后的《残疾人保障法》《残疾人教育条例》、八五规划、九五规划等文件中也有类似的规定。

1948年全国共有46所特殊教育学校，在校生2380人；1985年我国大陆有375所特殊教育学校、4万名在校生；1991年有886所特殊教育学校近8.5万在校生。到1998年我国大陆有盲校27所、聋校845所、盲聋合校143所、智力残疾儿童学校425所，共1440所特殊教育学校，加上一万多所普通学校附设特殊教育班和一些随班就读的学生，大陆地区接受特殊教育的在校生为340621人，如果拿这个已接受特殊教育的34万和学龄残疾儿童总数的750万相比，大陆学龄残疾儿童接受特殊教育服务率为4.53%，如果拿它和按照美国比率推算数相比，其接受特殊教育服务比率为1.4%~2.1%，这与国务院批转的"中国残疾人事业"九五计划纲要中视力，听力，言语和智力残疾儿童少年义务教育入学率分别达到80%左右的目标和我国大陆普通儿童98.7%的入学率相比尚有一段距离。

第二节 融合教育

一、融合教育的产生

1. 融合教育的先驱：回归主流和提倡常规化教育[①]

(1) 回归主流。

20世纪80年代中期，描述特殊学生和正常学生一起接受教育的词汇是回归主流。当时，回归主流被定义为尽最大可能把特殊学生安置在普通班级与正常学生一起接受教育。回归主流一般是指安排特殊学生参加普通学校的非学业活动，如艺术、音乐、体育等，所能提供的教育非常有局限性。

(2) 提倡常规化教育。

20世纪80年代，相关研究者针对回归主流所提供的给特殊学生的教育太少这一现实，提出了"常规化教育"这一新的教育形式。

常规化教育是由美国教育部特殊教育和康复服务办公室助理秘书威尔(Madeleine Will)在1986年提出的。威尔是一个弱智儿童的妈妈，她在儿子身上实践常规化教育，并取得了较好的成果。虽然，威尔的常规化教育受到当时特殊教育学者的质疑，但威尔的努力最终使得"融合"这一新的术语出现，进而使特殊教育进入了一个崭新的时期，即"融合教育"时代。

2. 融合教育

融合教育(Inclusive Education)一词中的"融合"，其主要含义是：包括、包含、容纳。20世纪90年代，融合教育作为一种教育形式，兴起和发展于国际教育民主化的潮流之中。说到融合教育的产生与发展，必定要提及两个国际会议。一是1990年由联合国教科文等国

---

① 方俊明. 今日学校中的特殊教育[M]. 上海：华东师范大学出版社，2004：105~106.

际组织在泰国宗迪恩召开的"世界全民教育大会"并发表了《世界全民教育宣言》。这次大会提出的全民教育，强调受教育是人的基本权利；教育对于个人发展和社会进步极为重要；必须普及基础教育和促进教育平等。另一个是1994年由联合国教科文组织在西班牙萨拉曼卡召开的"世界特殊需要教育大会"并发表了《萨拉曼卡宣言》。这次大会首次提出了融合教育，强调了每个人都有受教育的基本权利；每个人都有其特性、兴趣、能力和学习需要；学校要容纳全体儿童并满足他们的特殊教育需要。

二、融合教育的发展

1. 第一代融合教育

第一代融合教育使得特殊学生可以和正常学生一起接受教育，它由三个关键部分组成。这三个部分包括：所有特殊学生应该享受与正常学生一样的教育，安置特殊学生就近入学；学校及普通教育应该对特殊学生的年龄和年级做出适当的安置；在普通教育班级中应该有特殊教育的支持。

(1) 就近入学。

安置特殊学生就近入学方法很多，最为常用的方法为三种：一是邻近的学校，二是接送学校，三是选择学校。

邻近学校可以提供给特殊儿童在学校和邻近地区活动的大量机会，进而实现使其融入社会的目的。根据特殊儿童家长的意见，学生进入自己家附近学校就读，这就使得特殊学生不仅在社区，也在学校有了一定的人际关系。

接送学校是通过教育系统在学区内建立接送学校，接送学校对于部分学生来说不是邻近学校，或者说接送学校不在这些学生的居住区附近，但由于学生大都来自同一地区，也会形成一定人际交往氛围。

选择学校是指家长根据孩子的情况，或选择热门学校，或选择一种特殊学校等。

(2) 年龄和年级的适当安置。

第一代融合教育在特殊学生的年级安置上，主张特殊学生并不需要从普通班级中被抽出来，接受个别的和适当的教育。但是如何在普通班级中实施个别化教育，如何把特殊教育技术运用到普通教育课程中，在当时却是一个极大的挑战。

(3) 普通教育班级中的特殊教育支持。

第一代融合教育模式采用在普通教育班级中增加另外的教学程序和资源的方法来满足特殊学生的学习需要，包括增加适应性教育、课程调整和额外资源。如增加一名教师助理来满足正常学生和特殊学生的需要。

2. 第二代融合教育

第二代融合教育被看作整体的系统化融合教育。其主要方法是把特殊学生安置在普通教育班级，使得特殊学生和一般学生形成一种补偿式合作学习关系。学校应该将特殊教育和普通教育有机结合，这样教师既可以满足一部分学生的补偿性需求，也可以满足另一些学生丰富的发展需要。

第二代融合教育课程变革是通过"通用设计"的技术来实现的。在教学中的"通用设计"是指，提出一种调整课程目标和教学方法的策略，用设计保证所有的学生，包括有特殊需要的学生、语言不通的学生和学习风格不同的学生都可以接受课程。

"合作"是实现第二代融合教育的前提。融合教育的合作是指教育过程中所有参与者的协力，包括学生、家庭成员、教师、有关服务的提供者、学校职员、管理者及社区成员。

第三节 资源教室

一、资源教室概述

国内外的特殊教育实践表明，在普通学校中设立为特殊儿童提供支持和帮助的特定场所是实现全纳教育的有效途径之一，资源教室的教育生态化是取得特殊儿童教育成功的关键。自闭症儿童是特殊儿童中一个重要组成部分，资源教室是自闭症儿童就学中不可缺少的教育场所。

资源教室(Resource Room)是指在普通学校中设置专为特殊学生提供适合其特殊需要的个别化教学的场所(教室)，这种教室聘有专门开展特殊教育工作的教师，配置各种教材、教具、教学媒体、图书设备等[1]。

二、我国资源教室的产生与发展

我国的资源教室发展得比较晚，在 20 世纪 90 年代初期，联合国儿童基金会研究项目曾经为贵州的两个贫困县配置了共 30 个资源教室的简单设施，如韦式智力量表、社会适应量表，以及一些基本的特殊辅助设备，如助听器、盲杖和盲笔等。这是我国资源教室的雏形，在我国资源教室的建设中有着重要的作用，也为以后资源教室的发展打下了良好的基础[2]。

为了了解目前我国资源教室的发展现状，笔者实施了如下调查研究。

2009 年 9 月—2010 年 3 月，数十名受过专业培训的心理学专业人员赴北京、上海、天津、西安、太原、南京、贵阳、成都、哈尔滨、绵阳、长乐、九江、渭南、无锡、银川、海宁、金坛、金华、大同等 19 个城市和地区，对拥有特殊儿童就读的 173 所学校进行了实地调查。主要调查内容为：学校是否设立资源教室，对于资源教室的理解程度，资源教室的运营状况等。对学校的调查结果显示：46%以上的学校比较了解资源教室的设置意义，并且希望在自己学校建立资源教室；只有 7 所学校拥有资源教室，占调查对象的 4%；由于特殊教育师资及资金的缺少，这些教室基本无法满足有特殊需要学生的特殊学习需要，并未起到其应有的教育作用。对特殊儿童家长的调查显示，大部分家长希望孩子能在普通学校

---

[1] 杨希洁，徐美贞. 北京市随班就读小学资源教室初期运作基本情况调查[J]. 中央教育科学研究所，2004，6：7~11.

[2] 杜静. 社区中资源教室的建设文献综述[J]. 科教文汇，2008，6：23.

就读，并希望学校能提供满足孩子需要的特殊教育。

综上所述，目前我国资源教室的发展不仅落后于发达国家，也滞后于我国特殊儿童教育的需要，故资源教室的研究与开发对特殊教育的发展有着重要的意义。资源教室不仅要有必需的硬件设施，更要在配套的软件设施上求发展。本章将按照教育生态学的观点，在对资源教室教育生态结构及教育生态平衡机制进行分析的基础上，构建出资源教室的教育生态环境模式。

三、资源教室的教育生态学

1. 教育生态环境

教育生态环境是以教育为中心、对教育的产生和发展起着制约和调控作用的 N 维空间和多元的环境系统[①]。它"大致可以从 3 种角度和层面来分析：一是以教育为中心，结合外部的自然环境、社会环境和规范环境，组成单个的或复合的教育生态系统；二是以某个学校、某一教育层次或类型为中轴所构成的教育系统，它反映了教育系统内部的相互关系；三是以人的主体发展为主线，研究外部环境，还要研究个体的生理和心理等内在的环境因素"。本章主要从第二种角度和层面，即在对资源教室的教育系统内部的教育生态结构及教育生态平衡机制的分析基础上，整合其教育生态环境模式。

2. 资源教室的教育生态结构分析

Lawrence(1976 年)提出了教育生态学(Educational Ecology)这一科学术语。Lawrence 指出，作为跨越教育学和生态学两个领域的一门新兴的交叉边缘学科，教育生态学主要借鉴这两个学科的研究方法，把教育放在自然环境、社会环境、规范环境中，研究这三种生态环境和人的生理、心理环境的各种生态因子与教育的相互关系[②]。教育生态结构是教育生态学的主要内容之一。

教育的生态结构从不同的角度划分有宏观生态结构和微观生态结构、教育的水平结构和层次结构、人的年龄结构以及地区结构[③]。其中教育的微观生态可缩小到学校、教室、设备乃至座位的分布对教学的影响，也包括课程的设置目标、智能、方法、评价等微观系统分析，也可缩小到家庭的亲属关系，学校的师生关系、同学关系乃至学生个人的生活空间、心理状态对教育的影响[④]。根据这一理论，可将资源教室的教育微观生态结构概括为，教室设置生态——让学生安心的教育生态环境；课程设置生态——科学、有效、有特色的课程设置；群体生态——和谐人本的人文教育环境；个体生态——满足个体特殊需要，促进个体进步；评价生态——完整科学的评估体系。

[①] 陈茂铨,陈兵红,王建强. 基于教育生态的农林类高职可持续发展的探讨[J]. 中国林业教育,2010,6：43~46.

[②] CREMIN, L. A. Public Education[M]. New York： Basic Books，Inc. 1990：36.

[③] 余珊珊. 高等教育生态结构的层次分析[J]. 高等教育研究,2004,12：15~17.

[④] 范国睿. 教育生态学[M]. 北京：人民教育出版社,2000：67.

1) 资源教室设置

特殊儿童特殊的生理结构，使他们在大多数人适应的生存环境里仍可能存在一些障碍，不能很好地融入我们人类共同的生活环境[①]。作为特殊儿童在校生活的主要场所，资源教室的设置应该把教育环境生态支持系统与发掘特殊儿童的潜能相结合，只有这样才能构建特殊儿童完整的生态教育体系。

(1) 资源教室的设置原则。

普教中资源教室在设置上，应该遵循"安全有序""功能齐全"和"有效利用"三原则。所谓"安全有序"是指，根据特殊学生的特点，确保各类特殊学生均能在没有任何潜在危险的情况下接受教育；"功能齐全"是指，资源教室应该具备满足学生的各类特殊学习需求的功能，如满足学生康复训练需要的康复功能，满足具有社会交往障碍及情绪障碍，如自闭症、注意力缺陷多动症等学习者的心理干预功能，满足肢体残疾学习者的特殊学习需要功能等；"有效利用"是指，资源教室的设置应该注重其有效性，尽量避免设置一些利用率低的软硬件设施。

(2) 资源教室的设置特点。

第一，教室面积要适中，因为过大不利于教师对学生的安全与教学管理，过小满足不了学生的特殊学习需要。普教中拥有特殊儿童的比例约为3%～5%，资源教室的利用率一般为每节授课学生1～5人左右，因此，资源教室的大小应在 50m² 左右为宜。

第二，各类功能齐全，资源教室应该必备功能齐全的测评工具，必要的康复训练仪器，特殊学习需要的常规教具等。

第三，教室选址要慎重，不要选择较为偏僻的地方，光线充足、通风良好是必备的条件。因为，特殊儿童易产生情绪问题，安全感较高的地方有利于学生的情绪稳定。

2) 课程设置

目前普教中资源教室在课程设置上存在着严重的误区，基本上以提高资源学生的学业成绩为宗旨，而没有真正从学生的特殊学习需要出发。特殊学生中的 60%存在不同程度的智力问题，其学习能力无法跟上一般学生，用资源教室进行适当的补习固然会有一定的作用，但无法充分发挥资源教室的作用。在学习目标上有其特殊需要，是特殊学生和一般学生的最大区别，如自闭症儿童有社会交往能力上的学习需求，注意力缺陷多动症儿童有控制能力上的学习需求，学习障碍儿童有学习上的特殊需求，肢体残疾儿童有生活能力上的学习需求，情绪和行为障碍儿童有心理调控能力上的学习要求等。因此，资源教室在课程设置上应该做到因材施教，根据独立个体的学习需求特点设置相应的课程。只有这样才能最大限度地发挥资源教室的作用，从而使学生学有所用、学有所成。

3) 资源教室的良好人际关系

资源教室的群体生态化是指在资源教室中建立良好与规范的人际关系。资源教室的群体生态主要研究教室的人际关系对学生心理及教育影响的内在规律。

有调查显示[②]，目前我国部分学校对特殊教师和特殊学生的确定随意性较大，不仅教师

[①] 徐胜，张文京. 特殊教育生态观[J]. 重庆师范大学学报(哲学社会科学版)，2003，4：115～118.

[②] 蒋美芳. "资源教室"中的学生活动现状调查与对策研究——以浦东新区学校为例[D]. 华东师范大学，2006.

采取了谁有空来就进入资源教室的办法，对学生的认定标准和操作程序也具有很大的随意性。这种情况导致资源教室中教师和学生中途调动、增加或减少的情况很普遍，无法保证教学活动正常开展。

和一般教室相比，由于特殊儿童自身存在的社会交往问题等，资源教室的人际关系显现出多重性。调查显示，资源教室除特殊教师和学生外，其他人也会频繁参与，如学校领导、其他教师、学生及家长。要使这一群体生态处于良好状态，就应该遵循如下原则。第一，明确责任。教师责任的明确是建立良好资源教室人际关系的保证。资源教室一般实施个别教学，因此，与一般师生相比资源教室教师对学生所承担的责任比较直接、明确。只要教师尽职尽责，资源教室的良好人际关系就能够实现。第二，明确特殊学生的个体教育目标。群体生态化的内在动力是成员间的信赖关系，因此，如果教师能够制定出符合学生个体学习需要的教学目标，且能够实现其目标，和谐的人际关系就很容易建立，这不仅存在于师生之间，也存在于教师和家长之间。

4) 个体教学人性化

资源教室的个体教学人性化，是指根据学生的具体特点，最大限度地满足学生的特殊学习需要。资源教室的学生，不仅在病理上表现存在较大差异，且在情绪与行为问题上的表现也不同。因此，对学生的教育不仅要完成不同的既定教育目标，同时要在情绪与行为问题上给予及时的疏导和干预。资源教室个体教学人性化的实现需要注意两点。第一，尽可能地为学生营造安心的教育环境，减少不必要的情绪刺激。第二，教师必须掌握必要的心理咨询与治疗技能，懂得如何应对学生习惯性情绪、行为问题和突发性心理问题。

5) 评价合理化

目前我国关于资源教室发展质量的评价能力不够，对教师的绩效评价也没有特殊性[①]。没有一个生态化的评价体系就无法实现资源教室的顺利发展。资源教室的评估应该纳入学校常规评估体系，并根据其特殊性制定相关的评估细则；对学生的选择及其成长的评价应该使用系统、规范和科学的评估工具，而不是教师凭感觉对学生的教育效果和质量进行评价；学校应该对教师的绩效进行客观的评价，对教师工作要给予充分的理解，具体做法可根据每个学校情况进行灵活操作。

3. 资源教室教育生态平衡机制的核心因素

教育生态平衡主要是指教育系统的综合平衡、运行高效、功能优异及其与社会环境的良好协同[②]。教育生态平衡可分为动态平衡和相对平衡[③]。

所谓动态平衡是指教育生态系统的稳定状态并不是静止的，而是处于不断变化发展之中的相对稳定；所谓相对平衡是指教育生态系统各种因素的变化如果超越了它的自动调节能力，就要突破旧的稳定态跨向新的稳定态。根据上述理论，资源教室的教育生态平衡与其发展之间是一种和谐统一的关系，资源教室教育生态平衡是其可持续发展的关键。对资

---

① 蒋美芳. "资源教室"中的学生活动现状调查与对策研究——以浦东新区学校为例[D]. 华东师范大学, 2006.

② 王忠武. 当代中国社会发展方法论[M]. 济南：山东人民出版社，2001：53.

③ 郁美. 教育生态平衡：高等教育可持续发展的理性追求[J]. 内蒙古师范大学学报(教育科学版)，2008, 11：14~16.

源教室教育生态平衡因素的分析，可成为资源教室发展的有力理论支撑。

资源教室所面对的是一群特殊儿童，在诸多的教育生态平衡因素中，良好的教育理念、合理资源的分配及良好的社会效益在资源教室的发展和特殊儿童的教育中起着更为关键的作用。良好的教育理念是充分调动人积极因素的关键，资源的合理使用是其发展的物质基础，而积极的社会效益是其生存的价值所在。因此，应将资源教室教育生态平衡机制的核心因素锁定在教育理念、资源使用和社会效益上。

(1) 教育理念。

不言而喻，任何教育的成功都离不开先进的教育理念，资源教室的发展也如此。资源教室的办学理念概括如下。

第一，对特殊儿童教育的关注是一个国家教育发展进步的标志之一，社会各界应该理解和接纳具有特殊需要的儿童，国家应该重视特殊儿童教育或资源教室的发展。

第二，资源教室的发展应该成为评估普通学校教育成就的重要标志之一。

第三，针对资源学生个体发展需要，创建个别化教学是资源教室办学的主导思想。

第四，特殊学生家长应该客观评估孩子，懂得孩子真正的学习需要，积极配合教师，这是资源教室取得良好成效的关键。

(2) 资源使用。

资源教室的资源由人力资源、物质资源和社会支持系统三部分组成。资源教师的专业化，以及教师资源的合理利用是资源教室人力资源使用的核心问题。物质资源的合理使用主要集中在设施的高效利用和科学的课程设置上，我国资源教室设施闲置的状况已经得到逐步改善，课程设置也趋于科学化，此项进步带动了资源教室的发展。系统性支持是资源教室社会支持的主要内容。所谓系统支持，是由政策支持、技术支持、学校和家庭的协调支持及合理的评估体系组成。

(3) 社会效益。

特殊儿童的教育生态功能主要表现为内在功能与外在功能。内在功能是通过实施特殊教育促进特殊儿童成长及满足其特殊教育需要；外在功能主要为教育能否体现社会关爱、社会和谐，从而显示社会文明的进步程度。

作为特殊儿童教育的主要形式，积极的社会效益也是资源教室教育生态平衡的主要支撑。在教育大众化的今天，特殊儿童享受教育的权利不断被实现，特殊教育日益发展，教育公平和教育和谐也得到了一定的体现，而这一发展为建设和谐社会做出了积极的贡献。

4. 资源教室的教育生态环境模式

综上所述，教室设置、课程设置、人际关系、个体人性化，以及评估合理化组成了资源教室教育生态结构的五个部分，而教育理念、资源使用及社会效益构成了资源教室教育生态平衡机制的核心要素，教育生态结构和平衡机制的有机结合构成资源教室教育生态环境模式的主体框架。

资源教室教育生态环境模式的有效运作依赖于三个方面。第一，确立良好的教育理念。良好的教育理念是资源教室教育生态环境优化的基础，也是其可持续性发展的前提。教育理念决定着资源教室的物资资源的合理使用，即可促使教室设置生态化和课程设置生态化的实现。第二，在物资资源合理使用的基础上，建立人文教育环境。物资资源的合理使用，使资源教室的群体生态和谐，个体生态得以改善，这种和谐人际关系的形成必然会使其评估体系趋于合理化。第三，实现社会积极效益。在第一、二方面获得良好发展的前提下，积极的社会效益必将会实现，而这一实现也标志着资源教室教育生态环境的建立。三个方面的良好协同促使资源教室的教育生态环境良性运行与发展。

此处提出的资源教室教育生态环境模式是在对资源教室的教育生态结构和平衡机制的分析研究基础之上提出的。因此，它还需要在资源教室教育生态化建设的实践中不断地加以修正和完善，不断丰富其内容。这将是资源教室教育生态化研究的重要课题。

附录：我国融合教育的调查报告

调查报告之一

北京林业大学心理系 2007 级本科生　陆柯雯

调查地区：江苏省无锡市滨湖区某学校

教师人数：26 人；在读学生数：306 人；特殊儿童数：9 人

该校为无锡市××小学，共有 9 个班级，一、二、四年级各一个班，三、五、六年级各两个班；学生人数不多，每班约 28～37 人。生源多为本地区的外来打工者或私营个体户的子女，流动儿童比例较高。调查了解到，表现出精神障碍症状(包括自闭症、注意力缺陷多动症、智力障碍、选择性缄默症、感官失调)的特殊儿童共有 9 名，占到全体学生人数的 2.94%，其中有两名学生曾到专业医院接受诊断，并分别确诊为自闭症和 ADHD。9 名特殊儿童中长期与父母分离的居多，不稳定的生活和学习环境、非安全型的亲子依恋模式对他们的心理状况产生了影响。

9 名特殊儿童中女孩有两名，男孩 7 名；三年级 4 名，四年级 1 名，五年级 1 名，六年级 3 名。他们的实际年龄大多超过同班同学 1～3 岁，有休学、降级经历或插班就读的情况。

对于这群特殊的孩子，教师们表示很无奈，也很头疼。学校没有设置心理卫生类的课程，也没有条件和资源来提供心理干预类的措施。他们所能做的只是：降低对特殊儿童的教学要求，甚至对他们没有教学方面的要求，只希望他们不影响其他学生。平时，班主任或任课教师也会叫他们去办公室谈话，主要是关于学习习惯、作业考试、课堂表现和人际活动方面的教导。但据我了解，这些教导依然是以普通学生的行为标准来做依据，并且在频率和时间投入上还是相当有限的，因而对于孩子的干预效果甚微。在手段和方式上，一般是开导或批评，很少针对特殊儿童的特征来进行，所以教师常常感觉"对牛弹琴"。毕竟，任课教师和班主任都不是专职心理老师，他们还承担着教学指标和管理任务的重压，无暇对这群"让人伤脑筋"的孩子费心。他们认为特殊儿童应该在特殊教育学校学习。

有班主任表示，家长的不理解、不配合也使得他们对特殊儿童的教育茫然无措。家访时，老师向家长汇报孩子的在校情况，过后往往使孩子遭受家长的谩骂毒打，而无所裨益，使老师们也不忍心再与家长沟通。有些家长清楚孩子有精神方面的障碍，但是不愿向校方出示证明。这是因为很多普通教育学校拒绝接收特殊儿童，而家长又不愿意让孩子进入特殊教育机构。校方则认为，没有精神残疾的证明，这些孩子的成绩必须视同正常孩子计算，这会影响到升学率和各项教学指标，成为学校的负担。老师对于特殊儿童无法抱持积极情感，甚至是避之不及。

班级中的其他同学多少能感觉到特殊儿童的"与众不同"，觉得他们古怪甚至可怕，有的学生喜欢嘲笑、愚弄他们。在老师的影响下，更多的学生对特殊儿童敬而远之，尽量避免招惹或激怒到他们。因此，在学校里特殊儿童很少有朋友，缺乏同伴支持和友谊。他们社会化程度低，学校的人际环境无法去迎合他们的低社会化。

该学校特殊儿童的情况如下。

三年级的小 X，男生，经医院确诊为 ADHD，但未坚持服药。成绩还凑合，常常扰乱课堂秩序，不顾课堂情境突然大喊大叫，到处乱跑。

小 E 和小 R 是两兄弟，同在三年级的一个班里，他们行为怪异，反应迟钝。

二年级的小 F 是智力障碍儿童，语言理解能力匮乏。

三年级的小 D 易激惹，极小的事情都能引起他爆发性的激烈行为，比如砸自行车，且不管对象是谁。

幸得时间凑巧，我有机会与其中两名孩子单独接触，简单了解了他们的状况。

小 T，男孩，14 岁，现仍就读于小学五年级。曾休学两年，降级 1 年，是插班生。他很小的时候，妈妈就去世了。爸爸和继母生有一个妹妹。父亲性格暴躁，对他极少关心，管教方式暴力，动辄打骂。小 T 与年迈的祖父母同住，祖父母表示没有能力管他，只能维持他的基本温饱。老师家访后，小 T 多会遭到家长的一顿暴打。

我问他叫什么名字，今年几岁，他迟迟都不肯作声，扭着头不看我。后来小声说"不记得"。他智力上无明显障碍，但无法完成作业与正常学习任务，考试交白卷或者在试卷上画小人。他认知偏激片面，爱"打抱不平"，但常常不分青红皂白，自己觉得谁不对了就会去打架。情绪波动激烈，经常爆发攻击性行为。易激惹，对他提出建议或意见就发作，砸椅子、扔砖头、打架。他在人际交流方面存在困难，交流意愿极弱，避免与别人进行目光交流，喜欢缄默不语。对同学和周围人缺乏情感。不开心的时候就在校外的小区里独自游荡。安全感低，获取同伴支持的能力弱。

班主任说，只能对他降低教学要求，减少对其他学生学习和安全的不良影响。老师和同学都尽量避免激惹他，以哄骗换取教学环境的安宁。老师也采用过奖励措施来激发、强化他的学习意愿，比如表扬、买小礼物给他。但没有持续巩固，小 T 的状况依然不太好。

小 Z，女孩，就读于六年级，曾休学两年。我看见她的时候是在上数学课，她正趴在课桌上睡觉，她的座位紧挨着讲台，周围同学的位子都离开她一段距离，很显然，她的座位说明了她的与众不同，是受特别待遇的。

语文老师叫她到办公室去背课文，她把书翻来翻去，显然没静下心来背。她说话的时候口齿不清，流口水。身体协调能力很差，不会做操，体育老师说她跑步的姿势都很别扭，做不好。她迷恋古诗词，因此语文作文还可以，但难以完成其他学习任务，尤其是数学，完全没有数的概念。她极崇拜毛泽东，平时很少说话，但一说"毛泽东"就很兴奋，不停地重复讲述。小 Z 跟人交流少，沉浸于自己的世界，别的小朋友玩的时候她在睡觉或者翻书。她的社会化程度低，对情境的理解和敏感性都很薄弱。发病时，用文具盒猛砸自己的头，或者用头撞墙、撞桌子、撞地。

她自己说在一年级的时候被小朋友从椅子上推下，伤及脑部，还造成弱视；但据她外婆说，在她出生时被产钳夹到过头部，使后来智力发育受阻。她的父母都是硕士学历，老师说母亲对她操心很多，但她告诉我其实爸爸对她好，而与她感情最好的则是刚刚过世的太婆。对于妈妈，她没有谈及。

在学校，老师不会管她是睡觉还是做自己的事情，她考试不行也不会给她另外辅导，基本上是放任她，时不时提醒督促一下。

调查者感想：

普教小学中特殊儿童占到了一定比例。但"融合教育"的概念尚未纳入到学校教育体系中，致使特殊儿童在学校得不到心理和行为的有效干预。学校对于他们就相当于一个暂托地。在老师和同学看来，他们是边缘人，是负担，应当去特殊教育学校。学校教育的重心依然在于提高升学率，心理干预方面的师资和硬件资源，急需加强投入。

调查报告之二

北京林业大学心理系2007级本科生 张倩

一、调研目的及意义

1. 调研目的

为进一步了解我国各省市地区普通教育同特殊教育的融合状况，深入学校教育教学实际，通过科学的调查研究，了解特殊学生在普通学校的受教育情况、学校对特殊学生的教育教学情况、教师对特殊学生的教学情况以及特殊教育同普通教育的融合情况，在掌握特殊教育同普通教育融合情况的基础上发现存在的问题和不足之处，为我国特殊教育与普通教育的融合发展提出一定的可行性建议，为我国的融合教育事业贡献自己的一分力量。因此，特开展本次融合教育调查并撰写调研报告。

2. 调研意义

(1) 通过本次调研，深入了解我国各省市特殊教育与普通教育的实际融合情况，特别是学校和教师对特殊学生的教育教学情况，发现存在的问题并提供一些建议。

(2) 本次调研是在全国范围内对我国融合教育进行的调研，对于充分了解我国各地区的融合教育情况有一定的帮助，且本次调研的结果对于促进我国融合教育进一步完善和发展、为教育部制定相应的政策提供一定的参考具有重要的作用。

(3) 本次调研旨在了解特殊教育同普通教育的融合情况，对于各个学校发现自身存在的融合问题和教育管理方面的问题具有一定的指导作用，有利于学校进一步提高自身的教学和管理，促进特殊教育与普通教育的融合，从而使特殊学生能更好地适应普通教育，更健康地成长。

二、调查情况

1. 调查时间：2010年2月3日～5日
2. 调查地点：贵州省贵阳市花溪区××中学
3. 调查对象：该学校(265名教职员工、1300名学生)
4. 调查方法：访谈法

本次调查选择贵州省贵阳市××中学作为调查对象，根据该校各年级学生和老师的人数采取随机分层抽样的方法，选取高一学生30人、高二学生40人、高三学生45人和三个年级20名教师参加调查。本次调查采用访谈法、个案研究法相结合的方法，即在得到校方允许的情况下，对该校三个年级的学生和老师进行随机访谈调查(半结构访谈)，了解该校特殊教育同普通教育的融合情况。此外，根据初步调查的结果，对个别学生进行个案研究，深入了解融合教育的实际情况。调查共进行了三天，第一天和第二天主要是对该校学生和老师进行口头调查并进行相应的记录，初步了解该校的融合教育情况。第三天，在初步调查的基础上对个别学生进行单独的访谈，以了解其在学校的教育实际情况。

三、调查结果

1. 通过对该校115名学生和20名老师的调查可知，该校师生普遍认为本校的融合教育情况不是很乐观，学校对特殊学生不够重视，没有将特殊教育很好地同普通教育相融合，没有将融合教育深入到实际的教学和管理当中。其中，60%的高一学生、75%的高二学生和70%的高三学生均认为学校在特殊教育和普通教育的融合方面没有给予足够的重视并做出实际的行动。而在受访的教师当中，也有80%的老师认为学校将主要的精力放在学生的学习成绩和普通学生的学习上，对于特殊教育并没有给予足够的重视，认为今后学校应该重视特殊教育同普通教育的融合，使特殊学生能更好地融入集体、更好地学习和生活。

2. 通过本次调查发现，该校1300余名学生中，存在特殊情况的"特殊学生"约有16名，占的比例不是很大，这些学生存在的问题主要是：身体残疾(腿断学生1名、先天性心脏病学生两名、听力障碍—弱听学生1名)、心理障碍(自闭倾向学生8名、行为特殊学生2名、交往特殊学生两名)。这些学生大部分是高一和高二的学生，高三学生有5名均属心理特殊学生(自闭倾向3名、行为障碍1名、交往障碍1名)。在调查中，根据被访者的描述可知，这些特殊学生在学校里受到了一定的关注，特别是身体残疾的孩子，而心理障碍的孩子则更多受到老师的关注，为了保护孩子不遭到同学的嘲笑，老师采取了保密的方式。

3. 通过对学生的调查，调查者了解到80%的学生认为存在身体残疾的孩子跟他们没有什么区别，应该用正常的眼光来对待他们，且认为特殊学生的学习都很认真、刻苦，并没有因为身体的残疾而放弃学习或者自暴自弃，但同时很好奇特殊学生的生活是如何进行的。此外，一些学生也认为自己身边的一些同学虽然没有明显的身体方面的问题，但是行为举止较为怪异(如：喜好独来独往、孤僻、不愿意跟他人交流、不关心他人、不怎么说话、容易与人起冲突且情绪波动较大等)，跟一般的同学不一样，但不知道是什么原因导致的。在谈到特殊学生跟集体和同学的融合情况方面，78%的学生认为这些特殊学生跟集体的融合不是很好，由于自身的一些"特殊之处"，很少参加集体活动，也不愿意跟他人多作交流，喜欢独自做自己的事情，有些同学也会嘲笑特殊学生，产生一定的摩擦和冲突。老师虽然平时比较关心这些学生，但由于学生人数较多且事务繁忙，也无暇顾及特殊学生同其他学生的融合事宜。

4. 在对老师的调查中，85%的老师都认为应该在平时的教学过程中加强特殊教育同普通教育的融合，多关心特殊学生适应和融入集体的情况；认为学校在融合教育方面确实存在不够重视、不完善的问题，教师虽然有这方面的意识，但不能将其真正融入教学中，对特殊学生，特别是心理上的适应和融合的关注不是很够。建议学校领导应该完善相应的政策制度，使特殊教育同普通教育真正地融合到一起，为特殊学生的学习和生活提供一定的保障，同时建议老师要多关心特殊学生，在教学过程中更加重视他们心理上的适应，使殊学生能真正融入集体、同其他同学和谐相处。

四、调查者建议

1. 加强特殊教育知识宣传，确保融合教育的顺利开展

现在仍然普遍存在着对特殊教育不了解的情况，很多人甚至教师都对特殊教育感到陌生，不理解其真正的含义，往往容易"望文生义"、产生误解，不利于特殊教育的普及和

融合教育的开展。因此，应该加强对特殊教育的宣传和普及，使特殊教育的理念和内涵能被更多人了解，各普通学校也要引起足够的重视，制定相应的政策和制度，促进特殊教育同普通教育的融合，使特殊学生能得到应有的尊重，从而促进融合教育的发展。

2. 加强师资培训，让普通学校的老师掌握特教理论和方法

在普通学校的教师中，普遍存在着教师专业素质不高的现象，有的教师虽然非常愿意从事特殊教育工作，但却缺乏专业、系统的教育方法。特教教师作为一种资源，应该深入到普通教师中去，把自己的经验、方法及时传递给普教教师，并以理论联系实际，多讲操作性强的内容，或制订个别辅导方案，帮助普教老师解决工作中的实际困难，使特殊学生能跟普通学生相处融洽，促进特殊学生更好地适应和融入集体，以提高随班就读学生的教育效果。

3. 积极开展教学研究工作，努力提高融合教育的质量

教研工作是提高融合教育质量的有力手段，也是解决新问题、及时总结和推广经验，迅速提高质量的主要途径。普通学校可以多组织特教老师巡回演讲已有的经验及方法，有效地传递经验知识，使普通学校教师更快地掌握与了解相关知识，并在实践中运用；普教老师与特教老师之间应多增加座谈交流的机会，彼此了解相互的专业特点，共同探讨普特结合的教育方法。改变以往普教特教衔接不上的问题。多利用评优课、汇报课及研究课等形式，加强教师在课堂教学中对特殊学生的教育指导，不断提高教学质量。

4. 开展爱心教育，建立和谐共融的校园文化

普通学校的儿童，大多是独生子女，孩子们年龄小，分辨是非的能力差，缺乏爱心和责任感，当班内有行为怪异或困难的学生时，同学们会嘲笑、讽刺特殊学生，甚至有的过激言行还会引发特殊学生更多的情绪及行为问题。我们要在普通儿童中加强爱心教育，让同学们从小学会关心比自己弱小的人，对有困难的同学伸出援助之手，对特殊学生不反感、不冷落、不欺侮，用自己的爱心去帮助他们。同时培养普通儿童良好的责任感与良好的人格品质，在班级内、学校内形成互帮互爱、团结向上的良好氛围，营造和谐、友爱、互助的校风和融合的校园文化，帮助特殊学生更好地适应普通学校的生活和学习，达到心理上的适应和融合。

调查报告之三

北京林业大学心理系 2007 级本科生　王玉珏

一、总述

此次调研旨在调查江苏省南京市融合教育的现状，采用个案调查形式，深入南京市两个区的四所小学进行调研。研究者通过和班级班主任以及任课教师的交流，发现南京市融合教育的以下几个特点。

1. 校方普遍对"特殊儿童"定义不清。对于家长，往往不愿意承认自己孩子的"特殊性"，回避带其诊断，或者即使诊断了也不愿将结果反馈给学校和老师。老师关于"特殊儿童"的知识不足，同时没有和家长建立良好的沟通，故对于学生是否属于"特殊儿童"没有一个清晰的判断，无法将"特殊儿童"和"顽皮学生"进行区分，更无法对此类学生设立合理的目标要求并制定教学方案。

2. 各方面对于"特殊儿童"的接纳度不高。"特殊儿童"在学校中处于"被孤立"的

状态。首先，教师训练不足以应付学生需求，缺乏专门的特教老师。一般老师对于他们没有教学要求，只要不影响其他同学的学习，基本处于听之任之的状态，并未对其实行"差别化教育和管理"。另外，"特殊儿童"在学校基本无法和其他同学建立良好的同侪合作关系，同学对于他们的帮助大多是对老师要求的被动服从，这对于增强特殊儿童的社会性并没有很大帮助。其他学生的家长对于此类学生在普通学校受教育的现象也会出现一定程度的质疑。最后，校方并未建立统整的系统以管理教育资源，这类学生并未享受到和其他学生同样的支持，主要表现在老师对其关注不足。校方对此类学生的班主任也没有任何激励措施，老师对于融合教育缺乏主动参与的积极性，甚至为了防止此类学生拖累班级平均分，而出现鼓励学生作弊的不良现象。

3. 融合教育主要是被动的，而非主动的。融合教育应是学生家长或者学校在对学生进行正确的评估判断后，为了使其更好地发展，将其送入普通学校就读。而这里主要是家长回避儿童的"特殊性"，生硬地将其送入普通小学学习。所以，此种"融合教育"其实是不规范的，"特殊儿童"是以"普通生"的身份进入学校受教育的，没有特别针对他们而设计的教学方法。这也将阻止家长和老师的进一步合作沟通，对于儿童的发展是相当不利的。

4. 融合教育的校际差异明显。有的学校对于融合教育较为重视，虽然技术仍有待进一步提升，但理念已初步形成，同时有一定的实施热情，这是较为乐观的现象。此类学校一般属于重点学校，对于学生的心理健康工作也较为重视，学校已设立校园心理健康活动室，并已送出几批老师接受此方面的培训。对于此类学校，注意提升融合教育的技术含量，避免使融合教育流于形式化是它们面临的一种挑战。但很多学校却尚无此类观念。

5. 总体来说，融合教育的理念尚未形成。普教的教学目标主要还是针对大部分普通学生，并没有考虑所有学生的需求；学校上下并未接受融合的观念；统一的教学系统下并没有逃离出"特殊""正常"的二分局面，学生、老师以及家长间的交互影响仍处于分离的模式。

二、访谈提纲(针对老师)

1. 请问您教的是几年级？
2. 请问您的班级中有特殊儿童吗？我们这里的特殊儿童主要指精神上残疾的学生，包括自闭症、学习障碍、多动症等。
3. 您班级中的特殊儿童是什么类型的？严重程度如何？
4. 他/她们的家庭状况如何？父母都是从事什么职业的？
5. 他/她们的学习状况如何？(各门学科)
6. 他/她们在班级和同学相处的状况如何？
7. 其他同学对于他/她们在班级中的存在是否接纳？
8. 您及其他老师对于他/她们的要求是怎么样的？
9. 您对他/她们有提供什么特殊的照顾吗？包括哪些方面？
10. 各科老师对于他/她们的态度如何？
11. 学校是否对此类学生提供足够的资源和支持系统？有无什么特殊照顾？
12. 家长与老师配合程度如何？家长都在此方面做过何种努力？
13. 这类孩子的主要学习模式是什么样的？

14. 怎样使这类孩子的学习状况达到最佳？需要家长和学校如何做？
15. 特殊化教学希望能达到什么程度？
16. 此类儿童更适合什么样的教育环境？应该去何种学校？是否适合在普通小学中受教育？

三、个案介绍

个案1

地点：南京市江宁区某小学

被访者：三年级某班班主任

访谈时间：约半个小时

材料总结：班上有两个"特殊学生"

学生1情况：男，类似自闭症，但家长未带其进行过任何检查(亦可能检查之后并未告知老师结果)。主要表现为不说话，看书姿势刻板，曾在课堂上大小便失禁两次，但都不举手汇报。下课就在操场上奔跑，中午不主动要求吃饭。家庭状况不明确，家长和老师交流少，似乎有一些避讳。班主任通过间接渠道了解到其父母均为工厂职工，母亲30多岁，父亲50多岁。各科学习成绩都很差，和班级的另一名特殊学生语文成绩加起来不到16分，让其抄写之后才能达到67分。会参与副课，主要是劳技课，但体育课老师基本对其不管。和其他同学基本无交流。基本不完成家庭作业，老师收作业的时候，作业本明明在书包里，但仍和老师说"没有"。

学生2情况：男，检查过患有癫痫。上课会大喊大叫，到处跑。把纸条贴在头上，把石头假装巧克力发给大家。智商状况不明。各科学习成绩均不佳。家长属于能说会道型。该学生能和其他同学保持基本交流，能表达自己的愿望。放学回家很少看书，主要是玩和干别的事，收作业的时候跟老师说"我没写"或者"我没带"。

在校情况：同学们普遍认为这两个学生不应该在此班级中，或多或少表现出歧视，主要是由于"学习成绩在那儿呢"。对于此类学生的帮助主要表现在：对于学生1，由班长中午领着去吃饭，为其打好饭。同时，这两名学生作业可以不交，值日可以不做。老师对这两名学生也没有任何特殊要求，"只要他们开心就行了"。学校未提供任何资源，考试成绩平均分会直接影响老师的评比。家长对于老师也不是十分配合，比较敷衍。老师认为这类学生真的不适合在普通学校读书，因为普通学校还是主要面向大多数学生的。

个案2

地点：南京市江宁区某小学

被访者：六年级某数学老师

访谈时间：20分钟左右

学生情况：男，该学生好表现，表现得"上知天文下知地理"，较有个性。缺乏羞耻感，当众脱裤子，向别人描述父母的生殖器官。智商没有任何问题。父亲是跑长途的。各科成绩均衡，一般为60多分；如果有父亲监督，可以达到八九十分。父母带其去过"魔鬼训练营"，但没有任何效果。上英语课的时候，老师说道"Mr.Chen"，他立刻举手说"我就是Mr.Chen"；老师说到"泪水"，他就自己跑到黑板上，画几滴泪水。老师说"做错这道题的同学举手"，他偶尔做对时，便会嘲笑别的同学"真笨"。

在校情况：该生和个别同学相处比较好，其他同学也并没有表现出明显不接纳的态度。

老师认为这个孩子不应该去特殊学校，但也有老师觉得应该去。

当面交流：由于打架，向别的同学撒花而被叫到办公室罚站。跟其谈话，表现较为害羞。说自己以后想当博士，喜欢学理科，喜欢拆拼东西，喜欢数学。

个案3

地点：南京市栖霞区某小学

被访者：五年级某班主任

访谈时间：40分钟左右

学生情况：男，该生缺乏纪律意识，上课经常插嘴。极其多动，下课一个人跑得满头大汗，但家长未带其进行诊断。喜欢吸引别人注意，常出现踢别人一脚以吸引别人注意的行为等。多门功课不及格，语文课在老师严格管理下，勉强及格。妈妈在家卖菜，爸爸跑长途。

在校情况：同学对其接纳度不高，不搭理他，老师会安排学生轮流和他做同桌来帮助他。班主任对他的要求是只要他不拖班级的平均分即可，但他成绩仍会拖班级后腿。任课老师对其基本不管，只有上课讲话才会制止他。家长和老师之间基本无合作。该生的学习模式主要是上课学一会，按时上学放学。家长会花钱让别人帮他检查作业，常常由别人帮其完成，所以即使交作业，也不一定是他自己完成的。老师没有想过他还可以去特殊学校上学。

个案4

地点：江宁区某重点小学

被访者：二年级某班班主任

访谈时间：约20分钟

学生情况：男，转校生，脑瘫。运动不便，学习成绩基本正常。

在校情况：同学接纳度较高，老师关注程度较高，学校对其关注度较高，为其提供便利，比如无法上体育课，就由同学领着去草坪上坐坐，把教室设置在一楼楼梯口处，方便上下楼。对于班主任有奖励政策。下文是班主任的一篇文章，在橱窗中展览。

班级转来了特殊孩子

开学已经第三个星期了，第一节课刚下课，教务处打来了电话告知马上要转一名学生到我班，以我的性格当时想都没想便欣然答应了。

很快，孩子由他的父亲抱着，母亲提着书包来到我的办公室。眼前的孩子紧依在他父亲的怀里，是那么的单薄、矮小。我知道孩子可能是因为来到了一个陌生的环境，见到了一张张陌生的面孔，他一定有许许多多的担心……我接下孩子，让他坐在我的腿上开始向他介绍起我来。我的友善第一次赢得了他的信任。

接下来，他的父母流着眼泪向我讲述了这个孩子的身世和他的身体状况以及漫漫的求学历程。原来眼前的孩子叫王明，是一名脑瘫儿，行走极为不便。目前，家住在离实小很远的南方花园，从安徽农村刚刚转过来，在孩子应该接受教育的示教区等多家学校求学时都遭到了拒绝……绝望的父母把一丝希望全部寄托到我这儿，他们久久地注视着我。我躲开了他们的目光，看到眼前这楚楚可怜的孩子，我的心受到了撞击，他也是一个活生生的人，他应该拥有着幸福快乐的童年。我也有一个与他年纪相仿的孩子，出于母亲的本能，出于教师的良知，我抱着孩子站起来，对他父母说："放心吧，我是一名教师，也是一位母亲，我会尽力照顾好他，我的学生也会很快喜欢上他，他也会很快喜欢上我们班级这个大家庭的。"话毕，我一手抱着孩子，一手提着书包来到了班级。

　　课堂上，孩子们不约而同地看着我和我怀里抱着的孩子，我对孩子们说："老师今天给大家带来了一位新伙伴，他叫××，他将和我们一起学习，一起生活。他很乖，成绩也挺棒，一定会成为许多同学的学习榜样。只是他年纪比较小，身体不是太好。还需要同学们多多照顾，我们的同学一定能做到，对吧！"同学们异口同声地答："是。"接下来是雷鸣般的掌声，以表示对新同学的欢迎。我也融入其间，号召起孩子们唱起了校歌，玩起了"找朋友"的游戏。教室外，孩子的父母已是泪流满面，教室内，王明的脸上掠过了一丝丝笑容。也许是因为我的友善，也许是因为我们的理解，也许是因为我对他的尊重……那对可怜的父母放心地离开了。

　　我很庆幸，我没有拒绝这位孤独无援的孩子。当时接纳这位孩子时，容不得我去想，但接踵而来的××的生活与学习却是我一个人的力量所不能为的。我开始寻求群体的力量。

　　镜头一：××只有1米左右，比同龄的孩子小了一大截。他的座位问题是我遇到的第一难题(如今的家长对孩子的座位都很敏感)。我不能保护一个，伤害一个，于是我把"难题"抛给了学生。我问："××既然是我们这个'家'中的一员，个子又这么小，让他坐哪儿最合适呢？"孩子们先是交头接耳，然后仿佛都领会了老师的意思，第一排的同学都站了起来。我把××放在了讲台的第一排座位上，原座位的小Q同学只能坐到班级的最后一排去了，我很感动，我说："我们班的同学个个都是好样的，老师代表××感谢你们……"

　　镜头二：或许是在让座位事件中，小Q的善举给孩子们树立了良好的榜样，孩子们或许也都感觉到了××的弱小，大家纷纷伸出了援助之手，扮演起了"哥哥""姐姐"甚至是"卫士"的角色。因为他的行走不便，起初的音乐课都是我把他送到音乐教室，可后来，几个高大的男生非让我把这"差事"交给他们。我试着放手，他们有时背，有时搀，总是小心翼翼地陪着他迈出每一步。体育课上，孩子们也不忍让王明一个人孤单，总有几个学生轮流陪着他下棋、聊天、游戏……我忽然之间觉得孩子们都长大了。

　　镜头三：11月8日，全校二年级的学生去南京海底世界和中山植物园进行一天社会实践活动。学校建议我劝××别参加，可我不忍心。我决定征求××的意见。当我问他时，他很坚决地表示要去，我便背上他共同参加了这次活动。以前的外出活动，孩子们会像放飞的小鸟不顾一切，自由自在。可今天，因为有××的同往，孩子们总是簇拥在他的周围，拿出最好的食物，让出最好的座位，就连平时最调皮的小H也主动要求背一背××，做一做他的向导……

　　在××来到班级的这三个月时间里。班上所有的同学都变了，其间有太多让人感动的人和事，我并没有做什么。是因为我的那些孩子们太纯真，太善良。要说我唯一能做的，就是我懂每一个孩子，我爱每一个孩子，我尊重他们，理解他们，平等地和他们生活在一起。或许是孩子们感觉到了老师的这份爱，并把这份爱的种子播撒在自己的心田，于是我们班用"爱"画了个大圈圈。爱的火炬传递在所有的孩子之间。

调查报告之四

北京林业大学心理系2007级本科生　任丽红

　　调查时间：2010年1月22日

调查地点：天津市北辰区××小学

一、调查背景

此调查地点位于调查人家住地附近，通过了解，得知在××小学(调查地点)有一个被人们称作"启智班"的地方，那是特殊儿童(包括智力障碍等)就读的班级。另外，还了解到，通过教育局的商定，××小学启智班要独立出来，成立一个特殊教育学校，迁移到一个新校址，国家拨款进行新学校的改建和设施的完善。

二、调查过程

1. 编制访谈提纲

老师您好，我是北京林业大学心理系大三的学生，我叫任丽红，这是我的学生证(出示我的证件)。我现在在协助我们老师进行特殊儿童融合教育现状的调查，我们老师是研究特殊教育方向的，希望可以使特殊儿童得到公平的受教育权。我们心理学专业研究的特殊儿童倾向于精神残疾类的儿童，其中包括自闭症、多动症、智力障碍等。通过了解得知贵校接受这一类的学生，所以希望从您这里得到一些信息，谢谢您提供的帮助。

(1) 特殊儿童自身：数量、类型、身体状况、家庭状况。

(2) 特殊教育：几个班、相关课程(课程表)、招生标准、有无融合教育/有无融合教育的尝试(随班就读)。

(3) 师资力量：老师的情况、国家政策的支持。

(4) 成立新学校？以后的状况、前景。

2. 实施访谈调研

(1) 特殊儿童自身：现阶段一共40多个孩子，症状包括学习障碍、语言障碍、生活自理能力障碍、自闭症(4~5个)。症状的确定只是去医院测IQ，一般小于70，具体的划分是老师们根据经验自行认定的，没有相关的诊断证明。孩子自身的身体状况良好，除了部分有脑瘫后遗症，有的有些肢体残疾状况明显。学生的家庭状况普遍较差，有1/3的学生家庭靠吃低保来维持，家庭状况好的不超过10个。

(2) 特殊教育：目前分为4个班，两间教室。(迁新址后预计是有三层楼的学校，6间教室，3个办公室，还会有专门的康复训练室。)学生的学习课程有生活语文、生活数学、常识、生活技能、劳动技能、音、体、美。课程的教材都是从北京引进的标准教材。现阶段的招生标准是：不能自理的不收，考虑的原因包括现阶段学校师资、环境的限制；但是扩建迁新址之后会考虑接收，因为新学校会配备升降电梯。没有进行融合教育，没有随班就读。但有学生自己在校外学习英语、声乐等艺术课程。

(3) 师资力量：现阶段连校长在内共有老师14名，多数是特殊教育专业毕业的，老师和学生的比例按照标准的1∶3进行分配。

(4) 国家政策、人文关怀：学费、书费全免，学校有爱心基金会给个别困难学生提供免费的餐饮，老师们也会个别地予以关怀、照顾，如在过年过节时集资给个别孩子买衣服。

(5) 学校特色：轮滑，有10多个学生参加特奥会等各种比赛并且取得成绩。另外还有手工编织类教学，如十字绣、纱布花等。

(6) 新学校：从这点应该可以看出教育在发展，因为成立的新校是北辰区的第一所特殊教育学校，为了迎接天津市现代化检查，要求每个区必须有一所特校，因而教育局"奉命"建校，并通过公款完善特效设施，改善特教现状。

三、调查者感受

本次调研虽然并没有得到预期的有关融合教育的信息，对此感到有些遗憾，不过我觉得也还是从中发现了很多问题。

首先，这个启智学校的地点在一个普通小学校园中，让我感觉这是一个可以开展融合教育的有利因素，但是实际调查结果并没有预期的那样。老师反映，很多在普通小学上学的孩子表现出来有些"慢"的时候，老师会和家长商量把孩子送到启智学校去。这样的现状表明，不但没有融合教育的先进教育理念，反而可能把并不需要特殊教育的孩子送到了特教学校。这样的现状反映出来的应该还是教育理念、观念的落后。对此感到悲哀，有些遗憾。

其次，在谈及自闭症时，即使是这样的特教专业毕业的老师们也还是有一个误区，认为自闭症主要归罪于家长没有很好地和孩子沟通，以至于使孩子产生自闭。对此我有一些疑问，当听到老师说出这样的论断的时候，我通过自己的学习得知了这种说法的不恰当性，但又不知道如何和被我访谈的老师进行沟通交流，怕是一种冒昧，也怕会引起老师的反感。

最后，我们的主题——融合教育，这个词很多人认识，却只有很少的人了解它，更少的人去真正运用它，所以"革命尚未成功，同志仍需努力"。我们还是要加油探索，帮助可爱的孩子们得到他们应该得到的！

(资料来源：北京林业大学彩虹宝贝自闭症儿童心理干预中心调研报告)

中篇 技 术 篇

社会交往障碍是自闭症儿童的一个典型症状之一，对此进行干预是自闭症儿童心理干预的主要目标。众多的心理干预方法中，团体心理咨询的疗效最为良好。本章首先对团体咨询及其作用做了较为详细的描述，其次对团体心理咨询在缓解自闭症儿童社会交往障碍中的作用及具体操作方式进行介绍。本章着重强调了团体心理咨询不仅可以提高自闭症儿童的社会交往能力，在缓解儿童家长心理压力方面也有很好的效果；短期目标和长期目标有机结合是团体咨询取得成功的基础；参与者的合理搭配是治疗成功的关键；治疗形式与内容的多样化是治疗成功的保证。

第七章　团体心理咨询在儿童自闭症治疗中的应用

核心概念

团体心理咨询；社会关系障碍；灵活—系统治疗模式

第一节　团体咨询与自闭症儿童社交障碍

一、团体心理咨询

1. 团体心理咨询的定义

团体心理咨询是由英文"group counseling"翻译而来，"group"也可译为小组、群体、集体，"counseling"亦可译为咨商、辅导，所以"group counseling"在国内就发展出了团体心理咨询、小组辅导、集体咨询和团体辅导等几个概念。从词义上来看，集体多指组织化了的团体，而团体的含义更宽泛；就形式而言，"group counseling"主要是指在团体的心理环境下为成员提供心理帮助与指导的一种心理辅导形式，所以国内更常把它翻译成"团体心理辅导"。通常，团体心理咨询是通过团体内人际交互作用，促使个体在交往中通过观察、学习、体验、认识自我、探讨自我、接纳自我，调整改善与他人的关系，学习新的态度与行为方式，以发展良好适应的助人过程[1]。

自从1905年美国内科医生普瑞特组织了由20多位肺病患者组成的第一个心理治疗小

---

[1] 樊富珉. 团体咨询的理论与实践[M]. 北京：清华大学出版社，1996.

组以来,在一个世纪的时间里,由于团体心理咨询较好的疗效,其发展速度较快。在与勒温提出的"集体动力学"和"场理论"以及罗杰斯等人倡导的"人类潜能运动"相结合以后,现如今团体心理咨询已成为最受人们欢迎的咨询方式之一。

2. 团体心理咨询的特点与类型

(1) 团体心理咨询的特点[①]。

团体心理咨询与个体心理咨询最大的区别在于求助者对自己问题的认识、解决是在团体中通过成员间的交流、相互作用、相互影响来实现的。具体而言,有以下几个特点。

特点 1:团体咨询感染力强,影响广泛。这是因为群体的互动作用促进了信息的传递和自主性的激发,也就是团体动力的形成。在团体中,团体动力对于团体目标的实现有着很重要的作用,而团体成员也是靠着动力来相互作用、相互影响从而解决自己的问题。

特点 2:团体咨询效率高,省时省力。相对于个体一次只解决一个人的问题,团体在解决问题方面,时间和精力是很有效率的。并且,团体的复杂性,也会给团体成员其他的收获。

特点 3:团体咨询效果容易巩固。团体咨询的基本原理是它提供了一种生活经验,参加者能将之应用于日常与他人的互动中,也就是说,团体咨询创造了一种类似真实的社会生活的情境,增强了实践作用,也拉近了咨询与生活的距离,使得咨询较易出现成果而成果也较易迁移到日常生活中。

(2) 团体心理咨询的分类。

团体心理咨询专家韦志中在他的著作《本会团体心理咨询实践》一书中,将团体心理咨询分为 3 类:即心理教育和心理预防团体;心理成长和心理咨询团体;心理治疗和危机干预团体。又将团体导师的能力和团体的类型匹配分为三种形式:技术主导团体;导师能力主导团体;团体动力主导团体。这些都是在中国本土实践中难能可贵的经验总结。

团体心理咨询因组成因素与设计内容不同,可有不同的分类。目前常见的是如下四个划分角度,即成员的同质程度、咨询的结构化程度、成员的固定程度和团体咨询的功能。

以团体成员的同质程度划分,可划分为同质团体心理咨询与异质团体心理咨询。

这是根据团体成员的背景相似度或问题的性质来划分的。同质团体是指团体成员的年龄、性别、学历、生活经历和心理问题具有一定的相似性。例如,老人团体、大学生团体、妇女团体、压力适应团体、减肥团体、学习困难儿童团体、亲子沟通团体、考试焦虑辅导团体、情绪调控训练团体等。在同质团体中,团体成员因背景、条件的相似性而有许多共同语言、共同体验,相互之间容易沟通,能互相关心,不会感到孤立,成员可以从其他成员身上受到启发。异质团体是指团体成员的自身背景条件、个人特质或所遇到的问题的差异性很大,情况比较复杂,如年龄、经验和地位极不相同的人。这类团体的成员常常因为志不同、道不合、话不投机而难以沟通和建立信任关系,从而阻碍团体的正常发展。当然,团体的同质和异质是相对于某些指标而言的。例如,学习成就、学习能力、情绪行为、家庭类型等。而且即使是同一指标,往往也有程度上的差别,具有相对性。例如,一个学校的班集体,从年龄指标上可以视为同质团体,而从学业、能力、个性等指标来看,则是高

[①] http://baike.baidu.com/view/1504863.htm#2.

度异质化的团体。

以团体活动的结构化程度划分，可分为结构式团体心理咨询与非结构式团体心理咨询。

这是根据团体辅导活动有无计划与目标来划分的。结构式团体是指为了帮助成员在团体中学习与成长，辅导者事先做了充分的计划和准备，根据团体所要实现的目标来设计相应活动程序和引导成员积极参与。结构式团体目标明确，有团体焦点主题，活动安排具有程序化、计划性、系统性的特点，辅导者与成员的角色明确，辅导过程中重视团体互动气氛。非结构式团体是指不刻意安排有程序的固定活动，强调成员自主性的团体。辅导者对团体较少承担责任，其主要任务是促进成员的互动，对团体目标与方法很少介入，团体目标与团体进程由成员在互动中自己探究。

以成员的固定程度来划分，可分为封闭式团体心理咨询与开放式团体心理咨询。

封闭式团体心理咨询是指团体咨询参与成员保持固定不变。封闭式团体的成员有较高的和谐性和认同感，在团体咨询进行过程中是不允许吸纳新成员加入的。开放式团体是指参加成员不固定，新成员有兴趣可以随时参加，成员可以随时离开。

从团体咨询的功能划分，可分为发展性团体心理咨询、训练性团体心理咨询与治疗性团体心理咨询。

发展性团体咨询注重成员的身心发展，通过团体成员的主动参与，有效地表达自我，在与伙伴的交流、互动、体验和反思的过程中，获得成长，得以自我认识、自我探索进而自我接纳、自我肯定与自我完善。训练性团体咨询重视团体成员人际关系技能的训练，注重通过团体背景下的行为演练培养成员解决问题的能力，形成良好行为。治疗性团体是指通过辅导团体特有的治疗性因素，来改变成员的人格结构，实现心理康复的功能。

二、自闭症儿童社交障碍

1. 社会发展

在这里我们首先就儿童社会交往成长一般状态作简单的介绍，以便大家在比对的基础上，更加准确地把握自闭症儿童的社会交往障碍病症。

人的发展无外乎两个方面，即个人发展和社会发展。个人发展是关乎个体自身的发展，社会发展则是关乎自身与他人的关系发展。儿童的社会发展主要是指儿童如何学习与人交往，因此，心理学家在儿童社会发展中最为关心的是依恋、友谊及观点采择等三大发展问题。

(1) 依恋。

依恋(attachment)是指存在于两个人之间的力量和某种情绪使得他们的关系非常亲密。John Bowlby 早期的研究表明，依恋行为是婴儿的本能，他把儿童的依恋行为发展分为四个阶段：第一阶段 0 个月~3 个月，对人的无差别反应阶段；第二阶段 3~6 个月，反应集中于熟人阶段；第三阶段 6 个月~3 岁，积极接近寻求阶段；第四阶段 3 岁至儿童期末，伙伴行为阶段。

(2) 友谊。

对于儿童来说，与朋友所形成的依恋可能是最重要、最能获得满足感的一种依恋，因此儿童社会发展的一个重要方面就是游戏，包括儿童自己玩游戏和与伙伴一起玩游戏。儿童之间的相互影响正是在游戏中发生的，而在游戏中产生的友谊是儿童认知和能力发展的重要能源。

随着年龄的增长，儿童与同伴的交往也在不断增多。1岁以前，儿童之间的交往仅限于单一的交换玩具，而没有继续发展的关系；但到了两岁的时候，儿童之间的交互往来就明显增多。

儿童期的大多时候，儿童参加的最常见的活动就是共同的游戏，有时候也正是基于这些游戏儿童才发展出友谊的。在学前班和小学一二年级，儿童一般都是在共同参加活动的过程中形成了友谊。在3～9岁，儿童分享思想和情感的行为逐渐增多，并习得了如何更好地解决矛盾和如何取悦(或如何讨厌)对方。虽然这个阶段儿童的友谊很不稳定，但它是儿童自尊培养的关键时期。到了小学三四年级，友谊变得越来越稳定，儿童差不多都有一个长期交往的好朋友。

(3) 观点采择的发展。

观点是人行为的指导，随着儿童年龄的增长，他们越来越会选择别人的观点，也越来越能理解那些有着不同经历和情感的人。就此 Robert Selman 提出了儿童观点采择能力的发展理论。

阶段1：无差别的观点采择(3～6岁)。

这个阶段的儿童意识到别人的观点可能会与自己观点不同，但是儿童仍然容易混淆自己和他人的想法和情感。例如，4岁的小霞虽然不懂为什么妈妈不让她独自一个人去公园玩，尽管她特别想去，但是还是会服从妈妈。

阶段2：社会性信息观点采择(5～9岁)。

这个阶段的儿童不仅意识到别人有不同的观点，而且懂得观点的差异是因为别人获得了与自己不同的知识信息。例如，7岁的小霞能接受老师对自己的批评，因为她知道老师比自己懂得更多。

阶段3：自我沉思的观点采择(7～15岁)。

这个阶段的儿童开始能够理解别人的观点，也能够像别人看自己一样看别人，或者说，儿童已经能够站在别人的角度看待事物。例如，9岁的小霞能够理解好朋友小燕为什么会生自己的气，并且能主动和小燕和好。

阶段4：第三者的观点采择(10～15岁)。

这个阶段的儿童，不仅能够理解当自己和另一人交往时有第三者存在，且能够懂得第三者会如何看待他们的交往。例如，12岁的小霞知道，别人会评价她和小燕的友情。

阶段5：社会性角度采择(14岁以上)。

这个阶段的儿童会逐渐懂得，别人的观点和自己的观点一样会受到社会价值观的左右。例如，15岁的小霞清楚地知道父母希望她将来成为怎样的人。

2. 自闭症儿童社交障碍

根据 DSM-IV 的诊断标准，自闭症儿童起病于3岁前，通常具有严重的社会交往障碍和刻板重复的行为习惯。沟通与交往能力受损是自闭症的显著特征，他们不能或不能很好地利用各种沟通工具或各种媒介来与他人相互交换信息[1]。

自闭症属于广泛性发育障碍疾病，本组疾病的主要障碍表现为与人交往、交流沟通、兴趣和行为方面的异常。自闭症儿童在社会发展方面的滞后和困难尤为突出。

自闭症儿童在"依恋"上的发展存在着较为明显的滞后和回避状况。自闭症儿童首先被关注的症状之一就是他们与人没有目光交流并且对母亲没有一般孩子的依恋行为。虽然自闭症儿童被确诊的年龄为3岁左右，但近90%的家长还是能够回忆起孩子在0～3岁的情感交流状况，自闭症儿童对人没有一般孩子那样的反应，母亲也没有体验过孩子对自己的那种独特的依恋。这种依恋发育的先天不足是导致自闭症儿童社会交往困难的主要原因之一，直接影响儿童今后与老师、同学及他人的交往。

很少有自闭症儿童能够真正主动体会到友情。其主要原因在于自闭症儿童的刻板行为和对他人情感解读的困难。自闭症儿童的刻板行为导致他们只关注自己感兴趣的事情，缺乏参与他人活动的动机，所以我们经常会看到自闭症儿童在多数情况下都是处在自娱自乐的状态中。即便有参与他人活动的动机，由于自闭症儿童与人交往困难，他们无法像其他孩子一样，在理解游戏规则的基础上完成游戏任务。许多成年自闭症患者在回忆自己幼年时经常会提到，小时候很想和别人玩，但不知如何和别人玩，因此产生恐惧而不参与游戏。由于自闭症儿童没有与他人进行良好交往的经验，所以也无法体验到友情的存在。是不是自闭症儿童就不需要友情？不是的！很多人误以为自闭症儿童不需要友谊，事实刚好相反，自闭症儿童需要友情，良好的友情体验是自闭症儿童康复的良药。

自闭症儿童在采择观点能力上明显滞后于一般儿童，也可以说在采择观点能力上自闭症儿童存在一定障碍。大部分自闭症儿童在观点采择上永远都处于"无差别的观点采择"水平(一般儿童3～6岁的水平)上，无法像正常孩子那样随着年龄的增长，观点采择水平逐步提升。高水平的观点采择，例如社会性信息水平、自我沉思的观点水平、第三者的观点采择及社会性解读采择对于大部分自闭症儿童来说，或是滞后，或是永远无法达到。

3. 团体心理咨询与社交障碍

自闭症心理治疗的目的是改善儿童的沟通技巧，以提高其环境适应能力。通常，治疗方法以心理学教育训练方法和行为矫治为主，并强调家庭成员参与的重要性[2]。

团体心理咨询是集心理学教育训练和行为矫正为一体的有效方法。大量的自闭症儿童心理干预实践表明，由于团体心理咨询对自我成长和改善人际交往有很好的效果，在短期目标和长期目标相结合以及设置针对性课程的前提下，团体心理咨询的形式有助于提升自闭症儿童的适应能力、生活能力以及人际交往能力。

---

[1] 王梅，张俊芝. 自闭症儿童的教育与康复训练[M]. 北京：华夏出版社，2007：213～215.

[2] MUKADDES N. M.，KAYNAK F. N.，KINALI G.，et al. Psychoeducational Treatment of Children with Autism and Reactive Attachment Disorder[J]. Autism，2004，8(1)：101～109.

第二节 团体咨询治疗在自闭症儿童社交障碍中的应用

团体心理咨询适用于多种群体，但是到目前为止还没有人将这种方式运用于自闭症，本研究尝试使用团体咨询的方式对自闭症儿童的社会关系障碍进行心理干预。

一、开展团体咨询前的准备

1. 参与儿童的选择与搭配

（1）自闭症儿童的选择。

自闭症儿童普遍存在言语沟通和社会交往障碍，但因其病情程度不同，个体差异较大，因此，团体咨询的形式并非对所有自闭症儿童都有明显疗效。为了使团体咨询能够顺利进行并收到效果，引导团体咨询的指导师在活动开始之前应慎重考虑参加活动的人选问题。首先，语言能力没有得到开发的自闭症儿童很难服从命令，也不能和咨询师及其他儿童进行互动，因此这类孩子不太适合直接参与到团体中来；其次，有严重精神障碍的自闭症儿童不能参加活动；再次，对于完全沉浸在自我世界，毫无与他人互动交往意愿的孩子，团体咨询的效果也是不明显的；最后，部分自闭症儿童家长对于自闭症本身了解不足，总对自闭症的康复抱有不切实际的幻想，此类儿童因得不到家长的配合，也很难融入团体。相比较，智商的高低对于自闭症儿童能否参与到团体咨询中来的影响不大，因此，活动对儿童的智商没有要求。

（2）自闭症儿童的搭配。

首先在年龄上，儿童的年龄差距将直接表现为症状反应和行为特点的差别。为方便管理和组织，指导师最好招收年龄相仿的自闭症儿童参与团体咨询，或者是对年龄分布比较零散的所有儿童进行分组，尽量让年纪相同、性格相投的儿童组成一组。其次在性别上，经过作者的实践观察，把性别不同的自闭症儿童放在一起进行活动，会出现类似于"性别助长效应"的现象，在活动中男女自闭症儿童双方都有比平时更好的表现。但是目前自闭症女性患者的数量仍然远远少于男性患者的数量，要实现性别上的完全匹配还是存在一些困难。最后在个性上，并不要求所有参加的儿童都有相同的性格和行为习惯，个性差异大的自闭症儿童聚在一起能实现性格上的互补，从而达到很好的治疗康复效果。

2. 场地要求

自闭症团体心理咨询应选在宽敞明亮的室内场地进行。由于部分自闭症儿童很难服从命令，缺乏行为自控力，他们有可能在咨询过程中到处乱跑。选择在室内，不但能使儿童免受外界干扰，也能促进团体咨询的顺利进行，同时能保护孩子的人身安全。光线充足、明亮而不封闭的团体咨询室能带给孩子安全感。

咨询室内需配备足够的可移动座椅，这能保证儿童和家长在咨询室内既能围坐在一起讨论交流，又能移走椅子进行活动和游戏。室内最好还能备有瑜伽垫（或其他垫子），在每次咨询活动开始之前可以让孩子先躺在垫子上进行放松，以使其迅速安静并更快适应环境。

3. 时间要求

和对普通人的团体辅导或咨询不同，自闭症儿童的康复是一个漫长的过程，因此，干预周期较长，具体活动次数很难规定，指导师可根据参与活动儿童的症状和活动效果自行调整次数。由于指导师的组织和家长的陪伴均需耗费大量精力，为了保证疗效，建议两次活动之间保持一定时间间隔。家长的陪同是自闭症儿童团体咨询的一项重要内容，自闭症儿童的康复不仅需要有医务人员、教育工作者的介入，更需要家长的积极参与[1]。鉴于平时众多家长很难协调活动时间，可把活动放在周末，每两周进行一次。考虑到针对特殊儿童的活动流畅性较差，每次活动的时间可设定为两至三小时。

4. 对组织者的要求

第一，指导师在活动之前应为此项活动的漫长和艰辛做好充分心理准备。

第二，指导师与参与活动的儿童及家长地位平等，指导师要尊重、接纳、无条件地积极关注、设身处地地去理解参与活动的儿童和家长。

第三，指导师要具备充足的专业知识以制订合理的活动计划并应对各种突发事件。

第四，可让多个指导师协助加入到活动中，并对自闭症儿童进行全程陪伴，以保证组织者把充足的注意力分配到每个孩子身上。

第五，在开展团体咨询前指导师应全面了解所有参与活动的儿童及家长的情况，特别是儿童最恐惧的物体或行为(有些儿童怕某种声音，有些儿童怕某种常见的物体)，这是团体咨询顺利进行和取得良好疗效的基本保证。

二、实践设计

1. 团体心理咨询目标的设定

针对自闭症儿童开展的团体咨询与其他团体咨询或辅导相似，首先需要指导师根据自闭症儿童参加者的需要，设定咨询目标。例如，组织青春期的自闭症儿童通过团体心理咨询，达到解决青春期自闭症儿童常见的一些异性交往问题，培养儿童与异性交往的能力。

2. 团体心理咨询形式的设定："灵活—系统治疗模式"

在自闭症儿童团体心理咨询的过程中会穿插很多任务、游戏以及合作项目，这些任务、游戏等活动对自闭症儿童来说是更为主要的治疗手段。

受到言语交流障碍和社会关系障碍的限制，讨论和分析的形式则不太适用。所有设计的活动可以用"灵活—系统治疗模式"加以概括。所谓"灵活"，是指不拘泥于任何一种治疗方式。指导师一开始可以尝试各种方法，直到找到改善目标行为最为有效的方法为止。可作为参考的方法主要有：放松、绘画、音乐、沙盘、棋牌、手工、领导游戏以及合作任务等。而"系统"则是指当指导师找到最有效的方法以后，必须按照该方法的操作步骤，根据儿童的症状程度系统地进行治疗。系统化的另外一个表现是针对社会关系障碍分别设立短期和长期的治疗目标，无论选择哪种方法进行治疗，都要按照治疗目标的要求进行。

---

[1] 江琴娣，王璐. 自闭症倾向儿童服从指令教育训练的个案研究[J]. 中国临床康复，2002，6(19).

对于自闭症儿童社会关系障碍的团体咨询来说，长期目标就是通过各种活动促使自闭症儿童学会主动地、合理地与他人交往，适应社会生活，即治疗或缓解其社会关系障碍。

3. "灵活—系统治疗模式"具体实施

自闭症儿童通常行为刻板，无法适应改变，直接用最高标准去要求患者不会收到任何效果，因此必须把长期目标分解成多个短期目标，每个短期目标引导一个阶段，这种循序渐进的治疗模式更容易对自闭症儿童产生效果。具体目标如下所述。

(1) 第一阶段目标：使自闭症儿童能够注意周围人的存在。

基于自闭症的症状特点，患者经常沉浸在自己的世界里，忽视周围环境。因此，要促进交往首先得让患者能注意周围人的存在。

在活动设计上，第一步可以先要求儿童完成绘画或者沙盘游戏的任务，然后让所有参加团体咨询的孩子和家长围坐在一起，引导孩子相互评价刚才完成的作品，之后可以要求孩子自己询问每一个家长对自己作品的看法。这样能使孩子知道"我"需要去注意别人的东西，而别人也能注意"我"的东西。经常会有一些自闭症儿童不愿配合活动的进行，但只要儿童在语言上接受过良好的训练，在家长和指导师的多次动员下，孩子还是能完成这个任务。当所有孩子都能完成这一步以后，活动就能进入第二阶段。

(2) 第二阶段目标：克服自闭症儿童被动的人际交往状态。

儿童能感觉周围其他人的存在之后，其被动的交往与沟通就成为团体咨询的下一个治疗目标。在指导师或者家长的引导和要求下，自闭症儿童会跨出自己的圈子。这一阶段指导师要做的就是克服自闭症儿童被动的人际交往状况。

可以让孩子们玩一个游戏：事先准备一些纸片，在每一张纸片上写上一个参加活动的儿童或者志愿者的名字，尽量使在场所有的自闭症儿童和志愿者的名字都出现在纸片上(人数多时可以分组)。然后所有人围坐一圈，把写有自己名字的纸片发到各自手里，发到纸片的团体成员轮流站起来拿着纸片介绍自己，让自闭症儿童知道纸片上的名字是与哪个人有对应关系。当所有人都介绍完以后，把纸片随机发给自闭症儿童，要求他们先念出纸片上的名字，然后找到叫这个名字的人，并把纸片还给他(她)。如果整个团体内的自闭症儿童年龄偏小，也可以考虑让每个人在纸片上画自己的头像，用图画取代文字。由于自闭症儿童存在视觉优先的特点，训练他们在图像与人物之间建立联系也是可行的。有的孩子记忆力好，很快就能记住所有的人；而有的孩子记忆力较差，需要很长时间才能完成记忆任务。这时只需要多次重复游戏，在指导师和家长的提醒之下，大部分孩子都能记住其他人。此后，家长应该鼓励儿童每次进入咨询室后先和自己认识的人打招呼，久而久之，儿童与人的主动交往就从这些细小行为中发展出来了。

(3) 第三阶段目标：激发自闭症儿童主动与人交往的愿望。

这一阶段的目标就是培养儿童主动交往的行为模式。

经过前两个阶段的训练，大部分孩子们已经能与人见面打招呼(由于儿童的症状不同，其主动性会有差异)。但是，孩子们通常在打完招呼后即表现出交往停止的状况，这是因为自闭症儿童没有与人交往的意愿。指导师可以通过一些小技巧使儿童投入到主动与人交往的过程中。

方法一：在团体讨论时让自闭症儿童来主持整个活动。当所有人围坐在一起时，可以让某位自闭症儿童来主持，然后安排大家的发言顺序，并陈述自己的安排理由。在每个人的发言结束以后，"主持人"可以就内容给发言人打分。在所有人完成发言以后，"主持人"可以安排接下来做什么，但不管设计什么内容，主持的自闭症儿童必须把活动的规则介绍清楚，然后带领大家进行活动。每一次活动可由不同的自闭症儿童担任主持人，尽量让所有的自闭症儿童都能轮流当上主持人。有的孩子控制欲望较强烈，如此安排会使他们兴奋，在不知不觉中他们就开始了主动与人交往；有的孩子性格内向，但主持人任务也还是能给他们提供沟通交流的平台。

方法二：让孩子们参加合作游戏。通过观察，让互不排斥的几个孩子去共同完成一幅图画(或者一个沙盘)。绘画开始之前可以先给参加绘画的儿童分配任务，每个儿童都有自己固定的分工，以保证大家共同完成一幅画，在绘画过程中不会出现各自画的情况。由于自闭症儿童一般在物属关系上都存在问题，所以他们决不允许别人破坏自己认为"属于自己"的东西。在共同绘画中，别的儿童的绘画必然会影响到自己已画好的成果，所以吵闹在所难免。吵闹的出现就说明活动中的自闭症儿童产生了与他人沟通的想法，只是不知道怎样去沟通。此时，指导师和家长就可以抓住机会，向孩子传授与人交往的技巧，孩子无意中就开始了与人的主动交往。

(4) 第四阶段目标：使自闭症儿童合理地与人交往。

随着自闭症儿童团体咨询进程的发展，只要给自闭症儿童足够的空间，自闭症儿童开始能把自己的意愿表达给他人，但这种表达存在很大问题。首先，他们的表达是单方面的，只有他们想表达的时候才会出现有指向性的话语，而且，此时他们急切地希望谈话对象能立即给予反馈，否则就会产生很大情绪波动；而当他们不想表达时，无论周围人表现出多么强烈的交流意愿，他们都不予理睬。其次，由于缺乏逆向思维加上对物属关系不理解，自闭症儿童在交往过程中经常不顾及他人的感受，以自我为中心，完全按照自己的意愿行事，无法理解正常人际交往中的规则与习惯，这很容易使周围人受到伤害。为了使自闭症儿童学会合理地与他人交流，指导师可以为他们设计类似于下面的活动。

指导师可以利用沙盘游戏建立自闭症儿童的交换概念。喜欢做沙盘的自闭症儿童通常不允许他人触碰他(她)的沙盘和盘里东西。指导师在经过一定时间了解以后，可以在沙盘游戏进行之前先"占有"某类自闭症儿童极为喜欢的玩具，然后在沙盘游戏中用"占有"的玩具去跟自闭症儿童交换其他玩具。交换的过程可以循序渐进，指导师可以先跟自闭症儿童交换沙盘外的东西，之后交换沙盘里自闭症儿童不太喜欢的东西，最后交换沙盘里自闭症儿童最喜欢的东西。这种形式可以逐渐建立自闭症儿童的交换意识，使他们知道不是他们想要什么就能得到什么；在自己有需要的时候，礼貌的表达方式更容易让他人满足自己的需求。当然有一些自闭症儿童对沙盘是不感兴趣的，指导师也可以找出他们的兴趣点，利用他们喜欢的东西来建立交换意识。

在合理交往方面自闭症儿童也能获得锻炼的机会。自闭症儿童对精心布置的歌舞表演聚会都很感兴趣，指导师可以把权力交给自闭症儿童，让他们自己组织一次这样的聚会。把组织和安排的任务交给主动性较强的自闭症儿童，其他自闭症儿童负责表演节目。指导师和志愿者要做的准备就是把场地布置起来，让孩子感受到欢乐的气氛。负责组织的自闭症儿童要了解其他孩子的节目内容并安排出场顺序，而且在活动中负责"报幕"工作；其他自闭症儿童要携同爸爸妈妈，以家庭为单位准备并表演节目。节目的形式可以多样化，活动中可以加入所有自闭症儿童一同表演的节目。通过这样的活动，负责组织的自闭症儿童能够学习与他人打交道的方法，而负责表演的儿童也能学习如何接受任务，如何完成任务。类似的活动可以定期举行，组织者角色可以由儿童轮流担当。

针对自闭症儿童社会关系障碍的团体咨询基本就是按照以上步骤进行，具体的活动设计可以不断变化，可以是以上所列之外。需要提醒的是，以上每一个阶段都将持续较长的时间，而最终在儿童身上所产生的效果也会存在差异，时间长短、效果好坏完全取决于儿童症状程度和所有参与者的投入程度。

三、自闭症儿童团体咨询的注意点

大量的研究实践显示，在短期目标和长期目标相结合，以及设置了针对性课程的前提下，团体咨询的形式有助于提升自闭症儿童的适应能力、生活能力，以及人际交往能力。短期目标与长期目标的结合、参与者合理的搭配，以及治疗形式与内容的多样化都是保证治疗成功的关键因素。

通过以上论述，要想达到良好的治疗效果，在组织自闭症儿童团体咨询时应注意几个方面。

第一，在组成团体时，指导师要注意参加活动的自闭症儿童在年龄、性别及症状程度上的搭配情况。基本原则就是尽量使年龄相近、症状相近的自闭症儿童组成一个团体；在活动中如不遇到特殊情况，没有必要把不同性别的自闭症儿童分离开，相反，不同性别搭配活动有助于孩子的康复和成长。

第二，在治疗开始之前指导师就应当制订针对目标症状的详尽计划，计划与目标必须明确。但是考虑到自闭症儿童难以在短时间接受重大改变，所以指导师应该把最终目标进行合理分解，形成一个长期目标和多个短期目标。将目标分解成由低到高的逐步递进的程序[①]是自闭症儿童教育中非常有效的方法，这能够加速自闭症儿童的治疗。

第三，指导师在治疗时不要受限于某一种具体疗法，而是应该采取一种灵活—系统的治疗模式。由于针对自闭症各种症状的治疗方法很多，而每一种疗法在不同自闭症儿童身上所产生的效果是不一样的，所以指导师在疗法上应该广泛尝试，找到每一个孩子最适合的方法。之后就应该按照所找到的疗法的具体操作步骤，根据已制定的层次化目标，系统地开展活动。

第四，虽然团体咨询针对的是自闭症儿童，但每次自闭症儿童在参与活动时家长都必须陪伴，因为家长的参与是有作用的。一方面，自闭症儿童进入一个新的环境以后容易产生紧张和恐惧的情绪，加上要让儿童进入一个由若干人组成的团体，儿童在团体中很难建立安全感，此时家长的在场能够帮助孩子快速适应和消除紧张感。此外，在团体进行活动时，自闭症儿童面对困难经常产生退缩行为，参与其中的家长可以适时地给孩子以鼓励，帮助孩子进步。从另一方面讲，在自闭症家庭中，除了孩子以外，家长也是值得关注的对象。家长在抚养孩子的过程中经常会遇到困难或者受到伤害，对于孩子的成长问题，家长总是充满压力。让家长参与到团体中，首先家长之间可以互相倾诉和交流，缓解内心的压

---

① 周世杰. 儿童智力与家庭环境的多因素特征比较[J]. 现代康复，2001，5(7)：41～42.

力；其次让家长看到孩子的进步，他们能坚定对孩子的希望；最后，家长可以向指导师咨询，学习更为有效的教育方法。对家长进行教育和培训也是治疗获得成功的关键点[①]。

第五，在每次团体咨询结束之后，指导师和志愿者们应开会总结，对参加活动的自闭症儿童在当天的表现进行评价，客观指出其进步之处与不足之处，并商讨如何在下次活动中强化孩子的进步，纠正孩子的不足。这种客观的评估体系有助于组织者掌握团体咨询进行的整体进度。

案例：自闭症儿童社会交往团体心理咨询设计方案之"和朋友在一起"

一、方案设计指导思想

人际交往与沟通障碍是自闭症患者的典型病症。自闭症患者由于无法理解他人的情绪和意图，因此在与人交往的过程中，就没有良好的交往行为。这使得患者及其家人非常痛苦和不安，甚至会使得患者和他人陷入较为危险的境地。因此，在设计本类团体咨询时首先要了解参与患者在社会交往障碍上的表现特征，最好能选择症状表现水平类似者为成员。其次要根据患者的症状水平设计具体实施方案。最后是根据状况不断调整方案以便取得较好的疗效。

二、团体心理咨询主体设计

1. 性质： 封闭结构式团体。

2. 目标：

(1) 总目标。

学会与他人建立关系，发展友谊，了解自己和他人不同，学会感受他人。

(2) 具体目标。

认识他人，意识到他人存在。

协助成员主动与同学接触，主动伸出友谊之手。

协助成员了解自己和他人不同；协助成员学会倾听和反馈他人。

3. 团体规模：

指导师1名，协助指导师数人(可根据活动的具体情况而定)；10~14岁儿童3~6名左右。

4. 活动地点：

一般团体辅导室($60m^2$)。

5. 活动时间：

每周1次，共4次，每次90分钟。

三、设计的理论基础

美国心理学家沙赫特曾做过一个"人际剥夺"实验：他以每小时15美元的高薪招募应试者到他创设的一个小房间里去居住，居住的时间越长，得到的报酬越多。这个小房间完全与外界隔绝，没有报纸，没有电话，不准写信，听不到外界的声音，当然更找不到人聊天。每天只供应饮食等必需的用品。先后有5人应聘参加了这个实验。实验的结果是：有1

[①] SHERWOOD M. Working with Blades: Adding Meaning and Interaction to Language Therapy[J]. Aust Commun Q, 2004, 6: 10~13.

个人在小房间里待了两个小时，有两个人待了两天，只有1个人待了8天。这个待了8天的人出来以后说："如果再让我在里面待1分钟，我就要疯了。"

这个实验充分地验证了作为社会性的人，离不开与别人的交往。就像吃饭、睡觉一样，人际交往也是人的一种需要，良好的人际关系是人生存和发展的基础和条件。

人际关系是人们在交往过程中建立起来的人与人之间的心理和社会关系。关系的好坏反映了人们在相互交往过程中物质的和精神的需要能否得到满足的心理状态，需要得到满足，就喜欢和亲近；反之，则厌恶和疏远。因此，人际关系具有强烈的情感色彩，这与其他社会关系层面上的政治关系、法律关系等有一定的区别。

对于自闭症儿童来说，其人际交往能力的提升是其取得良好康复效果的一个重要指标。

四、活动内容

第一次

名称：成员相识。

目标：使参与的自闭症儿童通过参与活动对指导师和其他参与成员初步认识，了解活动基本程序和规范。

第一阶段：热身活动。

由指导师播放事先准备好的音乐，组织自闭症儿童参与活动。

注：①音乐一定选择这个年龄段儿童普遍能接受的音乐，节奏感要强，但不可选择过于吵闹的音乐。②一旦选定音乐，没有特殊原因不要轻易更换，将此音乐作为本系列团体心理咨询热身活动的音乐。后几次咨询可根据儿童进步状况，改变音乐使用形式，如可加入一些集体动作。

第二阶段：团体介绍。

自我介绍。

相识活动：①指导师要事先将参加儿童的信息以自闭症儿童较能够理解的形式写在剪好的五瓣花朵上。如"某男孩，他长得很高，但有点胖，戴着一副黑边的眼镜，他很喜欢画画，我们猜猜他是谁？"②指导师根据五瓣花朵上的信息组织成员，将花朵与成员匹配。

第三阶段：总结。

分享：从今天的活动中，对自我及团体的感受如何？

第二次

名称：认识自我。

目标：通过参加寻找自己和别人不同特点的活动，儿童了解自己和其他成员的不同。

第一阶段：热身活动(音乐同第一次，形式可适当做一些调整)。

第二阶段：观察自己和别人。

游戏：丢抱枕(使成员彼此间更加熟悉，并带动团体气氛)，接到抱枕者再丢给下一位成员时，要说某某人丢给某某人。

作画：自画像。

指导师组织成员完成自画像，然后结合自画像评价自己，如自己的优点、特长等。

第三阶段：总结。

每个人用语言来表达自己对自己的了解。然后大家在事先准备好的一张白纸上写一句鼓励自己的话(以便下次活动时作为激励成员的刺激物)。

第三次

名称：我喜欢×××。

目标：通过游戏，引导儿童表达自己在选择伙伴上的喜好。

第一阶段：热身活动(音乐同第一次，形式可适当做一些调整)。

第二阶段：喜欢与被喜欢。

回顾上次活动：将上次总结时的那张写满大家激励语的白纸拿出，重温激励语。

游戏：大风吹

全体成员坐好围成一圈，一位成员在团体中央站立喊：大风吹。其他成员一起喊：吹什么？这个成员就去观察其他成员的特点，找出至少三个以上同学的共同特点，喊：吹那些戴眼镜的女同学(或：吹所有男生，吹单眼皮的同学等)。然后所有被吹到的同学就必须站起来，交换座位。如果有人没有抢到座位，就站在圈中央继续吹。

表演：以儿童的自由选择为主，将组员分成两组后，分组进行30分钟的节目编排，然后两组汇合表演。

第三阶段：总结。

每个人总结自己今天的表现，表达自己为什么要选择和×××一组。然后大家在事先准备好的一张白纸上写一句喜欢好朋友的话，如我喜欢×××。

第四次

名称：我和大家在一起。

目标：通过活动让自闭症儿童体会集体活动的乐趣。

第一阶段：热身活动(音乐同第一次，形式可适当做一些调整)。

第二阶段：和朋友在一起。

游戏1：手指操。

手指操可根据儿童的程度编制，包括手指操、双手操、手臂操、全身操，成员先学会后，就两人一组，分别代表左手和右手的动作，学会配合。

游戏2：对对碰。

指导师播放轻音乐，所有成员相互击掌说：Hi，你好，我是××；接着成员相互碰膝盖，同时说出今天的心情；最后成员相互握手并用一句话赞美对方。

游戏3：传话。

全体队员面对面排成两排，某个人先说一句话，站在对面的人要将这句话重复一遍，重复错了要被指导师惩罚，对了可受到表扬。

第三阶段：总结。

每个人用一句话来表达自己今天的收获，向大家介绍一位自己的好朋友。

(资料来源：北京林业大学彩虹宝贝自闭症儿童心理干预中心研究报告)

感官教育是顺应教育发展的产物，感官教育包括视觉教育、触觉教育、味觉教育、听觉教育及嗅觉教育。由于自闭症儿童在感觉上表现为明显的视觉优位，因此，相对于单纯的言语教育，视觉教育更有利于儿童完成学习任务。视觉教育在针对自闭症儿童的使用中主要有三种方法，即 PECS、结构化教育和视觉社会故事。本章重点对视觉社会故事教育技术在自闭症儿童教育中的应用进行详尽的描述。

第八章 自闭症儿童训练中的视觉社会故事教育

核心概念

感觉教育；视觉教育；图片交换沟通系统；结构化教育；视觉社会故事疗法

第一节 视 觉 教 育

一、视觉教育的渊源

1. 感官教育

视觉教育是感官教育的重要组成部分，我们要了解视觉教育首先就应该对感官教育有一个初步的认识。感官教育产生于对长期统治教育领域中的"言语主义"教育模式的改革，或者说是克服学校教学中"言语主义"弊病的革新成果。所谓感官教育就是以能刺激感觉的感官教具为媒介，通过不断训练与强化使得儿童获得各种知识及能力，进而促进其知觉发展并为其奠定思维基础。感官教育的内容包括视觉教育、触觉教育、味觉教育、听觉教育及嗅觉教育。

2. 视觉教育

视觉教育指的是依据教育理论，运用多种媒体，充分发挥视觉的功能，有目的地传递教育信息，以实现最优化的教育活动。具体而言，视觉教育是指运用视觉资料，如照片、图表、模型、标本、仪器、电视、电影等传媒手段进行教学和教育活动，即直接由视觉获得知识的教学活动。

二、自闭症治疗中的视觉教育方法

视觉教育运用于自闭症的治疗，具体实施方法一般包括PECS、结构化教育和视觉社会故事。

1. 图片交换沟通系统

图片交换沟通系统(The Picture Exchange Communication System，PECS)是由美国的教育学家Bandy等人开发的，用于矫正自闭症儿童与人沟通障碍的一种视觉教育方法。

PCSE的实施主要分为六个阶段，六个阶段的实施是一个由简单到复杂的过程。

第一阶段：儿童的需要与图片匹配训练阶段

具体操作：当指导师了解儿童想获得的东西时，设置一种图片与实物匹配的情景。通过训练，使儿童在看到所要东西时，能拿起相应的图片交给教者，从而表达自己的要求。

第二阶段：沟通动机训练阶段

具体操作：训练儿童运用图片进行沟通，即儿童把自己希望获得实物的匹配图片交给指导师，从而达到表达自己想获得实物的要求。

第三阶段：辨别匹配图片训练阶段

具体操作：指导师不断增加图片类型，达到训练儿童辨别不同的图片能力的目的，最终使儿童在许多图片中找到恰当的图片来表达自己的要求。

第四阶段：简单句子使用训练阶段

具体操作：使用图片组成句子和使用图片回答问题，主要是帮助儿童使用图片来组成短句，从而达到确切地使用图片来沟通的目的。如"我要……"等。

第五阶段：回答问题训练阶段

具体操作：让儿童学会使用图片来描述对象或物体，如指导师可以问儿童，"你要什么颜色的画笔？"儿童回答"我要红色的画笔"等。

第六阶段：交流能力训练阶段

具体操作：训练儿童使用图片表达自己的感情，培养儿童对他人面部表情解读的能力，学习对感情词汇的理解，最终能够用代表这些感情的图片来表达自己的内心体验。

2. 结构式教育

结构式教育是由美国北卡大学自闭症及相关残疾儿童治疗教育中心的教授们所提倡的一种视觉教育方法。结构式教育的基本内容简要概括为四个方面：一是客观环境的结构化；二是作息安排的视觉化；三是学习任务的图式分解；四是奖励与选择的图像化。

1) 客观环境的结构化

由于自闭症儿童在环境的认知和适应上与一般孩子相比，存在一定的困难，最明显的特征就是他们往往不能区别不同的客观环境，所以客观环境的结构化是儿童能够进行学习的基本保证。客观环境结构化的主要特点，是把不同区域如学习、交往和玩耍等区域，利用视觉材料加以明确和区别，以方便儿童比较容易区别活动区域，进而对活动具体内容及其规则进行理解，并使其控制行为能力得以间接提升。区分地域是环境结构化的重要方面，无论在学校还是在家庭中,教育者都可以用恰当的材料,把学习的区域、玩耍的区域和生活的区域加以划分和标示。在具体操作时,选择怎样的视觉材料和如何划分一定要按环境和孩子的个别特征来安排。例如,把教室空间分为四个区域,个体学习区、转换区、游戏区及团体学习区等。不仅各区域有提供教学、工作、休闲等活动的用途,而且各区域界限要布置清楚,有利于学生确认不同活动需要在不同区域进行。

参考案例:学习区域的设置

小利从 9 月份开始就读于一所普通小学,在小利入学时,学校在家长的配合下,对学校的环境进行了一些设置,并就相关设置对小利进行了特殊指导。比如:教室的视觉标志是什么?在教室都要做些什么活动?操场的标志是什么?在操场进行什么活动?由于自闭症儿童通常很难应付变化,尤其是不可预知的变化,因此,客观环境的结构化能够使得自闭症儿童知道现在做什么和接下来做什么。

2) 作息安排的视觉化

自闭症儿童在认知上存在连续记忆困难,在时间管理上也较一般儿童差,加之其语言理解障碍,因此无法计划和控制自己的行为。因此指导性日程安排的实施,对于自闭症儿童提升学习和生活效率有着重要意义。

标准的作息时间有多种编排方式,作息内容的呈现方式以符合自闭症者的特征及需要为前提。根据活动时间长短将一周内的活动时间以图表呈现,并将各时段的时间长短以图片或字卡的方式按照时间顺序呈现,由上到下或由左到右排列,使儿童极易明了其个人作息、活动地点及内容等,卡片大小约六至八厘米见方。在某一时间段,自闭症者即抽取该时段之卡片,了解主要活动内容与时间长短及地点,即可在教师的指导下独自学习。

作息安排可分为儿童个人日作息安排(常规作息),儿童个人周作息安排(生活计划),家庭成员日作息安排(集体作息)等。

在确定作息安排时应该注意,作息安排一定要和儿童的实际情况相结合,一旦确定不要轻易改变;作息表最好根据孩子的特征,选择儿童较为容易理解的方法制作,如可采用实物、照片、符号、图画等儿童易接受的方法制作视觉日程表。

参考案例如表 8-1 所示。

表 8-1　XXX 星期一到星期五作息安排

	时　　间	活动内容
上午	6:30—7:30	起床→上厕所→刷牙洗脸→吃早饭
	7:30—8:00	去学校
	8:00—12:00	在学校上课
下午	12:00—13:00	午饭
	13:00—16:00	在学校上课
	16:00—18:00	做自己喜欢的事
晚上	18:00—19:00	晚饭
	19:00—20:30	画画、写作业
	20:30 以后	睡觉

3) 学习任务的图式分解

自闭症儿童的概括能力、注意力集中程度都大大低于一般同龄儿童。因此，他们对于知识口语化的呈现形式很难接受，相对而言他们对视觉信息处理更容易一些。在完成学习任务时，采取图式分解的方法，会帮助自闭症儿童接受知识。所谓图式分解，就是将所要完成的学习任务以视觉材料的形式分步骤地呈现给自闭症儿童，进而使自闭症儿童能够完成学习任务。

依据自闭症儿童功能强弱将每一时段的学习内容进行工作分析，制作卡片以传达该时段之活动顺序与内容，卡片以文字为主，可兼用图片或数字，依顺序由左到右或由上到下放置于独立的学习桌上。自闭症儿童根据卡片排列顺序独自学习或部分时间由教师引导学习。个别工作结构目的在有效的独自学习之外，最重要的是让自闭症儿童从个别结构中学到"完成"的概念。此概念是自闭症儿童所欠缺的，此"完成"的概念，使自闭症儿童了解有多少工作需完成及如何完成。

参考案例：小鸟的成长

在教给自闭症儿童有关小鸟成长的知识时，可采取如下图示分解的教学方法。教育者首先准备视觉教学资料，如图8-1～图8-3所示。

图 8-1　孵蛋 　　　　　图 8-2　小鸟出生 　　　　　图 8-3　鸟妈妈喂养小鸟

4) 奖励与选择的图像化

自闭症者缺乏传送刺激的能力，因此对外界的口语沟通、信息格式的整体思考、心智理论的缺陷，使其不易认知他人的意图、愿望、信念，更由于缺乏表征能力，患儿无法立即反映他人的对话内容。鉴于此缺陷，结构性教学，即充分利用自闭症者不自觉地凝视外界转动的事物，或同时出现手足不断拍动的自我刺激行为之特征，重新加以结构性调整，使儿童透过视觉组织学习新的事物。

对于一般儿童来说，语言奖励会是一种非常好的方法，有时会胜过物质奖励。但是对于自闭症儿童，图像化奖励才能起到正强化作用。特别是利用儿童自身的偏执兴趣作为奖励更为有效，但使用时方法要折中，既不强化其刻板兴趣，又能起到奖励作用。引导自闭症儿童做出某种选择时，图像化也能实现儿童的有效选择。

参考案例：

小利按照规定完成了妈妈交给的任务，小利喜欢玩电子地图，妈妈就采用了奖励小利在完成任务后可以玩10分钟电子地图的方法。这样小利慢慢地建立了完成妈妈的任务就可以享受自己的兴趣的概念。由于小利妈妈的奖励有时间的限制，这样既能起到奖励作用，又不会强化小利的刻板兴趣。

3. 视觉社会故事教育

视觉社会故事教育是由美国密歇根社会学习和理解中心的 Gary 女士在 1990 年代初提出的一种视觉教育方法。社会故事教育，即通过简短的、包含适当社会行为方式的故事对自闭症儿童的问题行为加以干预[①]。每一个标准的社会故事，一般都需要用描述性句子、揭示性句子、指示性句子和评论性句子等四种类型的句子，达到传送社会知识和训练期望行为的目的[②]。

社会技能的缺陷是自闭症儿童最为根本的问题，教育的最终目的也是培养其社会适应能力。而基于自闭症儿童在学习上的"视觉优位型"特点，视觉社会故事教育一直就是研究较为关注的方法。

第二节 自闭症儿童训练中的视觉社会故事教育

一、自闭症儿童与视觉社会故事教育

1. 自闭症儿童在感官上的特点

自闭症患者在感官反应方面，与我们一般人相比，或过于敏感，或过于迟钝。有些患者对某种声音、颜色、事物等会有超乎寻常的反应，或是极度喜欢，或是极度讨厌。例如，小毛特别害怕各类嘈杂的声音，有一次在联欢会上，别的孩子踩爆气球，小毛就表现得极度恐惧与焦虑。又如，小利特别喜欢蓝色，以至于他在绘画时排斥除蓝色以外的其他任何颜色。相反有些患者却对一些事物反应过于迟钝，如对冷热、疼痛等反应较弱。例如，小刚会不断转动身体或用异常方法探索物件，使自己沉醉于某种感官刺激中。

此外，大部分自闭症儿童的听觉较敏锐，他们可能会注意到微弱的环境噪音，而忽略正在完成的主要事情，这也就是我们经常会发现，自闭症儿童注意力无法集中的原因之一。

2. "视觉优位型"

在正常情况下，我们人类 80%左右的信息是通过视觉获得的，但是我们的学习是感觉综合起作用的产物，我们可以通过听觉、触觉、嗅觉等获得各类知识。在学习上，自闭症患者与我们一般人相比属于"视觉优位型"，即他们无法仅从听觉的指导语中获得知识性内容，或者理解他人的意图。

自闭症儿童往往过分执着于事物的枝节，而忽略了重要的部分。例如，小毛的视觉辨别能力较强，在课堂上他经常会注意到教室里一些其他孩子没有注意到的东西，他会注意到教室墙角有一只小昆虫爬来爬去，或者×××同学的脚在动，他会把注意力放在这些不

---

① GARY C. A. Social Stories: Improving Responses of Students with Autism with Accurate Social Information[J]. Focus on Autistic Behavior, 1993, 1: 1~10.

② GARY C. A. Teaching Children with Autism to Read Social Situation[J]. Teaching Children with Autism: Strategies to Enhance Communication and Socialization. 1995: 219~241.

重要的细节上，而忽略老师正在讲述的教学内容。

3. 视觉社会故事教育在儿童自闭症心理干预中的发展

社会技能的缺陷是自闭症儿童最为根本的问题，而基于自闭症儿童"视觉优位型"的特点，对其采用视觉社会故事教育在近年来引起了广泛关注[①]。

视觉社会故事教育作为一种干预方法，在一定的条件下就要给予逐渐消退干预，以便使自闭症儿童能有更强的独立性。在实践中，自闭症研究人员和自闭症孩子的家长对视觉社会故事的实用性和有用性，都有较好的反应。尤其是在减少自闭症儿童的不良社会行为方面，视觉社会故事教育是一种非常有用的方法[②]。尽管不能完全消除其不良行为，但现有资料表明在社会故事教育后的不良行为出现的频率明显降低，同时自闭症儿童用语言来表达要求的次数增多[③]。同时，视觉社会故事教育的运用会对同时采用的其他教育方法产生积极作用[④]。

4. 视觉社会故事教育在儿童自闭症心理干预中的作用

由此可以推测，视觉社会故事教育法在自闭症儿童教育中具有极大的推广应用价值。那么在什么境况下实施视觉社会故事教育效果最好呢？实践显示，在如下几种情况对自闭症儿童实施视觉社会故事教育最为有用。

第一，对自闭症儿童实施社交情景教育的时候。自闭症儿童尽管很想与他人进行交往，但是由于在理解他人情感上存在先天不足，他们无法领会社交技巧和把握社交线索。

第二，当自闭症儿童需要完成其必须掌握的知识与生活技能的时候，如在自闭症儿童必须懂得学习环境的基本规则时，可运用视觉社会故事教育方法对其进行规则教育。

第三，当儿童有明显行为问题的时候，针对这一明显的问题行为的矫正可以实施视觉社会故事教育。

第四，实施安全教育的时候。自闭症儿童对于现代社会的危险缺乏理解，安全意识较差，如对交通危机、盗窃危机、空间危机等都没有自我保护能力，因此，安全教育是教育者对儿童必须要实施的教育。

二、视觉社会故事教育概述

1. 视觉社会故事教育

视觉社会故事是通过一定量的视觉刺激信息对自闭症患者进行知识与技能教育的一种

---

① SALLY J R. Interventions that facilitate socialization in children with autism[J]. Journal of Autism and Other Developmental Disabilities，2000，30(5)：399～409.

② SHANNON C，MATTHEW J T. Using a Modified Social Story to Decrease Disruptive Behavior of a Child With Autism[J]. Focus on Autism and Other Developmental Disabilities，2005，20(3)：150～157.

③ LYNN A，MICHAEL V. Social story intervention：Improving communication skills in a child with an ASD[J]. Focus on Autism and Other Developmental Disabilities，2004，19(2)：87～94.

④ PEGGY A L，RICHARD L S. The use of social stories as a preventative behavioral intervention in a home setting with a child with ASD[J]. Journal of Positive Behavior Interventions，2002，4(1)：53～60.

方法。

社会故事是描述某种情景下人们的通常反应与相应信息。例如，家里来了客人，人们的一般反应，是问候客人，请客人进屋并安排就座。相关信息还包括不动客人的东西，交流基本尊重客人要求等。教育者可以将这些以语言文字的形式，配上图画或影像材料表现出来。

社会故事可以是简单的，如一句话的社会故事。例如，小玲的东西不是你的东西，不能动；宝宝上厕所后要洗手等。也可以是相对比较复杂的，如一件事的社会故事。例如，宝宝今天要和妈妈去超市买东西，到了超市宝宝要听妈妈的话，不能到处乱跑。进了超市后宝宝要先帮妈妈拿妈妈要买的东西，然后和妈妈一起去付款台交钱。

2. 创作视觉社会故事的具体方法

为自闭症儿童创作一个社会故事并不是一件难事，但是如果要创作一个有效的社会故事，就一定要依照社会故事编写的指导方法，该指导方法的制定建立在研究自闭症患者特点的基础上。创作视觉社会故事的具体方法概括起来有以下几种。

(1) 常规社会故事编写方法。

自闭症的表现主要集中在语言障碍、社会交往障碍、兴趣匮乏和行为刻板上。虽然每个儿童在每种症状上存在一定的差异性，但其在成长历程中遇到的问题还是具有非常明显的共同点。因此，教育者编写一些常规社会故事对于儿童的成长是非常有意义的。交往能力上，如做客、和小朋友做游戏；生活技能上，如洗澡、上厕所、刷牙等；社会规则上，如坐公交车、分享玩具、举手发言等；特殊事件上，如日程变化、旅游、看病等。值得注意的是，家长和教师在使用常规社会故事时，应该根据儿童的具体情况，做适当的调整。

参考案例：创作帮助一名自闭症儿童表达自己想坐电梯愿望的社会故事。

社会故事内涵：我们一般人在有具体要求时，首先会主动表达自己的愿望，如"我想……"使得别人能够知道自己的要求。然后对要求是否能实现有一定估计，既有可能满足，也有可能无法满足。

社会故事创作步骤如下。第一步，当儿童有要求时应该先有"我看到电梯了，我想坐电梯"的愿望。第二步，我和妈妈说了后，妈妈会知道我想做什么。第三步，有时，妈妈会直接带我去坐电梯。有时，妈妈可能无法带我去。第四步，当妈妈无法带我去时，没关系的，我要听妈妈的话。

(2) 特殊情景下社会故事编写方法。

由于自闭症儿童在智力、症状程度及情绪稳定性上存在不同程度的差异，所以他们在行为问题的表现上也呈现出极强的个性化特征。例如，智力较低、情绪极为不稳定的儿童，在初到一个环境时会表现出较为激烈的不安情绪和一定的攻击行为。针对这类儿童可编写一些与不同环境相关的社会故事，以便儿童减轻对新环境的恐惧和不安。

参考案例：创作帮助一名自闭症儿童在听到某种引起他情绪烦躁的声音时让他保持安静的社会故事。

社会故事的内涵：我们一般人也会出现对某种声音产生不愉快的感觉，进而情绪烦躁。而对于这一现象，我们的反应是，首先表明自己不喜欢这种声音，然后判断这个声音是否对自己的人身安全构成威胁，进而再寻找声音的来源，寻找消除声音的方法。

社会故事创造步骤如下。第一步，当这个声音出现时，儿童要学会表示，"我不喜欢这个声音"。第二步，这个声音让我害怕，我怕受伤。第三步，我不要大喊大叫，因为大喊大叫会让大家不知道我发生了什么。第四步，大喊大叫不能让这个声音消失。第五步，这个声音会让我不舒服，但不会伤害我。第六步，我去找老师帮助我。第七步，老师阻止了声音，我很安心。

(3) 发展性社会故事编写方法。

自闭症儿童对将要发生的事没有很好的预测能力，如要上小学了，上学后会发生什么，儿童缺乏想象，因此，他们对新环境会持有排斥心理和恐惧心理。

所谓发展性社会故事，是指自闭症儿童在成长过程中，通常会遇到的发展性问题情景的社会故事。创作发展性社会故事，会使得自闭症儿童在成长中对将要发生的事物建立一个初步的印象，进而有利于其成长。例如，上小学后你要做什么，长大了你应该做些什么，妈妈不舒服时你应该做些什么等。

参考案例：创作帮助一名自闭症儿童理解成长的社会故事。

社会故事内涵：一般儿童在幼年时期就已经建立了"我会慢慢长大"的概念，并且这一概念会随着年龄的增长逐步客观与成熟。会有自己的理想，会为了实现这一理想而努力。

社会故事创造步骤如下。第一步，"我会一天天长大"。第二步，我有一天会像妈妈(或者爸爸)一样大。第三步，我现在要听话、学习，我以后要会做很多事。第四步，父母很高兴看着我一天天长大。

3. 视觉社会故事教育的优点与不足

(1) 视觉社会故事教育的优点[①]。

视觉社会故事通常用于帮助自闭症患者清楚地明白一件让其产生困惑的事情，同时可以帮助患者家人、教师等了解他们某些突然反应行为背后的原因，具体优点有以下几个方面。

第一，视觉社会故事教育可以帮助自闭症患者发展社交理解力。

第二，视觉社会故事教育是根据一种特定的情景而创作的，是为患者个人"量身定做"的，在患者日常生活中有实际帮助。

第三，视觉社会故事教育是以文字与图片的形式帮助自闭症患者了解特定情境的。一般来说，自闭症患者更容易接收和处理与视觉有关的信息。

第四，视觉社会故事教育可以帮助患者"填补遗漏信息"和建立信息间的联系。

第五，视觉社会故事教育可以在需要的时间随时取用。

第六，视觉社会故事教育可以帮助自闭症患者改善困难行为。

第七，视觉社会故事教育可以为自闭症患者明确所要执行任务的步骤。

第八，视觉社会故事教育可以帮助自闭症患者缓解在新环境之下的焦虑情绪。

第九，视觉社会故事教育可以帮助自闭症患者预测特定情景下的可能结果。

第十，视觉社会故事教育鼓励自闭症患者表达内心感受。

---

① 草倩璐. 自闭症在英国的诊断[M]. 上海：上海科学技术文献出版社，2008：100～101.

第十一，视觉社会故事教育可以帮助自闭症患者开始视觉性地观察他人的感受。

第十二，视觉社会故事教育可以根据个人能力进行修改。语言需要形象、简洁，与事实接近，有需要的时候可以抽象化。

(2) 视觉社会故事教育的不足[①]。

尽管视觉社会故事教育的应用很广泛，并能够有效帮助自闭症患者了解某种特殊情景下发生了什么事，但是它的应用仍然有一定的局限性，具体表现如下。

第一，视觉社会故事教育通过图画和文字来表现，但对于阅读能力差或没有阅读能力的自闭症患者来说，只能以纯图案的形式来表现。这对于缺乏绘画技巧的视觉社会故事教育者来说，无疑是个障碍。

第二，一些学者认为，应用视觉社会故事教育并不能使自闭症患者真正掌握社交常识。它可以提供信息并巩固患者已掌握的技巧，但是不能使得他们自发地、恰当地运用这些技巧。

4. 视觉社会故事教育的原则

视觉社会故事教育的实践表明，创作一个有效的社会故事并非是一件易事，有效的社会故事教育必须遵循一定的原则。下面就应用视觉社会故事教育的原则，做详尽的描述。

(1) 目标行为或困难情景确定原则。

创作一个视觉社会故事前，教育者应该明确创作这一故事的目标是什么，或者说教育者一定要准确地判断出，自闭症儿童的问题行为和所遇到的困难情景是什么。如果目标行为和困难情景的界定出现了偏差，视觉社会故事就无法取得好的教育效果，甚至会出现某些副作用。因此，明确目标这一点非常重要。例如，小毛是一个敏感且情绪极不稳定的孩子，一到陌生环境，由于紧张他就会大声尖叫，甚至攻击周围的人。这时候，教育者一定要知道对于小毛实施干预的主要目标是消除小毛对陌生环境的恐惧，而不是他的攻击行为。

(2) 收集信息原则。

当一个视觉社会故事的行为目标明确下来后，教育者就要开始收集信息，即收集两方面的信息，一是与自闭症患者个体相关的信息，二是与视觉社会故事教育相关的信息。

自闭症患者个体的信息包括患者的性格、症状表现、学习方式、学习能力、注意力状况及兴趣爱好等。

与视觉社会故事教育相关的信息包括：①故事发生的地点、涉及何人、整个事件持续时间等；②故事是怎样开始又是怎样结束的，故事的内容等；③该故事情景下，一般人的通常反应。

(3) 故事编写形式原则。

视觉社会故事编写的句子形式主要分为三种：描述性语句、观察性语句和指导性语句。

描述性语句：描述在社会故事中发生了什么事、该事在何处发生、有谁参加、为什么会发生这个事件等。

观察性语句：在创作社会故事时，用文字向自闭症患者描述并解释特定情景下，其他人可能的反应，并向自闭症患者解释他人如此反应的原因。

---

① 草倩璐. 自闭症在英国的诊断[M]. 上海：上海科学技术文献出版社，2008：112.

指导性语句：用文字表达在这种情况下，自闭症患者个人应该有的回应，清楚地告诉患者他应该说什么或做什么。

案例分析：创作帮助一名自闭症儿童表达自己想坐电梯愿望的社会故事。

社会故事句子形式：

描述性语句："我看到电梯了，我想坐电梯"。

观察性语句：我和妈妈说了后，妈妈会知道我想做什么。有时，妈妈会直接带我去坐电梯。有时，妈妈可能无法带我去。

指导性语句：没关系的，我要听妈妈的话。

(4) 配置视觉材料原则。

视觉社会故事教育教材一般由文字和图片两部分组成。文字组成后，视觉材料的匹配就是一个非常重要的环节。在选择视觉匹配材料时应该注意两个问题：一是图片的选择要符合患者的个体情况，最好选择他或她感兴趣的材料，如颜色、背景及主要事物的选择，切忌选择患者反感的材料；二是内容应该简单明了，不要因为视觉材料过于丰富而分散患者的注意力。

(5) 有计划实施原则。

视觉社会故事教育不应该盲目地实施，最好是有计划地实施。应该将其教育分为应激性教育和常规性教育。所谓应激性教育，就是在患者发生突发性事件时实施视觉社会故事教育。所谓常规性教育，就是在日常对患者实施规则教育、生活技能教育及社交能力教育时将视觉社会故事教育列为常用方法。

(6) 记录与教育效果评估原则。

对于任何一种教育，教育过程的记录与教育效果的评估都是非常重要的环节，特殊教育尤其如此。

在实施视觉社会故事教育记录时应该遵守如下原则。

第一，详细记录自闭症儿童在视觉社会故事教育每一环节的反应，包括自闭症儿童理解故事内容的程度；理解每一环节的故事内容所需的时间；自闭儿童在这一视觉社会故事教育中的独特反应等。

第二，详细记录文字和图画资料的使用状况，如同时出示给儿童还是分别出示给儿童，效果如何等。

第三，详细记录实施视觉社会教育的教育情景，如教育时间、教育地点和参与者等。

在实施视觉社会故事教育效果评估时应该从三个方面进行。一是教育者感受的评估，即教育者在实施教育的过程中，自我感觉自身有优势的地方与不足。二是对被教育者的评估，评估是否实现了预期的教育目标。具体做法为实践检验法，即在生活中对被教育者的行为进行评估。三是对故事材料进行评估，评估是否为最佳材料选择。

(7) 巩固和扩展效果原则。

和其他教育一样，巩固和扩展教育效果也是视觉社会故事教育的重要环节。该教育巩固和扩展效果应遵循如下几个原则。

第一，相同的内容可以进行多次教育。

第二，在自闭症儿童产生良好教育效果基础上，逐步提升教育难度。

第三，实施系列视觉社会故事教育。

三、视觉社会故事教育的具体实施阶段

如同其他教育一样，视觉社会故事教育的实施也要经历若干阶段。要想使教育取得良好的效果，教育者和被教育者在每一阶段都应该处于一个良好的关系状态中，对这一点，每个从事特殊教育的教育工作者和家长都要有足够的认识。视觉社会故事教育的具体实施共分为三个阶段，即教育素材的准备阶段、教育的实施阶段及教育的总结阶段。

1. 教育素材的准备阶段

(1) 参与者。

教育素材准备阶段的参与者除教育承担者以外，还应该有与自闭症患者密切相关的人员，如家人、老师、朋友、医生等。

(2) 准备阶段的目的。

视觉社会故事教育的准备阶段的目的，是通过完成视觉社会故事教育初步结构，使得教育者有清晰的教育思路，明了视觉社会故事教育的整体内容，为成功实施教育奠定良好基础。

(3) 准备阶段的主要任务。

本阶段教育承担者有四个任务需要完成：一是确定目标行为，二是收集社会故事编写的相关资料，三是撰写相适应的社会故事，四是设计具体的实施方案。

关于前三个任务，本章在"应用视觉社会故事教育的原则"部分已经做了较为详细的描述，就不再讲解，这里只对任务四"设计具体的实施方案"进行描述。

视觉社会故事教育的成功实施，不仅需要撰写高质量的社会故事，合理的教育实施方案也是必备的条件之一。教育实施方案的主要内容有以下几点。

第一，选择怎样的时机实施教育。

第二，选择什么地点实施教育。

第三，选择什么人配合教育的实施。

第四，选择何种教育评估方法。

(4) 准备阶段的注意事项。

第一，目标行为和困难情景界定要准确。

第二，社会故事的编写要符合自闭症患者的特点。

第三，每次设定的教育目标不宜过多，一次或一个系列最好一个目标。

第四，故事中的文字和图片要简单明确。

第五，教育时机、地点、参与者的选择要适当。

2. 教育的实施阶段

(1) 参与者。

视觉故事教育实施阶段的参与者分为主要参与者和教育协助者。主要参与者为教育的

执行者与被教育者，教育协助者为教育活动过程的辅助人员。

(2) 准备阶段的主要任务。

教育执行者的任务：教育执行者是视觉社会故事教育的教育执行人，一般情况下，教育执行人为一人最合适。其在本阶段的任务为：一是根据视觉社会故事教育的实施方案，完成教育过程；二是收集相关反馈数据，有时，根据所搜集的自闭症儿童行为数据，需对社会故事进行调整，并实施再干预；三是记录教育过程；四是评估教育效果。

教育协助者的任务：教育协助者是协助教育执行者完成教育过程的教育者。并不是每个视觉社会故事都需要教育协助者，但有些社会故事实施时教育协助者的参与是必要的。教育协助者可以是一人，也可以是多人，不宜过多。自闭症患者家人、朋友、老师、心理咨询师都可以成为教育协助者。教育协助者在本阶段的任务为：一是配合教育执行者组织教学过程，二是配合教育执行者管理被教育者。

(3) 准备阶段的注意事项。

第一，密切关注被教育者的反应。

第二，根据需要及时调整社会故事教育方案。

第三，教育效果评估要客观。

3. 教育的总结阶段

(1) 总结阶段的主要任务。

该阶段的主要任务为：一是总结视觉社会故事教育的整体状况，分析本次教育过程的优点与不足；二是设计巩固和扩展教育效果的方案。

(2) 总结阶段的注意事项。

第一，总结一定要实事求是。

第二，总结一定要有详细的文字档案。

第三，总结既要关注该自闭症患者的个体特征，又要关注自闭症这个群体的共性特征。

参考案例：视觉社会故事教育在提升自闭症儿童安全意识中的实践案例

一、案主一般情况

案主：小T，5岁男孩，独生子，与父母及爷爷奶奶同住。2007年8月经专家诊断为轻度自闭症，2007年12月因脑部受伤，曾做过开颅手术。案主体质较弱，偏瘦，需长期服用补血类营养品。案主足月顺产，3岁前很少有语言交流，当自己的意图没有达到、没有被他人理解或自己不想做某件事情时，会大声哭闹，短时间内难以平复，甚至会出现自伤的行为，如在墙上撞头或者以拳头打自己脑部。随着时间的推移，表现出比较明显的刻板行为和奇特兴趣。现就读于当地最佳普教幼儿园。在当地，案主家庭经济条件比较优越。但由于父母上班较忙，案主从小由爷爷奶奶带大，比较依赖爷爷，对其他家庭成员较为冷淡，平时都和爷爷奶奶一起睡。母亲对案主的要求比较严格，并承担大部分的知识性教育任务。

研究者与该案主(以下称之为小T)及其家庭在一起生活一个多月，对其实施了社会故事教育。

二、技术的具体实施

1. 第一阶段：建立关系、制订教育计划

任务：建立关系，了解基本情况，初步制订教育计划。

第一次接触小T。研究者来到小T家中恰值正午时分，小T刚从幼儿园回来。长相很好的小男孩，大眼睛、浓睫毛，略显瘦弱的身躯。即使在研究者主动问好及其父母多次要求下，小T也没有问好。然而同其他自闭症儿童不一样的是，小T可以与研究者对视。在其父母极力要求下小T称研究者为"老师"后，小T便一言不发地跑去一边自顾自地玩耍。他将几枚硬币依次塞在门缝中，再推开门取出硬币，一次次重复这样的动作，其间会转头在墙上画圈，同时发出"啊——啊——"的叫声（经其家人解释，小T此时是在模仿某电子游戏）。研究者模仿他的动作，试图参与到他的游戏中，而小T一直沉浸在自己的世界中，没有任何反应，也没有目光对视。

考虑到"老师"这个称呼可能给小T带来对权威形象的畏惧，研究者同其家长商量后决定改用"阿姨"。

接触3天之后，小T显然已经意识到研究者的存在，开始习惯这种介入，并且可以顺利地叫出"阿姨"，在睡醒之后会主动寻找研究者的所在。而研究者在这个阶段除去与小T共同游戏、建立关系之外，也通过观察以及与其父母的交流，对其基本情况做了详细了解。

通过接触，研究者发现小T认知能力较强，几次观察后即可模仿一些简单操作，如打开微波炉、用钥匙开门锁等。能分辨常见独体字、常见形状，但不能分辨颜色。小T现在有简单的语言，但交流仅仅限于简单的问答，且不超过两个回合。

入园观察。

为了解小T与同龄人的交流情况，研究者对小T进行了两天随班观察。小T在幼儿园里基本上不能与同龄人进行语言交流，且在课堂上注意力不能集中、经常随意走动，户外活动多为自己随意进行而不遵从老师的要求。其行为表现可归纳如下。干扰行为：课堂上他不能安静地坐在椅子上听老师讲课，而是一会儿站起来趴在桌子上，一会儿又跑到窗户边，嘴里发出没有意义的声音；偶尔坐在椅子上，也不能安静下来，不是拨弄旁边同学的东西(或女同学的头发)，就是两手按在桌子上，头和身子不停地晃动，时常会莫名其妙地笑起来，但表情很僵硬，严重影响了班级的正常教学。分心行为：上课注意力较难集中，无论在学习、游戏还是在日常生活中，小T均表现为注意力不能集中或不能持久，时常东张西望，心不在焉，心神不宁，对老师的要求经常置若罔闻，注意能力很差。孤独行为：常沉浸在自己的世界里，外界的任何信息一般不能引起他的关注。活动时，不与同伴一起合作，经常是自顾自地奔跑，边跑嘴里还会发出莫名其妙的声音，老师的呼喊也不能够使他停下来。自我控制能力差。有时候，小T可以模仿同学的动作表现，但没有互动情况出现。破坏行为：小T对书本、笔以及游戏器具经常表现出破坏性行为，如撕书、折断游戏用具等。

研究者根据小T的症状结合家长的期待，在为期1个月的家庭心理治疗期间，决定以对小T培养安全意识为心理干预目标，以视觉社会故事教育为方法制订了教育计划。

2. 第二阶段：教育过程

(1) 安全意识培养。

小T非常喜欢搭乘商场扶梯，但对搭乘电扶梯可能存在的危险没有意识，在电梯上随意走动且经常踩在边道上。有一次小T从电梯上摔下来致使脑部严重受伤而被迫做了开颅手术。针对这一点，研究者尝试使用视觉社会故事教育的方法为其设置了安全意识的培养这一部分教育内容。

在进行正式的安全意识教育之前,根据小 T 所用课本等相关材料长期对其进行故事理解训练,如"长颈鹿摘苹果""猴子捞苹果""小鸡和小鸭"等。

以下将详细介绍"电梯安全意识"视觉社会故事教育过程。

(2) 编写社会故事。

依据理论编写社会故事如下:①逛商场时我们需要乘坐电梯;②有时我们乘坐电梯上楼;③有时我们乘坐电梯下楼;④人多时,我们需要排队等候电梯;⑤在搭乘电扶梯时,手要扶在扶手上;⑥脚要踩在警戒线之内;⑦要和妈妈牵手;⑧如果电梯停止运行,我们可以改走楼梯,我不会生气。

(3) 配置视觉材料。

采集相关图片,为社会故事配置视觉材料。在选配视觉材料方面,研究者做了很多尝试:搜集报纸等纸质材料、利用网络搜寻相关图片等。但每一种资源都不能很好地同上述社会故事完好地结合在一起,最后只好决定拍实景照片,并将其与社会故事相结合,制作完整的视觉社会故事教育材料。详细资料见图 8-4 至图 8-11。

(4) 初步实施干预,调整视觉材料。

第一次教育实施是通过电脑来呈现图片,同时由研究者口头发出对应的指令。看到滚梯的图片,小 T 分外激动,开始完全无视研究者给的指令,只是关注电梯是上行还是下行。所幸的是由于这部分是小 T 感兴趣的材料,他的注意力会比较集中,每次教育都可持续相对较长的时间,因而有更多的机会对其进行教育。

根据小 T 的反馈,研究者对视觉社会故事进行了调整,修改如下:①逛商场时,我们乘坐电扶梯上下楼;②在搭乘电扶梯时,手要扶好,脚要站稳,还要牵手。其图片配置只保留了视觉社会故事教育材料的图 8-4、图 8-5、图 8-6、图 8-9、图 8-10 五个。

图 8-4 逛商场时我们需要乘坐滚梯

图 8-5 有时我们乘坐滚梯上楼

图 8-6　有时我们乘坐滚梯下楼 　　　　图 8-7　人多时，我们需要排队等候滚梯

图 8-8　在搭乘电扶梯时，手要扶在扶手上 　　图 8-9　脚要踩在警戒线之内

图 8-10　要和妈妈牵手  　　　　图 8-11　如果滚梯停止运行，我们可以
　　　　　　　　　　　　　　　　　　　　改走楼梯，我不会生气

(5) 干预效果初现。

修改后的社会故事使小 T 显然更容易接受。在对其进行教育之后，小 T 看见挂在黑板上的电梯图片便可以主动地说"手要扶好"。而在搭乘电扶梯时，他在电梯前出乎意料地停住，一边说"手要扶好"，一边把手搭在了扶手上。

接下来，小 T 顺利地习得了"要牵手"。但出于对其安全的考虑，在每次搭乘电梯的时候都是强制牵着他的手，所以在他的主动言语"要牵手"之后，究竟能否主动牵手一直没能做出评估。

在三个动作里，小T最后习得的是"脚要站稳"，这是每次实施视觉教育时，研究者最为强调的一点。经过反复呈现图片和实地教育，小T完成了这一任务。

3. 第三阶段：评估干预效果，巩固、扩大干预效果

之后每次搭乘电扶梯时，小T都会重复教育口令"手要扶好""脚要站稳""要牵手"，同时踩稳、扶好。在电扶梯安全意识教育取得较好效果之后，研究者又将其扩展到现实生活中其他方面。比如，站在高处时，手要扶好等。

扩展干预的效果可以案例来说明。之后有一次，小T自己站到椅子上去拿放在书架上的扇子，正在研究者担心之际，他自己扶着书架，同时口中念念有词："手要扶好，脚要站稳。"再一次是带小T跳蹦蹦床，由于怕他脑部被撞到，研究者需全程陪护。小孩多，研究者在蹦床上被动地晃来晃去，小T在一次经过时大声地说"阿姨，手要扶好！"多么令人欣喜若狂的一个瞬间！

由此可以推测，小T的视觉社会故事教育及其扩展干预是比较成功的。

三、指导师感悟

感悟1：在小T案例中第一次采用的教育材料中的"警戒线"对小T来说，是超乎其接受能力范围的概念，所以多次重复也没有任何效果；而由于小T对颜色认知的缺陷，第二次修订的"脚要踩在黄线内"也很快被否定。第三次修订的"脚要站稳"虽然是一个比较笼统的概念，但在呈现视觉材料以及实地教育的时候，可以同时为其指示出应站立的位置范围。这样直观的呈现方式对小T来说是较容易接受的。

感悟2：在小T个案中，第一次的材料加入了一些表情设置，企图在情绪控制方面有所作用。然而事与愿违，这使得小T的注意力被表情图片分散，而影响到整个教育过程。

感悟3：视觉社会故事教育对于减少自闭症儿童的不良社会行为是一种非常有用的方法。同时，社会故事教育的运用会对同时采用的其他教育方法产生积极作用。由此，视觉社会故事教育法在自闭症教育中是一种具有极大推广价值的方法。

(资料来源：北京林业大学彩虹宝贝自闭症儿童心理干预中心研究成果)

沙盘游戏疗法，是一种将分析心理学理论和游戏疗法相结合的心理疗法。大量的心理学研究实践证明，沙盘游戏在自闭症儿童心理干预中意义重大。沙盘游戏运用于自闭症儿童时，存在一定的特异性，表现在适宜进行沙盘游戏的自闭症儿童特点上，对自闭症儿童沙盘游戏的指导原则上以及自闭症儿童进行沙盘游戏的过程及其作品上。本章对沙盘游戏疗法的产生、应用到沙盘游戏疗法在自闭症儿童心理治疗中的具体操作，如实施对象的选择、沙盘游戏的原则及注意的问题等进行了解释性分析。

第九章　自闭症儿童干预过程中沙盘游戏的应用

核心概念

沙盘游戏；社会性发展；传统沙盘疗法；缺乏生命体；社会性场景

第一节　沙盘游戏疗法

一、沙盘游戏疗法的含义及产生

1. 沙盘游戏疗法

沙盘游戏疗法(Sandplay Therapy)，是一种将分析心理学理论和游戏疗法相结合的心理疗法。在沙盘游戏疗法实施过程中让来访者选择一些模具摆放在特定的沙箱里构成一些场景(作品)，来访者就自己的作品进行描述和讲故事，以表现自己个性和社会性的多个层面，沙盘治疗师极为关注来访者对其具有象征意义作品的解释[①]。

2. 沙盘游戏疗法的产生

分析心理学家多拉·卡尔夫(Dora Kalff)于1962年在国际分析心理学会议上正式提出了"沙盘游戏治疗"的思想。"沙盘游戏治疗"的思想主要受到三个人的理论影响，包括威尔斯的"地板游戏"、洛温菲尔德的"游戏王国技术"、荣格的分析心理学。

威尔斯的"地板游戏"，让孩子随意地把各种各样的玩具搭建在地板上形成不同的游

---

① 桂莉娜. "沙盘游戏疗法"的回顾与展望[J]. 社会心理科学，2004，4：20～22.

戏内容，这不但使孩子在一起玩得高兴，而且为他们以后的生活建立了一种广阔的、激励人心的心智模型。

洛温菲尔德的"游戏王国技术"，是在"地板游戏"的基础上，加入了装有沙和水的托盘，以此为媒介，与自闭症儿童建立起良好有效的沟通，从而观察、诊断、治疗自闭症儿童，孩子们就在这样有沙有水的盘子里，摆放着他们喜欢的各种玩具与模型，"表现"着他们的情绪与心理状态，"表达"着他们所遇到的问题以及应付问题的方式。

荣格的分析心理学中"集体无意识""原型"和"原型意象"的概念，以及其词语联想、梦的分析和积极想象的临床方法都是沙盘游戏治疗运作的重要基础。

除此之外，沙盘游戏疗法还吸收了中国文化，认为自我的产生、自我意识与人格的发展、个性化的出现与进程以及转化和个性化的实现是沙盘游戏治疗中治愈的关键因素[①]。

卡尔夫创立的"沙盘游戏疗法"，以"自由和保护"作为其基本原则，重视来访者内在的治愈因素，提供机会引发来访者内在治愈因素的作用，同时包含"游戏王国技术"的沟通作用和"地板游戏"的自发活动和创造性想象的意义。

二、沙盘游戏疗法的应用

沙盘游戏治疗已经有了很广泛的应用。

1. 在一般心理咨询与治疗中的应用

沙盘游戏疗法可以与一般的心理咨询相结合，既可以在深入了解来访者，并对其进行必要的干预中起重要作用，也有助于来访者自我探索，自我成长。

2. 在特殊儿童心理治疗中的应用

沙盘游戏疗法可以用于特殊儿童的治疗，樱井素子和张日升运用沙盘游戏疗法对一个有重度语言障碍的儿童萨姆进行治疗，经过 24 个沙盘作品的创造阶段，萨姆情绪变得丰富起来，唱歌也富有感情，杂乱无章的语句消失，日常生活中的行为日趋正常化。沙盘游戏作为一个媒介，让特殊儿童有机会表达自我，同时给治疗者与特殊儿童提供了交流的机会。

3. 在普通儿童教育中的应用

沙盘游戏可以应用于普通儿童，既能起到"学生心理教育与辅导"的作用，也可以作为一种广泛的儿童游戏、艺术、想象力与创造力培养模式，以及进行"感觉统合训练"。总之，沙盘游戏对于释放儿童、青少年压抑的能量和恢复其自我意识都是有益的[②]。

---

① 申荷永，陈侃，高岚. 沙盘游戏治疗的历史与理论[J]. 心理发展与教育，2005，2: 124～128.
② 桂莉娜."沙盘游戏疗法"的回顾与展望[J]. 社会心理科学，2004，4：20～22.

第二节　沙盘游戏治疗应用于自闭症儿童心理干预的依据

一、自闭症儿童游戏的特点

DSM-IV 自闭症的诊断标准中包括一项指标，即缺乏与其年龄相符的多样的、自发性的假装游戏或社会模仿性游戏[①]，这是自闭症儿童区别于其他儿童的游戏方式，这也阻碍了他们的社会性发展。

1. 简单的操作

自闭症儿童的游戏行为常常局限于简单的操作，与同龄的非自闭症儿童相比，他们的游戏质量更低，并且缺乏自发的想象性和象征性游戏能力[②]。自闭症儿童没有正常儿童有的控制性及整合性游戏的早期经验，因此，他们以一种固定的方式玩玩具或者其他物体，他们并没有掌握灵活运用它们的能力，比如一个自闭症儿童可能会全神贯注地转动一个赛车的轮子，而非玩赛车比赛等操纵性的游戏。Roeyers. H 和 Van Berckelaer-Onnes 认为自闭症儿童错过了典型的好奇期，他们的游戏总是限定在简单且固定的操作方式上。

2. 独自游戏

自闭症儿童多独自游戏，很少进行社会游戏。Black，Freeman 和 Montgomery(1975 年)研究了四种环境(刻板的环境、游戏治疗单元、游戏室和户外游戏场地)中自闭症儿童的游戏行为，结果表明：有一些儿童在场的环境对自闭症儿童的游戏行为没有多少影响；与他们经常联系的是物体，而非同伴；控制性游戏阶段的客体游戏很频繁，并且多重复和否定的行为；在没有客体的限定空间内，他们常出现独自的重复行为；在游戏环境下，他们调整和模仿，参与大规模的运动游戏[③]。但是也有研究表明，有些自闭症儿童并非不愿意与同伴玩，而是受阻于语言表达及沟通方式。

3. 缺乏象征性的假装游戏

自闭症儿童缺乏象征性的假装游戏，也更愿意独自玩耍。有研究者认为，"心理理论"的缺乏是导致儿童假装游戏受损的原因。儿童想象力匮乏，不会将现实生活应用于游戏中，也不能理解他人的情感，更不会表达自己的情感，这使得自闭症儿童很难与他人一起玩假装游戏。因此，也失去了社会化的机会，他们不能像正常的儿童一样，在游戏中，学习如何与人相处，理解自己生活的世界，所以，可以说，正是不能参与正常的游戏，使自闭症儿童停留在自己的世界中，旁人无法进入，自己也无法出来。

Libby 等人研究证明，自闭症儿童无法像唐氏综合征儿童及同龄的正常儿童那样，进行

---

① American Psychiatric Association. Diagnostic and Statistical Manual of Mental Disorders (4th ed.). Washington, 1994.
② 黄焱. 自闭症儿童的游戏治疗[J]. 现代特殊教育，2008，3：35～36.
③ 寇延. 幼儿自闭症游戏治疗个案研究[D]. 河北大学，2005.

象征性游戏行为，但其可以模仿[①]。还有研究表明，自闭症儿童虽然并不会自发地玩象征性游戏，但是通过模仿以及不断地强化，可以掌握这一象征性游戏，并且逐渐地将它应用到与同伴的交往上。Sherratt 指出，模仿行为可以作为一种刺激物使自闭症儿童自发地产生假装游戏[②]。

二、沙盘游戏对于自闭症儿童的意义

1. 沙盘游戏可以带给自闭症儿童安全且自由的环境

给自闭症儿童提供一种安全自由的环境，是使其能够感到安心，从而进行探索、表达与自我成长的关键。而沙盘治疗，正是强调良好的治疗关系的建立，提供给来访者自由且受保护的空间。这有两层含义，首先，沙盘室是一个相对密闭的小屋子，里面有丰富多彩的玩具和沙盘，房间很安静，没有太多的刺激源及危险因素，这使得自闭症儿童可以安静下来，更容易集中注意力，也能更好地进入游戏。其次，指导师积极关注自闭症儿童的行为与表达，无条件地关注整个过程，陪他们一起玩，倾听他们内心的表达，尽管或许这只是儿童自己才懂的表达，陪他们进行探索，并对此进行必要的回应。这一切，使自闭症儿童感觉到自己被关注、被接纳，认为这里是安全的，这个时候，他们会更放松，更易于表达自己，也更容易接受指导师的指导。

2. 沙盘游戏治疗有助于自闭症儿童认识"自我"

很多自闭症儿童分不清人我的概念，有研究表明，自闭症儿童很少产生关于认识自己心理状态的自发性言语，也有很多研究表明，自闭症儿童没有自我反映或自我监控的能力[③]。沙盘游戏治疗提供给自闭症儿童丰富的玩具与沙盘，自闭症儿童可以随意地将沙堆成各种形状，或者选择自己喜欢的玩具，做出自己的作品。这个过程使得自闭症儿童的三方面能力获得发展。首先，自闭症儿童通过独立玩耍，能够学习对于物体的控制，可以随自己的喜好将沙变成自己想要的样子，将玩具放在自己喜欢的地方，这个时候，自闭症儿童意识到，有一个主导者"我"来操控这一切。其次，自闭症儿童用自己的作品来表达自己，这是他们感受世界的方式，也由此表达着自己的情绪，这可以让自闭症儿童意识到自我内部思想与其表达之间的关系，荣格认为，一个无法靠认知方法了解或化解情绪经验的人通常可以由赋予肉眼可见的形态而获得处理。最后，自闭症儿童可以改变自己的作品，展现出自己的想象，此时，自闭症儿童有机会进行探索，了解这样的行为会导致什么后果，意味着什么，认识到当前的游戏与自己的联系，从而学习以假象的自我去进行假设，进行自我控制。

---

① Libby S., Powell S., Messer D. & Jordan R.(1997). Imitation Pretend Play Acts by Children with Autism and Down's Syndrome[J]. Tournal of Autism Developmental Disorders, 27(4), 365～383.

② Sherratt D. Developing Pretend Play in Children with Autism: a Case Study[J]. Autism, 7(4): 401～413.

③ 李文娟，吴艳红，刘艳芳. 孤独症个体的记忆与自我知识[J]. 心理科学，2005, 28(3): 694～696.

3. 沙盘游戏有助于儿童认知水平的发展

研究发现[1]，相对于听觉和易变的信息，自闭症儿童更容易处理视觉空间的信息。Grandin在描述她的自闭症生活时，把这种思维方式定义为"视觉思维"，她强调自己在理解事物的时候，对视觉想象的依赖。沙盘游戏中所有的景象都是以视觉信息呈现在自闭症儿童眼前，儿童感受着，观察着，看着眼前的沙盘的变化，这有助于其认知水平的发展，有助于他们理解现在正在发生什么。

首先，细细的沙，刺激了自闭症儿童的触感，指间碰到沙子，感受它的温度、它的松软、它的流动、它的变化，这调动了自闭症儿童的各种感官能力来体验这个变化无穷的沙的世界。

其次，沙盘游戏有助于发展自闭症儿童的"象征性理解"，沙盘游戏就是象征性的言语，不同的玩具，就是现实生活的缩影，自闭症儿童运用象征性的玩具来反映真实的生活，通过沙盘中的人物，来学习如何与周围的环境相适应，如何与人相处。

再次，沙盘游戏有助于自闭症儿童对事物间联系的理解。自闭症儿童看到不同的玩具是如何发挥作用，并且理解行为是如何改变，以及最后会产生什么样的结果，自闭症儿童学习对沙盘进行规划，将不同的物体建立联系，这让他们学习以一种整体的方式去看待事物。

最后，沙盘游戏有助于自闭症儿童想象力的发展。自闭症儿童运用沙盘，摆出不同的作品，如何摆放，如何创造出不同的沙盘作品，这会激发自闭症儿童的想象力，扩展他们的思维模式。

4. 沙盘游戏有助于发展自闭症儿童的社会性

沙盘犹如一个浓缩的小型社会，它可以模拟出现时社会的场景，自闭症儿童通过游戏，了解社会角色、社会规则、社会沟通模式，通过学习与强化，可以将其运用到现实生活中。

沙盘游戏治疗，给自闭症儿童一个表达自我、发展感知功能及社会性的良好机会，这三者相辅相成，互相作用，促进自闭症儿童适应社会；与此同时，沙盘游戏治疗也给指导师一个接近、观察、干预自闭症儿童的计划，沙盘作为一个媒介，在指导师与自闭症儿童之间架起了桥梁。

第三节　治疗对象的选择与沙盘游戏中的原则

一、适合进行沙盘游戏治疗的自闭症儿童的特点

当前所有的对于自闭症儿童的干预都不能保证完全适用于每一个自闭症患者，沙盘游戏治疗也一样，并不是每一个自闭症儿童在这里都有很大的收获，所以，本研究者通过对8个儿童的长期观察，总结出一些适合进行沙盘游戏治疗的自闭症儿童的特点，这些特点使儿童更容易在沙盘游戏中有所收获。

---

[1] 寇延. 幼儿自闭症游戏治疗个案研究[M]. 保定：河北大学出版社，2005.

1. 对沙盘游戏感兴趣

对沙盘游戏感兴趣，愿意去触摸、感受沙子，通过对环境的熟悉与适应，能够自发地去选择沙盘玩具，最终能够运用沙盘玩具完成沙盘作品，这是自闭症儿童可以进入沙盘游戏治疗的关键。

2. 能够集中注意力于沙盘游戏

这是沙盘游戏得以顺利进行的保障，有些自闭症儿童并不关注于摆放沙盘玩具或者玩沙，而是与指导师说其感兴趣的话题，或者不愿意长时间待在沙室等，这使得自闭症儿童不能将注意力集中于沙盘游戏本身，也就不能够顺利地进行沙盘游戏。

3. 存在一定的语言能力，或者可以学习、模仿语言，能够理解指导师的言语

自闭症儿童可以表达自己的沙盘内容，这有助于指导师去理解自闭症儿童的沙盘作品，同时，自闭症儿童要能够理解指导师通过语言或者语言加动作对其进行干预的内容，这样自闭症儿童才有可能接受干预。

4. 经过一段时间的熟悉与适应，能够与指导师有一定的交流

此处的交流，可以是多方面的，但目的是指导师有机会可以介入到自闭症儿童的世界中。比如，自闭症儿童会接受指导师给的玩具，或者把自己不喜欢的玩具交给指导师；指导师对于沙盘游戏的一些干预，自闭症儿童能够部分接受，而非忽视或者全部排斥。

5. 自闭症儿童有一定的认知水平，可以理解沙盘室的玩具是什么、怎么用

自闭症儿童玩沙的过程会使他们得到一定的发展，比如开始探索，开始有安全感，但是这个过程非常漫长，如果不理解玩具的使用方法，那么只能停留在感受沙、随意摆弄玩具的阶段，指导师无法对自闭症儿童进行干预。

6. 自闭症儿童能够遵守一定的沙盘游戏规则

有些自闭症儿童会扬沙，吃沙，或者破坏玩具，这些都阻碍自闭症儿童进入真正的沙盘游戏的世界，不适宜进行沙盘游戏。

二、自闭症儿童沙盘游戏治疗实施原则

自闭症儿童有一些特点区别于正常孩子，所以需要有一些特别注意的实施原则，这些原则对儿童顺利地进行沙盘游戏有一定的帮助。

1. 指导师要把注意力都放在孩子身上

指导师要把注意力都放在孩子身上，保持细心、耐心、轻松愉快的心情，与自闭症儿童接触时，保持良好的状态。自闭症儿童或许不能理解对他情感表达的指导，但是，自闭症儿童会模仿，并且能感觉到沙盘室中安宁、愉悦的气氛，这正是给自闭症儿童正面学习的机会。

2. **充分了解自闭症儿童背景情况，与自闭症儿童建立良好的关系，指导人员不宜随便更换**

每一个人都有自己的特点，不同的指导师对待自闭症儿童是不同的，这会让本来就难以接受多变信息的自闭症儿童更难去学习与接受，经常的变动，会让自闭症儿童觉得混乱，产生排斥感，也会打破指导过程的连续性；让自闭症儿童学习跟一个人建立联系，并深化这种联系会让自闭症儿童感到更安全与放松，并且能从中学习如何与人相处。

3. 在沙盘室中建立规则

首先，要让自闭症儿童了解到沙盘室的规则，比如，不可以扬沙，不可以破坏玩具等，这个过程有助于沙盘游戏的正常进行，也有助于自闭症儿童学习遵守社会规则。其次，沙盘游戏的时间、地点不宜随便更换，自闭症儿童对于统一性的要求很好，有些自闭症儿童会在特定的时间做特定的事情，如果大乱，会令他们烦躁不安，甚至大发脾气。最后，无论出于什么原因，指导师建立了一些规则，那么这些规则最好人人遵守，包括家长、指导师，自闭症儿童会刻板地模仿行为，并不能理解什么叫作"例外"，并不能关注到周围环境的变化与需求，所以如果制定了规则，最好人人遵守，使自闭症儿童有学习的机会，也不会因别人的不遵守而产生困惑。如果有人打破规则，可以告诉自闭症儿童这么做的原因，这也是自闭症儿童学习社会规则的机会。

4. 沙盘室中尽量安静，避免过多的人或者声音给自闭症儿童造成干扰

大部分自闭症儿童都不喜欢人多嘈杂的地方，这样会让他们的情绪变得很激动，有的自闭症儿童甚至因为听到嘈杂的人声，感到焦躁，而产生自伤行为。

5. 游戏前的互动

在沙盘游戏开始之前，做一些准备活动，让自闭症儿童安静下来，并且能够注意到指导师，与指导师有一定的互动。

6. 注意干预过程中的语言

首先在干预过程中，尽量不要有太多言语，这会引起自闭症儿童的反感与焦虑，并且分散其注意力，所以只在关键的地方进行干预，其他时候，尽量让自闭症儿童自己玩。其次，干预的语言要尽量简短，以便自闭症儿童理解，或者语言加动作，这样可以让自闭症儿童有更直观的理解。

第四节　自闭症儿童的沙盘游戏

一、自闭症儿童在沙盘游戏中展现出的特点

沙盘的制作是来访者运用象征语言对自己的无形心态的表达，每一个沙盘玩具、每一个沙盘场景构成都会通过来访者的个人感情与其生活及个人世界密切联系在一起，从而成

为来访者个人及内心世界的重要组成部分。而治疗者需要理解沙盘玩具的象征意义，并结合个人对沙盘的解释，才可达到对来访者内心世界的一定程度的理解[①]。

自闭症儿童的象征性理解能力相对很薄弱，已经有大量研究表明，这类人群并不能很好地完成象征性游戏任务，虽然荣格的集体潜意识理论认为，集体潜意识是与生俱来，不需要学习也能获得的，但是，对于自闭症儿童这样的特殊群体，或许他们存在集体潜意识，但是在其表达过程中受到了阻碍，所以，对于自闭症儿童的沙盘游戏并非要分析儿童作品的象征意义，更多的是通过他们的作品内容、作品的制作方式、玩具的摆放及其运用来观察儿童，以此来了解他们看待世界的方式。

1. 缺乏生命体及社会性场景

自闭症儿童的沙盘作品中，最明显的特征是很少会出现生命体，尤其是人物。

当自闭症儿童在选择玩具的时候，多选择物体，多数情况下这些物体与他们所感兴趣的事物存在联系，比如自闭症儿童 A 选择水果，但其目的是为了搞清楚水果的类别以及数量，因为该自闭症儿童 A 对数很感兴趣；再比如自闭症儿童 B 选择有烟囱的房屋、烛台，因为其对管状物感兴趣。

自闭症儿童偶尔会选择花草作为装饰，但是，这些花草只是装饰物，或者是他们记忆中的一部分，这是现实的反映，而并非自己的需求。植物，是生命的最基本的象征物，它将宇宙中的天、地、水三个基本的领域有机地组合在一起[②]。但是自闭症儿童很少会在意植物。

有时自闭症儿童会选择动物及卡通形象，但是大部分自闭症儿童会将其物化，并且它们多单独出现，并不会有任何情感上的沟通与交流，比如自闭症儿童 C 选择一群机器猫，围成一圈，但其将此解释为旋转木马；自闭症儿童 B 摆了满满一沙盘的动物，其中有恐龙、狮子等凶猛的动物，也有绵羊、猪这样的温顺的动物，但是该自闭症儿童 B 将它们不分类别、不分方向地随便摆放，该自闭症儿童 B 并不是为了摆出故事。这是该自闭症儿童 B 的动物园，该自闭症儿童 B 不断地问，"这里有多少种动物，有多少个？"并且自己一遍又一遍地数；自闭症儿童 D 在沙盘中放入机器猫，但当其做饭时，会把机器猫放在锅里。

极少情况下，自闭症儿童会选择真实的人物模具，但是这些人物间很少有社会性交流，他们多是独自待着，躺倒，或者两个人并排站在一起，很少有自闭症儿童会让人物之间有互动，比如面对面，或者一起从事某项活动。

自闭症儿童沙盘作品中生命体及社会场景的缺乏，正反映了他们现实生活中对生命的理解，自闭症儿童会忽视生命，或者将生命体物化，所以才会出现对人或其他生物的冷漠与不睬甚至是伤害，比如，有的自闭症儿童用刀切活着的小金鱼，比如自闭症儿童不会在乎亲人的离开，也不介意陌生人的靠近。从这个角度来讲，增强自闭症儿童对于生命的理解，会对他们的社会性发展有所帮助，或许这也是动物伴侣治疗、地板时光等疗法的关键点所在，认识生命，建立联系，产生情感链接，社会能力得到发展，这是我们希望看到的自闭症儿童的发展的方向。

---

① 张日昇. 箱庭疗法[M]. 北京：人民教育出版社，2006.
② 桂莉娜. "沙盘游戏疗法"的回顾与展望[J]. 社会心理科学，2004，4: 20~22.

2. 沙盘内容贫乏、刻板且缺乏整体关联

自闭症儿童的沙盘作品内容相对贫乏，很少有丰富多彩的沙盘内容，其内容也往往只是客观世界的反映，很精准，有时甚至是一些很细微的细节，但很少有自己的想象，几乎找不到象征性的内容。一件沙盘作品的丰富程度及数量体现了自闭症儿童内心的丰富程度，自闭症儿童沙盘内容或者贫乏、单调，比如仅仅是一些锅碗瓢盆，或是几个桌椅和炉灶；或者是物品繁多，并没有分门别类，比如一堆恐龙，一堆士兵。这或许也从一个侧面反映了这类自闭症儿童往往沉浸在自己的内心世界中，对周围世界的关注较少或者关注内容单一，过于有选择性的注意使他们倾向于一次处理一条信息，从而出现了对信息的理解倾向于狭窄和局限，所以其沙盘也表现出信息的狭窄与局限性。另外，没有选择性地将玩具放入沙盘，或许表现出自闭症儿童分析、概括的能力很薄弱，他们不能将物品归类，也不能很好地明白其功用，只是凭着兴趣将物品堆放在沙盘中，自闭症儿童并不能利用这些丰富的资源来很好地表达自己。

自闭症儿童的沙盘游戏内容以及玩具运用方式相对刻板，他们几乎自始至终选择相同的沙盘玩具，甚至摆出相同的主题内容，并不会感到厌倦，并且他们运用沙盘玩具的方式也几乎保持一致，比如自闭症儿童A总是选择水果和动物，目的是数清楚它们有多少个；自闭症儿童D总是玩厨具装沙，倒沙；自闭症儿童C的沙盘总是会有一个河流，周围有花草、房屋。很多自闭症儿童不喜欢改变，也不允许他人试图改变自己的作品；有些自闭症儿童会将沙盘玩具摆放得很整齐，纵横对齐。刻板性是贫乏性的另一个侧面，与此同时，也反映出自闭症儿童对与灵活多变的事物的抗拒，有研究表明自闭症儿童缺乏灵活多变的整合加工能力，丰富多变的信息或许会令他们感到不安，并且难于处理，大部分自闭症儿童有固定的生活习惯，在固定的时间做固定的事情，如果违反，他们会变得焦躁不安或者大发脾气，所以，刻板性的活动令他们感到安全，并且易于操作，在空间上相对固定的信息，相比于快速变化的事件，对他们来说更容易处理。

自闭症儿童的沙盘游戏内容缺乏整体关联性。大多数自闭症儿童的沙盘作品很少能够组成一个完整意义的画面，甚至不能构成一个单一的主题，自闭症儿童选择玩具时，大部分情况下彼此并没有联系，即使有，也往往集中于同类别的物体，外观、功用的相似性，而非内在意义的链接。比如，自闭症儿童B会选择两张相同的椅子和两支相同的蜡烛，自闭症儿童A会选择同类别的玩具来计数，自闭症儿童C会选择两个相同的卡通形象并排在一起。但多数情况下，自闭症儿童的沙盘玩具只是根据自己的喜好挑选，玩具间不能构成联系。

自闭症儿童沙盘作品所呈现出的贫乏、刻板及整体关联性的缺乏，三者相互作用，互相影响。自闭症儿童对世界灵活多变的信息无法很好地理解，从而也无法适当地表达，这就限制了他们的社会性交往，他们无法处理人们社交活动中大量的、灵活多变的信息，也不能将人们传递的信息整合，所以与人交往对他们来讲是困难的，这更加阻碍了他们从自己的世界中走出来。

3. 自闭症儿童玩沙的方式

自闭症儿童多喜欢用沙将玩具埋起来，即使玩具相对来说比较高，他们也会尽量将所有的沙子都盖上去，直到玩具看不见为止；将沙装进容器，再倒出来，如此反复，这样的

行为多见于病症比较严重或者是不会用玩具完成沙盘作品的自闭症儿童。自闭症儿童在这个过程中，体验着沙子的流动和质感，感受到细软的沙子的力量，用沙子掩盖或者填充物体，咨询师有两点猜想，一方面，从象征意义分析的角度来讲，自闭症儿童将物体埋进沙子，或许象征着他们没有向外界表达的内心世界，他们用单一的、刻板的方式"掩盖了"丰富的世界；另一方面，可能出于自闭症儿童对于视觉同一性的要求，将物体埋起来，物体就失去了自己的特征，沙盘又恢复到了原先的样子。

4. 缺乏对自我的意义

自闭症儿童的沙盘内容多表现的是自己去过的场所、喜欢的事物，但是没有明显地表现出自己的内心世界，或者说，这些沙盘内容对自闭症儿童而言缺乏对其自我意义的表达。有研究表明自闭症儿童不能捕捉到感知之外的信息，对其体验赋予意义，这或许就是自闭症儿童沙盘作品缺乏对自我的意义的原因之一，视觉性思维，使自闭症儿童只会表现自己看见过的事物，但是自己的感受性内容却无法表达。除此之外，自闭症儿童在玩沙盘游戏的时候，仿佛身处于游戏之外，只是冷眼旁观着这些作品，自己并没有在其中有什么情感链接，当指导师询问自闭症儿童"沙盘中，你在哪里？"时，他们多数情况下会回答："这里没有我。"询问自闭症儿童，沙盘里的小动物在想什么或者在说什么时，自闭症儿童通常回答："不知道。"而两位非自闭症儿童，会为玩具配音，来讲述一些简短的故事，或者其作品内容反映了其现实生活中的需求。

二、传统的沙盘游戏治疗应用于自闭症儿童时的改变

1. 不可机械地遵循传统沙盘治疗的原则

在传统的游戏沙盘治疗中，主张相信来访者自我成长的能力，给来访者无条件的积极关注，不评价，不介入，甚至不解释，而只是让来访者自己去摆沙盘，解释沙盘。传统沙盘游戏中较多关注沙盘玩具的象征意义，认为这是来访者潜意识的表达。传统沙盘游戏中存在一些治疗原则，比如不当着来访者面拆沙盘等。这些都是传统的沙盘游戏治疗中的一些原则，但是，当应用于自闭症儿童时，这些原则是否还一定要遵守是一个值得考虑的问题。在决定是否遵守之前，必须要思考自闭症儿童对于潜意识的理解及表达，以及自闭症儿童能够有多大程度的个性化发展，这些都是令人困惑的问题。

2. 对于沙盘作品解释时的特殊性

对于自闭症儿童所选择的玩具及其沙盘作品，是可以从象征意义上理解，还是仅仅是自闭症儿童对现实生活或者影视作品中的某个场景的模仿？自闭症儿童的作品内容常呈现高度一致性，是将其理解为自闭症儿童的刻板性行为，还是因为自闭症儿童的心理状态没有改变，所以才会呈现高度的一致性？在对自闭症儿童实施干预时，自闭症儿童采取忽略或反对的态度，是因为自闭症儿童不理解，还是因为这样的改变是自闭症儿童心理难以接受的？面对这样的问题，笔者更倾向于将这些归因于自闭症儿童的病状特征，而非其心理原因，因为，如果自闭症儿童都不理解这些事物是什么，如何运用以及相互之间有什么关联，代表何种意义，那么，他们是不能够很好地表达出内心世界的，在进行沙盘游戏治疗

时，尽量尊重自闭症儿童的作品，但是也进行必要的干预，在两者间找到平衡，既能够给自闭症儿童个性化发展的空间，又能够在必要时为自闭症儿童引领道路。

三、沙盘游戏治疗与其他干预方法的结合

自闭症是一种广泛性发展障碍，训练自闭症儿童的语言、社交技能等能力是自闭症教育的关键，而每一项能力的发展都是相互影响和相互制约的。例如，语言障碍导致了自闭症儿童与人沟通的障碍，从而引起社会交往和情绪行为等方面的问题；而对语言发展的训练则需要很多前提性的技能，如构音器官功能完善、注意力集中、情绪状态等。以沙盘游戏治疗作为一个平台，结合其他干预方法一起对自闭症儿童进行治疗，可能会有更好的效果。

沙盘游戏治疗给自闭症儿童提供良好的成长环境，并有各种玩具可以将社会微缩在小小的沙盘中，比图片或者声音更真实，更易理解。比如先让自闭症儿童自己摆出沙盘作品，接着发现一些可以进行干预的点，用社会故事疗法的原则，编出一个故事，用沙盘玩具演示出来，并让自闭症儿童复述出重要的内容，这样的一个过程，就对自闭症儿童的多方面能力进行了训练，首先，自闭症儿童需要运用自己的想象力、组织力等能力摆出沙盘，接着，通过社会故事认识到自己哪里不对，以及正确的方法，在复述时，锻炼了语言能力。咨询师认为，这样的学习过程会让自闭症儿童更容易接受，并且将各个能力的训练很好地结合在了一起，有助于自闭症儿童的掌握与运用。

四、自闭症儿童沙盘治疗的注意点

1. 治疗关系的建立是自闭症儿童游戏治疗得以有效进行的基础

在自闭症儿童进行沙盘游戏的过程中，为其提供"接纳与自由"的探索环境，给予无条件的积极关注，并及时地给予表扬，以此建立起互相信赖的治疗关系，自闭症儿童在这个过程中，自我探索，自我成长，学习与他人互动，与他人分享，与他人建立起情感链接。

2. 沙盘游戏应用于自闭症儿童时，存在一定的特异性

自闭症儿童在沙盘游戏中的表现有别于普通自闭症儿童的特异性，包括缺乏生命体、沙盘游戏内容贫乏、刻板且缺少整体关联性，喜欢用沙将物体掩埋，以及沙盘游戏缺乏与自我的关联性。因为自闭症儿童的特殊性，所以其沙盘游戏的指导以及干预方面也存在特异性，需要以简洁、可视化的方式主要针对其认知及社会性的方面进行干预。

3. 沙盘内容的发展与自闭症儿童社会性发展存在关联

自闭症儿童沙盘中生命体开始增多，相互接近，最后能够表现出一定的社会性活动，同时，自闭症儿童生活中对周围事物和他人开始关注了，开始试图与他人接近，并产生互动；沙盘游戏中开始出现对弱小动物的保护，并为沙盘中的人物玩具着想，同时，开始有一些简单的合作行为，从单独游戏发展到愿意与他人一起游戏，开始接受他人的需求，并愿意主动为此而改变自己的行为。

案例分析：自闭症儿童沙盘治疗的案例

案主：QQ，女，13岁。由于发现较早，治疗积极，病情最轻，能够与人交流。有较强的控制欲，希望别人都听自己的，对颜色以及别人的鞋码感兴趣。同期参与心理干预儿童：HY，男，10岁。能够与人交流，脾气暴躁，很容易生气，并且不能够理解他人情感，很看重公平感。

咨询师针对 QQ 一共进行了八次沙盘游戏治疗，每一次游戏并没有限定自闭症儿童游戏的主题，只是在其游戏的过程中给予指导，并针对社会性方面的内容进行干预，以下为主要的六次过程。

第一次：

沙盘游戏图如图 9-1 所示。这是 QQ 第一次来沙盘室，QQ 很喜欢沙盘游戏，一进入沙盘室就开始游戏，并不感到陌生。由于是第一次进入沙盘室，咨询师与 QQ 之前并未见过，所以咨询师只是跟 QQ 打了个招呼，表示欢迎她来这里玩，接着，就让 QQ 自己去选择她喜欢的玩具，去摆任何她想摆的内容。QQ 能够很好地跟咨询师打招呼，但这只是条件反射性的，很快，她就开始了自己的游戏，咨询师就坐在沙盘室内，观察她的沙盘游戏。

图 9-1 第一次沙盘游戏

QQ 的沙盘作品很明显地分为四个区域，卧室、客厅、饭厅、厨房，如相片一样，反映了一个家庭最普通的布局。QQ 对于画面的一致性、对称性要求很高，会在游戏过程中，特意寻找相同的玩具来配对，而并非随意拿。比如同色的两把椅子，整齐地摆放；沙盘右上角两张相同的书桌、椅子和两盏相同的灯；左边的同色花朵等。沙盘中的人物分别是爸爸、妈妈、姐姐和弟弟，但是 QQ 是没有弟弟的，并且她也并没有说那个姐姐就是自己，可以看到每一个人都是单独地躺着，被隔离，没有任何的活动，彼此之间不存在任何的联系。虽然沙盘主题是家，但是并未感觉到家中的任何温馨感，而是一种物化的、冰冷的呈现，儿童不愿意人物之间有任何交集，只是躺在床上。

游戏过程中，QQ 的控制欲很强，不允许别人碰她的沙盘，哪怕是不小心把沙盘中的花弄倒了，这都会让她很生气；QQ 在玩沙盘的时候比较专注，也比较有耐心；QQ 很喜欢沙盘游戏，到时间了都不肯离去。

第二次：

沙盘游戏如图9-2至图9-4所示。

图9-2　第二次沙盘游戏(1)　　　　图9-3　第二次沙盘游戏(2)

图9-4　第二次沙盘游戏(3)

理解归属权

这个过程的主要目的是让QQ了解归属权，自闭症儿童常常理解我的东西别人不能拿，但是并不能理解别人的东西我不能拿，所以，试图运用沙盘游戏，用类似假装游戏的方式，让自闭症儿童理解归属权的问题。

沙盘右下角有一个宝石屋，当QQ要搭建宝石屋时会问："宝石屋用什么来做？怎么搭？一般宝石屋都用什么来搭啊？"这一过程犹豫了很久，并且都没有进展，可以看出想象力比较匮乏，不太会利用资源，要对现实再现，而非虚拟想象。要建宝石屋是因为"这些宝石在这太珍贵了，容易被偷"；问："宝石是谁的？"停顿未答，再问："宝石的主人是谁？"回答："我。"并知道如果宝石是自己的，别人不能拿。咨询师提出，在 QQ 的沙盘中也建一个宝石屋，试图参与 QQ 的游戏，QQ 说："那不行，建一个就够了。"又提议，在另一个沙盘中建，QQ 同意。咨询师提出："我们的宝石屋可以交流，可以交换，可以吗？"QQ 同意。"QQ 选择粉色和藕荷色的宝石，我选择石头，石头归我(即咨询师)，QQ 不可以动，要用的时候，可以跟我借。"QQ 表示同意。当 QQ 搭好宝石屋，并在里面整齐地排列好宝石时，咨询师问，"宝石是你的，屋子是谁的？"不作答。表现出对于所有权问题不能很好地理解，只是选择性地回答自己能回答上来的。看到咨询师的宝石屋边上有草，直接拿过来说，"这是我的"。此时，及时干预，说："这是我的，如果你需要，可以跟我商量。"QQ 问："可以给我吗？"未等咨询师回答就扔下草，说："那我也去拿一个。"这个过程表现出 QQ 并没有交换的概念，不想与人互动，而更希望是自己去做。接着从咨询师手中拿过一个房屋。引导说，"我的东西你拿走了，我会不开心吗？"答"会"，"会难受吗？"答"会"，但继续拿过来自己用，没有太多关注。咨询师继续问："你可以给我一个宝石吗？我非常喜欢。"QQ 很爽快地答应了，咨询师及时表达情感："你把宝石给我，我非常高兴。"QQ 没有给出什么回馈。但问 QQ，"我高兴你高兴吗？"很快回答："高兴啊。"在说话的同时转身去找自己需要的道具。虽然表面上看是有情感交流的，但这都只是模式化的，或许 QQ 内心并没有什么感情在流动。当两人宝石屋都建好，咨询师要与 QQ 交换宝石时，QQ 不答应。对于参观咨询师的宝石屋也没有兴趣，只在忙着做自己的沙盘，当 QQ 在宝石屋边上放一个卡通人物时，问她这是什么，问了两三次，都不作答。咨询师在自己的宝石屋边上放了宝石屋的主人，并告诉 QQ。之后 QQ 说原先的卡通人物是自己宝石屋的主人，是个动物。后来宝石屋旁边又加入了一个卡通人物，是妈妈和儿子(之前说是宝石屋的主人，动物)，咨询师问两人能不能站在一起，像 QQ 和妈妈一样，QQ 说："儿子也不是婴儿了。"可以看出，QQ 对于人物在一起很抗拒。此时，发现在咨询师的沙盘中，掉落了一个 QQ 沙盘中的宝石，于是咨询师就运用咨询师沙盘中的"主人"，告诉 QQ 的沙盘中的"主人"，QQ 一开始试图直接将宝石拿走，但引导 QQ 用她宝石屋的主人来对话，要回自己的宝石。

情感的表达与交流

在水中，QQ 摆了两只小鸭子(一对鸳鸯)，但两只鸭子分隔得很远，一只放在右沙盘的左下角，另一只放在左沙盘的右上角。引导说："可不可以让两只小鸭子在一起，它们特别不想分开。"QQ 说不行，问原因，反问"为什么要我说？"妈妈说："它们俩一起多好，一个在前，一个在后，追追打打。"QQ 说："不好，那样会把河弄乱的。"QQ 优先考虑的并非情感的东西，而是自己物理世界的完整性，咨询师问："你把它们隔开了，两只小鸭子想一起玩怎么办？""可以游到另一只那里，锻炼身体。""那它游过去另一只小鸭子已经不在了怎么办？"QQ 马上开始转移，说"这边是我的作品，那边一个是姐姐(咨询师)的作品"。这或许是说，你不要来管我如何摆放，有时 QQ 会似乎按我们所期望的那样回答我们的问题，但如果真的要加以实施，是不可能的，所以 QQ 给我们的答案，只是强化来的，而并非本意。建议让其中一只鸭子与船和船夫在一起，QQ 不同意，"鸭子可以是船夫的，但鸭子游得太快了"。问："如果船夫是妈妈，QQ 是小鸭子，你和妈妈会隔这么远吗？"QQ 有了抵触情绪，大声说："别老问我，我自己搭！""小河里可以有鱼吗？""不可以！""那鸭子吃什么呢？""鸭子不吃东西，饿着。""那不是饿死了？""不会的,它会喝水。"QQ 并不会像一般的小朋友那样,去体验小鸭子的心理,这对 QQ 来说是困难的,此时,咨询师在沙盘中放入一条鱼,说"从大海里游来一条鱼"。QQ 把鱼拿出去,说:"不可以,那么好的水,不可以。""为什么不可以有鱼?"QQ 想了一会儿,说"因为这个水,这个河干净"。咨询师拿走鱼,加入一只新的鸭子,放在右沙盘的左上角,与 QQ 放的鸭子相向而游,但距离较远,QQ 同意。继续让鸭子往前游,试图与 QQ 的鸭子接近,但 QQ 说不行,先搁着,把新放的鸭子又放回到了原先放的位置上。又放入一只新的鸭子,说这个鸭子要追过来,QQ 将咨询师放的第一只鸭子调了位置,让它与新的鸭子保持较远的距离。接着 QQ 把第一只鸭子放在了左边的沙盘中,与左沙盘的鸭子相对,说:"这边俩,那边俩,好了。"再试图让鸭子游近一些,QQ 抵触,说:"你别,我不想让你们搁,我自己做,讨厌死了,都怪你们,不应该让我妈过来,越来越差。"继续追问相向的鸭子可不可以最后相聚在一起,QQ 说:"不可以。"但无法回答原因。

QQ 沙盘中,有一些人物,但都是相隔离的,咨询师问:"现在可以让他们一起玩吗?"回答:"现在不行,他们要住,要回去睡觉。"虽然 QQ 口头上说,这里面的人可以一起玩,但真的要让他们一起玩的时候,QQ 总是说不行。双胞胎可以一起玩么?QQ 想了一下说"可以",但说要 QQ 让他们面对面玩游戏时,QQ 思考一会儿说,我不想让他们玩,隔 5 天才行。

快结束的时候,QQ 想建一个儿童游乐场,说大家可以在这玩。但找了很久,都没有合适的东西来搭建,一直都在问怎么建一个游乐场,最后问,"姐姐你帮我想一个办法行吗?"最后拿石头围了一个方框做游乐场,里面放了一圈哆啦 A 梦,但那是转椅,小孩可以坐在上面的;放了一排小人(同一系列的),面朝同一个方向,但那是火车上的座椅。问:"周末,小孩可以来吗?"她说可以来玩,但当咨询师假装要让他们进来时,QQ 先说,游乐场关闭了,最后说游乐场还没有修好。

通过类似假装游戏的方式,对 QQ 原有的沙盘进行改动或加入新的元素,但 QQ 显然很抗拒这样的方式。QQ 的沙盘中,虽然有动物、人物的出现,但是很难让这些人物彼此产生交流,哪怕是面对面,对 QQ 来讲也是困难的,有时,QQ 会口头答应让沙盘中的玩具进行交流,但如果真的要移动玩具,QQ 会抗拒,会以种种理由来阻止我的介入,但从来不会表达"我不想要你这样,你这样让我不高兴,或者不舒服。"这样的表达对她来说是困难的,QQ 通常会采用拒绝回答问题、高声大喊、直接拿走自己不想要的东西来表达自己的不满。

第三次:

沙盘游戏如图 9-5 所示。

图 9-5　第三次沙盘游戏

整体关联性的建立

本次沙盘游戏干预主要是希望引导 QQ 看到自己沙盘中各个玩具之间的关联，尤其强调社会性的关联，先建立关联性，会比直接进行玩具间的情感交流易于理解。

沙盘被一条竖着的河区分为左右两部分，河的两边有围栏，河中有两只小鸭子，是尾对尾，相背而行，并且一只在河流上方，一只在河流下方。咨询师想要引导 QQ 让这两只鸭子在一起，问："两个鸭子是一类的为什么不在一起？""什么是一类的呀？"QQ 以此来拒绝咨询师的提议。河流最底端有一排本身连在一起的小鸡，由此咨询师引入一个小鸡和小鸭互相帮助的故事，QQ 听着似乎很高兴，让 QQ 在沙盘中展现一下这个故事，QQ 说那是鸭子不是鸡，又一次回绝。

沙盘右边为动物园，左边为食品店，由一条河分离开，QQ 将动物园与食品店分开，是怕动物会弄坏"食品店"的房屋，并且动物园的动物都很大，无法过桥。在食品店的周围种了一些花和树，沿着河边围栏摆了一排花，"食品屋"左边紧挨着的是一棵大树。这样看来似乎沙盘左右两边又多了一道"围墙"。食品店卖汉堡、可乐、水之类的，因为小朋友喜欢吃，这是咨询师先问了是不是因为小朋友喜欢吃，她之后才这么回答的，问到开设的动物园可以让小朋友进去与否时，QQ 说"等会儿再说"，又问这动物园是给谁玩的，QQ 说是私人的。

这一过程 QQ 再一次表现出，对于物体完美状态的要求，但很难注意到生物的心理需求，QQ 并不关注小动物会不会饥饿，而是自己的食品店会不会遭到破坏。而 QQ 的动物园也不欢迎别人进来，只要是 QQ 的世界，都不欢迎别人进入。

在搭建动物园时，QQ 不知道该如何搭建，建议分给咨询师一块地，来帮忙搭建，QQ 沉默很久，说自己来思考。在上一次的沙盘游戏中，QQ 答应过让游乐园的两个人一起打网球，让一对双胞胎在一起玩，当我们将这个场景摆入她的沙盘中时，她将我们放入的人物一把抓起，拿出来，说"不行"。QQ 在左上角，放了两只鸭子，经过几次移动，把它们紧挨在一起，但当咨询师问，它们是否认识时，她又将它们分开了一定距离，称这是"鸭子馆"，这两只鸭子是认识的，问及为什么不坐在一起聊天，QQ 不回答，考虑了一会儿，QQ 拿来一个屋子，将一只小黄鸭放进了屋子里，而另一只鸭子(卡通的和一个小篮球在一起很亲密)成为代表鸭子馆的招牌，是假鸭子。"鸭子馆"右边是"蝴蝶馆"(一个鬼屋，上面有很多卡通的小幽灵)，边上放了三只蝴蝶，排成一列，称这也是牌子，而非真蝴蝶，咨询师问："蝴蝶排着队去看电影，可以吗？"QQ 许可。是否可以让后面的两只蝴蝶一起出来玩？QQ 沉默一会儿，带着哭腔说"不想老总结，做完以后还要问我为什么？""蝴蝶馆"前面，是"狗屋"，两只狗放在了屋子上，右边地上有一只，我们说找一个球让狗一起玩，QQ 说"不找皮球"。仔细观察 QQ 的玩具，基本都是以单数出现的，很少有成对的。咨询师一直都试图让 QQ 沙盘中的玩具建立联系，尤其关注情感联系，但是每一次 QQ 都回绝了，QQ 自己通过隔离、物化来让每一个玩具独立开来，不与其他的部分产生联系，而我的干预，让她觉得很焦虑，或许这样的变化让她恐惧，这样的问题让她无法思考，最后才会带着哭腔表示反对。

在结束后，QQ 提出："不想把沙盘拆了，想把这个罩个玻璃，给比她小的小朋友看。"问他们看了会有什么样的感觉，"别问了，你老问！"这个问题对于 QQ 是困难的，她无法体会到别人的感觉，不想拆了沙盘，只是因为不想破坏自己的作品，而想要给别的小朋友看，也许仅仅是借口。

第四次：

沙盘游戏如图9-6所示。

图9-6 第四次沙盘游戏

归属权的问题——物品交换

本次依旧希望让 QQ 理解归属权的问题，之前是利用沙盘中物品来实施干预，这可能让 QQ 难于理解，所以此次，咨询师利用现实中的物品交换来引导 QQ 对于归属权问题有所理解。

按照开始的设计，咨询师把大部分花和草都放在筐里，并告诉 QQ："这些东西是我的，如果你需要可以和我借，如果我接受就会把你想要的东西借给你；你也可以用我想要的你所拥有的东西来和我换。"QQ 虽然嘴上答应"好的"，但依旧会在她需要的时候，直接就伸手到筐里抢，边抢边用很坚定的命令的语气说"你给我！""放手！"咨询师尽量用手按住筐里的东西，想让她明白这不是开玩笑的，但 QQ 也是死死地抓住那些花草不放手，这样僵持了有十秒钟，我说"你也可以拿东西跟我换"，QQ 说"好吧，给你这个"，随便从旁边拿了个东西给我，然后趁我不注意就把筐里的东西拿出一两个。

因为物品并没有被我利用，我仅仅是拿着它们，咨询师认为这可能并不能很好地让 QQ 理解这些东西是我的，属于我，或许会认为是我将玩具没收，不允许她来用。于是咨询师在另一个沙盘中，将筐里的东西放进去，盖一个自己的花园。咨询师把所有的花草和树都摆在了沙盘里，QQ 注意到以后走过来又想拿走一些花草，咨询师告诉她不行："因为这些花草是我花园里的，我也很喜欢。"QQ 开始犹豫。咨询师又问她："我们是好朋友，对吗？"QQ 说："对。"咨询师说："那好朋友要互相帮助，你如果需要的话我可以借给你，不过你得拿我需要的东西来换，行吗？"QQ 表示同意，我接着说："我要块好看的小石头。"QQ 说："行，紫色的行吗？"边说边从工具箱里拿出一块紫色石头给咨询师看，在咨询师表示同意后，QQ 把石头放在咨询师沙盘里，然后伸手就去拿她想要的花，咨询师看她一把就想拿走很多花，就说："每次只能拿一个，你给了我一块石头，也只能拿走一枝花。"

她想了想，说："行。"就挑了一枝紫色的花拿走。

之后我的花园越搭越完整，QQ还需要花草，于是走到我这边，她站在旁边静静地看，并不直接抢夺，咨询师问："QQ，我的花园好看吗？"她说了句"不好看"，就扭头回去做自己的了。过了一会儿咨询师过去看QQ的沙盘，并故意问："QQ你要花吗？"她说要，我说："那我们是好朋友，你喜欢哪个我可以借一个给你。"于是QQ很高兴地从咨询师的花园里拿走一枝花。又过了一会儿，QQ又来看咨询师的花园，看到湖中间放了一棵椰子树，QQ说："我要这个。"然后就直接拿走了。咨询师对她说："那树是我的你怎么就拿走了，我也很喜欢那树。"QQ不说话。接着我说："这树给你也行，但你也得给我一个东西。"她说："那你选吧。"咨询师指着她沙盘里一个房子说："那我要这个。"她说："你拿走吧，反正我也不喜欢那个。"这让咨询师挺惊讶的，因为之前，QQ从来不会让别人动自己沙盘。接着咨询师想尝试能不能从她喜欢的东西里面拿出一个，看见她正在做第二个藏宝洞，用的是条形弯状石头，咨询师说要这个，她想了想，不情愿地说："好吧。"后来她的藏宝洞盖好了，咨询师想再和她换一个条形弯状石头，她就不肯了，我们都知道那种石头好像没有了。不过她又想了想，从工具箱里居然又找出最后一个那种形状的给我，可见，QQ开始学习交换，但是，仅仅拿出与自己无关的部分进行交换，这也使咨询师不禁思考：是QQ不愿意给我，还是因为这些东西对QQ的心理世界很重要？或许是出于咨询师的启发，QQ开始模仿咨询师，用白色的小石头铺路，我问QQ："你这个路是给谁走的？"她说："给人走的啊！"咨询师又问："那我能走吗？""不行，还没铺好呢。"我说："那铺好了我能走吗？"她说："可以。"最后，家长进来沙盘室看QQ的作品，屋内人有点多，这时候她趁乱把咨询师沙盘里的花全拿出来放在了她自己的沙盘里，咨询师有前功尽弃的感觉，但活动时间已经结束了，不能再继续进行干预，就拿了一个小人说："这是我，我要走你的路，你答应过我的。"QQ当然不让别人碰她的东西，但咨询师说："你拿了我那么多花，那我要走走你铺的路。"看着她犹豫了，咨询师又说："我不会弄坏你的路的。"然后她说："我来帮你走吧。"接过小人放在了她的路上，假装往前走，看来之前的强化多少还是起了点作用的，并且咨询师也注意到，当花草放在自己的花园里后QQ就不太用抢夺的方式，用交换的形式QQ似乎能够接受，所以，这可能也印证了咨询师之前的想法，儿童可能需要视觉性的直接表现才可以明白指导师的意思，如果单纯用语言，儿童可能不能很好地理解。

QQ的沙盘内容依旧延续之前河流、藏宝洞的主题，可以看到沙盘分了好几个区域，每一个区域有单独的房子或者卡通人物，但是值得注意的是，河里的两只鸭子(鸳鸯)还是没有在一块儿，但是其中一只和划船的小人紧挨着，这是之前没有的；另外QQ通过模仿咨询师的沙盘，第一次用石头搭出了小路，这是很难得的，QQ开始学习将个体联合，共同组成一个完整的物体，从小石子到道路，QQ开始学习整合。

另外，这一次QQ妈妈告诉咨询师，QQ在学校的变化：QQ以前在学校没有朋友，她不跟别人玩，但是前几天放学，QQ妈妈在校门口等她，QQ出来得很晚，询问之下才知道，QQ班里有个女生，因为脾气不好，班里的小朋友都不喜欢跟她玩，所以QQ想陪陪她，放学想陪她一起走。QQ开始注意到别人的需求，这是一个很大的进步。

第五次：

沙盘游戏如图9-7所示。

图 9-7　第五次沙盘游戏

合作性的培养

本次沙盘游戏是让 QQ 和 HY 一起合作完成的，他们本来是认识的，而且平时也会在一起玩，所以，这样的合作对他们来说应该不是特别困难。

沙盘作品主要是由 QQ 做的，QQ 的控制感比较强，她不喜欢的东西，HY 不能放进去。QQ 的原话是："姐姐不同意就不行了。"也会指挥 HY 做沙盘。QQ 对于交换还是有抵触情绪，咨询师一直拿着水果袋，QQ 必须要用东西交换才能得到，但她即使需要水果，也不愿意交换，问她换不换时，她会说"讨厌""你别说这句话，我有点害怕""不跟你玩了""你特别自私，我不要跟你玩"。QQ 放的有花，湖边的石头，草，在沙盘左下角的草上有绵羊，狗和熊，左上角的草上有一只狮子和一只犀牛，右上角的草坪上，有三只狗。在 HY 放的房子边上放了许多水果，做成水果屋。在沙盘底部中间位置放入珊瑚。在湖里放入一个石头和一株草。QQ 最终同意用另一棵树来代替紫色的树，以便能换到水果，但觉得换的这棵树太小，此时对 QQ 说："小树会长大的，你等它慢慢地长。"也希望 QQ 能明白，自己也会慢慢长大，会越来越好。

HY 想象力比较丰富(类似于烛台的东西，他会说这是马桶塞或者是飞镖；在沙盘结束的时候，我们要拆了沙盘，HY 说是有炸弹炸过来，这里才毁坏了，问他为什么有炸弹，他说要不然这些东西怎么拆了呢)；HY 会协调(QQ 不肯给我们紫色的树，HY 会找另一棵来替代；对咨询师说"既然她不给你，你就将就着点吧"；QQ 不能拿水果，HY 会替 QQ 过去拿。"你最好还是别当场拿了，我帮你拿吧。我有个更好的办法，你可以把你的这个紫色的树和她的紫色的树换过来，两个人都有好处。"QQ 终于答应)；HY 会用讲故事的方式将沙盘内容串联起来，"他们俩(代表 QQ 和 HY 的小人)结婚了(QQ 同意了)，结果他们俩生了两个孩子，一个男孩，一个女孩，他们生的孩子就是水果店老板(屋子里的两个小人)，水果店老板一个月能为我们赚很多钱，小孩长大以后就要用他们工作的钱来孝敬父母"。(QQ 同意，但后来妈妈问，QQ 你以前不是说你不要小孩的吗？QQ 说我刚才同意是因为知道这是假的，在这个沙盘里是想要，但马上又说自己不想要了。)这或许反映了 QQ 为什么经常口头答应咨询师的建议，或者口头说出一些看上去符合有社会性表现的内容，但真正要其实现时，QQ 又不会答应，因为她知道这些是假的，QQ 并没有将自己的想法、情感融入沙盘游戏中；HY 会关注没有生命力的地方，湖中央 QQ 造了一个荒岛，HY 说，虽然是荒岛，但也不能没有草,但QQ给他拿走了。后来,QQ在荒岛里放一棵树。HY又说,后来屋子里的两小孩,又结婚了,生了一个孩子,是奥特曼。此时,及时告诉他们社会规则,近亲不能够结婚,他们似乎不能够理解。通过QQ和HY的对比可以看出,QQ的游戏较少有合作性、创造性,以及融入自己的情绪体验,在面对问题时,QQ也不能像HY一样寻找替代性解决的办法。

此次的沙盘内容,较以前有了很大的改变,这主要是因为第四次咨询师的沙盘是这样的,QQ开始模仿,由此可以看出,给儿童一些示例,可能会拓宽他们的思路,起码让他们开始学习。沙盘中各个部分的分割并不如原来那么强烈了,孤岛与陆地间也有了桥的连接,QQ开始慢慢整合,让沙盘各个部分连接起来,成为一个完整体。

第六次:

沙盘游戏如图9-8和图9-9所示。

图9-8 第六次沙盘游戏(1)

图9-9 第六次沙盘游戏(2)

这是QQ最后一次进行沙盘游戏,这一次,咨询师没有给QQ任何干预,只是坐在边上陪伴着她，静静地看她摆，偶尔QQ问问题时，才会给予回答。

　　这一次，QQ依旧恢复了从前的主题，但是看得出，丰富了许多，这一次沙盘游戏的意义非凡，QQ有了质的飞跃，这也是让咨询师完全没有想到的。

　　首先，其沙盘内容丰富了许多，虽然看似与之前的主题类似，但是，仔细看会发现，QQ将之前几次的内容似乎都整合了进去，河流、石子路、动物园、水果屋、湖、儿童游乐场。这些QQ之前沙盘中的主要元素，都集中在了这一个沙盘中，QQ已经开始去整合自己的内心世界，将它们用合理的方式呈现在一个沙盘作品中。

　　其次，生命物开始有了较多的呈现，并不再将动物、人物分离，而是在他们之间建立起了链接。他们有了自己的活动场所，而且大部分都是在一起的，并没有将其隔离开来，左上角的动物都是温顺的，QQ将它们圈在了一个围栏中，右边沙盘中的四个动物，有三个猛兽，一个食草类的动物，QQ拿围栏将它们隔开，这说明QQ开始保护弱小的动物，有了一定的危险意识以及假装游戏的概念。最值得注意的是，沙盘中的人物开始聚集在一起，有了集体活动，男生围成一圈，女生围成一圈，QQ已经开始出现一定的男女意识，将男性与女性区别开来，而不是像第一次，男女睡觉的地方都离得很近。并且QQ开始愿意使沙盘中的人物有一定的交往，并表现出一定的亲密感，比如互相一起打网球的两个人，水果屋里的两个小孩，以及沙盘左边两个小孩抱着一棵树。

　　最后，QQ开始替他人着想，以假装游戏的方式来对沙盘中的内容进行陈述。QQ在最后讲解沙盘内容时告诉咨询师，河流中有两条渔船，它们是打捞河水里的脏东西的，放了两条船，这样它们就不会那么辛苦，河流中的小亭子是用来给他们休息的。

　　在沙盘游戏结束以后，QQ妈妈告诉我，最近有一天吃饭，QQ会先问爸爸妈妈吃什么，然后夹给他们，以前从来都是自顾自地挑选自己喜欢的东西吃。在之后的团体活动中，GG唱了一首《让我们荡起双桨》，QQ即兴地根据歌词内容在GG后面跳舞。这些都表明，QQ开始关注他人，替他人着想，或者与他人配合，这对于QQ来说，是质的飞跃。

（资料来源：北京林业大学彩虹宝贝自闭症儿童心理干预中心研究报告）

园艺疗法是对有必要在其身体以及精神方面进行改善的人们，利用植物栽培与园艺操作活动，从其社会、教育、心理以及身体诸方面进行调整更新的一种有效的方法。自闭症心理干预的实践显示，园艺疗法作为自闭症儿童心理干预的一种辅助治疗方法，在提升自闭症儿童的社会交往能力，解决自闭症儿童行为规范问题及舒缓情绪方面都有极其重要的作用。本章首先对园艺疗法的概念、发展状况及其功能等内容做了详细的讲解，然后，又对园艺疗法在自闭症儿童心理干预中的技术操作等方法进行详细介绍。

第十章 自闭症儿童心理干预中园艺疗法的应用

核心概念

园艺疗法；植物认领园艺疗法；植物种植园艺疗法；自然植物接触园艺疗法

第一节 园艺疗法概述

一、园艺疗法的概念

1. 园艺疗法的定义

美国园艺疗法协会对园艺疗法所下的定义[1]为：园艺疗法(Horticulture Therapy)是对于有必要在其身体以及精神方面进行改善的人们，利用植物栽培与园艺操作活动从其社会、教育、心理以及身体诸方面进行调整更新的一种有效的方法。

园艺疗法也可以从广义和狭义两方面理解，狭义定义[2]是：利用园艺来治疗，即以植物、园艺及人与植物的亲密关系为推力，结合精神投入、希望、期待、收获与享受的过程，协助病患获得治疗与复健效果的方法。或者是借着从事园艺活动的过程，帮助人们了解自己及周围世界的一种治疗方法。广义的园艺治疗包括景疗，即借由景观元素作为刺激感官的工具，以达到舒缓身心、治愈疾病的目的。

---

[1] 李树华. 尽早建立具有中国特色的园艺疗法学科体系(上)[J]. 中国园林，2000，3：17～19.
[2] 朱建军，吴建平. 生态环境心理研究[M]. 北京：中央编译出版社，2009：242～245.

2. 园艺疗法的性质与对象

园艺疗法从性质上看，是一种辅助性的治疗方法，在实施其他疗法，如药物疗法、结构式疗法等的同时，借由实际接触和运用园艺材料，维护、美化植物、盆栽或庭园，接触自然环境而缓解压力，复健心灵。因此，园艺疗法只有与其他疗法并用时才能取得良好的疗效。

园艺疗法的治疗对象包括残疾人、高龄老人、精神病患者、智力低能者、乱用药物者、犯罪者以及社会的弱者等。因此，可以实施园艺疗法的机构为精神疗养院、老人福利、刑务所、工读学校、残疾人机构、职业培训中心、护士学校、有关大专院校、植物园以及其他园林绿地部门等。

3. 园艺疗法的目标

针对不同的参加者，园艺疗法会制定不同的治疗目标。美国园艺治疗协会提出：园艺疗法可以增强记忆力、注意力，提高认知任务完成效率，增强责任心与合作意识，提高问题解决能力。

二、园艺疗法的发展

1. 国外的发展

20 世纪初，美国已认识到园艺疗法对智力低能者智力的提高和由贫困导致的变态心理的消除具有效果。第二次世界大战后，特别是越南战争后，军人医院开始采用园艺疗法治疗复员军人的心理创伤，效果颇佳。1953 年马萨诸塞州一家森林植物园提供园艺疗法服务。1977 年芝加哥植物园在其都市园艺部设立园艺疗法处，开设以一年为周期的园艺疗法课程。1973 年成立美国园艺疗法协会，依据规定通过考核对合格者授予园艺疗法师的职称，此职称已作为专门职称被全社会公认，其声誉极高。1978 年成立英国园艺疗法协会，是欧洲唯一的专业组织。1995 年成立日本园艺疗法研究会，以医生为中心，包括医生、护士、建筑家、造园家等多领域人员。1997 年日本岩手县举办了第一次世界园艺疗法大会，国际专家学者分别介绍了相关研究成果、实践方法、最新信息和成功案例。总之，园艺疗法在国外有着较为广泛的理论研究与实践应用。

2. 国内的发展

国内的园艺疗法相对于国外起步较晚，2001 年，广西百色地区第二人民医院的班瑞益[1]，在对 19 例慢性精神分裂症患者进行药物治疗的同时，增加园艺疗法，并与单独采用药物治疗的患者进行对比，结果证明：园艺疗法有助于缓解精神残疾的严重程度，有利于控制幻觉、幻想等症状出现的强度、频率和持续时间。2006 年，中国农业大学的修美玲[2]，通过对北京海淀区敬老院的 40 位老年人的园艺操作试验后发现，80%的老年人心情转好，舒张压

---

[1] 班瑞益. 园艺疗法对慢性精神分裂症病人的康复效果[J]. 护理研究，2001，6：327～329.
[2] 修美玲，李树华. 园艺操作活动对老年人身心健康影响的初步研究[J]. 中国园林，2006，6：46～49.

和平均动脉压均有显著改善。可见,园艺疗法在国内已经越来越受到研究者的关注和重视。

3. 园艺疗法的新进展

20世纪70年代起,人们开始研究室内植物和自然景观对人的影响,许多研究证明:室内植物有助于缓解人的压力与疲劳;减轻病人痛苦并促进疾病的康复;提高办公室职员的工作效率和满意程度等。其中不乏探讨植物色彩对人的影响,如Talbot[1]的实验证实:医院餐厅桌子上的黄菊花能够促进长期住院的精神病患者的食欲和发声。Prince[2],Behe等[3]分别发现花色是影响花卉销售的最重要因素。Kaufman[4]发现在红色、黄色、绿色树冠刺激下,绿色树冠最能让人感到平静和放松。李树华[5]介绍在日本兵库县立淡路景观园艺学校建立的园艺疗法庭园展示区中,专门设有彩色花坛位于庭院入口处,以鲜艳的色彩为其表现主题。唐学山等[6]提出利用园艺植物的各种颜色进行疾病的治疗,是园艺疗法的重要内容。

北京林业大学的李霞等[7]的实验表明:在植物色彩刺激下,被试者的收缩压、舒张压、心率和指尖脉搏值都有所下降,表明被试者的压力和焦虑水平降低,人体感到放松;植物色彩刺激对被试者的心理状况也有着积极的影响,其中,紫色和绿色植物景观的作用更明显,能够有效地减轻被试者的愤怒感、疲劳感和焦虑,并能使被试者更有活力。在此之前,国外已有研究[8]表明园艺疗法有利于促进人们的社会交往行为,园艺活动在社会交往中具有重要作用。还有研究[9]证实:"关系"主题是成年人园艺活动的主题之一,这种"关系"包括园艺活动中人与人之间的社交关系。

---

[1] TALBOT J A., STERN D. ROSS J., and GILLEN C. Flowering Plants as a Therapeutic Environmental Agent in a Psychiatric Hospital[J]. HortiScience,1976,11: 365~366.

[2] FARMER C. S. Patients/Staff Behavioral Responses to Flower Arrangements with a Private Psychiatric Hospital Dining Room [D]. M. S, thesis, Kansas State Univ., Manhattan, KS, 1977.

[3] BEHE B., NELSON R., BARTON S., HALL C., SAFLEY C. D. and TURNER S. Consumer Preferences for Geranium Flower Color, Leaf Variegation, and Price[J]. HortiScience,1999,34: 740~742.

[4] KAUFMAN A. J., and LOHR V. I. Does Plant Color Affect Emotional and Physiological Responses to Landscape?[J]. Acta Hort, 2004, 639: 229~233.

[5] RELF. The Role of Plant and Horticultural in Human Well-being and Quality of Life [J]. People-plant Relationships, 2001, 1: 2~5.

[6] Tang, X. S. Landscape Design[J]. China Forestry Press, Beijing, 1996.

[7] 李霞,安雪,金紫霖,潘会堂,张启翔. 植物色彩对人生理和心理影响的研究进展[J]. 湖北农业科学,2010(49-7):1730~1733.

[8] SEMPIK J, SPURGEON T. Lessons Learnt-Evidence from Practice: Theuse of Plants and Horticulture in Promoting Health and Well-being[D].In: Proceedings of the 6th International Congress on Education in Botanic Gardens, Richmond, Surrey, United Kingdom: Botanic Gardens Conservation International in Association with Oxford: University of Oxford Botanic Garden, Oxford, United Kingdom, 2006.

[9] HARRIET GROSS, NICOLA LANE. Landscapes of the Lifespan: Exploring Accounts of Own Gardens and Gardening[J]. Journal of Environmental Psychology, 2007, 27: 225~241.

三、园艺疗法的功能[①]

1. 精神方面

(1) 消除不安心理与急躁情绪。

在医院病房周围种植草木,病人于其中散步或通过门窗眺望,可使心态平静。据报道,在可以看见花草树木的场所劳动,不仅可以减轻劳动强度,还可以使劳动者产生满足感,如果是园艺栽培活动地的话,效果则更佳。

(2) 增加活力。

投身于园艺活动中,可使病人特别是精神病患者忘却烦恼,减轻疲劳感,加快入睡速度,起床后精神更加充沛。

(3) 张扬气氛。

一般来讲,红花使人产生激动感,黄花使人产生明快感,蓝花、白花使人产生宁静感。鉴赏花木,可刺激、调节或松弛大脑。

(4) 培养创作激情。

盆栽花木、花坛制作以及庭园花卉种植等各种园艺活动,是把具有自然美的植物材料按照自己的想象进行布置处理,使其成为艺术品。这种活动可以激发创作情感。

(5) 抑制冲动。

在自然环境中整地、挖坑、搬运花木、种植培土以及浇水施肥,在消耗体力的同时,还可抑制冲动,久而久之有利于形成良好的性格。

(6) 培养忍耐力与注意力。

园艺的对象是有生命的花木,在进行园艺活动时要求慎重并有持续性。例如,修剪花木时应有选择地剪除,播种时则应根据种粒的大小覆盖不同深度的土壤,这些都需要慎重与集中注意力。若在栽植花木的中途去干其他事情,等想起来栽植时,花木可能已枯萎。因此,长期进行园艺活动,无疑会培养忍耐力与注意力。

(7) 增强行动的计划性。

何时播种、何时移植、何时修剪、何时施肥……植物种类不同操作内容不同,则时间与季节也不同。进行园艺活动,必先制订计划,或书面计划或脑中谋划,因人而异。此项工作或爱好可以增强自己与植物的感情,加深对时间概念(早、晚、季节的变化等)的理解。

(8) 增强责任感。

采取责任到人的方法,病人必须清楚哪些是自己管理的盆花、花坛等。因为花木为有生命之物,如果管理不当或疏忽,会枯萎。这可使病人认识到哪些是自己不得不做的工作,从而培养与增强责任感。

(9) 树立自信心。

待到自己培植的花木开花、结果时,会受到人们的称赞,这说明自己的辛勤劳作得到人们的认可,自己在满足的同时还会增强自信心。这对失去生活自信的精神病患者医治效

[①] http://baike.baidu.com/view/3452600.htm。

果更佳。当然，为了不让患者失望，开始时应该选择易于管理、易于开花的花木种类。

2. 社会方面

(1) 提高社交能力。

参加集体性的园艺疗法活动，病人以花木园艺为话题，有利于产生共鸣，促进交流，这样可以培养与他人之间协调的能力，提高社交能力。

(2) 增强公共道德观念。

利用花木对自己的生活环境进行美化绿化，或者自己所负责的盆花、花坛开出漂亮的花朵，在增强自信的同时，还体会到自己为大家做了有益的事情。另外，为花坛除草，摘除枯萎花朵、扫除落叶等活动，可以培养自己的环境美化意识和习惯，增强公共道德观念。

3. 身体方面

(1) 刺激感官。

植物的色、形对视觉，香味对嗅觉，可食用植物对味觉，植物的花、茎、叶的质感(粗糙、光滑、毛茸茸)对触觉都有刺激作用。另外，自然界的虫鸣、鸟语、水声、风吹以及雨打叶片声也对听觉有刺激作用。卧病在床的患者或者长久闭户不出门的人们，到室外去沐浴自然大气，接受日光明暗给予视觉的刺激，感受冷暖对皮肤的刺激，这可称为自然疗法，也是园艺疗法的内容之一。白天进行园艺活动、接受日光浴，晚上疲劳后上床休息，有利于养成正常的生活习惯，保持体内生物钟的正常运转，这对失眠症患者有一定的疗效。

(2) 强化运动机能。

人的精神、身体如果不频繁地使用，其机能会出现衰退现象。局部性衰退会导致关节、筋骨萎缩，全身性衰退会导致心脏与消化器官机能低下，易于疲劳等。园艺活动，从播种、扦插、上盆、种植配置等的坐态活动到整地、浇水、施肥等站立活动，每时每刻都在使用眼睛，同时头、手、足都要运动，它是一项全身性综合运动。残疾人、卧病在床者以及高龄老人容易出现精神、身体的衰老，而园艺活动是防止衰老的有效措施之一。

第二节　园艺疗法在自闭症儿童心理干预中的应用

一、园艺疗法与自闭症儿童心理干预

1. 园艺疗法在自闭症儿童心理干预中的作用

对于自闭症儿童，目前没有特效药物治疗，主要采用以教育和训练为主、药物为辅的方法。其中，相当一部分的儿童症状有显著的改善，可能获得一定程度的独立生活、学习和工作能力。但是，自闭症儿童的康复水平取决于患者病情的严重程度、儿童的智力水平、教育和治疗干预时机和干预程度。儿童的智力水平越高、干预的年龄越小、训练强度越高，效果越好。目前在国内外已有不少通过教育和训练使儿童基本恢复正常的个案。若不予治疗则大多数的自闭症儿童状况较差。小部分自闭症儿童随着年龄的增长会有不同程度的自我

改善[1]。

目前，国内外对于自闭症儿童的干预，主要方法包括感觉统合训练、音乐治疗、结构化教育等，对早期自闭症儿童的干预目标集中在：提高言语功能，稳定儿童情绪，增强交往能力，减少自闭症症状等。自闭症儿童的心理干预实践证明，园艺疗法与以上疗法结合使用，更有利于干预目标的实现，比如，儿童行为规则化发展，交往能力的提升及稳定儿童情绪等。

2. 自闭症儿童对植物的反应

了解自闭症儿童对植物的态度，是园艺疗法在自闭症儿童心理干预中得以实施的前提条件。自闭症儿童对植物的态度可以从两个角度考察，一是常态反应，二是特有反应。

所谓常态反应，是指在对待植物的反应上，自闭症儿童与一般人相同的反应。具体表现如下。

第一，自闭症儿童与一般人一样，和植物之间有一种默契，会从舒适的植物环境中获得平静心情。自闭症儿童在自然绿色环境中，会表现出愉悦心情。

第二，自闭症儿童在植物的选择上，会出现明显的两性差异，男孩子会倾向于喜欢叶类植物，而女孩则倾向于选择花类植物。

所谓特有反应，是指在对待植物的反应上，自闭症儿童与一般人不同的地方。具体表现如下。

第一，自闭症儿童对于植物生命的理解能力较一般人群差，他们在没有特别接受指导的情况下，很难理解植物生命的意义，包括植物对于我们人类的意义。

第二，我们一般人会与植物之间形成一种情感交流，这一点大部分自闭症儿童做不到。例如，我们一般人会把自己的情感赋予植物，形成自己与植物之间一种情感寄托关系，进而获得心灵的慰藉，而自闭症儿童如果不经过特殊的指导很难达到这一点。

从自闭症儿童对于植物反应的特点上，可以得出，针对自闭症儿童具备实施园艺疗法的条件，作为自闭症儿童心理干预的一种辅助治疗方法，园艺疗法将会有良好治疗效果。

二、自闭症儿童心理干预中园艺疗法的具体实施

1. 园艺疗法具体方法

根据园艺疗法，"接触和运用园艺材料，维护美化植物、盆栽或庭园，接触自然环境而缓解压力，复健心灵"的内涵，园艺疗法在自闭症儿童心理干预中的实际运用有以下三种具体方法，包括植物认领园艺疗法、植物种植园艺疗法、自然植物接触园艺疗法方法。

1) 植物认领园艺疗法

(1) 概念界定。

所谓植物认领园艺疗法，就是让自闭症儿童认领一株属于他(她)自己的植物，而后引导儿童学会日常照顾该植物，学会和植物之间交流情感，进而达到提升自闭症儿童社会交往能力和纠正行为问题的目的。这种方法既可对自闭症儿童团体进行心理治疗，又可以对个

---

[1] 刘智胜，静进. 儿童心理行为障碍[M]. 北京：人民卫生出版社，2007：91，93，99.

体进行心理治疗。

(2) 具体操作步骤。

步骤 1：引导自闭症患儿选择一株自己喜欢的植物。此阶段注意点是，植物的选择要考虑是否适合儿童情况，要考虑到植物的颜色、味道、大小是否符合自闭症儿童。在操作中，应该选择颜色为患儿所喜欢的植物；选择气味对儿童无伤害的植物，如有些儿童会对花粉过敏；植物不宜过大，且应该易存活。

步骤 2：引导自闭症儿童学会照顾植物，如果园艺疗法在家庭实施，要把对植物的照顾活动日常化，如果在教育机构实施，可以在儿童每次到机构活动时实施对植物的照顾。这样可以有助于儿童责任心等多种品质的培养。

步骤 3：定期引导自闭症儿童对自己认养的植物进行观察，如看看植物是否长大，是否有新的变化，以加强儿童对植物生命的理解。

2) 植物种植园艺疗法

(1) 概念界定。

所谓植物种植园艺疗法，就是在特定的场所，引导自闭症儿童进行植物种植，在植物种植的过程中，使患儿在感受种植快乐的同时，提升自闭症儿童社会交往能力、注意力等各种能力及释放压力、舒缓情绪。同样，这种方法既可对自闭症儿童进行团体心理治疗，又可对个体进行心理治疗。

(2) 具体操作步骤。

步骤 1：选择一个适合自闭症儿童种植植物的园地，如学校的某块种植园地；家庭庭院；专业种植园等。

步骤 2：组织自闭症儿童某一团体或个体，进入植物种植园。

步骤 3：在进入植物种植园后，首先，指导师要对儿童讲清楚本次任务。在布置任务后，一定要请儿童复述任务，以便了解儿童是否清楚即将要做的事。

步骤 4：引导自闭症儿童开始植物种植活动后，指导师要注意观察儿童在种植过程中每一处细节的表现。如果是团体治疗，至少每 3 名儿童就应配备 1 位指导师或指导协助。

步骤 5：种植活动结束后，要引导儿童谈谈自己在本次种植活动都做了什么，有什么感想。

3) 自然植物接触园艺疗法

(1) 概念界定。

所谓植物接触园艺疗法，就是组织自闭症儿童参加各类与自然植物环境接触的活动，包括组织儿童旅游、参观、游玩等活动。在这类活动中组织者应该利用一切时机，引导儿童观察植物，体会植物带给人的那种特殊的感受。同样，这种方法既可对自闭症儿童团体进行心理治疗，又可对个体进行心理治疗。

(2) 实施注意事项。

第一，在制订治疗计划时，最好只设定一个具体目标，如本次重点感受植物色彩；本次重点认识一类或一种植物等。

第二，在组织与自然植物环境接触的园艺疗法时，要把自闭症儿童的安全放第一位。

第三，实施团体治疗时，自闭症儿童参与的人数不宜过多，一般以 3~8 人为好。每两名儿童最好配备 1 名指导协助。

第四，每次活动要组织所有参与者进行活动总结。

2. 团体的园艺治疗和个体园艺治疗

1) 团体园艺治疗

(1) 团体园艺治疗的概念。

团体园艺治疗，顾名思义就是对一个团体实施园艺治疗。在对自闭症儿童实施团体园艺治疗时人数不宜过多，一般以3～8人为最佳。选择参加团体园艺治疗的对象时要考虑到成员对植物的兴趣是否一致。

(2) 治疗计划设计。

团体园艺治疗计划的设计非常重要，它是取得自闭症儿童园艺疗法成功的关键。进行治疗计划设计时，指导师要完成如下任务。

第一，设定团体治疗主题。根据治疗目标设定团体治疗主题时，切忌目标不明确，主题不突出，这会直接影响治疗效果。

第二，确定团体治疗性质。确定该团体园艺治疗是系列治疗还是单次治疗，如果是系列治疗，就应该明确系列治疗的主题、形式及整体设计；如果是单次治疗，也应该制定明确的治疗方案。关于治疗的这一性质，在实施团体园艺疗法之前就要向儿童及监管人说明。

第三，由于园艺疗法的特殊性，在实施治疗之前，指导师应该熟悉治疗场所和相关植物。

第四，在实施治疗之前，指导师要选择好指导协助者，事先向协助者明确他们即将要承担的任务，以及主要指导对象(自闭症儿童)的情况。

第五，由于自闭症儿童的症状特点，指导者在设计园艺治疗计划时，要充分考虑到可能出现的一些非常事件，制定相应的应对方案。

(3) 治疗的实施。

自闭症儿童团体园艺治疗的实施和一般团体心理咨询一样，分为热身活动、主体活动和总结活动三个阶段。不同的是，团体园艺治疗的热身活动是以布置园艺活动的任务和注意事项为主。

2) 个体园艺治疗

(1) 个体团体园艺治疗的概念。

个体园艺治疗，顾名思义就是对某一自闭症儿童实施园艺治疗。在对自闭症儿童实施个体园艺治疗时，最为关键的是该儿童是否适合做园艺治疗。

(2) 对象的选择。

适合做个体园艺治疗对象的自闭症儿童必须具备如下几个特点。

第一，对植物要有一定的兴趣。自闭症儿童园艺治疗实践显示，自闭症儿童中只有部分儿童对植物有浓厚的兴趣，还有部分儿童在引导后会对植物产生兴趣，这两部分儿童都适合做园艺疗法。

第二，除了对植物感兴趣外，儿童还应该有一定的交流能力，功能较低的自闭症儿童园艺疗法的疗效较差。

第三，监护人的配合。在自闭症儿童的心理治疗中，监护人的配合是取得良好治疗效果的保证，园艺疗法也同样如此。

3. 环境布置中的园艺疗法运用

1) 教育设施内总体布置上体现园艺治疗的特点

在自闭症儿童学习的教育设施内，将园艺疗法的理念贯穿于设施的环境总体布置中，会对儿童的康复有一定的积极作用。环境布置应该具有如下特点。

第一，以绿色为主，色彩不要过于鲜艳。因为色彩过于鲜艳会影响儿童的注意力，使其情绪亢奋。

第二，植物的种类不宜过多。因为种类过多会使得自闭症儿童因无法在最短的时间内认识植物，而失去对植物的兴趣。

第三，植物不宜过大。因为大植物也会影响儿童的注意力，使得他们无法完成学习任务。

2) 设施内设立"植物角"

根据自闭症儿童对植物的兴趣，在教育设施内设立"植物角"是把园艺疗法贯穿于儿童日常活动中的一个良好方法。"植物角"既可以成为"植物种植园艺疗法"的基地，也可以以"植物角"为媒介，对儿童实施各种类型的园艺治疗。

3) 个别咨询的阶段划分

(1) 投入阶段。

投入阶段是指园艺疗法指导师与治疗对象进行接触的阶段，这个阶段的目的主要是建立自闭症儿童能够接受指导师的良好治疗关系，所以该阶段对指导师的要求相对较高，不能给儿童排斥感。特别是初次见面，需要指导师准确地评估自闭症儿童的病症及心理状态。

(2) 模式搜索阶段。

模式搜索阶段是指确定自闭症儿童对待植物的态度、情绪和行为模式的阶段。这个阶段的目标是确定园艺疗法的具体模式。

(3) 转变阶段。

在此阶段，指导师要充分把握自闭症儿童个体与植物之间产生的特殊联系，从而找到适合儿童治疗的植物种类及与植物接触的形式，达到解决儿童行为问题，提升其交往能力等目的。

(4) 结束阶段。

结束阶段是指终止对自闭症儿童实施园艺治疗的阶段。针对自闭症儿童的个体园艺治疗往往不是短时间内就可以完成的，也不是一次就可以实现预定目标的。对于很多自闭症儿童来说，园艺治疗辅助与其他疗法的治疗要持续很长的时间。因此，阶段性的目标设定和结束就构成了自闭症儿童园艺疗法的特点。这一特点具体来说就是，在园艺疗法的实施中，针对自闭症儿童的某些具体问题，首先设定一个阶段性目标，在实现目标后，结束这一阶段的治疗，然后再开始新一阶段的园艺治疗。

三、自闭症儿童园艺疗法指导师

要成为自闭症儿童园艺治疗的指导师，除了要有自闭症儿童教育心理工作者所必须具备的条件外，如通晓特殊教育学和心理学理论知识，通晓自闭症儿童心理与教育规律，且有着一定的相关实践经验，还必须满足如下几个方面的条件。

第一，要求对自闭症儿童实施园艺疗法的指导师，必须是从事自闭症儿童教育、心理工作，且接受过园艺知识培训的教育心理工作者。自闭症儿童家长、老师及心理工作者均可通过培训、学习达到园艺疗法指导师的要求。

第二，由于园艺疗法在心理治疗中属于辅助性治疗方法，其在具体操作上有极强的随机性，即根据整体治疗情况的需要，设计配套的园艺治疗方案，这就要求园艺疗法指导师要在具备一定心理治疗能力与经验的基础上，还必须具备一定治疗灵活性及设计性。

第三，自闭症儿童园艺治疗指导师，必须具备较高的洞察能力。由于园艺疗法的实施是在引导患者与植物接触的各类活动中完成的，因此，指导师在这一过程中要能对整个过程进行观察，并能从观察中发现问题，进而利用植物这一治疗媒介解决问题。

第四，自闭症儿童园艺治疗指导师，要对治疗所利用的植物特性有一定的了解。只有这样，才能在治疗过程中，充分发挥园艺治疗的特色作用，实现治疗目标。

四、自闭症心理干预中园艺疗法实施的原则

自闭症儿童园艺疗法的原则是自闭症儿童园艺疗法法则和标准，是自闭症儿童园艺疗法的规矩，也是自闭症儿童园艺疗法工作规律的概括和经验总结，对自闭症儿童园艺疗法工作具有指导意义。概括地讲，自闭症儿童园艺疗法原则主要有以自闭症儿童为本、安全第一、整体异同、耐心负责、矫治发展五个方面。

1. 自闭症儿童为本原则

自闭症儿童作为心理治疗对象，具有其特殊性，他们无法像一般来访者那样能够用语言准确描述事情的发生经过和表达自己的情绪。在对自闭症儿童进行心理治疗的过程中，咨询师对被治疗对象情绪的准确判断是治疗取得良好疗效的保证。在对自闭症儿童实施园艺疗法时，以自闭症儿童为本的原则是最为核心的原则。

园艺疗法中虽然介入了植物这一治疗媒介，但是，仍然需要指导师在园艺疗法的设计阶段直至完成阶段，充分坚持以被治疗对象儿童为本，切忌过于以指导师的主观意志为主的原则。首先，在设计阶段，指导师要充分考虑到自闭症儿童的共性病症和被治疗对象儿童的个性特征，设计出符合儿童的切实可行的方案。如考虑儿童的性格特点；考虑儿童的植物爱好倾向；考虑儿童的行为表现规律等。其次，在治疗的实施阶段，指导师要密切地观察儿童的一举一动，充分理解儿童的行为表现，给予有效的帮助。最后，在结束阶段，指导师一定要领会儿童对治疗的感受，准确地分析儿童在接受园艺治疗后取得的进步，进而达到巩固治疗效果的作用。

2. 安全第一原则

由于自闭症儿童自身危险意识缺失，因此在实施治疗过程中，安全第一的原则就成为一个非常重要的原则。

在对自闭症儿童实施园艺疗法的过程中，安全第一的原则主要表现为如下几个方面。

第一，在治疗场所的选择上，要选择安全的地方。因为园艺治疗会选择在治疗室以外

的自然环境中实施,所以,要求指导师事先要对实施治疗的环境进行了解、评估,在确保绝对安全的情况下,方可实施治疗。

第二,在植物的选择上,要选择对治疗对象儿童绝对安全的植物。有些植物本身就对人类有一定的伤害,指导师一定不能选用,如仙人掌类植物、毒性菇类植物等。自闭症儿童中有一些孩子会对某一种植物花粉有过敏现象,也会有一些孩子会对某一种植物敏感,这就要求指导师在植物选择上,一定要与儿童家长有良好的沟通,从而避免不安全事件的发生。另外,植物的承载物也是必须关注的安全点,因为有些易碎花瓶、花盆也会伤到儿童。

第三,在园艺疗法指导师协助者的选择上,要选择那些有一定治疗经验,且有爱心和责任心的人来担当,这是确保治疗得以顺利实施的重要条件。在对自闭症儿童实施园艺疗法时,许多时候会需要一定数量的指导师协助,协助者的选择是治疗准备阶段的一个重要工作。

3. 整体异同原则

整体原则首先是指在对自闭症儿童实施园艺疗法时,指导师要运用全面系统的观点,即在掌握自闭症儿童总体心理特征和症状特点的基础上,综合运用多种技术方法。其次是指对治疗对象个体情况的充分了解。虽然对自闭症的病因还没有明确的探究结果,但自闭症是生理、心理和社会诸因素交互作用的结果这一解释还是受到广泛的认可。因此,在对自闭症儿童实施园艺疗法时,对治疗对象儿童的个性、智力程度、社会背景、家庭状况等多种内、外因素进行全面分析考虑,是治疗前期的重要工作。只有对被治疗自闭症儿童从整体角度进行全面研究,抓住主要矛盾,正确运用园艺治疗技术,才能取得良好的治疗效果。

异同则是指在对自闭症儿童实施园艺疗法的过程中,指导师不仅要注意自闭症儿童的共性特征,更要重视治疗对象儿童的个体特征,使一般与特殊相结合,做到具体问题具体分析。

4. 耐心负责原则

耐心是指在实施园艺疗法的过程中,指导师充分认识到解决自闭症儿童的行为问题和心理问题的艰巨性、复杂性与困难性,做好坚持不懈,不怕反复,耐心矫治,力求良好效果的准备。

在实施园艺疗法的过程中,指导师不仅要给自闭症儿童的监护人讲清自闭症治疗的艰难性,还要对其监护人讲清楚园艺疗法的辅助治疗特性,以免使监护人对治疗效果期待过高,在期待值未能实现的状况下,出现急躁、厌烦等情绪,从而影响对儿童的治疗。负责是指指导师要对接受治疗的自闭症儿童负责,把儿童利益放第一位。

5. 矫治发展原则

矫治,即矫正治疗,在这里是指指导师在对自闭症儿童实施园艺疗法时,在了解被治疗儿童的心理障碍的性质及原因的基础上,将园艺治疗的目标明确指向儿童行为问题的矫正,进而促进儿童的成长。矫治发展的原则是对自闭症儿童实施园艺疗法的一个重要原则,对该原则的遵守是治疗取得良好疗效的保证。

园艺疗法在自闭症儿童心理治疗中还处在发展的初级阶段，其具体运用方法和疗效还在不断的探寻中。但是，目前的治疗实践已经显示出其良好的治疗效果，这预示着这一疗法在自闭症儿童心理治疗中有着极好的运用前景。

案例分析：园艺疗法对自闭症儿童社交障碍干预的实践

一、实践动机

在日常生活中，很多人都认识到，人与植物有着非常密切的关系，Relf[①]概括了人和植物的关系可以从四个方面进行研究：第一，生理上依赖植物；第二，生理和心理对植物影响的回应；第三，保健园林对人的影响；第四，提升社会交流的程度。园艺疗法就是充分利用了人与植物的关系来进行相关治疗的。对于自闭症儿童的干预，特别是对自闭症儿童交流障碍的干预，园艺疗法同样可行和有效，这是把园艺疗法引入自闭症儿童心理干预的主要动机。

二、研究方法

1. 主试与被试

本研究以北京林业大学心理系彩虹宝贝特殊儿童干预中心的20名4~16岁的自闭症儿童(其中包括6名女童与14名男童)为研究对象，随机分配，分别作为实验组和对照组被试，仅对实验组患儿采用园艺疗法进行干预。

主试即治疗师均来自北京林业大学人文学院心理学专业的本科生与研究生，并保证每名患儿至少配有两名专门的治疗师。

2. 材料

各种植物20盆(种类包括孔雀竹芋、绿萝、吊兰和四季海棠四种，其中，只有四季海棠是花卉植物，孔雀竹芋、绿萝和吊兰是非花卉植物)，选择时着重考虑患儿是否对花粉过敏，植物是否方便栽培，此外，避免选择带刺的或有毒的可能对患儿造成伤害的植物(如仙人球、仙人掌等)。

三、园艺疗法在自闭症儿童社交障碍干预中的具体实施

1. 植物认养：由患儿自行选择植物进行栽培(实验组患儿认养，对照组患儿不认养)，在挑选过程中让患儿分清自己的植物与其他患儿的植物，并对自己的植物起名或做上标记与装饰，予以区分。

2. 植物栽培：患儿在治疗师的指导和帮助下，定期(2010年9月至2010年11月期间，每周一次)为自己的植物培土、浇水等，在此过程中进一步认清自己的植物，并培养患儿对自己植物的责任意识。

3. 对实验组患儿，通过改变植物摆设位置，让患儿加深对自己的植物和他人的植物的认识，并在栽培过程中逐步由物及人，由注意其他患儿的植物到注意到其他患儿，提升患儿对他人存在的感知和认识。

4. 对实验组患儿，通过植物的使用进行一些社会交往训练(如在植物上悬挂不同表情图

---

① RELF. The Role of Plant and Horticultural in Human Well-being and Quality of Life [J]. People-plant Relationships, 2001，1：2~5.

片，教患儿认识和了解不同的情绪情感体验)，然后与对照组患儿一起参加其他社交训练，并与对照组患儿进行比较，观察其社会交往表现。

四、园艺疗法对自闭症儿童社交障碍干预的结果

1. 园艺疗法对高功能自闭症儿童有一定的疗效，对其他患儿疗效不显著

实验组的高功能自闭症儿童在社交训练上有积极表现，可见，园艺疗法对高功能自闭症儿童社会交往能力的提升有一定的疗效，对其他患儿的疗效不显著，而且，康复效果的个体差异大。

2. 园艺疗法在患儿责任心和他人存在感的提升上有一定作用

园艺疗法在患儿责任心和他人存在感的提升上有一定作用。实验组患儿每次干预进行前都会主动找寻自己认养的植物并准确指出其他患儿认养的植物，也对自己的植物有一份责任心，如主动或在咨询师的提示下照顾植物等。

3. 在消除患儿不安心理、急躁情绪及注意力分散上无明显效果

园艺疗法在消除患儿不安心理、急躁情绪及注意力分散上无明显效果，而且效果的个体差异较大。实践中，在患儿情绪不稳定或注意力分散时，咨询师多次将园艺疗法介入，均无效或效果不显著，只有部分患儿会出现片刻的平静，但基本无法达到干预目的。

4. 植物种类的选择应以患儿的植物喜好为基础

植物的认领是园艺疗法是否能够取得良好效果的关键。园艺疗法实践中的自闭症女童更倾向于选择花卉植物(四季海棠)作为自己认养的植物并为自己的植物起名。

由于每名患儿的治疗师不同，而不同治疗师的治疗经验也不同，园艺疗法的实践显示，在经验更丰富的治疗师的指导下进行园艺疗法社交障碍干预的患儿康复效果更好，可见，治疗师的经验是影响园艺疗法疗效的主要因素之一。

目前，已有研究证实智力因素是影响自闭症儿童与同伴交往的重要因素。同时智力因素也是影响社会交往和理解的重要因素。因此，自闭症儿童智力差异可以很好地解释本研究结果中出现的个体差异。其他的影响因素还有待进一步分析和研究。

本研究中使用的植物易栽培、易购买，实验组的患儿在人工环境中都能在治疗师的指导和帮助下培育自己的植物，较好地理解不同患儿拥有不同的植物。因此，园艺疗法便于自闭症儿童(特别是高功能自闭症儿童)在康复机构或者在自己家中实施，由治疗师或患儿家长给予指导和帮助，有利于提升患儿的责任心和他人存在感以及社会交往能力。

由于本研究进行时间较短，患儿的干预效果是否可以保持，仍有待继续验证。最后，尽管本研究中的高功能自闭症儿童在通过园艺疗法的干预后，都在社会交往训练中有积极表现，但是由于被试样本小，仍然需要进一步(特别是大样本)研究。希望园艺疗法在自闭症儿童社会交往障碍干预方面起到更大的积极作用。

(资料来源：北京林业大学彩虹宝贝自闭症儿童心理干预中心研究报告)

本章通过介绍对一例 5 岁的自闭症儿童实施综合教育的情况，为读者详尽描述了综合教育在自闭症儿童教育中的运用，其内容具有一定的实践指导意义。综合教育分别从患儿精细动作发展、生活自理能力发展、认知能力发展和同情心培养等四个方面展开。

第十一章　自闭症儿童综合教育案例分析

核心概念

综合教育；精细动作发展；生活自理能力；认知能力；同情心

第一节　案　例　概　述

一、综合教育的界定

综合教育是一个大家并不陌生的教育词汇，综合教育可以从广义和狭义两个方面理解。所谓综合教育的广义理解，是教育学意义上的概念，指对被教育者实施道德、智力、体能、审美、劳动技能多层面的教育。所谓综合教育的狭义理解，是学校教育意义上的概念，指在学校教育领域中，学校对学生实施的全面发展的教育。

本章的"综合教育"是指在为自闭症儿童提供教育的过程中，针对自闭症儿童的社会、情绪、认知方面的多种缺陷同步进行教育、训练，以改善其各方面能力的不均衡发展。

二、关键词解释

本章的"综合教育"分别从精细动作发展、生活自理能力发展、认知能力发展和同情心培养四个方面进行。

1. 自闭症儿童精细动作发展特征

1) 粗动作与精细动作

动作是个体的基本能力，人们生活的每时每刻几乎都伴随着各种各样的动作。从发展心理学的角度来看，动作的发展是儿童活动发展的直接前提。

从涉及肌肉广泛性的角度来看，动作可以分为粗动作和精细动作。粗动作也称为大肌肉动作，如四肢着地爬行、双腿直立行走等；精细动作也称为小肌肉动作，如拇指与食指相对拮取物体、握笔、拿勺等。对于动作，人们能够观察到的是肌肉的外显活动。然而，从动作的产生、执行、结果等各个环节看，在肌肉活动的背后有着相当复杂的生理、心理、物理性与社会性的原因和过程[①]。

2) 动作可作为身心发展障碍的重要康复手段

在个体发展历程中，由于内外部各种因素的影响，一些个体的适应性功能可能出现损伤甚至障碍。例如，基因和环境因素可能导致注意力分散、智力落后、情感障碍，脑部外伤可能导致脑功能损害等。面对发展中的脑和心理功能损害，最重要的是积极进行有效的功能康复。例如，帮助智力落后者发展必要的生活自理能力，改进注意力分散者的行为调控水平，促进自闭症儿童正常行为模式的建立等。由于发展失调个体的动作常常存在不同程度的问题，所以动作功能康复本身也是发展康复的重要内容。因此，在许多发展障碍的康复中，动作功能的训练是一条重要的途径[②]。

自闭症儿童多少都存在一些动作障碍，特别是在完成精细动作任务上的动作协调水平显著低于同龄儿童，使得他们存在一定程度的注意力、情感等多种问题。

2. 自闭症儿童生活自理能力状况分析

自闭症是一种病因不明确的终身疾病，其中大部分患者会存在不同程度的智力问题，加之他们有社会交往障碍，使得他们需要接受特殊的教育和训练才能具有一定的生活自理能力。因此，培养自闭症儿童的生活自理能力，与消除自闭症儿童社交障碍一样，成为自闭症心理干预的主要目标。

3. 自闭症儿童的认知能力特点

认知能力是指接收、加工、存储和应用信息的能力。它是人们成功地完成活动最重要的心理条件。认知能力包括知觉、记忆、注意、思维和想象等能力。

自闭症儿童的认知能力相对于同龄儿童存在不同程度的滞后和一定程度的障碍。人的认知过程是行为和情感的中介，适应不良性行为、情感与适应不良性认知有关。因此，有目标、有计划、有系统地对自闭症儿童的认知能力进行训练与培养，也是咨询治疗的一项重要内容。

4. 自闭症儿童的同情心状况

情感障碍是自闭症儿童的特有障碍之一，这主要表现在自闭症儿童很难懂得别人的情感，正因如此，他们才无法与他人正常交流。我们可以依据心理科学关于情感形成与发展的理论，针对自闭症儿童的情感发展给予教育干预。自闭症儿童的情感干预角度是多方面的，实践表明，从自闭症儿童的同情心培养入手，是发展其情感的良好途径。

---

① 董奇，陶沙. 动作与心理发展[M]. 北京：北京师范大学出版社，2004：3.
② 董奇，陶沙. 动作与心理发展[M]. 北京：北京师范大学出版社，2004：10.

三、案主介绍

1. 案主的一般情况

小T，5岁男孩，独生子，与父母及爷爷奶奶同住。2007年8月经专家诊断为轻度自闭症，2007年12月因脑部受伤，曾做过开颅手术。案主体质较弱，偏瘦，需长期服用补血类营养品。案主足月顺产，3岁前很少有语言交流，当自己的意图没有达到、没有被他人理解或自己不想做某件事情时，会大声哭闹，短时间内难以平复，甚至会出现自伤的行为，如在墙上撞头或者以拳头击打自己脑部。随着时间的推移，表现出比较明显的刻板行为和奇特兴趣。现就读于当地最佳普教幼儿园。在当地，案主家庭经济条件比较优越，但由于父母上班较忙，案主从小由爷爷奶奶带大，比较依赖爷爷，对其他家庭成员较为冷淡，平时都和爷爷奶奶一起睡。母亲对案主的要求比较严格，并负责大部分的知识性教育任务。

2. 选择案主的原因

研究者与该案主(以下称为小T)及其家庭在一起生活一个多月，通过观察及对小T进行全面评估的结果，研究者认为小T是实施综合教育的合适人选。

选择原因有三点：一是小T属于高功能自闭症，有一定认知能力；二是小T的自闭症程度属于中度自闭症，有一定的语言交流能力和理解能力；三是小T家庭积极配合，这一点非常重要。

四、综合教育计划

整个教育过程按综合教育计划分为精细动作发展、生活自理能力、认知能力和同情心培养四个部分，而每一部分都是交叉进行的。在时间的控制上完全依赖于案主的注意力能集中的时长，训练地点均在案主家中，有案主、案主的母亲及研究者共同参与。

第二节 精细动作发展中的技术

对精细动作发展部分的训练主要是分涂色、描字、连线三部分进行的。这些训练项目不是学会一项再进行下一项，而是同时进行的。

一、涂色

与同龄人相比，小T在画画方面能力很差，他不能画出老师要求的最简单的人、房子等图画。在训练前，涂色完全是随意涂，没有任何规律性，而且会涂出边界。

1. 第一次涂色

第一次对小T进行涂色训练简直是一项艰巨的工程——完全没有规律地乱涂，不能集中注意力，而且不允许除他自己之外的任何人使用彩笔，"威逼利诱"之下终于涂完之后，小 T 便立刻将笔收拾到自己书包里，再也不看涂色画一眼。

失败之后，研究者认真地反思：小 T 第一次被要求认真地涂色是一个不可忽视的原因，而更重要的或许是所选的原材料他不感兴趣。为此，同小 T 母亲商量之后，我们为其准备了他最喜欢的奥特曼简笔画描图本，同时可以结合其当前的兴趣点来选用材料。

2. 第三次涂色

由于奥特曼描图对小 T 来说有一定的难度，因此第二次涂色也以失败告终。

第三次涂色选用了他目前比较感兴趣的树叶，同时为其采摘了实物加以配合。

在涂色之前，研究者多次为其讲解涂色规则"涂色要先画边框，然后填充内部，并且不能涂出边界"，并且加以示范，之后手把手教其进行涂色。只要研究者不刻意控制其用笔走向，小 T 便会涂到边界之外。但是相对前两次，本次涂色基本完成了预期目标，如图 11-1 所示。

图 11-1　小 T 的涂色

3. 第八、第九次涂色

涂色训练每天都进行一次或两次，但是受限于小 T 注意力集中的时间长度，有时只能简单地描边或填充内部。虽然如此，几天之后，小 T 在没有任何外界关注和辅助的条件下可以画出如图 11-2 和图 11-3 所示的涂色图。

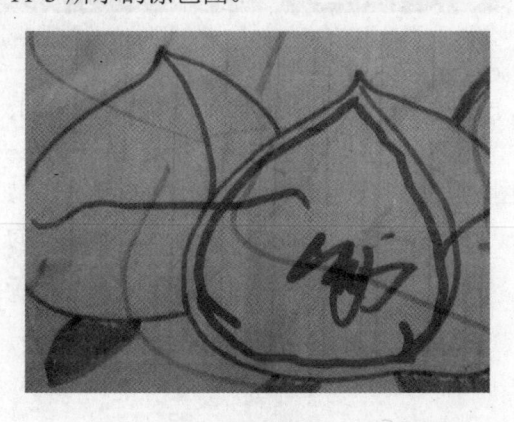

图 11-2　小 T 可以画的涂色图①

图 11-3　小 T 可以画的涂色图②

从图 11-2 和图 11-3 中(尤其是图 11-2 右边桃子边界的涂描)可以看出，小 T 的涂色有了很大的进步，并且在没有任何要求的情况下，会自己主动地做涂色作业。

但是由于小 T 至今不能识别颜色，所以并不能按常规或者研究者的要求选用颜色(如图 11-3 中的紫色桃子)。当然，用什么颜色来涂色对精细动作的训练和发展并不产生任何影响。

此外，研究者对小 T 进行了规律涂色的训练，从规律涂色角度来说，这次训练是完全失败的。但是其结果可以反映出小 T 在涂色上的更大进步——在小圈内涂色，也可以基本不出边界，如图 11-4 所示。

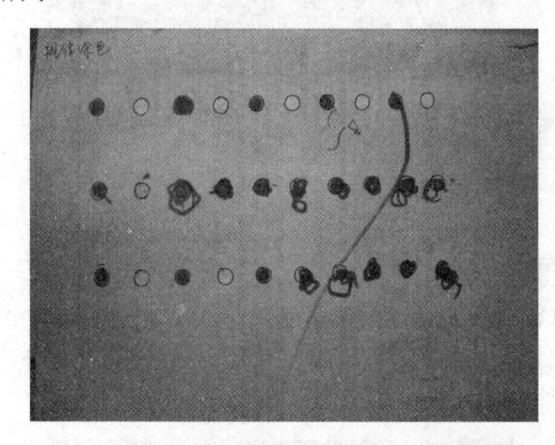

图 11-4　小 T 的规律涂色训练成果

感想：小 T 在涂色上的进步之快出乎研究者的意料。到后期，研究者只需要每天把准备好的材料放在桌子上，只要是他感兴趣的材料，小 T 总会在每天中午或者晚上的一个时间段自己坐下来开始描图。虽然每次他可能只做其中的一部分，如描边或者填充内部，但是都不会出现太大差错。这一点给了研究者极大的鼓励，也让每一天的生活充满惊喜和期待！

二、描字

小 T 至今不能识别颜色，涂色训练会有所限制。研究者观察到他平时自己经常会进行数字书写(仅限于 5 和 9 两个数字),于是决定有意地对其进行描字训练,来发展其精细动作,所用材料为自制拼图后的数字。

描字训练从开始断断续续持续了八天,最后的整体结果展示如图 11-5 所示。

图 11-5 小 T 的描字训练成果

从图 11-5 可以很清晰地看出,小 T 在描写如 2、3 这样带转折线的数字时,笔触会走偏,应该转折的地方没有及时转,需要在研究者手把手纠正之后才能继续。但是,同样带有转折线的 5、6、9 没有任何偏差。研究者认为这和小 T 对 5 和 9 两个数字的偏好有极大的关系。而 6 和 9 倒位可互相转换(这一点小 T 自己能认识到,也可在没有提示的情况下说出),因此在描写时也没有偏差。另外,上图中 4 的描写偏差之所以出现,研究者认为是由纸板的不平整导致的;而 8 是在研究者的把持之下描写的,因此尽管"千回百转"也没有出现偏差。

由此可以看出,小 T 的精细动作在一定程度上已经有了发展,而这正是研究者所预期的结果。

三、连线

研究者对小 T 连线的训练成果如图 11-6 所示。

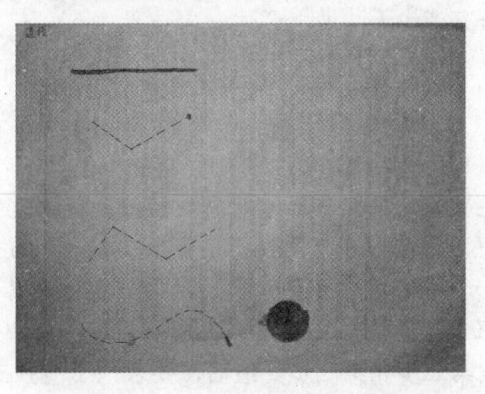

图 11-6 小 T 的连线训练成果

从图 11-6 中可以看出，连线训练的结果是失败的。尽管研究者示范时小 T 在认真地看，但是等到让其自己做时，便会将注意力转向其他地方，几次都没有成功。后来由于时间和其他训练任务的关系，也没有再继续此项训练。

感想： 小 T 不能正确分辨颜色，因此在进行上述训练的同时，研究者有意地在生活中加入了颜色识别这一项。每当看到他比较感兴趣的东西时，就会告诉他是什么颜色，然而结果并不如意：到最后，小 T 将所有的颜色都认成红色。这可能是因为在生活中，研究者利用了太多自己的东西作为刺激物(而研究者大部分的东西都是红色的)，以至于他形成了一种比较刻板、不加分辨的思维。而且单单凭借随机出现的颜色，而不是系统科学的安排，这对小 T 的现有接受能力或许是一个很大的挑战。

第三节　生活自理能力训练技术

生活自理能力的训练是所有自闭症儿童康复训练的重点任务之一。针对小 T 目前的状况，研究者选用了洗漱和穿脱衣服两个方面。

一、洗漱

根据观察，小 T 在要求下可以自己刷牙、洗手，但是不能顺利完成整个动作过程。例如，刷牙时只是将牙刷含在嘴里，且不用牙膏；洗手时会将香皂放在水里，且无限地玩水。为此，研究者主要针对刷牙和洗手对小 T 进行了训练。

为了使小 T 更容易接受整个过程，在整个训练过程中，都使用简单的指令。例如，刷牙的时候，在整个过程中发出动作指令，"牙膏拿来，牙刷拿来，牙膏打开，牙膏、牙膏挤出来。水龙头打开，杯子里面盛点水，关掉水龙头。小嘴张张开，牙刷放进来，左右、上下刷呀刷起来。含上一口水呀，咕噜咕噜涮一下，然后吐出来，再涮一口水。牙刷洗洗干净，牙膏一起进杯子"。尽量将动作分解开来，分别对应指令。开始时先由研究者进行演示，并在孩子刷牙的整个过程中给予其适当辅导。

但是，由于平时大家工作都比较忙碌，小 T 也要赶去上幼儿园，这一部分的训练只能偶尔进行。对训练结果研究者也无法做出评估。

二、穿脱衣服

对这一部分的训练主要采用的是任务分析和反链法，以易化学习技能的任务。例如，可以把一个穿 T 恤衫的任务分成三步：第一步是先把 T 恤衫套在头上而使脑袋伸出来，第二步是把一只胳膊伸进一个袖子里并使手伸出来，第三步是把另一只手从另一个袖子里伸出来。在训练时，先由家长帮助孩子完成第一步和第二步，只让孩子做第三步。然后，在孩子取得成功后再让他做第二步和第三步。最后，要求孩子能独立穿 T 恤衫，这一部分的训练是交给小 T 母亲来完成的。到现在，小 T 在协助下可以自己拉拉链、穿鞋，但是如果自己不能很顺利地将整个过程完成，小T便会发脾气，而且若有爷爷在场，小T很少能自己完成这些行为，往往是由爷爷主动提供帮助。

感想：小T的生活起居都是由爷爷奶奶负责的，而爷爷对其的宠爱让他失去了生活中本可利用的很多锻炼机会，如独自穿衣、上厕所等。这样，既剥夺了小T发展动作能力的机会，也丧失了锻炼其语言能力的机会。

基于自闭症儿童"视觉优位型"的特点，本部分的训练都结合了图片刺激。每当小T显示出对某个动作的图片有兴趣时，研究者就慢慢地讲出这个动作的分解口令。尽管大部分时候小T对这些话没有任何反应，却又会在某个不经意的时刻重复某个指令——这或许说明小T在无意中还是接收了一部分指令。

第四节　认知能力发展中的技术

本部分训练从配对、空间知觉能力、点数几个方面进行，并且每一部分都运用图片刺激，同时尽量结合现实生活。本部分所有图片均来自 Picture Master 图片系统(见附录)。

一、配对

1. 类别配对

为了能与实际生活更贴近，类别配对的训练主要选择了生活中常见的水果、蔬菜、家用电器、交通工具等。在训练中，除了教育小T将图片进行归类之外，还要求其将图片和实物进行结合配对。

2. 功能配对

较之类别配对，功能配对是更艰难一点的任务，因此选用了他感兴趣的两个方面：电视机和电脑。在图片教育的同时，用实物随时加以强化。

感想：最初几次进行类别配对的训练，效果很不理想。为此，根据小T对形状极强的辨认能力，研究者为其制作了"三角形和长方形"的形状配对，并且告诉他"三角形是好朋友，他们在一起玩；长方形是好朋友，也在一起玩"。同时将三角形和长方形分别放在一起。在当天晚上，小T便可以重复"三角形是好朋友"这句话，并且把部分三角形放在一起。到目前为止，小T完全可以做到形状归类，会在需要时提出"阿姨给长方形"这样的要求。对"水果"的概念也有一定的理解——在看见芒果时可以说出是"水果"。同时，"家用电器"图片和实物的配对训练也取得了很好的效果。即使是最难辨认的微波炉图片，小T也可以将其与实物联系在一起(这个过程比较漫长，从第一次接触微波炉这张图片已经有足足两个星期——他偶然说出的时候，所有人都激动不已)。

但是功能配对训练一直没有取得预期效果，尽管他可以独立地分辨出每一个物体。这或许和研究者的方法有关，也或者是难度较大的功能配对确实超越了小T的现有能力。

二、空间知觉能力

对小 T 的空间知觉能力训练主要从"大小""长短""高矮"的比较三个方面进行。以"大小"比较为例，将差异较大的两个物体或者图片呈现给小 T，同时指示给他"这个大，这个小"，多次训练直到他可以有意地重复。然后再询问"哪个大，哪个小？"若其可以回答正确，则给予语言肯定或物质奖励；若不能正确回答，要重复进行训练。

具体训练计划，以大小比较为例，部分结果展示如下。

1. 树叶大小比较

据小 T 母亲所言，2007 年 12 月小 T 脑部受伤之前，是能够分清楚大小的，因此在这个任务上，研究者一开始便充满了期待。

第一次进行大小比较时，小 T 便开始重复研究者的话，"大树叶，小树叶"，"这个大，这个小"。这给了研究者一种错觉，以为他可以轻易地接受这个概念。然而在被问及"哪个大，哪个小"时，小 T 却也只是一字不差地重复。多次尝试后，还是以失败告终。

以树叶为比较对象，图 11-7 还可以用来进行涂色训练。

图 11-7　小 T 以树叶进行比大小训练

2. 手掌大小比较

获益于生活中的很多现有资源，对大小比较的强化训练可以随时进行。

晚上同小 T 母亲一起帮小 T 洗漱时，看他兴致很高，便想再加一点训练。

这次训练将小 T 母亲、研究者及小 T 的手掌分别两两组合进行比较，在一次说明之后，小 T 便可以轻而易举地分辨大小，即使研究者多次改变互为参照物的两只手的前后、左右、上下位置，也没有任何差错，这着实是一个令人激动的消息！

3. 数字大小比较

鉴于小 T 对数字"5"的偏好，研究者这次特意选用数字作为大小比较的材料，如图 11-8 所示。

图 11-8　小 T 以数字 "5" 进行大小比较训练

在研究者刚刚写下这两个数字时，小 T 便主动且正确地指出了大小之分。然而，当小 T 母亲再次追问"哪个大，哪个小"时，小 T 便只是单纯地重复上述问句。

另外，由于小 T 比较喜欢奥特曼，研究者希望通过奥特曼拼图来训练其对"整体"和"部分"的感知能力，如图 11-9 和图 11-10 所示。

图 11-9　奥特曼完整图片　　　　　图 11-10　奥特曼分割图片

第一日

画好奥特曼后拿给小 T 看(见图 11-9)，他激动地大叫"奥特曼"。然而，等研究者将其分割成 9 块的拼图(见图 11-10)之后，小 T 便没再表现出任何兴趣。

第二日

考虑到小 T 的现有能力，研究者在自制的拼图后面按顺序标有 1～9 的数字。最初的几次训练中，小 T 完全无视画在正面的奥特曼，反而对背面的数字表现出极大兴趣，经常会自己拿出来读数。

研究者在这几日多次演示拼图过程，并且告诉小 T 只要按背面数字从 1～9 排列开来，奥特曼就可以拼好了，或者也可以按照身体部位来将拼图拼好。

第三日：小 T 主动拼图

小 T 在没有任何要求的情况下，开始自己摆阵拼图，口中还会说着"奥特曼的眼睛""奥特曼的头"等，但没能成功拼出图形，只是单纯地把纸片随意地摆在一起。之后多次独立尝试，小 T 都没能成功地完成拼图。

感想：受之前所接触到的一些资料的影响，研究者对自闭症儿童玩拼图有一种先入为主的判断，再加上小 T 对奥特曼的偏爱，研究者曾错误地认为奥特曼拼图对小 T 来说，应该是一件轻而易举的事情。然而，小 T 的兴趣缺失和一次次的失败给了研究者一个警醒：每一名自闭症儿童都是不同的——他们就像远在天边的星星，彼此隔离，闪烁着自己独特的光芒，而我们不可能通过一台天文望远镜的一个镜像来了解这个浩渺的星空——对待每一个"星星的孩子"，我们都需要一种独特的方法。

4. 按顺序数到 10

按顺序数到 10 对小 T 来说并不是难事，但根据其点数的表现，研究者认为他极有可能只是在单纯地背诵这些数字。经过与幼儿园老师的交流，选用童谣并配以手势教其数数。童谣如下：一勾二勾三勾勾，四勾五勾老虎手，六勾七勾八勾勾，九勾十勾吃东西。

此外，为评估其对数字的接受程度，研究者同时用数字增减的童谣（"1 添上 1 就是 2，2 添上 1 就是 3……9 添上 1 就是 10"）对小 T 进行教育。据结果推测，小 T 对数字代表的意义并没有真正理解，因为他不能正确回答任何一个应得数字。

5. 点数物品的个数

在点数方面，小 T 的表现一直不是很好。数数这个过程对他来说轻而易举，但不管数到哪个数字，到最后都会说是 5 个。为此，研究者从最基本的 1~3 的点数开始做起，同时在每次点数之后都令其将对应数字读出来、写下来，以期能让他明白数字的概念。所用部分材料如图 11-11 所示。

图 11-11　小 T 点数训练材料

感想：小 T 对数字 5 和 9 的独特偏好至今也是研究者的一个困惑，而点数训练的屡次失败也让研究者充满疑惑。是不是这样的方法不适合他？那么哪种方法又是适合且有效的呢？

比较概念在生活中的实例很多,因此在现实生活中可以经常加以泛化教育。例如,"大汽车和小汽车""大人和小孩""长甘蔗和短甘蔗""高桌子和矮椅子"等。但是,由于比较的对象不同,原来"大"的东西,可以变成"小",这种相对性对小 T 来说也是一个接受的难点。

第五节　同情心培养

看到小 T 似乎很喜欢小鸭子,便买了一只,想培养其与小动物的感情,同时希望可以做故事理解训练,但不幸的是,第二天小鸭子便被小 T 捏死了(可能不是故意的,但是鸭子死后小 T 没有任何情感表现)。借此机会,研究者为其加了一点同情心培养的训练。

研究者指着挣扎在死亡线上的小鸭子告诉小 T "小鸭子被你捏死了,小鸭子很难过。小 T 做错了"。同时利用 Picture Master 系统的图片配套呈现给小 T,如图 11-12 所示。

图 11-12　小 T 同情心训练材料

几次重复之后,小 T 面无表情地对研究者说,"小鸭子捏死了"。半天后,再次说起小鸭子的时候,小 T 会主动搜寻挂在黑板上的图片。在研究者的提示下,小 T 可以说出"(小鸭子)生病了",并且可以立刻重复"小 T 做错了"。虽然整个过程中小 T 仍然没有表现出任何因小鸭子死去的难过之情,但仅仅几次重复刺激便有这样的效果也着实令研究者万分吃惊! 而关于其所说出的"小鸭子生病了",可能是和研究者所选用的图片有关系——这是一张表示"不高兴"的图片。可能在小 T 的模式里,生病的时候便会出现这样的表情;又或者生病的时候便会"难过"!

结果小 T 未能显示出同情心,这是自闭症儿童的一个特点——情感淡漠。也可能是受年龄的限制:资料显示,到 6 岁时,(正常)儿童开始了同情心发育的认知阶段。认知同情心无须彼此交流,儿童内心明白痛苦时的感受。到 10 岁时,儿童的同情心才可以从认识的或者直接看到的人身上扩展到陌生人身上。

感想:在买下小鸭子的时候,研究者就闪过一个念头——这样做会不会是将一个无辜的小生命推向死亡的深渊? 犹豫了一下还是决定"冒险"。孰料这个结果来得太快,研究者看着苦苦挣扎的小鸭倍加懊悔,而小 T 在旁边玩得不亦乐乎,于是慨叹万分。

研究者的实践感悟:时光匆匆逝去,虽然收获了一些,但也留下了一些未完成的事情,是遗憾,更是期待。

这一个月，与小 T 教育、训练的收效相比，收获更多的是研究者，不仅仅是看到小 T 一次又一次进步时的惊喜和激动，更多的是感动。在整理这个过程时，看着曾经的那些资料和那本厚厚的日记，研究者一次又一次地陷入深思：拥有这样一个孩子，对一个家庭来说意味着什么，对父母来说又是怎样一种境遇？不止一次听到小 T 母亲说起对其他小孩的羡慕，听到小 T 奶奶的叹息，听到小 T 父亲底气不足的自我鼓励，看到小 T 爷爷默默承受的背影；不止一次地自我怀疑、反思——研究者、教育者、整个社会究竟能为这些自闭症儿童做些什么，能为他们的家庭做些什么？！也不止一次地自我鼓励，于是努力坚持下来！

对于未来，总习惯悲观。尽管偶有自闭症教育的成功案例传来，研究者却从来看不到实实在在的希望——他们终究不能再拥有平凡的生活、简单的日子，而自闭的这个遗憾将可能伴随他们终生。自闭症教育的这条路走得艰难且看不见亮光，也因此所有的探索都显得弥足珍贵！

附录：综合教育计划

精细动作发展

1. 涂色：先用大且简单的材料(只有边框，如苹果、桃子等)，慢慢加大难度(大并且稍微复杂——小且较为简单——小且复杂)。
2. 描字、连线。
3. 装沙子：把沙子准确无误地装到瓶子里，先广口瓶，后细口瓶。
4. 穿珠子：用线把珠子穿起来，先大一点的珠子，后小一些的珠子。
5. 配对盖盖子：大小不同的带盖瓶子，令其自己配对盖盖子。
6. 运豆豆：在有一定距离的两个地方摆放两个容器，其中一个装有豆豆，令其转运。先用勺子后用筷子。两个容器的距离也可以逐渐增加。
7. 系扣子：能准确无误地系扣子。扣子可以由大到小。
8. 分装彩色小珠珠：将彩色的小珠珠，分装到不同的瓶子里。难度可以由珠珠和瓶子来定。

生活自理能力

1. 洗漱：如图 11-13 所示。

图 11-13　洗漱

洗手	洗头

图 11-13 （续）

刷牙谣：牙膏拿来，牙刷拿来，牙膏打开，牙膏、牙膏挤出来。水龙头打开，杯子里面盛点水，关掉水龙头。小嘴、小嘴张张开，牙刷放进来，左右、上下刷呀刷起来。含上一口水呀，咕噜咕噜涮一下，然后吐出来；再涮一口水。牙刷洗洗干净，牙膏一起进杯子。

洗手谣：水龙头开得细，小手用水冲一冲
　　　　手心手背擦擦，手指缝也擦一擦
　　　　香皂拿来搓搓，香皂放回盒子里
　　　　再将泡沫冲干净，轻轻关上水龙头
　　　　拿来毛巾擦干手，一双小手白又香

2. 穿脱衣服：如图 11-14 所示。

穿	穿外套
脱	脱外套

图 11-14　穿脱衣服

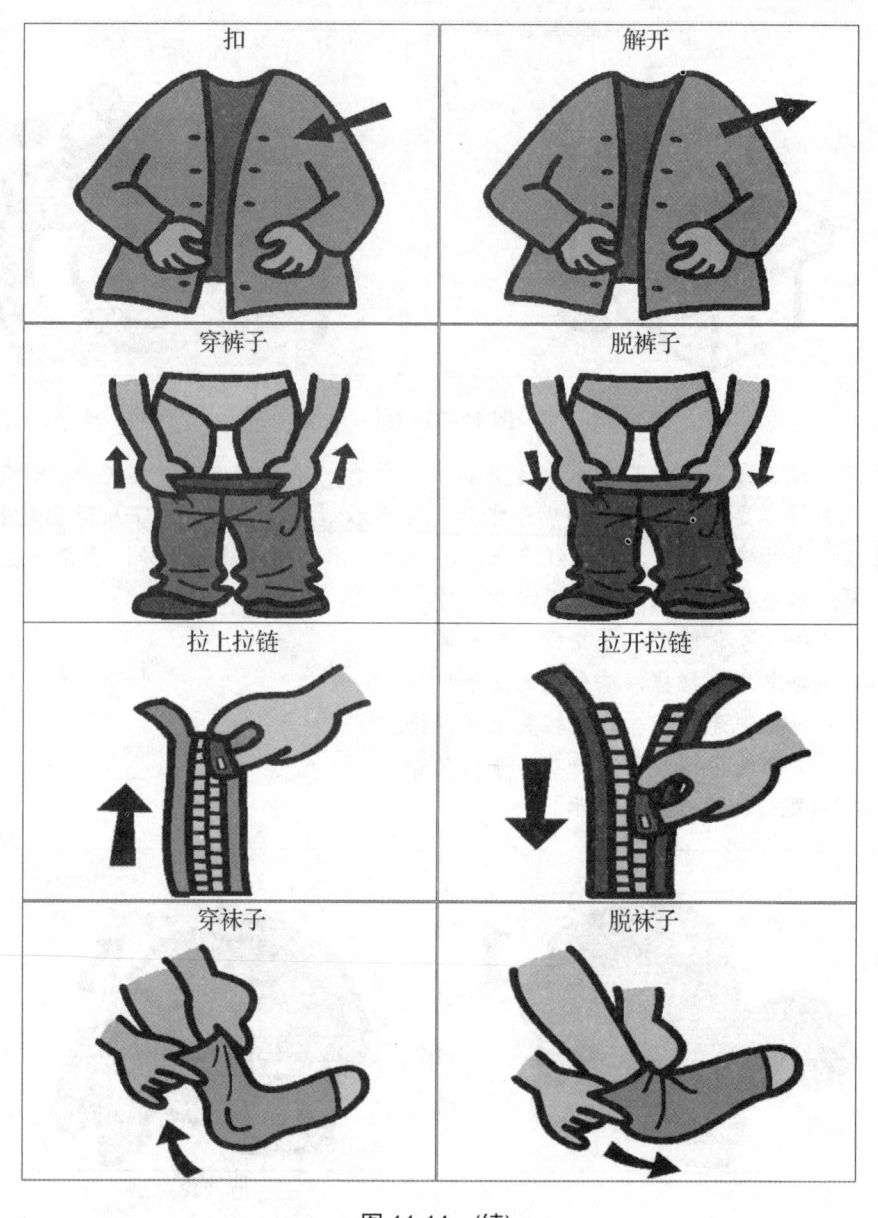

扣	解开
穿裤子	脱裤子
拉上拉链	拉开拉链
穿袜子	脱袜子

图 11-14 （续）

训练目标：训练生活技能，练习独立穿衣、脱衣。

训练过程：

① 成人完成穿衣服这个复杂活动的大部分，留下最后一步。
② 让孩子完成最后一步，并给予奖励，反复巩固。
③ 留下最后两步，让孩子完成，并给予奖励，反复巩固。
④ 依次类推，直到孩子能完成全部任务。

注意：

① 孩子完成最后一步后会非常有成就感，家长要鼓励孩子。
② 若孩子不能完成，家长要给予辅助。
③ 给孩子机会让孩子显示自己的成就，体验成功。尽量避免家长为节省时间而一手

操办。

认知能力发展

1. 配对(可与实物结合进行配对)。

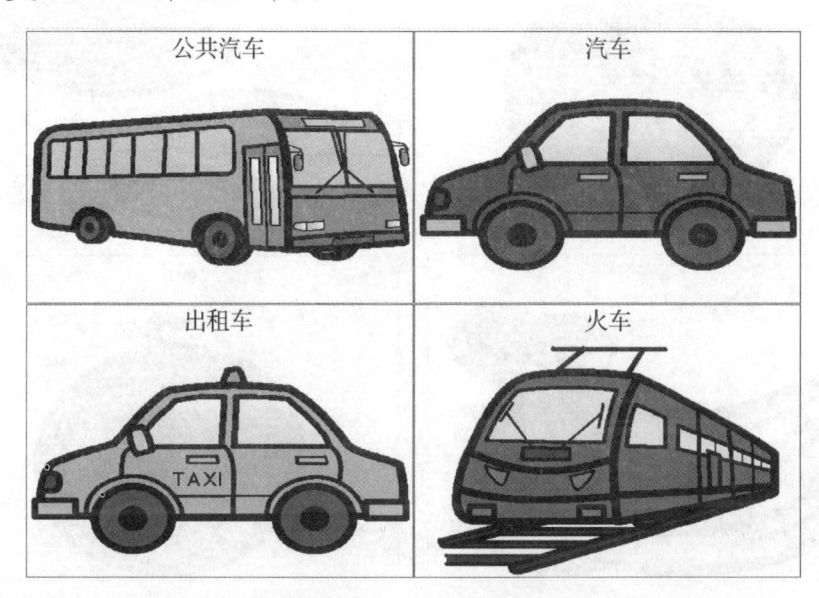

(1) 交通工具：如图 11-15 所示。

图 11-15　交通工具

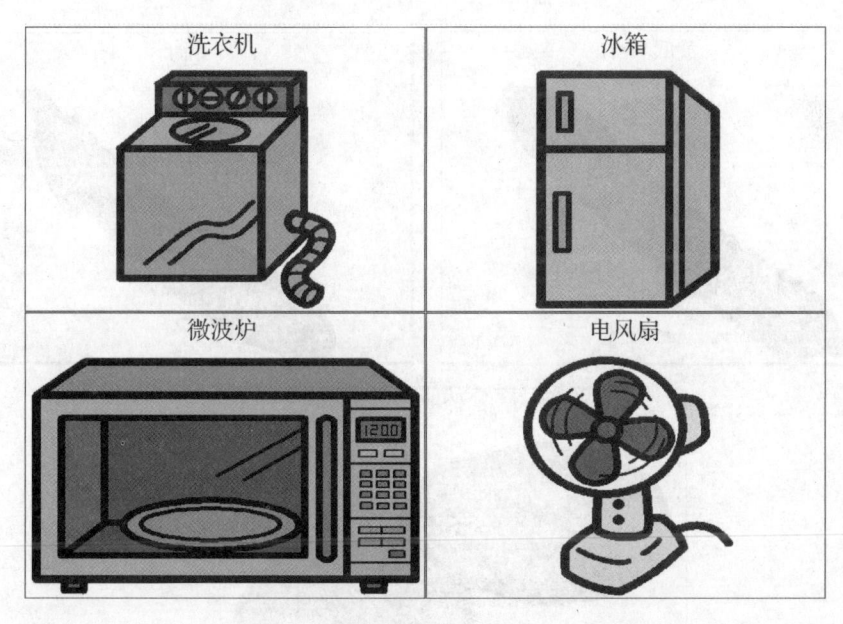

(2) 家用电器：如图 11-16 所示。

图 11-16　家用电器

(3) 水果：如图 11-17 所示。

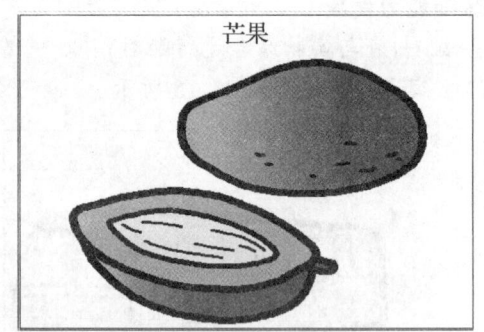

图 11-17　水果

(4) 蔬菜：如图 11-18 所示。

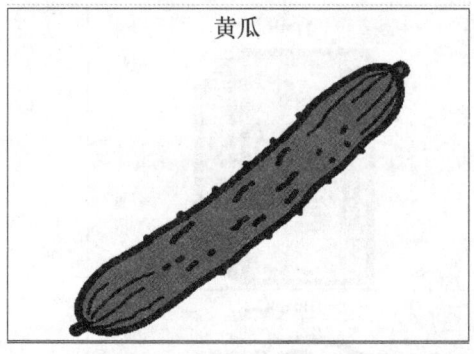

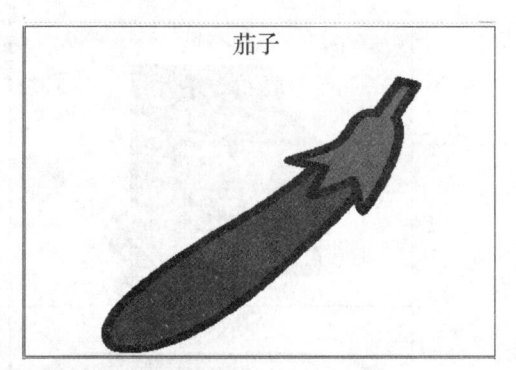

图 11-18　蔬菜

(5) 功能配对：如图 11-19 所示。

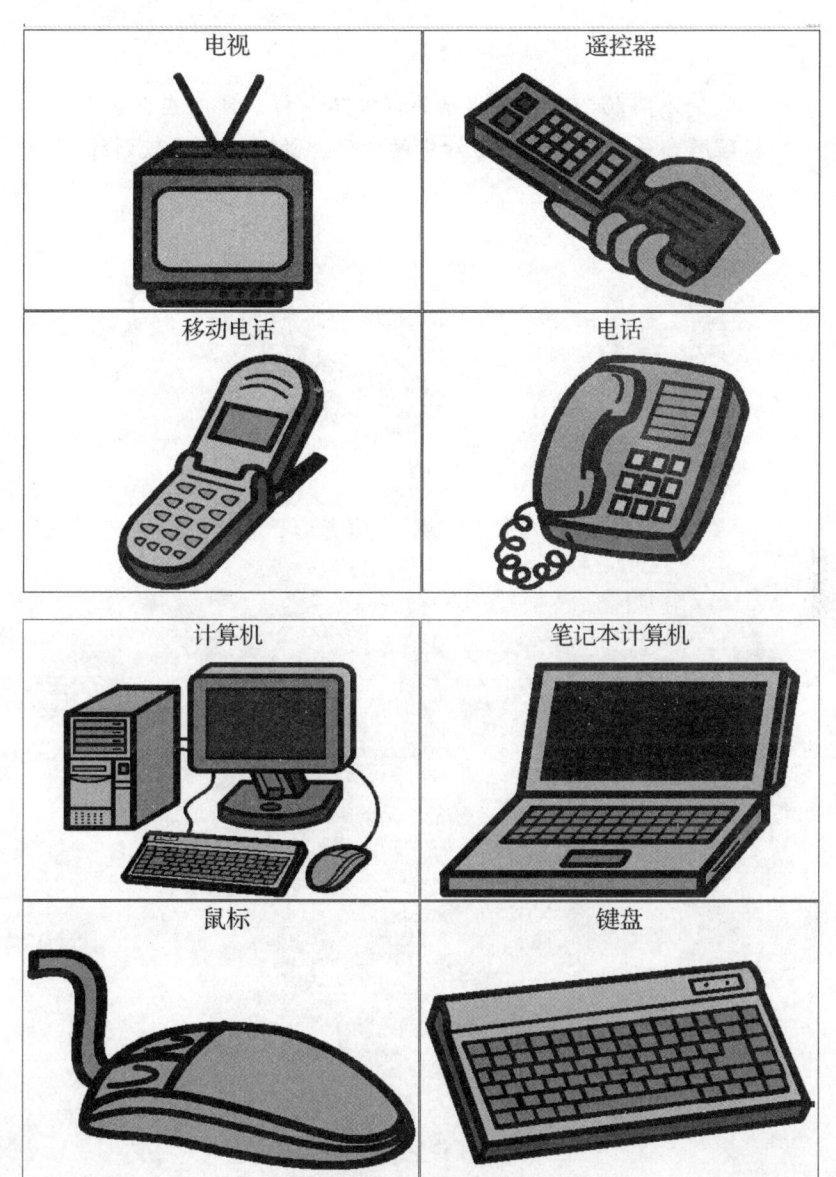

电视	遥控器
移动电话	电话
计算机	笔记本计算机
鼠标	键盘

图 11-19　功能配对

空间知觉能力训练

训练目标：训练儿童对空间的知觉能力。

训练材料：各种可用生活用品及自制材料。

训练过程：

① 大小比较。

第一步：出示两个大小差异显著，体积、颜色等其他特性无明显差异的物体，让儿童感知，同时指着告诉他"这个大，这个小"。

第二步：让孩子指出哪个大哪个小。

第三步：缩小两个物体的大小差异，重复以上步骤。
② 长短比较。
③ 高矮比较。

注意：由于比较的参照物不同，所得结果可能不一样，所以在训练中，一定要避免儿童对概念形成刻板理解。另外，要利用生活中的资源，随时进行比较训练。

自闭症儿童家长的心理支持问题是特殊儿童心理学研究领域备受关注的问题,如何提升自闭症儿童家长的自我关怀能力则是其重中之重。研究实践表明,存在心理治疗在提升自闭症儿童家长的自我关怀能力上有良好的积极作用。本章首先介绍存在心理疗法,并在此基础上,就存在心理疗法对于家长提升自我觉察能力与寻找存在价值、正视当前困境与理性应对焦虑、正确把握自由与责任、正确处理人际关系等方面的作用进行一一说明,最后就自闭症儿童家长心理支持中存在心理疗法的具体操作进行讲解。

第十二章　存在心理治疗在自闭症儿童家长心理支持中的应用

核心概念

存在主义；存在心理治疗；自闭症儿童家长；自我关怀

第一节　存在心理治疗概述

一、存在心理治疗的产生

1. 存在主义

存在主义是19世纪起源于丹麦,20世纪流行于法国,后扩散至全世界的一种哲学思想。存在主义强调人的存在价值,主张人有自行选择其生活目标及生活意义的自由,重视现实世界中个人的主观经验,强调人须负责其自由行动所产生的后果。

2. 存在主义心理学[①]

存在主义心理学(Existential Psychology)是因存在主义影响而兴起的一种心理学理论。其要点如下。第一,认为自然界是无目的的,但人在困难处境中能通过有意识地选择创造有意义的人生。这种选择是主动的、自由的,因此人人都要对自己选择的道德价值负责。第二,提倡存在主义心理疗法,其特点是现实与主观,即一方面重视患者的现实处境,协助其面对现实解决问题；另一方面重视患者的主观经验,协助其重振自由意志以解决问题。第三,强调人的成长趋向和目标追求。存在主义心理学强调个性和经验,致力于研究解决

---

① http://baike.baidu.com/view/1281082.htm.

人类存在的现实问题以及人类自身面对的某些困境，如对生活意义的探索。

存在主义心理学的核心思想是反对将人的主体和客体严格划分开来，而是将两者看成是一个整体存在，提倡人的价值就体现在对"自我"这个整体的探索和体验上[①]。

3. 存在心理治疗

存在心理治疗(Existential Psychotherapy)是建立在存在主义心理学理念基础之上的心理疗法，其最重要的特征就是要求来访者了解自己存在的意义和价值，正视人生中的困境，承担自身的责任，继而通过对自我意识的反思和探索，追寻自我的存在感和改变自我的勇气，从而达到自我超越的目的[②]。

二、存在心理治疗的核心概念

1. 人性观

存在主义疗法认为人是有意识地进行选择和自我实现的，并非受生物本能的驱动。人有意识地生存在由"环境"(物理的和生物的环境)、"共境"(人类社会)和"我境"(自己的意识或内部世界)组成的世界之中。人对自己的未来，可以自由地进行选择，因此也必须对这种选择承担责任。

弗兰克认为人具有生理(Physical)、心理(Mental)和灵性(精神，Spiritual)三个层面的需求，这三个层面相互作用。生理和心理需求得到满足，使人感到快乐，而精神需求得到满足，则会使人感到有价值。

2. 自我觉察

存在主义认为，自我觉察(Self Awareness)在人的生存中具有重要的作用，它让人感到"身""心""灵"三个层次需求的满足状况；它也可协助人做出反应和决定。自我觉察的能力为人类所独有，因此人类才能够既选择其生活方式，又要为此负责。发展自我觉察能力就能增强我们充分体验生活的能力。在心理治疗过程中，治疗者要帮助当事人增强自我觉察能力，这种觉察能力包括当事人对选择、动机、影响个人的因素以及个人目标的觉察等。在此之前，当事人必须了解，增强自我觉察既能发掘出自我实现的更大潜能，同时也会带来许多矛盾和挣扎，将难以再回到原来的状态。

3. 正视困境

正视困境是存在心理治疗的又一重要核心概念。所谓正视困境，就是指来访者不仅能够敢于面对自身生活中出现的困境，而且能够正确地认识困境的本质，为走出困境打好基础。

---

① 叶浩生. 存在分析评述[J]. 心理学探新，1988，2：53~56.
② 韦汉军. 人文关怀辩证之五："自我关怀"与"非自我关怀"的统一[J]. 广西社会科学，2007，9：31~34.

4. 承担责任

承担责任是存在心理治疗的最为核心的概念，因为承担责任如果无法实现，治疗就无法取得成功。所谓承担责任，是指来访者能够坦然地接受自我选择所导致的一切得失，包括一些消极的情绪，即为自己的选择承担责任。

三、存在心理治疗的作用

存在心理治疗的中心任务是帮助来访者建设性地忍受、探索和转化内心深处的创伤，对正处在人生十字路口、处理特定的生活问题或是期望获取人生意义的来访者有广泛的适用性。在存在心理治疗中，咨询师的角色是启发和引导来访者明确自己才是问题解决的关键和核心。对这一治疗理念的最直接的延伸概念就是自我关怀。从哲学上说，"自我关怀"是人文关怀的主要表现[1]。哲学家福柯在其"生存美学"理论中认为"人应该将自身建构成为自己行为的主人"，从而真正实现对于自身的关怀。他提出，人的自我关怀包含着四大要素，即认识自身、反思自身、精神修炼以及拯救自身，最后达成真正心灵上的自由[2]。从心理治疗的角度来说，自我关怀意味着自我心理的调适，从而寻找到走出困境的方法，而咨询师则应该相信来访者拥有自我调节能力。因此，自我关怀和存在心理治疗中关于提高自我觉察能力的核心理念是一脉相承的。培养来访者的自我关怀能力，对其走出自身困境，提升自我觉察能力的意义重大。

四、存在心理治疗的技能

1. 聚焦于来访者当下的生活状况

存在心理治疗者把治疗的焦点放在协助当事人了解目前生活境况，而非帮助他们恢复个人的过去。具体地讲，就是引导来访者直面现实问题，寻找解决现实问题的方法，摆脱现实存在的困境，创造有意义的人生。

典型的存在心理治疗者会依不同的当事人或同一个当事人在不同的治疗阶段采用不同的治疗方法。

2. 以来访者为本

存在心理治疗关注即时个体问题的解决，它没有建立一套具体或实际的治疗技术，而是提倡在治疗过程中恰当地选择其他治疗技巧。

---

[1] 盖岩. 自我关怀, 一种自我锻造的生活艺术——浅析福柯生存美学的几个要素[J]. 社会科学论坛, 2007, 5.

[2] 魏宏波. 自由与心理治疗——欧文·雅洛姆存在心理治疗理论述评之一[N]. 河北科技示范学院学报(社会科学版), 2007, 6(3): 113~117.

3. 强调咨询关系的建立作用大于咨询技巧

存在心理治疗与罗杰斯的个人中心疗法一样，强调来访者和咨询师之间良好咨询关系的建立在咨询中的作用大于咨询师的技巧。

五、存在心理治疗的评价

1. 存在心理治疗的优点

1) 应用范围广泛

由于存在心理治疗关心人类的终极关怀问题，因此它对于正处在发展危机中的当事人十分适用。这些发展危机包括：青年人的自我认同问题，中年人婚姻和工作失败，空巢症候群，遭遇重大生活打击，年龄增长造成生理变化而引起的焦虑等。同时，对于那些感到生命无意义、内心空虚的人，感到与自我、他人或社会疏离的人也同样适用。

2) 良好哲学根基的支撑

存在心理治疗强调人的自主性、尊严和价值，给治疗者许多关于内在信念的思考，如："人的本质是什么？""人类行为有可能改变吗？""谁来作决定，治疗者还是当事人？""自由的本质是什么，人能自由决定吗？"等。

2. 存在心理治疗不足

1) 过于哲学化

存在心理治疗过于注重哲学思想的探究，因而要求来访者必须具备一定的抽象思维及表达能力，因此在来访者的选择上有一定的局限性。

2) 治疗技术缺乏，应用性受到影响

存在心理治疗没有完善的治疗技术，有时必须借用其他学派的治疗技术；另外，存在心理治疗者时常会采用一些含糊笼统的术语来叙述自己的治疗风格，这也使存在心理治疗在应用上受到制约。

第二节　自闭症儿童家长的自我关怀能力

一、自闭症儿童家长的心理支持

1. 心理支持的必要性

自闭症儿童从幼儿期就会出现一些症状，因此家长一旦发现子女被诊断为自闭症，心态上就会出现极大的变化，对孩子状况的焦急以及对未来的担忧会引发焦虑、抑郁、不安、烦躁等消极情绪，甚至导致严重心理问题的出现。如果不及时疏导或调适，不仅会影响到自闭症儿童家长的身心健康，对自闭症儿童的康复和成长也会产生危害。自闭症儿童家长的心理支持问题一直以来都是特殊儿童心理援助领域高度关注的问题。因此，如何提升自闭症儿童家长的自我关怀能力也就有了重大的研究和应用价值。

2. 自闭症儿童家长存在的非健康心理因素

自闭症儿童家长存在的非健康心理因素可归纳为以下几种表现。

(1) 焦虑。家长在孩子被诊断出有自闭症后，面临巨大的压力，通常会表现得十分担忧，为孩子的治疗和未来发愁，也会为日后生活中可能遇到的种种问题而担心，因此诱发出较为明显的焦虑情绪。

(2) 抑郁。大部分自闭症儿童家长在得知孩子病情后，顿时觉得生活失去了目标，甚至觉得自己在别人面前抬不起头，体会到强烈的无助感，并由此产生抑郁情绪，甚至自暴自弃，放弃对孩子的治疗。

(3) 负罪感。家长对孩子的责任感是人类的一种天性。自闭症儿童家长常常会将孩子患病的原因归结为自身的某些方面(如在怀孕过程中的一些异常经历)，因此在面对孩子时总是充满愧疚，甚至陷入这种情绪不能自拔，容易导致对孩子的过分溺爱和顺从，影响其治疗和干预进程。

(4) 急功近利。当孩子被诊断出自闭症后，部分家长往往不能正视现实，反而对孩子有过高的期望。有些自闭症儿童会在某些方面(音乐、绘画等)表现出一定的能力，家长就会紧紧抓住这些方面，如同抓住救命稻草一般，让孩子参与到能力所不能及的训练学习之中，这样反而会影响自闭症儿童的成长，而当这种努力失败时，家长就会陷入极端的心理困境中。

以上几种表现是自闭症儿童家长容易出现的非健康心理因素。由于人格构成和生活环境不同，家长们不良心理特征也因人而异。总体来说，焦虑和抑郁的情绪是较为普遍的，部分家长则出现更多种不良心理状态，如焦躁、回避现实、绝望等。不论哪种不良心理因素，都会影响家长的生活态度，积累大量负面情绪，不仅有害自身健康，也不利于对自闭症儿童的干预和治疗。

二、自闭症儿童家长的自我关怀能力分析

自我关怀是人主观能动性发挥的最原始动机和目的，是对人自身作为生命存在的维持，也就是人对自身的关怀，人有尊严和能力去进行自我关怀[①]。对于自闭症儿童家长来说，自我关怀即意味着激发自己内心的勇气，鼓励自己勇于面对生活中的苦难，认识自己和家庭存在的价值和意义。

由于人格结构和文化程度的不同，自闭症儿童家长的自我关怀能力也不尽相同，但从存在心理治疗的角度来看，这一群体有以下几点潜在的积极因素可供激发。首先，困境能使他们更清楚地认识自己。自闭症儿童家庭要承担非同寻常的压力，重负之下，家长们的承受能力也相对更强，更容易理解和认识自身。其次，在照顾和培养自闭症儿童的过程中，家长们需要更多的耐心和情感，必须及时地反思自己的错误，不断使自身趋于成熟。最后，

---

① 韦汉军. 人文关怀辩证之五："自我关怀"与"非自我关怀"的统一[J]. 广西社会科学，2007，9: 31～34.

家长在坚持不懈地关怀自闭症儿童的同时，也要承受来自社会各方面的考验，生活的艰辛会使他们的意志更顽强，同时也更乐观，会因为孩子一点小小的进步而感到欣喜。也就是说，潜在的积极因素被激发，即自我关怀能力强的自闭症儿童家长能够积极处理生活中的挫折，善于发现孩子的优点和进步，能够依靠自身的信心和能力，创造出属于自己和孩子的幸福生活。

综上所述，鉴于自闭症儿童家长在生活境遇和心理调适上的特殊性，他们在自我关怀能力的提升方面更具潜力和必要性。

三、存在心理治疗在自闭症儿童家长自我关怀能力培养上的作用

存在心理治疗的核心理念为"正视困境""承担责任"以及"进行自我觉察，找出存在价值"等，这对于自闭症儿童家长的心理调适，帮助家长走出心理困境有着积极的效果。

1. 存在心理治疗的基本治疗思路

美国著名心理学家欧文·亚隆在其代表作《存在心理治疗》中提出，死亡、自由、孤独和无意义是存在心理治疗的四个终极关怀领域，其中"无意义"这一领域的含义是要人们自己主动去寻找生活的意义和价值，正视自身的存在。如果不能正确认识自我，就会形成消极的生活态度，进而发展成不健康的心理状态。而"自由"这一领域则引出了两个重要的概念——责任和意志[1]。现实生活中种种片面的自由，往往导致责任的逃避及意志的削弱，这也是人们心理问题频发的诱因之一。存在心理治疗的观点是：焦虑是人们在生活中应对各种问题所必然出现的结果，不必因此恐慌，重要的是应对焦虑的模式，即保持真诚的生活态度，调整面对困境的心境，学会正视自由与责任，最终目的是提高自我觉察的能力。

2. 自闭症儿童家长自我关怀能力培养的关键

根据存在心理治疗的几个核心理念，自闭症儿童家长自我关怀能力的培养和提升主要表现在如下几个方面。

1) 提升自我觉察能力，寻找存在价值

自我关怀能力的核心在于自我觉察能力，只有清楚地认识自己，才能更好地关怀自身。因此，提升来访者的自我觉察能力是存在心理治疗的首要目标。存在心理治疗认为，自我觉察的内涵主要包括：第一，人生意义不会自动出现；第二，由于我们可以决定自身行为，所以就可以把握部分命运；第三，人的生命是有限的，我们需要在有限的时间里完成自己想要做的事情；第四，当我们的觉察能力提升时，也就增加了对选择结果的应负的责任，焦虑也会随之加重[2]。

研究者在与自闭症儿童家长的接触过程中发现，很多自闭症儿童家长抱怨，孩子患病

---

[1] 魏宏波. 自由与心理治疗——欧文·雅洛姆存在心理治疗理论述评之一[N]. 河北科技示范学院学报(社会科学版), 2007, 6(3): 113~117.

[2] 程世英. 存在主义心理学及其治疗观[D]. 南京师范大学, 2006: 5.

后，自己仿佛一下子失去了主心骨，经历了太多的茫然失措和心急如焚，却找不到生活的动力在哪儿，在希望和失望中反复徘徊，人也逐渐变得麻木不仁。这里就涉及欧文·亚隆所说的终极关怀之一的"无意义"。自闭症儿童家长出现心理问题的症结在于"突然失去了人生的意义"。中国社会有一个特点，很多人在成为父母后，往往将自己的人生意义和价值完全转移到子女身上。当面对自闭症这样一个残酷的现实时，很多家长感到存在的价值发生了缺失。这是由于他们在重大挫折之下，负性情绪被扩散，致使自我觉察能力退化，也就失去了寻找新的人生价值的能力。

存在心理治疗的咨询师必须引导来访者认识到，这种无意义感是因为缺乏对自身的认识，过分沉溺于以往的生活方式，对于重大变化的承受能力不足所导致的。现实是无法改变的，我们必须从现有的生活中寻求新的存在价值。提升自我觉察能力就是充分认识当前生存现状，敢于面对挑战，在实践中不断充实自己。对于自闭症儿童家长来说，既然无法逃避，那么就应该深刻思考当前及未来的人生方向。存在心理治疗理论认为，有些事情人们无力改变，但是可以改变人们对这些事情的看法。同理，子女患有自闭症这一现实是无法改变的，但可以改变家长对自闭症的恐惧感。咨询师可以要求家长们在充分认清现状的基础上，不断尝试自我分析，找出当前人生的意义在哪儿，从而达到提升自我觉察能力的目的。对于大多数自闭症儿童家长来说，可以在如何培养和关怀这类特殊儿童上发掘自己的存在价值和奋斗动力，这样既对自闭症儿童的成长有利，也有益于自我关怀能力的培养。

2) 正视当前困境，理性应对焦虑

美国存在主义心理学家罗洛·梅认为，焦虑是人格结构的基本特征之一，是正常且不可避免的。当代存在主义心理学大师施奈德则认为，正常的焦虑是面对困境的一种反应，无须刻意去抑制，并且可以作为自我改变的动力。因此存在心理治疗的目的是让来访者正视且接受生活中正常的焦虑，直至超越自我。

存在心理治疗的优势在于，咨询师鼓励来访者直面自己的焦虑，反对刻意逃避和压抑这种情绪，而治疗的目标不在于使来访者体会到轻松和安全，而是帮助他们识别焦虑的来源。根据施奈德的理论，当我们逃避生活中的焦虑时，只能获得短暂的自由，由于问题一直没有得到解决，最终会付出高昂的代价。反过来，如果来访者正视焦虑，勇敢面对它，就会将焦虑转化为尝试改变的动力，当克服焦虑带来心理上的不适感后，就会变得更自信，"越挫越勇"，形成良性循环。

对于自闭症儿童家长来说，孩子的病情是他们焦虑的源头，但是由于自闭症病程漫长的特点，家长的焦虑往往随着孩子的成长一直持续，因此学会如何自我关怀，保持一种良好积极的心态，是自闭症儿童家长急需培养的能力。

自闭症儿童家长往往缺乏挑战困境的勇气，因此焦虑情绪得不到缓解和释放，继而自信心减弱，形成恶性循环。在实际的咨询经验中，研究者经常接触到此类家长，他们对孩子的状况忧心忡忡，整天沉浸在焦虑中，"病急乱投医"的现象屡见不鲜，然而收效甚微，对孩子的干预也产生了不利的影响。因此，咨询师应该帮助自闭症儿童家长理性面对当前困境，让他们认识到单纯的焦虑或者逃避是无法解决问题的，勇于应对焦虑反而能从中获得改变现状的勇气。例如，当有自闭症儿童家长反复陈述自己在得知孩子被确诊后的焦虑、抑郁等负性情绪，或者是因为找不到有效的治疗方法而陷入彷徨时，咨询师的首要任务就是帮助他们清楚地认识到焦虑的根源是对孩子的关爱，以及这种焦虑不可避免的原因。而生活赋予的挫折和挑战，是他们改变当前生活方式的一个契机，只有将焦虑转化为前进动力，才能在不断挑战困境时增强自信和勇气。存在心理治疗强调的是：逃避焦虑只能获得短暂的轻松，结果却是重蹈覆辙，而坦然面对焦虑，才能从治疗中获益。

3) 正确把握自由与责任

自由是存在心理治疗中又一个重要的概念。欧文·亚隆认为，自由意味着缺乏外在结构[①]，因此存在主义心理学提倡的自由是有限制的自由，即"人是自由的，我们不能逃避选择，并且要对选择负责任"。正如施奈德的观点[②]，自由和责任是一体的两个方面，我们有创造自己生活方式的自由，也要承担相应的责任。因此，存在心理治疗鼓励来访者接受现实，在现实的范围内自由选择生活，而非逃避。人们前来咨询和治疗，是因为他们觉得自己已经失去了对生活的主导权。存在心理治疗的咨询师会鼓励来访者认清自己的责任，在一定的自由内逐渐掌握对生活的控制，最终做到完全独立自主。这里所提倡的自由，是指来访者有改变旧的生活方式的选择权。

研究者曾经遇到这样的自闭症儿童家长，每次带孩子来做康复训练时，她本身并不关注孩子自身的状态，而是反复表达自己对生活的失望，甚至有抛弃这个孩子的念头，认为自闭症将她的生活节奏完全打乱了。这是一种典型的为了追求自己片面的自由，而逃避现实，不敢承担责任的表现。从自我关怀的角度来说，她对自己过去的生活方式反思不够，缺乏改变现状的勇气。她总是认为生活对她不公，却不能理解自己才是生活的建筑师，有责任约束的自由才是真正健康的自由。

根据欧文·亚隆的理论，存在心理治疗可以从以下三个方面帮助自闭症儿童家长认清当前的自由和责任。首先是关注"此时此地"发生的事件，即在自闭症儿童家长与咨询师谈话过程中出现的一些逃避责任的行为和言语。例如，上文提到的"反复表达失望"以及"想抛弃孩子的念头"等。咨询师通过对这些语言和行为的分析，可帮助家长明确自己当下的责任，以及可供选择的自由。其次就是利用家长们内心中的愧疚。如果家长有"抛弃孩子"的想法，那么在他们心中必定会有对孩子的内疚感，这种内疚感就是他们没有将"抛弃孩子"付诸行动的原因。这种内疚感是自闭症儿童家长改变自身的潜力所在，咨询师可以激发他们以一种负责任的方式对孩子进行补偿，接着在这种补偿中不断完善自我，发掘存在的价值，从而提升自我关怀的能力。最后一点是引导自闭症儿童家长做出负责任的决定。"抛弃孩子"显然是在逃避责任，即便抛弃了孩子，也不意味着心灵上获得了自由，反而会受到道德的谴责。因此，咨询师可以帮助来访者明确自己的现实和责任，真正了解错误决定的代价是什么，慢慢转变其旧的思维模式。

4) 正确处理人际关系

根据存在心理治疗的观点，有些心理问题产生的根源是个人与外界发展关系时出现了意外，或是过分关注人际关系，导致了自我的迷失。施奈德认为，人在进行自我追求和自我关怀时，必然会体验到一种孤独感，即人必须独立地赋予自己生命的意义。如果不能正确处理这种孤独，则容易导致心理不适。

---

① 魏宏波. 自由与心理治疗——欧文·雅洛姆存在心理治疗理论述评之一[N]. 河北科技示范学院学报(社会科学版)，2007，6(3)：113～117.

② 刘放桐. 新编现代西方哲学[M]. 北京：人民出版社，2003.

自闭症儿童家长则更容易在人际关系上出现问题。他们往往因为孩子的特殊性，感受到来自外部环境各种各样的看法和态度的压力，其中不乏误解和轻视，倘若自身调节能力不强，则容易诱发抑郁等负性情绪的出现。在实际经验中不难发现，大多数自闭症儿童家长会因为孩子的异常表现和行为而受到外界特殊的关注，而且有相当一部分家长在自我意识里也将自己归结为特殊人群，因此在心理上更为敏感，也更易于体会到来自外界的压力和伤害，如果自我关怀能力不足，会导致自身心理状态和人际关系的双重损害。

研究者接触到的一位自闭症儿童家长，在人际关系上就表现得十分敏感，任何对其孩子不利的言论都会引起她强烈的愤怒情绪，甚至导致言语上的冲突，人际关系自然受到影响。根据存在心理治疗的理念，咨询师可以首先肯定她对孩子付出的努力和保护，然后就要引导她了解到这样一个事实：在追求自我认同的过程中，人的存在是孤独的，必须有忍受这种孤独的能力。人存在的价值在于自我探索和实现，而非为他人的期望而活。咨询师必须引导她认识到自己人际关系冲突的根源在于失去了自我认同能力，"活在他人的阴影下"，对人际关系的要求过高。对于任何志在改变自闭症儿童状况的家长来说，既然他们已经下定决心永不言弃，那么就必须做好忍受孤独的准备，并且保持接受现实的态度，然后才能在自我关怀的基础上，逐步营造出良好的人际关系。只有尊重自己，才能赢得别人的尊重，那些通过实际努力使孩子状况得到极大改善的家长，会最终赢得社会的理解和支持。

对于广大自闭症儿童家长来说，保持自身心态健康、提升自我关怀能力，对孩子的治疗和康复训练至关重要。因此，培养自闭症儿童家长的自我关怀能力，特别是自我觉察以及应对焦虑的能力，是此类心理咨询与治疗的重点。存在主义心理学在正视人生困境，积极应对焦虑，发掘自身存在意义等方面的理念，对自闭症儿童家长的心理调适有明显的积极效应。在自闭症儿童的治疗和干预中，家长始终扮演着最关键的角色，家长自身心理健全，才能在此方面发挥更大的作用。因此，自闭症儿童家长可以开展广泛的交流和合作，交换心得体会，咨询师也可以开展一些个体咨询或团体辅导活动，帮助家长增强自我觉察能力，找寻人生价值，在提升自我关怀能力的基础上，最终达到自我实现。

第三节 存在心理治疗在自闭症儿童家长心理支持中的操作

一、存在心理治疗在自闭症儿童家长心理支持中的操作过程

1. 确定心理支持目标

将存在心理疗法运用到自闭症儿童家长的心理支持中，作为指导师或心理咨询师首先要做的事就是确定心理支持目标，即通过让家长体验其存在的真实性，帮助其了解自己存在的意义和潜能，进一步了解如何去开发潜能。

具体心理支持目标可大致归纳为以下四点。

第一，引导家长客观分析自己及家庭的真实生活状况。例如，对孩子病情的客观分析；对家人生活中核心问题的分析；对自己目前出现的不良心态的分析等。

第二，引导家长选择自己认为有意义的生活方式。例如，和家长探讨生活真正的价值所在；自己到底需要什么样的生活方式等问题。

第三，指导家长学会对自己的选择负责。例如，与家长共同提炼生活的真谛，并协助家长认识到，一旦做出了某种选择，自己就要为这一选择承担责任。

第四，指导家长学会应对伴随自己选择而出现的各种焦虑。我们每个人的生活都可以说是在一个又一个的选择与选择的执行中完成的，而选择就意味着得失并存。因此，指导家长懂得自己的选择一定会有一些"失"的产生，而焦虑等负面情绪自然会伴随着"失"而出现，直面这类焦虑是必要的。

2. 心理支持过程的实施

在心理支持目标确定后，对于自闭症儿童家长的心理支持就可进入正式实施阶段。

与其他心理疗法不同的是，存在心理治疗强调咨询师本身即为治疗的核心，即咨询师在与来访者建立咨访关系后，能够准确地把握来访者的内心，并能平等、真诚相待时，咨询才能取得良好的治疗效果。因此，存在心理治疗本身就是一个具有创造性和自我发现的历程。如此，我们可将存在心理治疗在自闭症儿童家长心理支持中的实际操作程序分为以下三个步骤。

步骤1：协助家长了解左右其生活的人生价值观

在咨询过程中，咨询师首先要鼓励家长直面自己感知世界的方式，理解生活存在的意义，即引导家长审视自己的价值观、信念和假设并判定其有效性。对于大多数家长来说，做到这一点并不容易，因为很多情况下家长更愿意在事物的外部寻找原因。例如，"我很倒霉遇到了这样的事""孩子爸爸不理解我""社会很冷淡，没有人理解我们"等，家长一般会注意别人赋予他们的感觉，或是其他人对其行为举止应负什么责任。咨询师引导家长将问题的归因转向内部实际是一件非常有意义的事情。

步骤2：引导家长更深入地去探寻自身价值体系的来源和作用

在清楚左右家长自身生活的人生价值观后，分析其价值观形成的原因和它对于家长及其家庭现实生活的影响，就成为咨询师和家长要共同完成的任务。家长了解自身的价值观是如何作用于生活，且能解读价值观的形成过程，是家长走出心理困境的前提。

步骤3：帮助家长重建自我

咨询师在帮助家长接纳所觉察到的内在自我，即明白自己的心理困惑存在的主要原因后，如何付诸行动就是治疗的主要任务。这一任务的完成，在于引导家长将其经过体验得到的自身的价值观进行重新整合，且将重建的价值观付诸具体的行动方式上。

3. 心理支持重点的界定

存在心理治疗的焦点在于协助来访者了解其目前的生活状况，帮助他们重新认识和选择。因此，在自闭症儿童家长的心理支持过程中，分析家长的问题时，应该强调协助家长确认和澄清自己的价值观、信念和假设，以判定其有效性。所以，对自闭症儿童家长实施心理支持的关键点是，让家长明白孩子患有自闭症只是其心理困惑的外因，而真正能够影响其心境的，则是家长自身存在的人生观和信念等主观因素。

二、存在心理治疗在自闭症儿童家长心理支持实施时的注意事项

在运用存在心理治疗对自闭症儿童家长实施心理支持时，掌握如下注意事项是心理支持能够取得良好效果的关键。

第一，存在心理治疗方法的哲学特性，使咨询师在来访者的选择上有一定的局限性。在对自闭症儿童家长实施存在心理治疗时，要选择有一定文化素养和抽象思维能力的家长。

第二，在对家长实施心理支持时，不可单一使用存在心理治疗方法，与其他疗法并用会取得良好疗效。

第三，由于存在心理治疗的重点是来访者的自我觉醒，因此在对家长实施存在心理治疗时不能操之过急，要给予家长充分的自我成长时间。

第四，由于自闭症是一种终身精神障碍，这一特性导致家长的心理问题会出现反复，因此咨询效果的巩固是一个重要问题。

第五，在对家长的心理支持过程中，要始终坚持"以家长为本"的原则，切忌主观说教和指责。

下篇 实践篇

下篇　外篇

本章以介绍"北京林业大学彩虹宝贝自闭症儿童心理干预中心"为主要内容，希望读者能够通过阅读，了解专业自闭症心理干预机构的设置，了解从事自闭症儿童心理指导专业人员的心声，了解自闭症儿童家长的育儿心得。

第十三章　彩虹宝贝自闭症儿童心理干预中心

核心概念

彩虹宝贝；志愿者；育儿心得

第一节　"彩虹宝贝自闭症儿童心理干预中心"介绍

一、中心设置

"北京林业大学彩虹宝贝自闭症儿童心理干预中心"是在北京林业大学人文学院的大力支持下，由应用心理学系承办的一项针对广泛性发展障碍儿童，特别是自闭症儿童的社会公益项目，旨在为此类儿童提供专业的心理干预和康复训练。

中心成立于2008年9月，地点设置于北京林业大学人文学院心理学实验室，主要负责人是北京林业大学心理系教授雷秀雅博士。

中心的日常运作由特殊儿童心理学专业研究生负责，心理学专业本科生志愿者为主要心理干预指导师。中心自成立以来，已经为100多名自闭症儿童及家长做无偿咨询与治疗，固定来中心接受心理干预的自闭症儿童及其他问题儿童30余人，社会影响日益扩大。

二、"彩虹宝贝"名称的来源

"彩虹宝贝"是我们对来中心接受心理干预的自闭症儿童的称谓。

因自闭症儿童的举止令人不解，生活兴趣单一，故有"星星的孩子"之称。我们中心的工作人员觉得，"星星的孩子"和我们有距离感，而生活在我们身边这群可爱的孩子，如果能够走进他们的内心，那一定是一个色彩斑斓的世界。因此，中心就给这群孩子起了一个能够体现我们爱心的名字"彩虹宝贝"。

三、项目运作流程

彩虹宝贝志愿服务团队经过不断的发展与建设，现已形成了具有系统性和专业性的大型志愿服务团队，他们为北京林业大学心理系大二以上的本科生以及心理系研究生，每年均有90名志愿者，保证了"彩虹宝贝"志愿服务团队的专业性。

目前项目不仅开展实地的干预服务，同时还积极地借助网络媒体来为公众提供特殊群体的知识与经验，志愿者团队还通过微博、微信等渠道定期分享知识经验，希望为自闭症儿童的干预提供专业的知识和可借鉴的经验。

"彩虹宝贝"自闭症儿童心理干预中心根据儿童的不同年龄进行分组训练，活动干预时间为每周周末。主要采用心理学技术进行专业干预：沙盘治疗、感统治疗、绘画治疗、音乐治疗、团体辅导、家庭治疗及作业疗法等。

1. 彩虹宝贝入选条件

作为社会公益项目的彩虹宝贝自闭症儿童心理干预中心，接受彩虹宝贝程序如下所述。

第一步：不定期招募彩虹宝贝。

第二步：有精神专科医院诊断证明的自闭症儿童家长可通过相关程序报名。

第三步：中心会对申请加入中心的儿童与家长进行相关评估。评估内容包括：儿童家长是否能够坚持不懈，努力配合中心干预工作；儿童家长的养育理念与中心的干预理念是否一致；自闭症儿童是否适合实施中心干预方法等。

2. 日常干预活动

目前，中心干预活动主要是利用周末三个时间段开展，具体为周六上午组、周六下午组和周日上午组，其中周六两组针对10岁以下的儿童开展干预活动，周日上午组针对10岁以上的儿童开展社交训练干预活动。"彩虹宝贝"项目内容主要可分为两个部分。

1) 面向自闭症儿童的具体活动

根据儿童的问题程度为每名儿童配备2~3名专业的志愿者带领，每周进行两个小时的干预训练，由志愿者根据儿童的活动情况、症状类型以及能力水平等拟订每周的心理干预计划并实施，且对每一次活动进行总结并且反馈给儿童的家长以及团队负责人，相互交流以确定下一次的干预目标与方法。

2) 面向自闭症儿童家长的活动：家长沙龙

在自闭症儿童的干预中对家长的心理援助是重要内容。中心对陪伴孩子来的家长开展各种主题的家长沙龙活动，主题有关于症状理解、孩子成长阶段问题、家长情绪管理问题等，通过对这些主题进行探讨，提升家长自身身心健康水平和教养能力。

3. 四项特色活动

中心每年举行四项特色活动，包括彩虹嘉年华、彩虹艺术节、彩虹运动会和彩虹年终联欢会，这些活动提升了自闭症儿童的社会互动与交往技能，受到家长们的欢迎，同时收获了无数次感动。

彩虹嘉年华

时间：每年四月第二周的周六是中心举办彩虹嘉年华的时间。

目的：提升自闭症儿童的社会交往能力及生活能力。

形式：模拟市场、寻找目标地和目标物等。

彩虹艺术节

时间：每年六一儿童节前后。

目的：展示儿童及家长才艺。

形式：文艺表演。

彩虹运动会

时间：每年10月第二周的周六。

目的：提升儿童运动及交往能力。

形式：各种运动项目。

彩虹年终联欢会

时间：每年圣诞节前后。

目的：对一年的工作进行总结。

形式：儿童表演、游戏参与等。

4. 项目受众度和参与度

项目在11年的时间内已经先后帮助过100多名自闭症儿童及其家人，累计志愿者900余名。项目的微博粉丝人数将近一万人，为众多的自闭症孩子家庭提供了求助的途径，为他们答疑解惑，同时通过微博、微信定期分享干预的经验，累计线上线下受益人数近万人。秉承"热情、温暖、阳光、希望、包容、真诚"的彩虹精神，"彩虹宝贝"对自闭症儿童的发展与成长及其家长压力的缓解获得良好的效果，得到了广大家长的支持与认可，也营造出关爱自闭症儿童的良好风气。

5. 项目可持续性

首先，项目依托北京林业大学，以心理系雷秀雅教授为主要负责人，项目团队由心理系各个发展与教育心理学的研究生管理监督，本科生作为直接的志愿干预实施者，已经建立和完善了各方面的团队保证，以老带新，代代相传。

其次，目前项目得到了北京市教育工会心理咨询中心的稳定支持，正在不断地发展与壮大。

另外，社会对于自闭症群体的关爱程度逐渐上升，自闭症儿童家长需要专业的机构对儿童进行干预和训练，该项目所开展的志愿活动正是帮助此类家长并且解决此类社会问题。

四、项目成果及获奖

彩虹宝贝自闭症儿童干预中心志愿服务项目不断发展，得到了广大家长的支持与认可，也在社会中宣扬了关爱自闭症儿童的理念。

2016—2019年，成功举办四届彩虹艺术节，三届彩虹嘉年华活动；2013—2015年连续三年，举办彩虹运动会；从创办至今，每年举办彩虹宝贝的圣诞元旦联欢会。在志愿师生的共同努力下，彩虹宝贝也获得了社会的关注与多项荣誉。

【2010年】

北京林业大学校园文化墙活动，绘画由自闭症儿童完成，获得"文化墙特别奖"。

【2011—2012年】

① CCTV-12《见证》栏目纪实报道——"孤独心灵的守护者"。

② 参加北京林业大学"我是雷锋"主题教育活动启动仪式暨"榜样进校园"李素丽专场报告会，获得"雷锋志愿服务队"授旗。

③ 获北京林业大学志愿文化墙活动"特别奖"。

【2013—2014年】

① 中心获得北京林业大学"雷锋奖章"。

② 中心成为国际迷你马拉松公益项目合作伙伴。

③ 获"北京林业大学十大优秀志愿团体"荣誉。

【2015—2016年】

① 中心应邀参加"为爱筑梦"助残晚会。

② 获得北京市志愿项目金奖。

③ 获"北京林业大学十大优秀志愿团体"荣誉。

【2017年】

① 海淀志愿项目服务大赛入围。

② 北京志愿"小微"服务大赛入围。

③ 累计服务时长12000余小时。

【2018年】

① 获2018年度首都大中专学生暑期社会实践百强团队三等奖。

② 人民日报要闻版专题报道。

③ 获"北京林业大学十大优秀志愿团体"荣誉。

【2019年】

① 获2019年北京林业大学暑期社会实践团队校级一等奖。

② 彩虹宝贝获北京林业大学"北林榜样"称号。

③ 获"北京林业大学十大优秀志愿团体"荣誉。

第二节　心理学专业志愿者心声

"北京林业大学彩虹宝贝自闭症儿童心理干预中心"的心理干预担当者，由心理学专业的研究生和本科生组成。这里我们展示一组心理干预担当志愿者的心声，从他们的心声中我们可以了解到，在专业心理干预者眼中，彩虹宝贝们是一群怎样的孩子。

一、怎样成长

北京林业大学 2008 级心理学硕士研究生　葛高飞

写下这个题目的时候,脑子里就像过电影似的浮现出我接触过的每一个亲爱的小孩,每一张可爱的笑脸,以及每一件快乐的事情。这些,都是和你们相关的。

因雷老师的研究方向,我从 2007 年 10 月份开始接触特殊儿童。一步步走过来,经历了起初的茫然,小心翼翼地摸索,方向渐渐清晰的寻求,到现在的坚定与持久的努力。这是一个过程,有很多人的帮助和指导。

特殊儿童,每每说起这个话题,我总会想起一个个场景,给我感动,催我前进。

记得在海淀区培智学校实习的时候,拜托一个小朋友 G 去取水浇花。我当时给了他一个装饮料的瓶子,并顺手拧开瓶盖一并塞给他,但很久不见 G 回来,于是有些焦急地跑到走廊上眺望,只见他小心翼翼地走着,手里托着用小瓶盖装的水。几个老师不约而同地笑了起来,又有些无奈地称赞他的可爱。G 也跟着笑道:"老师,我们浇花吧。"

看着他期盼的眼神,实在不忍告诉他本来应该怎样去做,却在那一刻真正体会到什么是心酸——G,12 岁,是班级里状况最好的,数学完全可以做到与普通小孩同步,却刻板地接受提示,不能恰当地理解语境。是的,这就是自闭症,在对他人心灵的解读能力方面,有明显的缺陷,难以理解他人的思维和愿望,也因此使其社会功能受到影响。

记得武汉的 L,因为母亲没有满足一个小小的心愿,瞬间将电视机掀翻在地,持续哭闹将近两个小时。是的,这也是自闭症,在情绪表达方面存在障碍,也因此可能产生自伤或者攻击他人的行为。

记得 Q,会关注你穿多少码的鞋子,身高是多少;记得 P,总会说起从 A 到 B 的路程是多少千米;记得 C,会不停地转圈,把积木分门别类地排摆;记得 Z,极度开心或者不开心的时候,不停地甩动双手。是的,这都是自闭症,兴趣行为异常,也因此常常在生活场景中被视为异类。

可是,我也记得,G 在情景模拟中护着自己的父亲,不让任何人欺负他;L 带着一脸天真的笑容,和爷爷奶奶玩闹;Q 开始关心身边的每一个人,为母亲端出自己亲手做的早餐……会记得每一次小小的进步,会记得每一份真诚的感动,因为你们,让我开始懂得要怎样成长、怎样生活、怎样珍惜;因为你们,我的生活方向渐渐变得清晰起来,努力的目标渐渐明朗。

想到以前的开心和以后的努力方向,思绪有些乱,文字也显得有些凌乱。只是有一种感觉总在洋溢、提醒着我的幸福,那是你们带给我的幸福和感动。谢谢你们,我亲爱的孩子们。谢谢你们教会我成长,教会我爱!

二、自闭症不代表冷漠

北京林业大学 2008 级心理学硕士研究生　杨阳

在与身边的人交谈后我发现,很多人对"自闭症"这个概念依然存在很深的误解。这也难怪，自闭症确实是神秘而复杂的。我自己虽然在几年前就开始接触患有自闭症的儿童，但直到成为彩虹宝贝志愿者以后才发现，自己以前对自闭症患者的认识也是比较粗浅的。在此，我想描述几个小片段，借此来分享我从"彩虹宝贝"志愿活动中获得的一些小小感悟。

首先，自闭症不等同于"自闭"。很多不了解自闭症的人会误认为自闭症患者就是自我封闭的人；很多介绍自闭症的资料也会提到，"自闭症患者不会主动与人交往"。我想说的是，自闭症患者可能不具备主动与人交往的正确方法，但这并不代表所有自闭症患者都没有主动与人交往的愿望。明白这一点很重要，这可以成为干预工作的切入点。与QQ的第一次见面就给我留下了极为深刻的印象。QQ随妈妈来到我们的办公室，为了迅速了解情况，我们就和QQ的妈妈攀谈起来。很多自闭症的孩子不会在意这种场面，但是QQ好像感觉自己受到了冷落，开始打断话题问我穿多大码数的鞋子、我的身高、年龄等与数字相关的问题。她的这种主动已经让我颇感意外，更让我吃惊的是，随后她还报上了自己的"数据"，然后和我一一对比。谁说自闭症的孩子不会主动交流呢？当然，QQ是属于较早接受干预而"社会性较强"的孩子，相比之下LL的症状就明显要重一些。每当LL兴奋或情绪不稳定的时候，他很可能会对着一个完全陌生的志愿者不停地说他的经典语言"你说那管子为什么会坏呢？"我认为这也是一种主动交流，只不过与QQ的双向交流不同，这只是一种单纯满足说话人需求的交流。这种情形在很多自闭症患者身上都能见到。不管单向还是双向，只要有交流的愿望都可以被视为"开放状态"。作为志愿者，我们除了应该抓住自闭症患者"开放"的时机进行干预以外，还应该明白，干预对象虽然都是自闭症患者，但每一名患者都有其独特的个性，我们应该对每一个具体案例拟订有针对性的干预方案，而不要先入为主地认为他们不能主动地与人交流。

其次，遵循"平等"的原则进行干预。经常看到新加入的志愿者被孩子们呼来唤去，而等到志愿者要求孩子完成任务时却被孩子们晾在一边。这种关系是不平等的。所谓平等，并非只是要求志愿者平等对待患儿与非患儿，还要求志愿者明白，在与孩子的关系中，自己并不只是一名服务者，适当的时候可以拒绝满足孩子的要求，甚至对孩子提出要求。"平等"既是原则也是策略。在"平等"的基础上通过交换的手段可以使干预工作变得更简单。最初对QQ的干预并不顺利，在活动中她对于我们的要求和劝解往往置之不理，只是以自我为中心地凭喜好行事，这种情形在开展"合作沙盘"活动以后发生了变化。我们志愿者也参与到QQ最喜爱的沙盘活动中，并把完成沙盘所需要的材料平均分配到每一个人手里。如果要想顺利摆出自己期望的景象，就必须借助他人手中的材料。这时我们会引导QQ进行交换，我们不会把手中的"资源"轻易让出，除非QQ用我们需要的她手中的材料来交换。经过一段时间的训练，QQ终于能够接受这种规则，而我能感觉到，这种交换的思想已然开始对她的日常行为产生影响。在后来的干预活动中，每当QQ提出需求时，我也会根据干预目标向她提出条件。最后的结果往往是QQ基本上满足了自己的愿望，而我也通过提出的条件达到了干预的目的。就我的切身体会而言，有威信的志愿者更容易对自闭症患儿产生影响，而只是一味满足患儿各种愿望的志愿者很难树立起威信。

最后，自闭症不代表冷漠。ZZ是个性格内向的孩子，话很少，更不会主动向志愿者提问，所以以为他只会去关注那些他感兴趣的事物，我们这些志愿者是不会给他留下深刻印象的，事实证明我错了。在陪伴ZZ进行了一段时间的沙盘训练后，由于人员调整，ZZ离开了我负责的小组。后来我有很长一段时间没有见到ZZ，直到有一次所有小组一起参与集体活动时，ZZ一进门就热情地跟我打招呼，虽然他目光的焦点仍然不在我身上，但他的脸上却画满了开心。之后没有别的话语，ZZ只是沿着活动室的墙壁，快速走来走去，脸上洋溢着笑容。从他妈妈那里得知，自从被调到别的组以后，ZZ就经常问他什么时候能见到我，知道我也会参加这次集体活动后他非常高兴，活动当天一早就催促他妈妈出门，生怕迟到。听了这些，我心里热乎乎的。我想，对于ZZ来说，他所需要的不是重逢好友间的嘘寒问暖，只要我在他视线中出现就能让他满足。他一定不会知道他对我的这份依赖让我又一次感受到了这群孩子的可爱，并且增强了我对成功担任好彩虹宝贝志愿者的信心。回想究竟是什么让这孩子这么惦记着我，好像答案很简单，就是在他摆沙盘的时候我在一旁默默地陪伴。

三、他们在描绘属于自己的彩虹

北京林业大学2009级心理学硕士研究生　刘愫

接触自闭症儿童近三年了，这期间，陪伴着他们，看着他们成长，有很多感触，也有很多思考。

记得第一次见到自闭症儿童时，我很惊讶，眼前的这位小姑娘，长得好漂亮，笑得很可爱，摆出的沙盘很美丽，见到我，还叫姐姐好，怎么会是自闭症呢？渐渐地，我发现，她有自己的特点，她只对我穿多大号的鞋感兴趣，她喜欢把小汽车排成整齐的一排，她的沙盘里没有小动物，更别说人物了。之后，我接触到越来越多的自闭症孩子，在我的眼里，他们首先是一群活泼可爱、还在不断成长的孩子，其次他们都或多或少有自己的特点，有自己需要训练的地方。所以，我想，他们首先是一群儿童，其次才是自闭症儿童。不该把这些孩子生硬地归为一种叫作"自闭症患儿"的类型，真正接触过他们，就会发现，他们都是一个个可爱的个体，有自己的小个性，有自己的需要，也有自己的小脾气。我想，我们应该先走进他们的世界，试着去了解他们，然后再去陪伴以及帮助他们成长。

当我们首先考虑孩子的个性、特点，其次再考虑孩子的发展障碍时，我们对待孩子的方式就会有很大的转变。

首先，在干预的过程中，应选择适合孩子个性特点的干预方式。在长期干预中，我发现每个孩子适合的干预方法都不一样，每种干预方法在不同的孩子身上也会获得不同的效果，所以要先观察、了解孩子，再选择对他们更为适合的干预方法，这样，孩子能在一个相对愉快的情绪状态下接受训练，做到玩与学相结合，这样可能会获得更好的效果。

其次，我们应该给这些孩子更多的机会。给他们机会接触丰富多彩的世界，给他们机会成长，给他们机会表现自己。有时我们以为他们不需要或者不在意，但等到他们慢慢成长后，我们会发现，他们会在人多的时候体验到紧张，他们会因为自己没有得到表演的机会而不开心。当我们耐心地陪伴他们成长，不断地提供一些能够助其成长的机会时，就会看到他们的进步，尽管非常非常缓慢，但是他们的确走在成长的路上；尽管那种进步非常非常不起眼，哪怕只是学会打招呼，学会唱一首儿歌，但是他们的确在描绘属于自己的彩虹。

四、开启心中的那扇门

北京林业大学 2009 级心理学硕士研究生　杨振

2009 年的时候,我迈入了自闭症儿童心理援助这个领域。那时候的我还很懵懂,对每个孩子都充满了好奇,对他们的一言一行都会感到诧异。几次活动下来,我几乎筋疲力尽,很多时候,我都是跟在他们身后,不知所措。让人难以接受的是,无论怎么努力,孩子们似乎还是原来的样子,甚至无法记住我的名字。

当时的自己,似乎每一步都走得异常艰难,而且收效甚微。

那时候的我,经常在思考,我该如何走进他们的生活,如何开启他们紧闭的心扉?

现在看来,恐怕是我太急于求成了吧。面对这样一群特殊的天使,我们所能做的,无非是"耐心"二字。耐心,会让你静下心来仔细观察;耐心,会让你坚持正确的理念;耐心,会让你对失败保持淡然的心态。而最重要的是,持久的耐心,能让你慢慢开启孩子们心中紧闭的大门,走进他们的内心,而回报你的,是毫无保留的信任和依赖。

都说自闭症的儿童兴趣单一,情感解读能力差,这点我并不否认。但是我想表达的是,这里的每个孩子,都是独一无二的,他们有自己的喜怒哀乐,有自己的兴趣爱好,当然,也有属于他们的情感。这一切,需要你用心去发掘。

在成为志愿者之初,我接触到 DO,他是个很闹腾的孩子,几乎可以用"一刻不停"来形容 DO 的行为。作为活动中为数不多的男生,每次带 DO 活动似乎变成了一场角力比赛,应对他各种蹦、跳、扭、跑、躺、转的有效方式就是把双手当作工具,用强力把他控制在自己身前。即便是这样,他依然我行我素,对我们的要求完全置之不理。

忘记了具体是什么时候,那天的 DO 照样躺在地板上怎么都拉不起来,更不要说参加活动了。无奈之下,我用双手托着他的背,试图把他抱起来。而就在此时,他胡乱挥着的小手臂突然环住了我的脖子,抱住了我。很意外,这次的 DO 没有任何挣脱的举动,安静地被我抱着。在那一刻,我突然感受到了怀里的这个孩子与我有着感情上的羁绊,感受到了孩子赋予我的纯粹的信赖。

如是,我突然感觉到,孩子心中的门似乎开启了一条缝,并开始接纳了我,也信任了我。这个经历给了我莫大的信心。孩子的转变和进步不可能是一日之功,最需要的是长久的坚持和努力,既然他们选择信任我们,那么我们也必须相信他们,相信他们在慢慢地进步,哪怕这种进步在常人看来是微乎其微的。

现在看来,这种改变是潜移默化的。在我们的活动中,孩子们的进步从来都不会突然发生,所有的改变都成型于长期的坚守和耐心的付出。

孩子们让我懂得的是,他们纯净的心灵使我们的内心也更加纯净。从那时起,我不认为自己是一名志愿者,而是一名有幸能和孩子们一起成长的人,我和孩子们相互鼓励、共同支持、相互信赖、共同进步。当我们真正走进孩子们心中之后,那么孩子们就会接受我们的帮助,他们的进步也就是顺其自然的事了。

时至今日,参与这项公益活动已经有三年了,与孩子们积累下了深厚的友谊。在帮助孩子们的同时,自己也乐在其中,不断进步。

衷心希望能有更多的人进入这个领域,走进这群孩子的世界,打开他们心中的那扇门,也为自己的心田播下爱的种子。

五、"给"永远比"拿"更快乐

北京林业大学 2010 级心理学硕士研究生　郭成

坦白地说，在进入北京林业大学之前，我真的不太了解自闭症，除了从书本中和银幕上获得的点滴知识以外，从来没有接触过自闭症儿童。直到第一次见到"北京林业大学彩虹宝贝自闭症儿童干预中心"的这群孩子的头天晚上，我还有些担心和害怕，因为不知道应该怎样和他们相处，更不清楚自己的专业知识能否帮助他们。

还记得那是一个周日的上午，Q(后面会有专门的介绍)是我接触的第一位自闭症儿童，至今，孩子妈妈的博客上还记载着我和孩子第一次见面的只言片语。很感谢这一次见面，因为从那天以后，我才意识到原来自己的专业还可以帮助这群可爱的孩子。是的，他们真的很可爱，也许他们会有和普通孩子不太一样的行为表现，可是他们也有和普通孩子一样的心理，只是可能比普通孩子滞后一些。正如导师所说：普通孩子有青春期，咱们这群孩子也有，不过就是迟一点而已。写到这里，眼前不由得浮现出这群可爱的孩子们的一件件可爱往事(大多都能在孩子家长们的博客上找到原型)，因篇幅有限，我就不在此赘述了。

2011 年，电视台根据"北京林业大学彩虹宝贝自闭症儿童干预中心"的志愿者活动制作了专题节目。那时，编导曾问过我们参加这个活动的收获，当时引用高尔基的一句名言"给永远比拿更快乐"——这也是我父母在得知我正参加这个活动后，专门写信鼓励我的话语。不知道是否允许我把家信的片段摘抄到这里，因为除了那些可爱的孩子们，父母的话语也时常给我支持和鼓励，每每翻看它们都会让我很温暖，就像一个精神加油站，看完之后总会充满动力。

"爸爸妈妈知道你在学校做志愿者，带自闭症的孩子，这很好！我们非常支持你，虽然我们不太了解专业知识，但在媒体上，收看相关节目或信息的时候也会留意，所以随信寄去剪报资料，希望有助于你。我们相信你可以通过不断学习专业知识，一定会用科学的方法去帮助孩子们。什么是真才实学？就是理论与实践相结合。做学问搞研究就更需要从理论到实践，再从实践上升为理论。"

直到现在，父母只要看见或听见任何关于自闭症的资料，都会留心保存和记录，随信寄给我或是等我回家时再翻看，甚至有时他们会激动地打电话告知我。其实，他们并不从事相关工作，有时候收集的资料可能也没有很强的专业性。但是，我能强烈地感受到他们那份发自心底的对自闭症儿童的关心，在家信中还经常会问及我带的孩子们最近都好不好，是否有进步等。远在家中的父母尚且如此，作为与孩子们面对面的我还有什么理由不更加努力学好专业知识，并把它们活学活用到志愿者的工作中呢？

六、爱的致谢

北京林业大学 2011 级心理学硕士研究生　任丽红

其实说到做"北京林业大学彩虹宝贝自闭症儿童心理干预中心"志愿者的心得，我最大的体会就是爱与被爱。因此，这篇心得的题目为"爱的致谢"。

2007年9月，走进她——北京林业大学，感受着她的绿色和荫凉；2008年9月，接触他——一个自闭症儿童，不断地诉说着他与管子的故事；认识她——自闭症儿童的妈妈，哭诉着孩子由于病症被学校赶出来。于是，爱与被爱的波涛在我心中荡漾。

真诚的爱。自闭症儿童被称为"星星的孩子"，他们没有月亮那么皎洁，但是他们也有属于自己的光亮，与他们相伴让我体会到最纯洁的心灵，没有社会中的世俗、阿谀和虚伪，只有真诚和纯洁。所以与他们在一起是轻松、快乐、美好的，感谢他们给予我的真诚的爱，也可以让我们奉献出最真诚的爱！

感动的爱。每当看到彩虹宝贝父母的泪水，都使我们的心灵产生很大的触动，或是对现实社会的失望，或是对孩子成长的感动。彩虹爸爸、彩虹妈妈们，有困难、失望和感伤，但从没有抛弃、放弃，感动的爱教会我们成长！

博大的爱。和孩子们接触得越深，就会越离不开他们，即使暂时分别，对他们的这种爱依然会延续，我想这就是志愿者的博爱。博大的爱带动着整个社会的进步，希望爱常在，并一直蔓延开来！

感谢孩子们给我们爱的机会，感谢家长们带给我们爱的感动，感谢其他志愿者提供的爱，相信这样的爱的循环会让我们的彩虹宝贝们更加快乐、幸福，希望彩虹宝贝和关心爱护他们的人永远幸福、平安！

七、震撼与感动

北京林业大学2011级心理学硕士研究生　陆秋婷

林林总总算起来，接触自闭症儿童已经一年多了，从最初的茫然，到现在能够自如地跟他们交流并成为他们的朋友，一路走来，一次次被震撼与感动。

现在好多人会认为不愿意跟人说话，喜欢自己一个人待着，不想与他人接触就是自闭或自闭症，但是真正的自闭症，并非如此。

身边总会有很多人问我，什么是自闭症，他们都不说话吗？什么是自闭，我不说话也算吗？自闭症的孩子是不是很难接触啊，都不理人的吧？

每每这个时候，我都想告诉他们，自闭症的孩子可能会在沟通上有问题，他们可能会不断重复一些话语，他们可能会有攻击性行为……

还记得雷老师说过，自闭症的孩子就像是没吃过毒苹果的，生活在伊甸园的亚当和夏娃，他们在自己的世界里单纯地生活着，而我们志愿者要做的就是，让他们懂得社会的规则，慢慢地让他们能够理解主流生活，更好地成长。为了孩子们能在现实社会里成长，我们也一直在努力。

对于自闭症孩子，有很多比喻，如他们是遥远星球来的孩子，他们是星星的孩子等，其实，他们只是我们想要呵护的孩子。

每一个周末，我们都期待着他们的到来，我们也在期待孩子们的变化，更期待着孩子们带来更多的惊喜与感动。每一年的圣诞联欢会，看着孩子们努力而又陶醉其中的表演，所有的付出都是值得的，如果多付出十分，即使只能换回一分的惊喜，我想，我们仍然乐于付出并乐于见到他们的成长。

我一直坚信，如果耐心等待，他们一定会回报给我们一个惊喜的世界。只要我们仔细观察，这个世界其实一直都是那么美。每一个生命，每一种存在，都是那么美好。在未来的日子里，希望能与孩子们共同成长，让我们的世界开出美丽的花朵！

八、他们不孤独

北京林业大学2011级心理学硕士研究生　赵梓晴

2011年9月的一天，我初次走进自闭症儿童的世界，开始接触这些可爱的孩子。一开始是十分慌乱和紧张的，孩子们的状况超出了我的预料——他们比我想象的要可爱很多，但也比我想象的要难以接触。当我试图蹲下来跟孩子们搭话，介绍我自己的时候，很多孩子像什么都没看到没听到一样，扭过头就走或者跑。自闭症儿童存在社会交往障碍，作为一名自闭症儿童的志愿者，这是必经的第一道关卡：如何让孩子认识，并且接受你。

这一次活动，我真正认识到了自闭症的可怕，看着他们，我心里很难受。自闭症儿童存在语言障碍，在同龄小朋友叽叽喳喳说个不停的时候，他们沉默不语，或者发出走调的声音；一些自闭症儿童有刻板行为，他们不停地摆弄着自己的身体或者什么玩具，难以自控。但是，他们天使般的笑脸、懵懂的眼神、一声声"××姐姐"的呼唤，又是如此真挚纯洁。这些孩子与普通的孩子是一样的，虽然他们一直生活在常人所不了解的世界中，但他们也有自己的小心思、自己的喜怒哀乐，我真心地希望能帮助这些被人们称为"来自遥远星球"的孩子，更好地融入社会，哪怕一点点也好。

之后，随着活动次数的增多，我渐渐融入了孩子们的世界中。干预中心一直都处于平等、宽容、耐心和温馨的氛围中。在这里，孩子们不是应该被"可怜"、被"同情"的特殊儿童，而是一个个我们应该给予尊重和帮助的孩子。自闭症儿童的康复是十分艰辛的，也许付出了10分的努力，却在很长一段时间内连1分的回报都难以得到，有时孩子一瞬间进步了，但下次再见到，却发现又退步了。曾经看过一部名为《海洋天堂》的电影，在电影中，爸爸教大福脱衣服，爸爸说，大福真棒；爸爸教大福认钱，努力地教了很多次，大福却怎么都学不会，爸爸的表情中流露出压抑不住的焦躁。回想这几个月中，当我跟孩子做一些身体上的互动，在孩子能够配合的时候，我说"××真棒"；当孩子终于能够掌握一项技能的时候，我说"××真棒"；而在孩子无论如何都难以进入状态，我只能跟在后面追赶的时候，真的有一种又焦躁又无奈的心情。跟电影《海洋天堂》里的父亲非常像，非常像。一直充满着希望，一直期待着进步，一直为孩子的任何一点进步而由衷地高兴，但也会在长期没有进步和不稳定的情形下感到焦躁、感到悲伤。但与此同时，正是这些与孩子们一起的感动、快乐、惊喜和难受的经历，让我们更加坚强，更加强大，更加懂得了什么叫爱。

圣诞联欢之前，我制作了回顾彩虹宝贝2011年成长的视频，看着孩子们一张张活动照片，听着他们努力说出的一声声"圣诞快乐"，我感到十分的温暖。我相信，这份温暖，以及更多的爱，将会在今后的日子里不断奉献给孩子们，因为有志愿者们的爱，他们不再孤独……

九、最真诚的爱

北京林业大学 2008 级应用心理学系本科生　车文婷

大二的时候就开始参加"北京林业大学彩虹宝贝自闭症儿童心理干预中心"志愿者活动，转眼已经过去两年的时光了。这两年中，不光见证了每个彩虹宝贝的成长，也一步步地体会到了自己的成长。

北京林业大学，一直是每个彩虹宝贝最喜爱的地方。那是因为在这里，可爱的孩子们可以和志愿者们在一起互相交流，一起游戏，共同学习。在这里，没有尴尬与质疑，只有热情与信赖，最真诚的爱充满着整个房间；在这里，没有沉默与孤单，只有满堂喝彩与欢声笑语；在这里，没有责备与呵斥，只有激励与进步，在游戏中我们与彩虹宝贝们一起攻克着一个又一个关卡。担当志愿者的过程当中，作为一个心理学专业的学生，将自己所学的知识运用到实践中，发展心理学、行为主义等相关理论，都在志愿活动中不断地被巩固和完善。每个学期为彩虹宝贝制定长远目标，同时在每次的活动中详细地制定近期目标，分层、逐步地达到最终干预目的。例如，在帮助彩虹宝宝 DT 的志愿活动中，我们的最终干预目标是要提高 DT 的社会化水平。于是志愿者们以钱币的认识和使用为切入点，逐步从认识钱币、加减法的训练、购物及购物过程中如何使用钱币和找零等方面进行干预。最终，在家长的配合下，DT 基本上完成了我们所设定的任务，获得了良好的干预效果。

十、善待他们

北京林业大学 2008 级应用心理学系本科生　兰岚

我参与"北京林业大学彩虹宝贝自闭症儿童心理干预中心"的活动只有不到半年的时间，但在这么短的时间内，我学到了很多东西，也有了很不一样的体会。

首先，在几次活动中，我学习到了一些有针对性的干预方法。我曾经带着小学二年级孩子做沙盘，掌握了一些沙盘游戏的技能，本以为可以用同样的技巧来对待有自闭症的孩子，但后来我渐渐发现事情并没有那么简单。对自闭症儿童进行沙盘游戏疗法，其实与正常孩子会有所不同，比如在游戏中应该更注重他们对于规则的认识，教会他们去遵守规则、掌握方位等。

另外，在与自闭症孩子相处时，我也有自己的一些心得体会。我曾经接触过一个只有 3 岁左右的孩子，他的年龄太小了，基本上不说话，我觉得可能是症状比较严重的那一种。在我与他相处的过程中，我也没用太多的专业方法，只是全身心地去投入，事实上就是全心全意地去关注他、关心他、陪他玩、让他笑，虽然在这个过程中可能非常费精力，也感觉不到孩子太多的反应，但是后来这个孩子临走时非常不舍，他哭着不想走，这一刻着实让我很欣慰，觉得这一段时间的相处还是有效果的，我与孩子之间确实建立了情感。因此，我认为其实对于自闭症的孩子，我们平时觉得他们好像没有在跟我们交流什么，但事实上，只要全心全意地、真诚地去对待他们，他们是可以接收到我们这一份心意的。无论是正常的孩子，还是有自闭症的孩子，都是精灵，是天使，都有着一颗纯真的心。对他们多一点关爱，善待他们，这样不论是孩子，还是家长都会感觉到幸福。

十一、见证他们的点滴进步

北京林业大学 2009 级应用心理学系本科生　王琎

做志愿者一年以来，收获颇多，使我有机会扭转自己的目光，发现外面世界的多姿多彩；使我有机会打开自己的房门，走出去和那些单纯、弱小的精灵们接触；使我有机会明白自己奋斗的意义和沉淀自己的目的是擎起身上的担子。可爱的彩虹宝贝们让我学会了很多，成长了很多，幸福了很多。

一年多来我接触了三个小朋友，从彩虹宝贝 A 到彩虹宝贝 B 到彩虹宝宝 C。他们的特点很不一样。彩虹宝贝 A 喜欢动，爱玩绳子，听话，帅气，对喜欢的人会抱，或者"打"，很可爱，不过他不喜欢说话，发音不清。彩虹宝贝 B 是个很漂亮的小姑娘，别人见了她都会夸她，说话也清楚，甚至来的时候我看到她还挺会玩妈妈的手机的(说明智力和精细动作能力都挺好)，但是接触后我发现她最大的问题是对别人的回应特别少，有点多动，交流起来较困难，不过她和同龄孩子交流较好一点，甚至会"强吻"喜欢的小朋友。彩虹宝贝 C 是最小的孩子，他最令我惊讶的爱好是看书，读唐诗，他很安静，也愿意和别人交流，但是反应会慢一点，有一些手指精细动作很难做好，在游戏的过程中叫我们大哥哥、大姐姐，画他喜欢的鸭子，玩沙子，我们看着他那很认真的样子，都特别喜欢。即使是每次回忆起跟这些孩子相处的点点滴滴的场景，嘴角都还会不自觉地上扬。真的，他们太可爱、太单纯了。每一次他们对我的要求或者问题的好的回应，每一次他们学会一点点新的动作和词语，每一次不经意间他们对我的亲密行为表示，都给我带来惊喜和幸福，给我一种付出后的肯定。虽然有很多次，孩子们并没有上一次表现得好；虽然有很多次，我认真设想的计划，孩子们并不愿意配合；虽然有很多次，孩子们还会对我的问话不理不睬，但是，彩虹宝贝也让我明白了，只要坚持，真的会有奇迹出现。志愿者们都在倾尽所学，认真设计活动，都满怀热心，和彩虹宝贝们一起游戏，并在见证他们的点滴进步。

十二、我爱你们

北京林业大学 2009 级应用心理学系本科生　热歌

对于自闭症，不懂不可怕，可怕的是误解它；干预自闭症，收效慢不要紧，怕的是不坚持。

当初凭借男儿的血性和一腔热情，勇敢地成为"北京林业大学彩虹宝贝自闭症心理干预中心"志愿者中的一员，回头却发现，我并不知道什么是自闭症。作为一个在学习中经常迟到早退、旷课逃课、不爱学习的学生来说，让他主动去了解和学习一些知识是不可能的。但是，作为一个男子汉，既然选择了就要对自己的选择负责到底。先是从学姐那里得到了自闭症的一部分资料，对于自闭症有了一个基本了解，然后通过图书馆资源，又借到了自闭症的相关书籍，对于自闭症有了一个较为全面的理解，但是对于干预自闭症来说，这些还远远不够，于是我又购买了针对自闭症干预的相关书籍，以期能为我的干预工作做最充足的准备。

终于迎来了我的第一次干预活动，以及一次又一次的活动，在这一次次活动中，我是频遭打击，毕竟理论和实践的差距还是很大的，使我更加觉得自己学到的知识不够，实践更不够。在我寻找办法之时，我又发现了不少关于自闭症的电影，虽然不是真实的，但是对于干预实践还是有一定效果的。后来又在网易的外交课程上发现了关于自闭症的课程，并下载下来学习，对于自闭症的历史体系、治疗手段又有了更多的见解。在后来的方案策划中，一步步试着实施，逐渐增强干预的效果，并取得了一定成效。

一晃眼，就快在这个大家庭中度过两年的生活了，我真的很想说一句，我爱你们！就让我们志愿者在雷秀雅老师的带领下一同奉献出爱，与自闭症儿童的独特风格，共同绘出一道美丽的彩虹，得到世人的关注、认同与欣赏吧！

十三、收获了人生中一段美好的记忆

北京林业大学 2010 级应用心理学系本科生　　张琴

做心理工作的人都有一个共识，那就是当我们在帮助来访者的时候其实在某种程度上也是解决我们自身的问题。在做自闭者儿童志愿者时，我深深地领悟到了这一点。不可否认，我也是成长中的人，各方面都需要更高层次的认知，而正是这群孩子让我学到很多——天真的微笑、待人的真挚、坦白的表达等。我在大一进校不久就参加了这项志愿者活动，当时自己参加的原因很简单，就是想以后从事心理工作，希望能找到更多的实践机会。当参加了半年、一年、一年半后，我愈发觉得这项志愿者活动已经是我美好大学生活中不可或缺的一部分。我觉得参加这项志愿者活动，收获是丰富的。首先是收获了专业知识，虽然我们有专业课程的学习，但是参加志愿者活动可以让我们更直观地了解一些现象，同时可以使我们的专业知识在实践中得到巩固和深化。其次是收获了快乐，当我们认真地写计划、做活动、写总结时，我们会觉得整个过程很充实而且很有意义，当看见小朋友进步时我们很快乐。再次是收获了友谊，大一刚参与的时候，我认识的人很少，但是通过活动，我认识了很多学姐学长，并且有几个小朋友也记住了我，感觉到自己很幸福。最后是收获了人生中一段美好的记忆，我相信这将在以后成为唯美的回忆。总之，感悟很多，难以在这短短几百字里完全呈现。在此，我想用几个感谢结束这篇心得：感谢小朋友们，是你们让我们收获快乐；感谢小朋友的父母，你们是最伟大的；感谢雷老师，是您给了我们机会；感谢所有志愿者，和你们成为朋友真好。希望自己可以继续充当这支队伍中的一员。

十四、彩虹下，我们一起成长

北京林业大学 2010 级应用心理学系本科生　　武迪青

2011 年的秋天，我认识了这样一群孩子。他们有着灿烂的笑容，纯净的双眼，或活泼或宁静的性格，单纯的言语。虽然我很想和这些孩子一起打闹嬉戏，但自闭症无情地把我挡在了他们的世界之外。

经过短暂的培训后，我开始每周六上午去参加"彩虹宝贝"的志愿活动，帮助一个组里的前辈对其负责的自闭症孩子进行干预治疗。在这里，"志愿者"三个字变得比平常更加沉重。虽然一般的活动都是重复和孩子间的简单游戏以进行强化训练，比如抛皮球，认积木，认颜色等。但自闭症使这样简单的沟通困难无比，和孩子交流时要有比和正常孩子沟通时多得多的耐心，要注意自己说出口的每一句话，细心观察孩子的每一个眼神和动作。这些都是我在加入"彩虹宝贝"前没有想到的，一开始真的觉得很疲惫。但每次想到孩子们单纯的笑，努力用自己稚嫩的声音说每一句话时的表情，我都觉得自己无论如何都不可以放弃。

　　一周周过去了，和孩子们的感情变得越来越好，每周来活动中心和孩子们见面，变成了日常生活里最期待的事情。每一次都努力做得比上一次更好，每一次累积下的欢声笑语都变成生活中灿烂的阳光。记得在一次活动中，有一组的一个小妹妹在休息时突然抱着另一组的一个小男孩亲了一口，一下子大家都被这对小伙伴逗乐了。

　　不知不觉，在"彩虹宝贝"和孩子们一起走过了半年的时光，树上的叶子都经历了两个季节，变化在一点点地累积，看着孩子说话一点点变得清楚，个子一点点地长高，我不禁反过来审视自己，发现表面上作为志愿者，我们付出了时间和精力去陪伴孩子们，但不知何时起，我们开始有更多的欢笑，开始更加成熟乐观地去看待周围发生的事情。变化最大，成长最多，被帮助最多的反而是我们志愿者。

　　隔了一个假期没有见到想念的孩子们了，你们都还好吗？又长高了吧。快点来"彩虹"下，让我们一起成长。

十五、偶入人间的天使

北京林业大学 2014 级应用心理学系本科生　周佳莹

　　听说，你是来自星星的孩子，本应住在遥远的仙境，只是不小心落入了人间。听说，你拥有一片属于自己的天地，那是世界上最纯真的净土，却从来不肯敞开它通往外面世界的大门。

　　那年，我第一次来看你，我多想叩开那扇尘封已久的大门，走进你的天地里去。我想做你无话不谈的好朋友，想要牵起你的小手，陪你走过成长路上的每一片荆棘，吟唱那一曲曲谱满奇迹与梦想的歌谣。我望着你明亮清澈的眸子，满怀期许地呼唤你，而那期许的呼唤仿佛一下子坠入了深谷，没有回音，没有回答。我走过去拉起你的小手，想要拥抱你，你却躲闪开去，不愿回头。我失落地望着你，望着你反反复复做着刻板的动作，说着刻板而模糊不清的话语，你就像是个有血有肉的机器人，惊慌失措地窥探着这个陌生的世界。

　　你笑着，那就是开心了吗？你点头，那就是情愿了吗？你说好，那就是答应了吗？——我不知道，面对着你，我几乎要失去了支点，我以为我在你的生命里，可能不会留下哪怕一帧的幻影，却仍然准备好道具。希望你能记住我，而在我拿出它之前，你忽然喊出了我的名字，那一刻，我多想做你一生的姐姐。

　　记得那天你在地上打滚，耍赖，我故意站在一旁装作不理不睬，在我转身离去的那一刻，你竟一下子站起来抱住了我，背对着你，我眼眶湿润了。

记得那个雾霾天，我的心情也像天气一般雾霭沉沉，你走到我身旁，认真地说：不要不开心，风来了，雾霾吹走了，天气就好了。

每一次久别重逢，你都送我一个大大的拥抱，每一次瞥见你灿烂的笑脸，我心里都绽放开绚烂的花。

你练钢琴，也爱跳舞；你识字背诗，也读书作画；你用美妙的旋律与鲜艳的色彩，倾吐你对生活的热爱与宽容。你用明亮的眼睛与温暖的怀抱，回答这个世界留给你的疑惑与坎坷。你开始学会礼貌与谦让，你开始表露爱与希冀。在你小小的身躯里，缓慢而艰难地拱出来一双镀上了奇迹的翅膀。

那一天，你终于迈出勇敢的步子，来到众人面前放声歌唱。那一天，你终于张开紧绷的臂膀，迎接我们对你生活的造访。你可知道，你的一点点回应，都曾带给我无边的欣喜，你的一丝丝进步，都是我收到过最美好的礼物。

孩子，不知不觉，你已在我的心田里种下一颗爱与希望的种子，在我生命里涂上一抹意义非凡的色彩。你的微笑可以驱走我连日的疲乏与无助，你的拥抱可以赶跑冬日的严寒与肃杀。

因为，你是来自星星的孩子，是我愿尽最大的努力去守护的，偶入人间的天使。

第三节　彩虹宝贝家长的育儿心得

这里为大家展示一组彩虹宝贝妈妈们的育儿心得，通过这些心得可使读者近距离地认识自闭症儿童和他们的家人。

一、KA 的成长故事

文字来源：彩虹宝贝 KA 的妈妈

KA 目前在普通小学上六年级。下面我就讲一讲他上学的经历，透过 KA 的求学之路，可以看到自闭症孩子上学的艰难，以及他们真正需要的是什么。

KA，1998 年出生，两岁十个月在北医六院确诊为中重度自闭症伴随智力障碍。他有严重的情绪问题，理解力低下，比如停电停水简直要他的命，停电了，电灯不亮了，他认为是坏了，必须马上修好，有一次停电他又哭又闹把舌头咬了一个大洞。在青岛以琳的时候，方老师他们都见过他因为玩具坏了而在地上打滚哭闹的情形。

5 岁多以前，他主要的活动范围是在我们家六层阳台的护栏上，像个小猴子一样在护栏上走来走去，常吓得楼下的人大喊大叫。他非常多动，家里的东西几乎没有完好的，连电视机都得用铁丝绑在柜子上以免被他推倒。有一天晚上他打开煤气，全家人差点中毒。他 4 岁半才会说话，至今说话仍然很不清楚。许多年前他爸爸说，"这辈子，儿子只要叫我一声爸爸我就满足了"。当年的 KA 就是这么一个状态。

KA 的早期康复跟许多孩子一样，经历了幼儿园(不过半年就被劝退)、机构康复。6 岁去了青岛以琳，在以琳接受了两年系统的康复训练，进步明显。8 岁时结束以琳的训练回到北京，我们费尽周折四处寻找学校。当普通孩子的家长在为自己的孩子选择哪所好学校、选择哪些课外辅导班而发愁时，我们却在为争取孩子上学的权利而苦苦挣扎。终于，我们找到一所农村小学，校长富有同情心，她到家里看了 KA 以后，同意接收他上学前班，并同意陪读。至今我还记得，那是 2006 年 2 月 20 号，KA 终于背上书包走进学校。当我看着儿子认真仔细地在新书上写下"东马坊小学，学前二班，肖靖康"的时候，忍不住泪流满面，通往学校的路我们走了整整八年。我激动地写了一篇文章《骑着三轮车去上学》，记录下当时的心情。

学前班一学期之后，校长让 KA 直接升入一年级。说实话我既高兴又紧张，高兴的是他终于要成为一名小学生，紧张的是他各方面的能力都很欠缺，无论是自控力、注意力、听课的能力、理解力、沟通交流的能力都远远不够，尽管困难重重，但我们不想失去这个机会，因为这个班的班主任吴老师是一位非常敬业并且有耐心、有爱心的老师，如果错过太可惜。校长看出我的不安，她鼓励我，说不计 KA 的学业成绩，也不拿 KA 的成绩考核老师，他能学多少是多少，先让他适应这个集体，能够保持快乐和正常的情绪就行，并且可以陪读，如果实在不行还可以退回去再上学前大班。就这样，在感动和忐忑中开始了 KA 的小学生活。为了减少他对班级的影响，开学前一天我们就去学校把桌子椅子的脚缠上厚厚的布带子。提前做准备带他认识新老师，熟悉新教室，给他的新同学们拍照，把同学的名单跟照片一一对应，让 KA 提前熟悉他们，希望尽量减少变化带给他的不安。即使这样，开学后仍然有无数的问题出现。开学第一天升旗，他躺在操场上哭，我在操场外面哭。上课随便离开座位，说话，笑，脚放到桌子上，问题层出不穷。然而，在我的焦虑不安中，在老师和同学们的包容关爱下，他慢慢地适应了。行为问题越来越少，自控力也越来越好。

一年级第一学期结束，他被评为劳动标兵。吴老师发现他很热爱劳动，于是把扔垃圾、擦黑板、扫地、锁门这些事情都交给他做，让他慢慢地找到安全感，喜欢新班级。吴老师真的是用心良苦。这些年，吴老师通过 KA，挖掘出全班同学的爱心，同学都以帮助 KA 为荣。这是元旦 KA 给同学们送新年礼物的情景，之后的每年元旦，KA 都会给同学们送一份小礼物，表达我们的感谢。另外，我也希望通过我们的真诚感动家长，希望当 KA 的行为影响到同学的时候，能够得到家长的理解和宽容。

一年级他跟全班同学一起光荣地加入少先队。我和他爸爸参加了入队仪式，看着 KA 握着小拳头宣誓，我在操场上泪流满面。老师和同学对他就像《士兵突击》里许三多说的一样：不抛弃，不放弃。

在老师和同学们的理解、尊重、包容、接纳、关爱下，KA 取得很大的进步。我给北京市教委写了一封感谢信，表达了我对学校的感谢。后来，北京市教委把感谢信转到海淀区教委，区教委领导专门给校长打了电话，对学校付出的辛苦和努力表示肯定。在孩子成长的道路上，他得到太多的爱，感恩一直伴随着我们。

为了让老师更好地了解自闭症，我跟校长商量，想请北京联合大学特殊教育系的张俊芝教授到学校交流，校长非常开明，欣然同意。那次张老师交流的主题是"特殊儿童在学校如何得到相应的教育"，全校老师都参加了。会后，校长说，非常希望老师们能够提前做好知识的储备，针对不同的孩子，用不同的方法实施教学。有这样的校长，KA 真的是非常幸运。

有了宽松的环境，充满爱的集体，友善的老师和同学，按理说，KA应该非常快乐，喜欢上学才是，可事实并不完全如此。二年级，学业越来越难，我们成天逼着他学习也给了他很大的压力，他非常焦虑，开始出现厌学的情绪。考虑再三，在征得学校的同意下，我决定由全天上学改为只上半天，另外半天安排文化课补习、家务劳动、社会实践、运动、休闲技能培养等，把普通教育和特殊教育结合，力求寻找最适合他的学习方式。这个调整，大大减缓了他上学的压力(不能读万卷书，就行万里路)。

四年级的时候，办了残疾证，正式随班就读。带着他到医院开证明，准备材料，到居委会填写表格，递交申请，整个过程我都非常平静。可是当拿到这本绿色封皮的小证件的时候，"残疾证"三个字仍然让我伤感。这本证件，将伴随他一生。我心爱的儿子是残疾人，可他分明是我心中的玲珑少年。

这些年，我尽可能地提供机会，让校长和老师了解我们这个群体。2010年4月2号，我邀请校长参加了中国精协举办的《中国孤独症人士社会服务保障研讨会》。校长说，以后退休了就跟我一起给孩子们当志愿者。

2010年6月，电影《海洋天堂》上映，我给全校老师赠送了电影票。

我还给小区物业、邻居以及KA常去的小区面包坊都送了电影票，还有一封"致小区朋友的一封信"。搬家到这个小区，一直不知道怎么对别人讲KA的事，《海洋天堂》给了我这个机会。在信里，我告诉他们，KA和《海洋天堂》里的大福一样，是一个自闭症的孩子，希望能得到大家更多的帮助和支持。我说，如果不是因为KA，我们或许也不会去关注这个群体。中国有8000多万残疾人，他们跟所有的人一样，渴望生活，追求美好，但他们的路走得比其他人艰辛。在这条艰辛的路上，正是你们点点滴滴的关爱，让他们多了一份信心和勇气，努力顽强地生活，也让他们的家人倍感欣慰。KA是残疾的，但在上帝的眼里，他是完美的。感谢你们无私的爱！

作为一个母亲，我的力量是微薄的，但不管怎么样，能做一点就尽量去做。

五年级，因为陪读的姐姐回老家上师范，KA不再有人陪读，他努力适应一个人上学。这对他来说，有点勉为其难。学业他已经完全跟不上，数学听不懂，回家让我给他讲，自己给自己鼓劲：KA能学会。可是，他真的学不会。对于一个智商只有46的孩子，要跟上普教的学业，谈何容易。老师们感动于他的努力，给他评为海淀区"自强不息好少年"。尽管他并不完全明白自强不息是什么意思，但他很自豪，那段时间，他天天挂在嘴边的话是：妈妈，我都自强不息了。

这个自强不息的好少年，悄悄步入青春期，由于学业的压力，班主任的变更，青春期荷尔蒙的增加，六年级出现严重的焦虑，强迫症也开始冒头。上课听不懂就撕手上的倒刺，每天放学的时候双手贴满创可贴，同学们争着告诉我"阿姨KA今天又撕手了，流了很多血"。前段时间我快被他的强迫症弄崩溃了，现在不得不每天到学校陪读，缓解他的压力。孩子的压力远远不是我们能够体会的。他的自我意识在觉醒，他想变好，希望能够像同学们那样，会听课会做题会考试，然而能力又远远达不到，这个差距让他觉得非常沮丧，对自己不认可，很痛苦。校长知道这些情况后，主动调课，上数学、语文课的时间KA可以跟着别的班上喜欢的美术和乒乓球。越到高年级越体会到，进学校难，但如何在学校待下去，更难。

这些年的经历坎坎坷坷，一路走到今天，KA 跟他自己比，发生了翻天覆地的变化。当年他爸爸绝望地说"这辈子儿子只要叫我一声爸爸我就满足了"的孩子，现在变成了一个情绪稳定，生活能够自理，具备一定自我意识，懂礼貌守规矩，真诚善良，情感丰富的孩子。他的进步让我们倍感欣慰，然而，欣慰之余，又开始有了深深的忧虑。

再过半年，他就要离开学校。他不止一次对我说，小学毕业了就要上初中，同学们都上初中，我也要上初中。我知道，即使有可以接收他的中学，但他也没有能力在学校待下去。他已经进入青春期，自我意识开始觉醒，这是一个相当关键的时期，如果走好了，他会再上新台阶，如果没有适合他的地方可去，只能回到家里。孩子一旦退回家里，相当于中断了跟社会的连接，很快就会全面退步，这些年的努力也将付诸东流。

未来，何去何从？我们百年之后，他怎么办？

自闭症将终生伴随我们的孩子和家庭，谢谢所有关心我们及我们这个群体的人的一路相伴！

二、我的源源

文字来源：彩虹宝贝源源的妈妈

源源出生于 1997 年的冬至，胖乎乎的，非常可爱，每次把他抱出去都会引来大家的夸赞，而最让我引以为傲的就是他的乖——很少哭闹、不认生、我在与不在他都无所谓，以至于帮我看孩子的大姐常在我给孩子喂完奶离开时自豪地对别人说："看我们源源多乖，他妈妈走了都不哭，多好带。"而那时的我根本就没注意到孩子乖得有多么不对劲，只是沉浸在儿子的可爱乖巧上。

两岁多了源源还不说话，渐渐地我发现他的某些行为也有点异常，你说他听不着声音吧，隔壁房间传出天气预报的声音时他不管在哪也能立刻跑过去看；而且不看动画片，广告倒是看得很有味；很喜欢给我们排排队，但顺序只能按他排的，我们故意换过位置，立刻引得他生气。我坐不住了，带着他到西安几大医院看病，诊断的结果五花八门，如发育迟缓、语言障碍、行为异常等。直到 2001 年的元月，我们带他在北医六院诊断出儿童孤独症，从此开始了漫长、艰辛、苦中有乐的生活。

在北京求医的那天，他爸爸的同学来看我们，特奇怪这么活泼可爱的孩子怎么就不说话呢，就写了 1~10 这几个数字教他读，他虽然还是不读，但我们发现他能认识这几个数字了，我们读出几，他就能指出几，而且他好像有推理能力，10 到 20 教会他之后，20 以上他自己就知道了。想到他喜欢看天气预报，我试着写了几个城市的名字，然后对他说"北京"，没想到他毫不费力就指了出来。看到孩子有这样的能力，我突然想到何不就此先教他认字呢。我发现他只是对字感兴趣，对图不感兴趣，如果把图蒙上他能指出我说出的字，但把字遮住他看着图就指不出我说的。一些人对我说，孩子都不会说话，你先别教他认字了，还是想办法先教他说话。可我想，如果他真的不会说话，能认字也行啊，反正认字的同时也会不停地和他说，找不着什么好办法，先这么来吧，不耽误事。从天气预报上的城市名称开始，到中央电视台的所有栏目名称，再到家里人的称呼，一些生活用品的名称，家里到处都贴上小条，就连我们的胸前也挂上爸爸、妈妈、爷爷、奶奶的标签，每天下班回家，指着上面的字和他说妈妈回来了，让他把字和人对上。就这样到了2001年年底，差两周就是他四周岁生日前的这天晚上，我在洗衣服，他爸爸在打扫卫生，他一个人在床上玩，突然我就听到一声"妈妈"，我停下来，看了看他爸爸，他也看着我，然后又听到一声"妈妈"，我俩同时向床边奔去，只见源源躺在床上，看着天花板，手挥舞着，在叫妈妈。尽管知道儿子只是无意识地发音，不是真的叫我，但听到这声妈妈我还是很激动，只要他开口，总有一天他能知道我就是妈妈。儿子开口说话了，我迈出了前进的第一步。

纵观他语言发育的经过，我觉得要有足够的耐心，要有适合他的方法，而且作为家长的我们不能着急。他在开口后的前五年里发音不准，说的话大部分别人听不懂，有好多话是因为我了解他、知道他的心理才猜测出来的。但说心里话，对那些不正确的发音我只是随时纠正并没有过多地要求他改正，不想让孩子有压力，不想让他产生说话太难的心理。曾经有一段时间，他说的话都是书面语言，几乎没有口语，我想是因为他喜欢看电视的原因，但能说比不说强，我也没有限制他看电视，只是在空余时间多把他带出去，让他和别的孩子玩，看别的小朋友玩，听他们说话。或许是由于潜移默化的影响，现在他的口语也能说了。

现在源源14岁了，他在语速语调上还是有些不自然，语言虽未能达到正常交流的水平，但只要是你提问，他都会回答，而且经常说一些新的词汇给我们惊喜。特喜欢看报纸，特别是一些带有评论的新闻，经常给我们"上课"，告诉我们要爱护环境，要节约能源，要锻炼身体，在班会上他讲了身体素质也是很重要的，得到老师和同学们的好评。但是我也发现，有好多词语他还处于会说但不理解意思的层面上。有一次他爸爸批评他，说他是不孝之子，他马上说他爸爸是不孝之父，我听了就给他讲孝只能是晚辈对长辈，还给他讲古人至孝的故事，可他还是不能接受，"有不孝之子就可以有不孝之父啊"，他的眼里满是疑惑。后来一段时间里他都在纠结这个问题，干脆我也不给他讲了，放一放，说不定哪天他自己就想通了。

源源现在是八年级的学生，回想他的上学之路，有不顺、有艰辛、有磨难、有开心、也有收获。上一年级时我们被两所学校拒收劝退，年轻的我第一次伤心哭泣，气愤地想找上级单位讲理；第二次不生气了，领着儿子回家，再继续找学校。私立学校迪英小学的张校长、李校长在听完孩子的情况后，只一句话"总得有个地方让孩子上学啊"，就接纳了他，并允许我们家人陪同。印象最深的一件事是他上一年级时，学校开大会，全校师生都排好队在操场认真地听讲，场地中央放了一架摄像机，他看到了，好奇地跑过去东看西看，还想摸一摸，把陪读的爷爷急得不知怎么办才好，怕他出乱子。这时张校长跑过去把他抱了起来，回到班级交给老师，一句责备的话也没说。六年来在老师们的关心爱护和既宽容又严厉的要求下，在同学们的陪伴下，他在学校这个大环境中得到了锻炼，自身有了很大进步。顺利升入初中后又遇到了一位好班主任王海燕老师，遇到了宽容接纳他的老师们，还有一个喜欢他、理解他的集体。

对于我们这样的孩子上学是一件难事，我自己认为，只要孩子有能力，比如说可以自理、能坐住、有学习的兴趣、愿意上学，那我们就要努力地去为孩子争取上学的机会。就算是为了让学校能接受孩子，提前教他们一些知识；一定要把孩子收拾得干净利落，孩子本来就很漂亮，外貌比较讨人喜欢，再穿戴整齐，让他人看着心情也好啊；还要诚实，要和老师、学校讲明孩子的情况，取得他们的理解和支持；最重要的是要学会和老师沟通，让老师了解孩子，尽快熟悉孩子，知道孩子出了哪类问题，该怎么办；就算是求得老师的同情也好，让他知道你为孩子的付出，知道你把他送到学校的真实意图(也就是你希望孩子在校的重点是什么)；还要和班级的同学搞好关系；更为重要的一点是，自己一定要保持平和的心态，不管是被拒收还是孩子在校发生了问题，千万别着急、别生气，生气能解决问题吗？赶快找解决问题的办法才是主要的。

自从源源上学，我每天接他回家见面的第一句话就是"儿子，今天开心吗？"八年了，他从最初的不知何意地回答我"开心"到现在能在说完开心后告诉我，他跳了300下绳或老师表扬了，尽管多数时候还是我一句一句问，但他已经能自主回答，我觉得多年的努力值了。

现在的源源已经一米七六，体重有80千克，一个标准的大男孩，但在某些方面还像个七八岁的小男孩。没事了就想抱抱我，然后就是"妈妈我爱你啊"。有一天放学回来跟我说悦悦(我同事的姑娘，和他同级)生气了，我问他为什么，他说："我想和悦悦一起回家。"我说："她就为这个生气吗？"他说："我想和她手拉手一起走。"哎，人家大姑娘怎么好意思呢，我只好笑着问他："你几岁了？"他听不懂我问这句话的意思，很麻利地告诉我："14.2岁了。"我只好进一步说："这么大的孩子了，又不是幼儿园的，还手拉手呢，你看别的同学有手拉手一起走的吗？"他不好意思地笑了，很老实地回答："没有。"赶快拿着书包写作业去了。

源源的认真执着是出了名的，初中了作业比较多，他多数时候都没法按时完成，我找老师沟通后，老师允许他可以不写完。可他自己不行，晚上完不成那就第二天早早地起来继续写。经常是周末了，还要补这周内没写完的作业。而且每天早上起床就跑来告诉我："妈妈，我的作业又没写完。"然后到校了又跑去找老师："对不起老师，我的作业没写完。"告诉他多少遍了，不用说了，根本没用，我只能自嘲地说我家源源是个非常诚实的孩子。

现在的功课比较多，有些课以他的理解力学习起来比较吃力。我觉得他在校安全第一，开心第二，学业第三，能学动了多学，学不动了听听就算了。可他自己不这么想，还经常考虑他的分数和在班级的排名。期末回来，很难过地说他的主科没考好，历史和地理考得还不错，然后就眼泪汪汪地说："妈妈，怎么办啊，我没有考好，英语老师会不会生气？物理老师不要我了怎么办？你给老师打个电话解释解释。"不停地要求我给老师打电话，直到我带他去看老师，老师安慰他之后才放下心来。唉，也亏了我和老师沟通得多，他们知道我不是那种只认成绩的家长，否则还不知道怎么样想我呢。

源源节约能源，只要他离开，房间灯必关，不管是几分钟，他爸爸告诉他这样做并不利于节约用电，反而浪费电，也使电灯的寿命降低了，可他就是听不进去(其实是他没理解)。

自从学了要爱护环境保护地球后，他每次上街都要感叹一番，地上的垃圾实在让他看不过眼，就听他一会儿"唉，乱扔垃圾"，一会儿"唉，中国人的素质啊"，一边摇着头，一边趁我不注意把那些废纸包装袋捡起来扔到垃圾桶，也不嫌那些东西脏。

历史课上学了火烧圆明园那一章后，他就对那段历史非常关注，找来好多资料。去年我们去北京，他提议要去圆明园，我就带他去了，到了后，我拿出相机准备拍照留念，他看到了，气愤得不行，"国耻啊国耻啊，你们竟然还拍照"，说什么也不让我照，而且非让我买一套圆明园的光盘，说回来后要给同学们看，让大家都受教育。

有一天放学他一进家门就使劲地抓我的胳膊并狠狠地撞我，我意识到他在学校肯定遇到了不开心的事情。我抱着他，拍了拍他的背，轻声问他："今天在学校不开心，是吗？"他生气地说着："我生气了，我生气了。"我问他："谁让你生气了？"他断断续续地说道："我后面的同学，妈妈，他抢我的书，不给我，我怎么要他都不给，书皮坏了。"说得眼泪都快出来了。"那他是什么时候拿你的书的？"我问道。"最后一节课。我想写作业，可他就是不给我，气死我了。"听明白了原因，我对他说："儿子，今天这件事确实是你的同学不对，一会儿我把这件事告诉王老师，让王老师批评他，好吗？还有，你在撞我之前有没有撞别人呢？""没有，我不想刘老师的腰痛。"其实他想表达的是不想再发生像撞了刘老师一样的事，他之前因为委屈曾把刘老师撞得闪了腰，我告诉他心里再感觉委屈也只能回家发泄，看来孩子听进去了，"儿子，我很高兴你没有撞别人，你进步了"。他高兴地点了点头。我又说道："有了委屈想发泄出来是对的，可妈妈年龄也大了，经不起你撞，以后我们改成捶打被子好吗？"他听了表示认可，然后开心地去写作业。事后我给王老师打电话了解情况，并把他的反应告诉老师，王老师说第二天她了解了情况后会让那个孩子给源源道歉。有了老师的配合，他的情绪很快就稳定了。

对源源现在的情况，我很知足，对他的要求也不像小时候那么严格，凡事征求他的意见，多随他的心意，并不是命令他、强迫他。初一的时候，他主动要求补课，初二上学期，我问他还补课吗，他说"语文和物理"，我很奇怪，问他为什么不补数学和英语了，他说："语文没及格，物理才开始学。"这一学期，我再问他补课的事，他就是不接我的话，他不正面回答我肯定是有想法。我就一点点地问："还继续补语文和英语，是吗？"他不吱声，看来他是不想补课了，这让我有些奇怪，出什么事了吗？没感觉他这几天有不对劲啊，我笑着说："那你是不想补了，是吗？儿子，不管你做出什么决定，妈妈都会支持你，但你能告诉我为什么不想补吗？在学校发生什么妈妈不知道的事情了吗？"他看着我说："妈妈，人的一生幸福不是基于分数，而是要全面发展，身体素质也很重要啊。"原来是这个原因啊，这是他寒假看家教指南报上的一篇文章后一直关注的话题，现在用在这儿了。我本来就因为他没时间玩不想让他补课，现在他自己说出来了，我在心里偷偷地乐。可想到他对成绩的关注，有些话还是要提前和他讲好，"那你考虑清楚了，不补课周末就能有一些空闲时间，妈妈可以带你出去玩，你也可以踢足球、打羽毛球，锻炼你的身体素质，但考试成绩不好的时候可不能再给我说对不起，不能哭着让我找老师解释，行吗？"他听了又不说话了，就知道会是这个样子，但总得让他有个接受的过程，再慢慢开导他吧。这样，我们现在就不用补课了，周末我们去水库、去渭河堤，去看火车，看大自然，多开心啊。

源源的成长得到了许多人的帮助，父母、家人自不必说，亲朋、同事也是尽量提供方便，就连老师、同学对他都是理解包容，尽量帮他融入集体，而且素未谋面的西安心心幼儿园的张晓强大姐、北京海淀区培智学校的高健老师在我求到门时也是有问必答，特别是雷秀雅老师，更是在我困惑迷茫的时候帮我分析，给我指导，她的开导，让我减轻了思想负担，少走了不少弯路。

对待我们这样的孩子需要爱心、耐心、恒心和信心，专家的帮助、专业机构的学习方法、其他家长的经验，都能使我们学到教育孩子的方法。孩子存在着个体差异，别拿自己的孩子和别人的比，找到适合自己孩子的方法，他终会有进步。我们是孩子的老师，孩子何尝不是我们的老师，至少我的源源的那份执着、那份专一、那份毅力就是值得我学习的。

三、女儿在大家的关爱下快乐地成长

文字来源：彩虹宝贝QQ的妈妈

女儿1995年2月6日出生。月子里睡眠少，轻。对声音敏感。不睡长觉，爱哭闹、能吃、脾气急躁。7个月时同龄孩子会的基本的打招呼、点头、笑等都教不会她，但是她爱看灯，爱看天气预报。两岁时和她打招呼她听不到，但是一说吃的东西她就有反应。对大人的吩咐不理解。不分亲人和陌生人。爱闻东西。撕书，摔东西，手重。不会开口表示个人需要。对鞋、帽感兴趣。爱走相同的路线、井盖。识字早，不爱和同龄孩子玩。大小便不能自理。半夜哭闹。"你，我，她"总搞不清，对人不太依赖。和同龄孩子相比差距很大。开始以为是家庭教育出现了问题，但是始终找不到女儿出现问题的原因所在。两岁半送幼儿园，被退回。并且突然不喝牛奶，不吃鸡蛋。六院就诊，怀疑"发育不均衡"。

3岁，再次送幼儿园，自己玩，不懂危险，不守规矩，自言自语，爱摸光滑的东西，对无生命的东西感兴趣，对伤口敏感，爱提同样的问题，不睡午觉，爱自伤。5岁，再到六院复诊，怀疑"孤独症"，入会北京市孤独症康复协会会员，开始感觉统合训练。至"星星雨"咨询后开始每日的家庭早期干预。从10分钟到后来的几小时，至今未间断过。而后经常去孩子多的地方，让女儿学习交往。去少年宫学习大字，带女儿郊游，约小伙伴一起玩，听音乐会，看话剧。8岁，开始学习弹钢琴、滑冰、游泳。上学后到处乱跑，不听指挥。9岁，到六院开证明"全面发育障碍"，引发癫痫，开始听力训练。上半天学，请家教做注意力集中的训练。晚上我给她上课。和学校、老师、家长、同学保持长期的联系沟通，有记录本的、电话的、网络的。定期给大家买小礼物让大家照顾女儿。同时不断地推动女儿和外界的沟通。为女儿赢得大家的认同做工作。积极做学校活动的家长志愿者，得到大家的认同。女儿初中已经能够不影响同学听讲了，她已经养成了上学的习惯。女儿学业上完全是由我来补习、上课。交往上全部是依赖在学校的大环境。周末和假期，我都带她出去，接触外界，打开眼界。

14岁时，女儿开始到北京林业大学人文学院心理系参加周末的爱心人文干预活动，这大大地改变了女儿想交往但是无人交往的窘境。学生志愿者们会事先为女儿制定好方案，依据女儿的特点，不断补充学校所没有的知识。女儿越来越好。随着女儿的进步，我也成为北京市孤独症康复协会的理事，为这个群体做了很多的事情。女儿也参与其中。女儿现在上高中，学习外语。同时开始她喜爱的绘画活动，马上要成为专业画廊的签约小艺术家了。女儿的路会越走越远，在大家的关爱下，正在快乐地成长。

四、家有小龙女

文字来源：彩虹宝贝张雨晴的妈妈

张雨晴，女孩，2000年3月15日出生。参加北京林业大学项目的时间是2009年9月至今。这期间的变化如表13-1所示。

表 13-1　QQ 的成长变化

项　目	参与前的主要障碍	参与后的进步
情绪	情绪波动很大，容易发脾气，容易被激怒，大哭大叫，偶有自伤的行为	稳定很多，遇事可以商量和交流，几乎没有再出现自伤的行为，以快乐的情绪为主
刻板行为	较多，特别是语言的重复	重复语言减少，有意义的话增加许多
交流	不能很好地表达自己的意愿，词不达意	语言沟通能力提高许多，比较浅层次的想法都可以比较通畅地表达，喜欢提问题
逻辑思维	不太清晰，或者说即使心里明白但表达不出来	归纳/总结/因果推理能力增强很多
智商	没有成功测定过	六院测试的结果是 110～120
自信心	不自信	自信多了，勇于表达和坚持自己的想法

　　雨晴，是千禧年的小龙女。在那年早春时节的一天，从清晨便开始雨雪交加，到了傍晚雨过天晴的时候，小晴晴出生了。这是雨晴名字的由来，也是她学会讲的第一个故事。

　　晴晴爱画画、爱音乐、爱聊天、爱一切美好的东西，对这个世界充满好奇，满怀天真，是一个真正懂得享受人生的孩子。一位姐姐说，晴晴的心里充满了诗意，这是对她最好的注释。

　　这里重点说说晴晴对画画的热爱。

　　晴晴从小画画超快，什么轮廓都是一笔勾成；她喜欢色彩，喜欢画彩虹；喜欢画人，他们总是长成一个样子，女孩穿同样的裙子、戴同样的帽子，男孩都长一对兔耳朵，穿长裤；而且除了爸爸妈妈以外，女孩一定比男孩个子高。可惜特小时候的涂鸦保留不多了。

　　晴晴还喜欢画四格故事，喜欢画白天和夜晚，她让小鸟长螺旋桨，让蝴蝶挂上风筝线，让电话也往天上飞。

　　家里的墙是晴晴最大的画布，爸爸妈妈每天都可以享受墙画的变换。

　　晴晴还喜欢拿彩泥做好吃的和好玩的，水果、饺子、馄饨、项链、手镯是她的最爱。

　　万物在晴晴的眼里都是平等的，无论是一只喝光饮料的瓶子，一根挂在衣襟上的线头，还是一片不知哪里飘来的树叶，一把海边抓来的细沙，都可以加入到她的游戏，成为她作品的一部分。那些父母眼里被忽略的"废物"在晴晴的手里仿佛重生。

　　因为晴晴是个小艺术家，我——晴晴的妈妈也开始喜欢现代艺术了，借助晴晴的眼光，我眼里的世界也有了新的色彩，真好。

　　但是作为妈妈，曾经也为女儿的与众不同而震惊和黯然，女儿却引领我慢慢尝试着领悟自由、尊严、包容和爱，是她在帮我完成生命的成长，我们既是母女也是朋友，对女儿我将用我的一生去感激和欣赏。

　　今年是雨晴的本命年，时间真快，12 年一晃而过，那个咿呀学语的婴儿已经出落成比我还高的大姑娘了，在此祝愿女儿健康、开心、平安！祝愿女儿享受丰盛和自由的生活！

　　中心活动掠影如图 13-1 至图 13-3 所示。

图 13-1 彩虹宝贝在中心接受干预的纪实照

图 13-2 彩虹宝贝的沙盘作品

图 13-3 中心活动纪实

彩虹宝贝自闭症儿童心理干预中心主要以"个别化指导"心理干预形式为主，即针对不同儿童的病理特点，采用不同心理干预方法。本章首先介绍中心对自闭症儿童实施个体心理干预的理念、流程，然后报告五例 4~12 岁的自闭症儿童心理干预纪实。希望读者通过阅读本章，能够对自闭症儿童心理干预计划的制订、心理干预的具体过程及干预效果的评估，有一个较为详细的了解。

第十四章　彩虹宝贝自闭症儿童心理干预纪实

核心概念

个别化指导；病理特点；干预计划

第一节　彩虹宝贝心理干预基本流程

"北京林业大学彩虹宝贝自闭症儿童心理干预中心"自成立以来，根据自闭症儿童在病理表现上存在较大个性差异这一特点，主要以"个别化指导"为儿童心理干预的形式。实践证明，"个别化指导"对提升自闭症儿童的社会交往能力，纠正其行为问题，促进其语言功能发育有着良好的作用。

一、个别化指导

"个别化指导"来源于"个别化教学"。所谓"个别化教学"，是指教学方法个别化，当同一教材、教法不能针对班级教学中学生的程度差异时，为顾及学生的个别能力、兴趣、需要及可能遭遇的困难，教师需在教学过程中制订不同的教学计划。

根据"个别化教学"的特点，作者在对彩虹宝贝们实施心理干预时，采取了"个别化指导"的干预形式，即针对自闭症儿童的病理表现对其采取有针对性的干预措施。其具体表现为，干预计划依据自闭症儿童的病理特点制订，干预实施中依据自闭症儿童的反应随时对干预方案进行调整。

二、彩虹宝贝自闭症儿童心理干预中心的心理干预流程

(一)彩虹宝贝组别分类标准

彩虹宝贝自闭症儿童干预中心目前可分为三大类五个组别。类别的划分主要以儿童的年龄为划分依据,有青春期类、小学阶段类和学龄前类。其中学龄前类又划分为三个组别,其划分标准主要依据自闭症儿童的病症程度、性情及智商。

(二)心理干预流程

1. 进入中心

每次自闭症儿童来参加心理干预时,必须由家长陪伴(个别年龄较大的自闭症儿童除外)。进入中心后,自闭症儿童由心理干预担当者带入活动室,家长则进入家长等待室。为了保证自闭症儿童安心地接受干预,家长等待室的门是敞开的。

2. 开场活动(15分钟)

自闭症儿童进入活动室后,首先参加组内活动,即需要所有组员一起完成开场活动。开场活动根据参加的自闭症儿童的特点设置不同的内容。比如,可组织年龄较大、有一定语言表达能力的自闭症儿童参与以座谈为主要方式的开场活动,如谈谈最近发生在自己身上开心和烦心的事,以便担当者对自闭症儿童的近况有一个初步的了解。可组织年龄较小的自闭症儿童进行以运动为主的开场活动,如一起做"手指操"等。

3. 个体干预(60分钟)

开场活动结束后,每个自闭症儿童在自己的担当者的引导下进入个体干预阶段。该阶段,一般都是担当者根据自闭症儿童的具体情况,事前做好干预计划,再根据计划实施干预。就目前的干预实践来看,该阶段的实施是否能够取得良好的效果主要取决于下述几个因素。

第一,担当者的心理干预经验。一个优秀的心理干预担当者从计划的制订,到计划的实施,应表现出对自闭症儿童充满爱心,有着扎实的专业知识和丰富的干预经验。

第二,自闭症儿童的情绪。如果自闭症儿童在来接受干预之前遇到不愉快的事,或途中疲惫、身体不适,就无法配合担当者实施干预计划,自然难以获得良好的干预效果。

第三,家长的配合。家长是自闭症儿童心理干预取得良好效果的关键因素。在干预过程中,如果家长不遵从中心的规定,频繁进入活动室,就会影响自闭症儿童接受担当者的指导。

4. 总结阶段(15分钟)

在个体干预结束之后,全体自闭症儿童、家长及担当者要集中在一起(一般形式是围坐一圈),进入本次干预的总结阶段。总结阶段中,每个参加的自闭症儿童要总结自己当天的收获,而后担当者和家长进行沟通,以便为下次干预计划的制订做准备和给家长布置家庭作业。

第二节 4~12岁自闭症儿童心理干预纪实

一、小可爱KK

心理干预担当者：北京林业大学应用心理学专业学生，郭成、王珊、黄智群。

1. 儿童一般资料

KK，5岁，一个情绪稳定的可爱小男孩，喜欢安静地看书或独自拼图。他在1岁半时被确诊为自闭症及发育迟缓。家长对他的评价是语言滞后、大动作不协调、精细动作落后，与人交流比较主动，情绪比较稳定。教师对他的评价是主动性比较高，交流比较好，相比这一组其他孩子的表现，他似乎显得更为听话。担当者对他的评价是语言发音有些不清晰，动作的灵活性、平衡性和反应性有待增强。

担当者的话："我记得第一次看见KK还是在半年前，那时候，对这个孩子的第一印象是很乖、很听话，家长和我们问他什么问题，基本都能配合回答，特别是和他熟识了以后，发现他的话语还是比较多的(尤其是自己有什么需要的时候——当他不喜欢正在进行的活动时，就会主动对我们提出要去卫生间)，但是很少与其他小孩说话，发音似乎也不是很标准。不过我们都能深切地感受到KK的家长对孩子的了解和关注，他们在对孩子的认知和定位上都比较准确，非常配合老师和我们的干预。"

一直带KK的担当者介绍，KK目光比较呆滞，通过和他妈妈的交流，得知他的智商比常人要低，但是对于语言交流，他几乎还是能够给予回应，只是目光转换比较缓慢。他走路不是很稳，可以与大家一起正常地进行开场游戏活动，分组后的单独活动也比较配合担当者的安排。只是每次都比较喜欢与妈妈待在一起，和妈妈分离的时候，他也总喜欢到处寻找自己的妈妈，有什么需要时也总是在第一时间叫妈妈。

现在，担当者正在努力让他参与并进行更多的游戏和活动，从中找出KK喜欢的活动，再通过这些游戏和活动来激发他的兴趣，促进他语言的学习和应用，特别是提升发音的清晰度。

2. KK干预计划展示

2011年10月22日上午9:30~11:30

活动目的

增强KK的动作灵活性，能够让KK更好地和担当者进行游戏和活动，从而逐步让KK学会和其他孩子一起玩。同时，加强语言发音的矫正力度，鼓励KK多与担当者交流。

活动内容

集体活动——手指操和拍手操两遍(约15分钟)。

玩踢皮球的游戏，让KK能够协调使用两腿做运动(约15分钟)。

让KK穿珠子，同时，让KK念出这些珠子的名字(如桃子、绵羊等)，教他准确地念几次。这个活动旨在训练他手部的精细动作。通过试探，如果可以，教KK数数，或做非常简单的加减法(约15分钟)。

教 KK 叠纸，如叠飞机等，旨在加强 KK 的手部精细动作的练习，同时寻找 KK 的兴趣点(约 10 分钟)。

如果 KK 表现得很好、很乖的话，就去玩沙盘，在玩沙盘的时候，可以配合一些玩具动物，如小老鼠、大公鸡、小白兔、蜗牛、小青蛙等来教他儿歌(约 15 分钟)。

儿歌参考

小老鼠，上灯台，偷油吃，下不来，叫妈妈，妈不在，叽里咕噜掉下来。

大公鸡，真美丽，红红的鸡冠花花的衣，每天清早喔喔啼，它叫担当者早早起。

小白兔，白又白，两只耳朵竖起来，爱吃萝卜和青菜，蹦蹦跳跳真可爱。

小山羊，咩咩叫，上山坡，吃青草，草儿长得好，羊儿吃得饱。

小肥猪，胖乎乎，吃饱饭，睡呼呼。

和 KK 搭积木、做拍手操、画画等活动都可以试一下，看 KK 喜欢哪种游戏(约 15 分钟)。

拍手儿歌

你拍一，我拍一，一个小孩坐飞机；你拍二，我拍二，两个小孩丢手绢；你拍三，我拍三，三个小孩来搬砖；你拍四，我拍四，四个小孩学写字；你拍五，我拍五，五个小孩敲锣鼓；你拍六，我拍六，六个小孩捡豆豆；你拍七，我拍七，七个小孩穿新衣；你拍八，我拍八，八个小孩吃西瓜；你拍九，我拍九，九个小孩齐步走；你拍十，我拍十，十个小孩在学习。

2011 年 10 月 27 日上午 9:30～11:30

活动目的

提高 KK 的动作反应灵活度、场景识别度和与人交流能力。

活动内容

除了开场集体活动(约 15 分钟)以外的活动计划如下所述。

在活动室

活动一：明确安排(约 5 分钟)

做拍拍手和手指操(开场集体活动)结束之后，由担当者告诉 KK 计划。例如，担当者今天要做什么事情，让他在第一时间明白今天活动的主要安排。活动包括穿珠子(视情况而定)、踢皮球、玩沙盘。并且让他重复一遍，知道今天要做哪些活动和游戏。目的是明确活动要求同时练习发音。

活动二：穿珠子(约 10 分钟)

如果有穿珠子的玩具，就给 KK 穿珠子，在穿的过程中可以让 KK 数数，说动物的名字并尝试着教他简单的加减法。目的是锻炼其手部的动作、发音和智力。

活动三：玩皮球(约 15 分钟)

玩踢皮球，告诉 KK 如果连续踢五次皮球，并用手接五次皮球就可以去玩沙子，让 KK 自己数着，到的时候告诉担当者。目的是锻炼他的动作协调能力。

在沙盘室

让 KK 回忆上次活动的时候，在沙盘里面摆了什么，使他动脑又动口(可以提醒他摆放的主题分别是动物园和 KK 的家)。今天要求 KK 再摆一次，重复上次的活动，让他巩固一下(约 15 分钟)。

看情况尝试着让 KK 摆别的场景(如学校或家里吃饭的场景或者交通道路)，如果时间不够或者遇上特殊情况，可以根据KK的兴趣进行调整。在全部活动快结束时，帮助KK回忆今天都做了哪些活动和游戏，让他能够梳理清楚(约15分钟)。

2011年11月19日上午9:30～11:30

活动目的

继续增强KK的动作灵活性和平衡性并提高场景识别度，加强发音练习，培养规则意识，并注意帮助KK练习说话的条理性。

活动内容

集体活动——做手指操和拍手操两遍，要特别注意让KK发音尽量清晰，准确地念出两首儿歌口诀(约20分钟)。

穿珠子(和上次一样)，练习KK的动手能力，多让他和担当者进行语言交流，鼓励他多开口说话。例如，念出每个珠子上面的名称，每个名称至少准确念两遍，可以是孩子先念一遍，担当者再念一遍，然后让孩子再念一遍。目的是练习清晰地发音，同时提升孩子的注意力(约15分钟)。

玩皮球，可以根据具体情况附加踢皮球、抛皮球等游戏，要求KK尽量连续完成接球的动作，并数出次数(约10分钟)。

涂色画画，让KK学会更好地填充颜色，填的时候教他涂色的规则，如不能画出格、区分不同东西的颜色等(约10分钟)。

沙盘游戏，从KK最喜欢的飞机引入游戏。例如，让他开飞机，然后让其降落，再继续让KK摆放动物园或家庭主题的沙盘(或者随机应变，看KK玩开飞机的时候想要开到什么地方，然后再摆出那个场景的主题沙盘)(约15分钟)。

在全部活动即将结束时，担当者要帮助KK回忆一下今天都做了哪些活动和游戏，总结一下自己今天活动的表现，让他能够梳理清楚。有条件的话，最好让KK自己重复一遍(约10分钟)。

3. KK干预活动记录展示

2011年10月22日上午9:30～11:30

这次KK初始的精神面貌很好。家长也始终非常配合老师和担当者的活动与安排。

语言方面

KK的话语比较之前有所增多，特别是在他玩得开心的时候，担当者的任何提问都可以得到他的语言回应。一般教他说什么，也都能很好地模仿担当者，主要还是以被动语言为主。在交流过程中，KK的目光移动比较缓慢，但是感觉他还是可以自主去看想看的东西。

行为方面

KK的运动行为协调能力有待提高，进行踢球练习时，除了第一次接球的时候外，明显没有站稳，后面几次都小有进步。在沙盘活动室玩玩具时的表现很好、很乖、很听话。KK喜欢玩飞机，因此担当者根据飞机主题设计了情境，要求他摆设一个主题沙盘。KK还是能够在担当者的帮助下摆放一些和飞机相关的东西。

总体来说，KK今天的表现很听话，比较听从担当者的活动安排，也可以与担当者进行简单的语言交流，比起上次，KK说的话更多了，同时好像也更愿意说话了，只是发音不是很标准。KK喜欢独自看书或拼图，而不喜欢和其他孩子一起进行活动或游戏。

发生的特殊事件和问题

由于 KK 的平衡性与协调性欠佳，容易在活动中摔跤，所以建议以后 KK 的活动应尽量安排在宽阔安全的场地上，以保证他的安全。

后期总结和改进

除了上面提到的注意选择安全的场地进行活动以外，担当者以后还要多训练 KK 的协调性与平衡性，充分利用他喜欢的活动和游戏，加强协调性、平衡性和发音清晰度的练习。此外，这次活动中还发现 KK 的记忆力不错，教他的新活动和新游戏都可以比较快地学会，其模仿学习能力较强。

2011 年 10 月 27 日 9:30～11:30

KK 的初始精神状态很好，对活动室有了更加熟悉的感觉。家长也始终非常配合老师和担当者的活动与安排。

语言方面

KK 说话逐渐变得比较主动，语言较之前增多，担当者分析刚开始可能是因为不太熟悉这里的环境和人物，所以比较不爱说话，熟识之后担当者觉得他还是比较能说的。目光接触方面还是和他在之前活动时表现得一样，说话的时候很少看人，只有当自己有需求的时候才会看着担当者说话(如当他不喜欢正在进行的活动，就会主动对担当者提出要去卫生间)。

行为方面

动作依然比较迟缓，但是，这次活动中担当者发现 KK 很喜欢帮助别人，如帮助担当者整理集体活动使用的桌椅板凳等。当让他收拾和捡拾玩具的时候，KK 也都表现得很好、很听话，可以按照指令要求完成。

今天 KK 总体表现良好，尤其让担当者感到欣慰的是，他还主动帮忙收拾桌椅。但是，在沙盘室的活动中，KK 整体都没有上次表现得好，感觉他好像不太能进行主题沙盘游戏，不能很好地在沙盘里摆放一些东西。

特殊事件和问题

在今天的活动进行中，KK 突然说要去卫生间，但是，到门口的时候又改口说不去了。据 KK 的母亲说，他如果不想做什么事情的时候就会说想要去卫生间。

后期总结和改进

担当者决定下次继续相同的活动，看他对这些活动是否还有更大的兴趣。同时，也努力安排更丰富的活动，找到 KK 的兴趣所在，利用孩子感兴趣的东西来强化他的学习，帮助他提高动作技能和发音清晰度。

2011 年 11 月 19 日上午 9:30～11:30

本次活动，担当者发现 KK 是一个有些害羞的孩子，他有时候会对担当者表现出不好意思的样子。但是每次活动总结时他从来没有怯场。

语言方面

除了继续表现出上次能说的情形以外，KK 主动的语言增加了，但是，当他想要东西(如玩具)时，似乎不敢直接对担当者说，而是叫喊"妈妈"。

目光接触方面

相对前几次的活动，KK 的目光接触看上去有了进步，不再那么呆滞，而是有些灵活，甚至可以用眼睛追寻事物的运动,特别是对某人有需求时,他会主动把目光转向那个人。

行为方面

玩皮球的时候平衡性仍然还有待于进一步增强。

其他方面

这次 KK 表现出了对活动安排的拒绝,而不像以前,即使不喜欢也会完成计划。例如,这次的涂色画画活动就没有进行。

KK 很明确地知道自己喜欢玩什么,不喜欢玩什么。但是,他喜欢的活动似乎就只有玩沙子,也不会完成沙盘的摆放;他喜欢的玩具似乎就只有飞机,但很难以此引入主题,设计情境。担当者似乎还需要在这二者上下工夫,看怎样才能更好地利用这两种强化物进行以后的干预和训练。

特殊事件及问题

这次出现了令人意想不到的事情——KK 哭了。起因是他想要另一个孩子的担当者带来的玩具,又不敢直接去和那个担当者交流,自己就哭了起来。后来,他玩了那个玩具并把它归还给担当者,但是在活动结束临走时又很想要那个玩具,而且想要带回家去,于是又哭了。最后,在 KK 妈妈的介入下才将玩具还给担当者。担当者觉得也许 KK 还不明白,别人的东西不能随便拿走这个道理,但是,他好像明白自己的东西不能随便给别人。

后期总结和改进

担当者认为,以后的活动不能仅仅是为了让 KK 开心而进行他喜欢的游戏,或者就把他喜欢的玩具给他玩。今天的特殊事件让担当者觉得以后在干预活动中不能只是为了不让孩子哭就什么都依着他来,如果再遇到类似的情形,可以请他妈妈来解决问题,也可以由担当者直接对孩子进行教育,必要时可以进行一定的批评或惩罚,并在以后的干预活动中,注意加强物品归属意识方面的训练。

二、乖宝宝 FS

心理干预担当者:北京林业大学应用心理学系学生,郭成、刘悦、武迪青。

1. 儿童一般资料

FS,6 岁,一个瘦瘦的、可爱的小男孩。妈妈说 FS 喜欢荡秋千、听歌、跳舞、拍皮球等活动,不过他在语言方面一直进步缓慢,尤其是发音不清晰,缺乏规则意识。FS 的妈妈还说他对集体指令一般没反应,对特殊指令反应敏捷;数数 1~10 清晰流畅,10~20 较为流畅,20 以上较为困难。在两岁时,FS 被确诊为自闭症。

担当者的话:我还记得第一次看见 FS 大约是在一年前的冬天,印象中的他是一个特别温和的孩子,喜欢一个人在活动室安静地穿积木,穿好一两个积木后特别喜欢拿起绳子的一端,在自己面前反复旋转,而且转过几圈后会表现得异常开心,似乎还很想用自己不是很清晰的语言表达些什么,不知道这是不是 FS 的情绪表达方式。有几次我都看见 FS 只要一走进干预中心就开始寻找穿积木的绳子或是类似的物品(有时是有挂绳的钥匙或者戴在脖子上的标牌),他真的非常喜欢拿起它们,然后一个人不亦乐乎地转上很长时间。

刚来中心时,FS 很长时间都没有学会进行开场集体活动。当其他人做操的时候,他没有跟着一起做，甚至都不会注视做操的孩子们和担当者，常常还是我行我素地玩着自己钟爱的转绳子，并在活动室里转来转去，乐此不疲。不过他总是很安静，也不会去吵闹或打扰其他孩子。

听 FS 妈妈和带他的担当者介绍：FS 在家和在干预中心都十分听话。他虽然语言方面发育迟缓(主要是发音不清)，但是似乎都能听懂别人的话。例如，每次当他反复旋转穿积木的绳子时，担当者会告诉他现在应该进行其他的活动，而不是转绳子，感觉似乎他都会有一些反应，即使不是立刻停止转动，也能明显感觉到他对训练指令(只要指令足够清晰明确)是有反应的(如默默地看担当者一眼或者放慢转速等，很多时候也会听从担当者的指令)。因此，几乎所有带过他的担当者都觉得 FS 是一个听话的孩子，也常常会为他的点滴进步(特别是发音方面的)而欣喜不已。

2. FS 干预计划展示

2011 年 10 月 22 日上午 9:30～11:30

活动目的

训练 FS 的发音能力，并且加强他的规则观念。

活动内容

集体活动——手指操和拍手操两遍(约 15 分钟)。

认颜色——担当者将不同颜色的积木放在一起，并指定颜色让孩子挑选出对应积木，然后再反过来，选出一些积木让孩子说出："这是××颜色"(约 15 分钟)。

"小手摸摸小耳朵"——担当者念出口令，让孩子触摸自己身体的对应部位。例如，小手摸摸小耳朵，就让孩子把手放在自己的耳朵上(约 15 分钟)。

拍手操——拍手儿歌"你拍一，我拍一，一个小孩坐飞机；你拍二，我拍二，两个小孩丢手绢；你拍三，我拍三，三个小孩来搬砖；你拍四，我拍四，四个小孩学写字；你拍五，我拍五，五个小孩敲锣鼓；你拍六，我拍六，六个小孩捡豆豆；你拍七，我拍七，七个小孩穿新衣；你拍八，我拍八，八个小孩吃西瓜；你拍九，我拍九，九个小孩齐步走；你拍十，我拍十，十个小孩在学习。"训练 FS 的发音(约 15 分钟)。

抛接球——训练孩子身体协调性的同时，让孩子计算抛接球的回合数目(约 10 分钟)。

穿积木——由两名担当者与孩子共同完成，每人每次穿三块积木，进行三次，训练 FS 在队列中等待的能力，培养规则意识(约 15 分钟)。

2011 年 10 月 29 日上午 9:30～11:30

活动目的

加强发音清晰度和句子整体表述的训练；训练 FS 在不进行活动时的等待能力；增强 FS 与担当者之间的积极互动能力；鼓励 FS 用简单语言来表达自己的真实感受。

活动内容

除了开场集体活动(约 20 分钟)以外的活动计划如下所述。

活动一："小手摸摸小耳朵"(约 15 分钟)

即担当者念出口令，让孩子触摸自己对应的身体部位。在这个过程中应尽量要求 FS 自己较完整地表述一个句子，同时在说话的时候注视担当者。

活动二：发音练习(约 30 分钟)

发音练习仍然从认颜色入手。

第一个小活动是搭积木或者穿积木，要求FS在活动中尽量清晰地说出积木的颜色。在句子主谓宾结构中增加了属性状语，如这是白色的绵羊(积木)，增加难度，根据上周的情况，预计FS大体可以完成。

第二个小活动是画画，在进行颜色识别的基础上，摆出一支彩笔，让FS说出颜色并重复两到三次，增加彩笔的数量，最后让FS根据担当者的指令选择一种颜色的彩笔填涂一些简单的图画，如苹果、香蕉、太阳等，同时在填涂的过程中引领FS说出"这是××颜色的××"。

活动三：等待训练(约10分钟)

由担当者穿积木，让FS在旁边看的时候说出担当者穿得是什么颜色的什么东西，并和担当者一起练习计数。

活动四：抛球(约10分钟)

与担当者一起互相抛接球并计数，尽量进行20个回合以上，让孩子可以较长时间地集中注意力在抛接球上，同时练习计数。

其他活动

在以往的活动中发现，FS常常不能表达自己的真实想法，特别是"不想""不要""不愿意"一类的想法。本次活动及以后的活动中，需要抓住时机教他如何使用这一类表示拒绝意思的语言。

2011年11月5日上午9:30～11:30

活动目的

训练FS的发音能力，严格加强其发音的准确性。

活动内容

集体活动——手指操和拍手操两遍(约15分钟)。

认颜色——担当者将不同颜色的积木放在一起，并指定颜色让孩子挑选出对应的积木，然后再反过来，选出一些积木让孩子说出："这是××颜色"(约15分钟)。

"小手摸摸小耳朵"——担当者念出口令，让孩子触摸自己身体的对应部位。例如，小手摸摸小耳朵，就让孩子把手放在自己的耳朵上(约15分钟)。

拍手操——拍手儿歌"你拍一，我拍一，一个小孩坐飞机；你拍二，我拍二，两个小孩丢手绢；你拍三，我拍三，三个小孩来搬砖；你拍四，我拍四，四个小孩学写字；你拍五，我拍五，五个小孩敲锣鼓；你拍六，我拍六，六个小孩捡豆豆；你拍七，我拍七，七个小孩穿新衣；你拍八，我拍八，八个小孩吃西瓜；你拍九，我拍九，九个小孩齐步走；你拍十，我拍十，十个小孩在学习。"训练FS的发音(约15分钟)。

抛接球——训练孩子身体协调性的同时，让孩子计算抛接球的回合数目，争取让FS学会独立说出10以上的数字(约10分钟)。

穿积木——由两名担当者与孩子共同完成，每人每次穿三块积木，进行三次，训练FS在队列中等待的能力(约15分钟)。

活动过程中应特别注意FS的发音，要求每一次发音清晰准确，培养良好的发音习惯。

3. FS干预活动记录展示

2011年10月22日上午9:30～11:30

今天FS和妈妈来的时候精神面貌良好。

做手指操和拍手操时采用了担当者和孩子一对一的形式，FS 刚开始不在状态，进行到第二遍的时候，开始跟随担当者做操，这是他第一次较完整地进行集体活动。

认颜色的发音练习

本次练习的道具是彩色的水果模型(因为水果模型颜色比积木更明显，好辨认)，在句子主谓宾结构中增加了属性状语，增强了练习语句的难度。FS 完成得不错，在拼凑水果模型的环节(事先把模型拆成两半放在一起，让 FS 将其重装完整)，都能挑选出正确的组合。但是，在顺利完成 3 个左右模型的拼凑后，他表现出焦虑情绪，且无法准确表达自己的想法。整个练习过程中，FS 的发音还是有一些进步。

穿积木

因为 FS 的情绪波动较大，所以担当者把他喜欢的穿积木活动提前，不过没有按照方案设计的那样依次排队完成，可能是那种规则意识的训练对他而言还太难。FS 能够熟练地计算 10 以下的积木个数，但 10 以上的则显得比较困难。

抛接球

FS 能够顺利地与担当者合作进行抛接球的训练，只是在计算回合数方面与前面的穿积木一样，无法独立完成 10 个回合以上的计数。

"小手摸摸小耳朵"发音操

FS 已经可以准确根据担当者的指令触摸自己身体的对应部位，但在句子的整体表述上仍然很困难。

总结环节

FS 表现出一定的焦虑情绪，这可能与他不能顺利表达自己的情绪和想法有一定关系。

总之，FS 今天表现良好，在以后活动中建议他的担当者，注意强化物的问题。用 FS 喜欢的绳子充当强化物虽然是有效的，但是这样容易强化孩子的刻板行为，而且每次使用时间较难控制，不便于按照计划开展活动。

2011 年 10 月 29 日 9:30～11:30

FS 今天情绪稳定，精神状态良好。

开场活动

在本次拍手操环节，FS 大部分时间里可以跟着大家一起做操，基本完成了开场活动，并未表现出焦虑情绪。

认颜色训练

FS 可以在穿积木的同时正确地说出颜色，但仍需要担当者的帮助和带领才能说出句子"这是××颜色的××"。当换成不同颜色和不同形状的积木时，FS 还是能辨认颜色。

填色游戏

担当者准备了未上色的卡片让 FS 涂色，但是他不能在五种颜色的彩笔中选出担当者要求的颜色，不过在担当者的帮助下完成填涂后，可以正确说出"这是××颜色的××"。当卡片涂色全部完成后，FS 可以识别不同的图片，并自主说出"这是××颜色的××"。

抛球游戏

这次活动中抛接球的回合数最多数到了 50 次，而且大部分计数由 FS 独立完成。

"小手摸摸小耳朵"游戏

FS 可以根据担当者的指令触摸自己身体对应的部位，并且较为完整地说出"小手摸摸

××"的句式。

在今后的活动中准备教会 FS 用语言表达自己的真实想法。

2011 年 11 月 5 日上午 9:30~11:30

今天活动之前 FS 对担当者不太关注，自己在房间里转来转去，没有集中关注的对象，感觉有点没有耐心。

集体活动

手指操和拍手操的环节，FS 在表现上有进步，能比上一次更好地跟上大家的动作，而且目光会关注领操的担当者。

发音练习

FS 会大声地回答担当者"这是什么"的问题，目光集中在担当者的嘴部动作上，由担当者引领着，他可以回答得比较好，自己独立回答仍有错误。抛接球的时候，FS 可以清楚地数出 10 以上的数字，但是声音很小。目光关注担当者，可以站在原地等待，比较有耐心。

"小手摸摸小耳朵"环节

FS 可以比较清楚地说出"鼻子""下巴"等，发音基本正确，但是目光不能一直关注发出口令的担当者，会不时地看向别处。

新增加"我是谁"环节

FS 开始很难明白，只会重复担当者的话，但是反复训练和强化后可以在担当者提问"你是谁"后回答"我是 FS"，只是发音仍不标准。

总结的时候，FS 自己说出"认积木"和"抛皮球"两个词，这和上次相比已经有了很大的进步。

FS 今天的整体表现都很好，情绪比较兴奋，以后还需要进一步加强发音准确性的训练，及时纠正不标准的发音。

三、容易紧张的可爱男孩 PP

心理干预担当者：北京林业大学应用心理学系本科生，王玉珏、高碧超。

1. 儿童一般资料

PP，一个 10 岁的可爱男孩，缺乏想象力，有意识学习的能力差，模仿能力强，语言行为刻板，没有社会规则意识。PP 的爸爸反映，PP 一岁多的时候没有什么问题，特别聪明，唐诗听几遍就会，可是换一个角度来看，这也许恰好是 PP 模仿能力强的体现。他们提到搬家、换幼儿园等情况，都担心这些因素是否跟 PP 现在的情况有关。总之，家长不太愿意接受自闭症是先天就有的现实，总觉得是自己什么地方没做对，或者是外界环境的影响造成了一些创伤，如果把这些创伤搞清楚了，就会好起来的。

PP 有时听觉特别敏锐，有时又显得很迟钝，这应该不是听觉本身的问题，而是情感或者注意力的问题。《担当者为什么不说话》的作者觉得每个人都有延伸自己感知觉的潜能，但普通人没有找到方法，而自闭症刚好拥有了这种能力，但他们没办法很好地控制这种能力。

PP 以前说话很快，有一次幼儿园的保安叔叔让他说话慢一点，让别人听清楚，在这之后 PP 说话就很慢了，直到现在，说话都是一顿一顿的，这件事情很典型。PP 对自己认定的规则有一种刻板的坚持，这种规则一旦被打破，他就会走向另一个极端，彻底放弃前一种规则，坚持另一种规则。

家长还提到 PP 特别喜欢上课，从来不缺课，不管生病还是别的什么原因都坚持上课，这不一定代表他真的喜欢上课，而是把上课当成一种理所当然的规则去遵守，通过遵守规则去获得一种类似安全感的东西。

PP 喜欢写字，每次写字的时候就可以安静下来。好像一般的自闭症小孩都喜欢看电视，但他不喜欢。PP 有些时候会提到一个叫阳光 30 分的节目，他的日记里也经常写。但他不跟自己班的同学玩，他喜欢跟别的班的同学玩，但事实上他应该没有真的参与意识，而是看着别人玩，把自己当成里面的一员，又没有人打扰他，他可能喜欢这种感觉。至于他为什么不喜欢跟自己班的同学玩，家长觉得应该有创伤，因为这样的情况在一年级以后才出现，一年级以前虽然也不会和同学玩，但至少不脱离群体。

2. PP 干预计划展示

2009 年 3 月 21 日下午 3:30～5:30

因为 PP 很喜欢摆动物园，所以担当者想先设计一个动物园的草图，规划好什么动物摆在哪里，管理员在哪里，让他按照担当者的草图去摆，如果他配合，担当者有一个奖励措施，比如跟他玩小游戏，给他讲故事。

可以先把一些 PP 喜欢的动物藏起来，到时候跟他交换，条件是担当者加入进去。

PP 很喜欢玩一个好像叫牛头山突围的游戏，因此担当者可以让他在沙盘上摆这个游戏是怎么玩的，以后担当者可以做情景模拟。

PP 喜欢写日记，喜欢让别人读自己的日记。担当者可以选有牛头山突围这个游戏的日记，让他具体讲讲，添加细节。

这些都是备选方案，到时候不一定能用上，全看 PP 的配合情况。

担当者近期的目标是让 PP 的动物园里有人，并且了解 PP 不想跟自己班同学玩的原因。

2009 年 4 月 18 日下午 3:30～5:30

沙盘动物园，PP 上次答应会按担当者的草图摆。

收东西。

挑错字。

找两张图不一样的地方。

2009 年 6 月 6 日下午 3:30～5:30

沙盘，给 PP 和 SQ 限定时间，时间过了就不能玩了。

踩地雷。

击鼓传花。

二人三足。

3. PP 的干预活动记录展示

2009 年 3 月 21 日下午 3:30～5:30

今天是第三次见 PP，很开心又有点失落。

担当者帮 PP 设计的方案是，让他按担当者画的一个动物园图示搭一个动物园，这样就可以防止他每次都把沙盘塞得满满的全是动物,一个人也没有。原本以为这个应该很简单,因为在和PP的交流中觉得他并不是一个很执拗的人,而且担当者有几个备选方案,如让他将日记里的"牛头山突围"的故事现场模拟给担当者看。所以,担当者这天信心满满。

　　PP今天特别高兴,可能是因为要帮他读作文,一个劲地将作文塞给担当者看。于是担当者把他带到沙盘室,跟他说帮他画了个动物园,让他按照那个画上的动物园摆。可是,跟往常一样,他看也没看就一股脑儿地把所有的动物全搬到沙盘里了。担当者提示他动物没水喝,他只是假装往沙盘里洒了好多水,而不肯把动物移到别的沙盘里,以便有空地搭建一个水池。

　　搭完了动物园,他就把动物放在一边(这次他放的动物少了一点,不知道担当者是不是可以自我安慰一下)。这次,他开始在沙盘里堆出一座座小山,但是山上什么都不能放,担当者建议放小动物过去时,他不肯。担当者感悟:"我觉得他排的那个山,有点像我帮他设计的动物园的布局,因此我猜想,是不是下次设计的动物园应该画成纯图形,然后标记,这样可能会更吸引他一点。"

　　看第一个方案行不通后,担当者就开始实施第二个方案——读作文。他非常喜欢担当者读作文,让担当者一篇一篇地读。此时,担当者就想利用"读作文"作为奖励,让他自己主动地拿掉沙盘中多余的动物,但是他没有配合。于是担当者把读作文作为奖励,让他给担当者讲故事。他还真给担当者讲了,是关于恐龙的故事,可是他讲的故事倒更像一个说明文。担当者说:"PP,给你讲个关于狼、人、羊的故事。"他马上就反应过来,闹着要给担当者讲"狼来了"的故事。这下总算可以加入进来了,担当者建议他分角色扮演,他也不听,只是自己继续讲,不过肯加一些村民进来了,而且讲的故事也稍微有一点情节了。这一点,担当者还挺欣慰,或许下次就可以顺着这个路子走下去。

　　这次担当者终于明白了他反复强调的"非常开心"的"牛头山突围"是什么游戏了,主要情节就是一群战士被困在江边,终于来了条大船。最后,有的战士淹死了,有的战士坐上了船。

　　担当者的计划总体来说是落空了,或许下次真的得把一些动物都藏起来。

2009年4月18日下午3:30~5:30

　　已经隔了好久都没见到PP了,再见到PP时的感觉就是他变小了,变黑了。

　　PP的爸爸说,PP上着英语课就急着喊要过来玩。可是没讲几句话,担当者就觉得PP今天兴致并不是很高,问他的话也是有一茬没一茬地答着。担当者本来的设计是让他按照担当者画的那个动物园摆沙盘,防止他总是杂乱地在沙盘中摆上所有的动物,所以担当者去了个大早,把其他动物都收了起来。可是PP一来,都没说要摆动物园就闹着要摆水果,也不知道是不是他刚来就已经注意到了,这实在是很出乎担当者的意料,好在他也没找到水果。这时,他竟然玩起了贝壳。这真是"防不胜防"。担当者一直都执着地想阻碍他乱摆动物园,现在想想可能问题根本就不在这个上面,短时间内不要想在沙盘上干预他摆什么人啊,摆什么规则的动物园,倒是先不让他摆沙盘是真。

　　PP说很喜欢玩刺激的游戏,班上的同学玩的游戏都不是很有意思(似乎他曾经因此受过伤,他的同学干涉过他玩的游戏,所以他就觉得班上的同学没意思)。他说喜欢打羽毛球、踢足球、打篮球——也不知道是不是真的,有可能真的带他打球他又不愿意了。PP这种有点"口是心非"的现象一直很明显。不过,记得PP的妈妈曾说过,他会和他爸爸一起打球,也许是真的。

接着 PP 就给担当者摆他家里的样子，开始的时候就只放一个走廊，跟上次画在纸上的几乎一样，接着担当者就让他摆家里的样子，这才渐渐摆了出来。摆的过程中，担当者要他跟担当者借材料时，要准确地描述出来，不过也没怎么进行下去，他总是先拿，在担当者提醒下才很有礼貌地问担当者要。

他总是喜欢重复地问担当者问题：你们家干净不干净？你们家房子是不是一格一格的？你们家房子外面是什么颜色的？你们家的走廊是不是钝角？不知道他为什么总对这些感兴趣。中间担当者又玩了一个猜谜语的游戏，PP 反应还是挺快的，还知道猫的英文是 cat，真的不错。

后来又帮 PP 做了一个找错别字的测试，因为上次帮他纠正错别字的时候发现他还是很高兴的。他找错别字很快，正确率也很高。然后担当者想让他知道这个是有时间限制的，因为有一个同时参加干预的孩子对这种时间限制没有感觉，不知道 PP 是不是，可是他似乎也没管这个。

活动期间 PP 的爸爸进来了一次，PP 立刻让他出去等，其实这个还算正常。看得出 PP 的爸爸对 PP 管教很严，要他讲礼貌。可是 PP 好像很不喜欢有人管他，从他不想和他班上的朋友说话就可以看出。所以，PP 的爸爸如果想和 PP 更进一步接触是不是也应该这样？那么，担当者在和他交流的时候可能也要考虑。

2009 年 6 月 6 日下午 3:30～5:30

今天 PP 刚开始好像就很开心，一直说足球的事情，总体来说状态比较好，还是可以跟担当者配合的。担当者先是玩了击鼓传花，花传到谁那儿，击鼓的人就给他出一个小难题让他解决，PP 在这个过程中表现都很好，还可以给别人设计任务。

接下来是走雷区的游戏，两个人配合，一个人蒙眼，另一个人带他过雷区。刚开始担当者演示了一遍，然后由担当者带着 PP 和 SQ 一起走。结果发现，因为道具的问题，蒙住眼之后他们其实都能看见，所以每次走的时候他们基本都不听指令就可以自己走过去。这个游戏就失去了本来的意义，也许下次改进一下道具可以继续用。

这时，PP 要求玩沙盘了，担当者跟他说如果接下来这个游戏他表现得好就可以去。他答应了。这个游戏叫二人三足，也是先两人一组，由担当者分别带着 PP 和 SQ 进行。合作的要领就是步伐大小及速度一致。SQ 的步伐始终很大，担当者几乎跟不上，他的注意力也比较难以集中在这个上面。PP 表现好一些，甚至可以由 PP 喊口号，走得也比较顺利。接着让他们比赛，最后四个人一块走。总体来说，这种合作性质的活动感觉比较热闹，是 PP 喜欢的类型，而且可以锻炼注意他人存在的意识，动作的协调性，以及行为的目的性，对他是比较有帮助的。

四、精灵古怪的 DD

心理干预担当者：北京林业大学应用心理学系本科生，任丽红、卞玉菡。

1. 儿童一般资料

DD，9 岁半，是一个不懂得规矩，有攻击性行为的小男孩。DD 出生时就被诊断为器质性缺氧，1个月时做脑CT查出脑损伤，期间有抽风现象。1个月后住院治疗，输液，出院后吃药，但医院要求复诊，医生说有智力损伤，但家长觉得(或是不愿承认有问题)还算正常。DD在1~2岁时都不说话，但是很活泼，妈妈说他当时的坏心眼很多，而且并不是什么都不懂。DD不在意他人的感受，想喊就喊。两岁多还不会说话，行为突出，同龄小孩会的他不会，虽然看出有不同，但是家长有点自欺欺人，不愿面对。最终给DD测了智商，结果挺低的，说是出生时智力损伤造成的。

DD的家长带他去过干预门诊找发育方面的专家做过家庭治疗计划，期间表现出不听引导，教他很困难，教说话也不看口型，于是妈妈把满屋子挂上挂图，以此来刺激他……其间发现DD与人对视的时间很短暂，抗拒别人的目光。之后去海军医院输高压氧，在康复中心也曾经抽过风。

两岁八九个月的时候有自闭症的倾向，六院诊断为孤独症倾向，住院两个多月觉得不合适就回到老家哈尔滨做了感统训练，过了"非典"期到六月份回到北京(快4岁了)，继而在海淀培智学校训练了一年，并没有很明显的进步，于是又回到哈尔滨，到2005年4月(5岁多)又回到北京，爸爸的工作也因此迁回了，在星星雨做了一期的干预治疗。

开始上幼儿园，没有地方要，最终妈妈带着上幼儿园，但觉得是浪费时间，于是在刘氏做半天训练上半天幼儿园。7岁时报名上学，学校不收，于是就休学，一节课都没上就被领回家，而家长只能安慰他说"年龄还小，明年再上"。第二年开始在理工附小上学，但没上两天觉得还是不行，于是妈妈陪读一直到现在。

DD现在在吃治疗ADHD的药物(择思达)，攻击性变弱了，意识游离，不能关注主题。最近缠着班里的一个女孩，说人家长得漂亮，并给人家取外号叫"好多名"(因为DD问其名字的时候，女孩说她有好多名)。在学校，DD没什么好朋友，可能男孩的宽容程度比较低，所以只有几个女孩会和他说话。但是DD不会玩，乱喊人家名字，经常学一个男孩逗自己的动作(学僵尸)来逗别人，不管人家接不接受他都会去逗，不能理解别人的感情。还有就是任务完成不了，不写作业，该交的时候就赶紧乱写，写不完还不让别人收，别人收就耍脾气，乱嚷。刻板行为是对写字叫板，总拿橡皮擦，并且把所有的字都分开写，手眼配合能力差，因此就把字写得很大，不允许自己出格儿，又总嫌地方小写不下，然后就开始发脾气。现在上学天天迟到，到了学校先发愣，不放书包，一直背着，别人说他又烦，讨厌别人说自己的缺点，指出自己的不对。不黏父母，又很认路。

家里养着一只狗，他会虐待狗，学狗叫，学狗的行为，不说人话，于是妈妈就悄悄将狗送人，现在已经不学狗叫了，但想起来就会和妈妈闹一下……

喜欢说臭味、发霉、大粪……感兴趣的东西是高度、深度、数字……

和DD接触时就是看到他满地爬，只能用激励的方式来缓解："我数1、2、3，DD就会站起来，DD最棒了……"

2. DD干预计划展示

2009年3月28日下午1:30~3:30

这次的活动方案是担当者针对DD的注意力不能集中以及自控能力的欠缺这两个问题行为进行活动干预。

方案一：自我介绍，相互认识

这一环节担当者要求DD和ZZ一起做活动，大家围坐一圈进行自我介绍，相互认识，使相互了解得多一些。

方案二：木头人游戏

这个游戏就是说"我们都是木头人，不许说话不许动"，这个环节也是和 ZZ 一起玩，对 DD 来说是为了锻炼他的自控能力。担当者想第一次先私下计时，看 DD 到底能坚持多长时间，之后在进行练习的时候对 DD 进行激励刺激，争取让他越来越能长时间地坚持不动。期间担当者可能会根据情况假装某个人坚持不住，但鼓励 DD 多坚持，在他能够长时间坚持的情况下给予他奖励。

方案三：做沙盘或者摆积木

根据 DD 对高度、深度、数字等感兴趣的特点，担当者想通过他的兴趣点让他集中注意力做游戏，并且在他很好地完成的情况下给予奖励。

方案四："数字搜索"

这是一个锻炼人注意力的小游戏。在 25 个方格中随机写上 1～25 这 25 个数字(难度大一点就是更大一点的 25 个连续的数字)，游戏者要按顺序找到并念出数字，都找到后看他所用的总时间，时间越短说明他的注意力越能集中，多加练习也有助于他的注意力集中。这样的游戏即使是在家里 DD 的妈妈也可以给 DD 做，关键在于 DD 恰恰对数字感兴趣，这样也就大大增强了担当者这个活动的可行性。

2009 年 4 月 11 日下午 1:30～3:30

DD 上次做活动时，担当者感觉还是挺成功的，因而这次担当者想除了继续上次的活动，再加一些创新活动。

活动一："一二三，定"游戏

这一环节是对上次木头人游戏的改编。大家在活动室中随意走动，裁判喊"定"的时候大家要定住，看谁每次都能很好地完成任务。

活动二：数字搜索

同上次。

活动三：临摹作画

通过和 DD 的妈妈聊天，得知 DD 对画画很感兴趣，但是 DD 的妈妈说他每次画得都很乱，没有规则，因此担当者这次事先找到一幅画，让他临摹，就像是给他一个规则，让他按照这个规则来进行活动。

2009 年 4 月 25 日下午 1:30～3:30

通过上次 DD 进行的活动，发现他真的很爱画画，但是也真的毫无章法，只是随意地乱画，因而担当者这次的主要目标就是建立他的规则意识，让他初步理解遵守规则的概念。

活动一：画画

担当者规定他要画蓝天、白云、东方明珠、风筝、行人、路灯、河流等。初步的设想是，要求他说完要画什么，再问他需要什么颜色，之后再根据他的需要给其颜色。例如，黑色等颜色就不给他，防止他不听话又乱画。如果他不听指令，就像上次一样给他惩罚，担当者的惩罚方式是不理他，不答应他想与担当者一起玩的要求。

活动二："红绿灯"游戏

三位担当者是标志性的红绿灯，他们分别带着红、黄、绿面具，是游戏的主导，"红灯停、绿灯行、黄灯停下等一等"。初步设想是通过这样的设定，让 DD 学会根据指令约束控制自己的行为，并且担当者在红灯停的时候可以问他问题，问题设定的目的是，想从 DD 的嘴里了解更多有关他的事情。问题 1：在家里面你最喜欢谁？问题 2：在学校你最喜欢和哪个小朋友玩？问题 3：DD 最喜欢的动画片是什么？问题 4：DD 最喜欢吃的水果是什么？问题 5：DD 有过的最开心的经历是什么？当 DD 能很好地回答问题后，担当者会在地上设置跑道让他前进一步，看最后谁先到达终点。

活动三：户外活动

带 DD 出去遛校园，为团辅做准备，但在带 DD 出去之前，担当者会向他提要求，要求他一定要听话，始终要拉着一个姐姐或哥哥的手，不能松开，并且可以在户外测试让他做"红绿灯"游戏的效果，在外面给他展示红灯指示牌时，看他是否能停下……

2009 年 6 月 13 日下午 1:30～3:30

上次活动中其中的一部分没有得到很好地实施，因而，此次就上次的方案继续实施。

活动一：画画

担当者规定 DD 要画蓝天、白云、东方明珠、风筝、行人、路灯、河流等，鼓励他表达自己要画什么，需要什么颜色，然后由担当者满足他的要求。同样黑色等颜色不给他，防止他不听话又乱画。如果他又不听指令，就像上次一样给他一定的惩罚。

活动二：听指令

该项活动是木头人游戏的延续，因为木头人游戏只能让 DD 不动，但达不到让他理解命令的目的。因而，让他在不动的基础上，给他另外的命令，比如说"用左手指鼻子""向前走一步""抬起双手"等。

3. DD 干预活动记录展示

2009 年 3 月 28 日下午 1:30～3:30

本次活动担当者进行了四项内容。

自我介绍

此活动主要是想让孩子接纳周围的人。在这次活动中，DD 依然表现出自我的成分很高。在自我介绍时，DD 并不懂得自我介绍的含义。在自我介绍后，很随便地让其他人介绍，但他并不关心别人的介绍。原因很简单，DD 认为我已经介绍完了，别人做自我介绍，那是别人的事，和自己无关，他不懂得自我介绍时的互动。

在活动中，DD 表现出了机械记忆的牢固性和准确性，对于自己生日可以精确到时分，甚至对于妈妈的生日也是一样，这充分地反映了自闭症儿童机械记忆较强的特点。

当时出现了一定的不和谐，那便是对于妈妈身份的明确性，让他介绍妈妈的时候，他会介绍，但是没有表明自己和妈妈的关系，更没有情感因素。

木头人训练

此项目主要是训练孩子的定力和控制力。在这项内容中，孩子坚持得比较好，担当者的时间长度定位是三分钟，周围的担当者和家长们都陆续以各种理由出现了互动，如笑、说话等。DD 的表现也不错，虽然担当者等人对其进行语言干扰，但是他还是坚持了下来，并没有受其影响，甚至有笑话的成分，他也依然无动于衷。孩子的反馈也比较好，找到了自信，这在后续的"木头人训练"中也得到了体现，后面的是三分半钟。

这个训练感觉还不错，对于训练注意力和规矩感有一定的帮助。

数字游戏

此项目主要考察和训练孩子的注意力。在这个活动中，DD 的表现跟一般孩子操作上没多大差距。此项活动共进行了两次，第一次进行过程中，出现了这样一个场景：和 DD 一起参赛的担当者做得比较快(找数字，然后大声读出来，所以彼此能听见，担当者有监督人和计时员)，DD 便急着大喊大叫，担当者赶紧放慢速度，并且返回之前的某个数字继续找，让 DD 恢复情绪。该游戏 DD 的用时是 68.7 秒，这个时间跟同年龄阶段的孩子没多大差异。

第二次，担当者让 DD 进行同样游戏时，DD 还要选那个担当者，问为什么的时候，DD 说那样的话他就能赢，因为担当者比他慢。当然，这次还是 DD 胜出，不过进步很大，用了 50 秒，这个速度已经相当不错了，因为担当者的真实能力也得用这么长时间才能完成。

这个项目对于集中注意力、聚集视觉都有作用，很有反复操作价值。

沙盘/积木/铺火车道

此项目可以培养孩子对物体的整体感知观念，对人格整体协调也有利。本来打算做积木游戏的，但是 DD 说想玩沙盘，可是去玩沙盘的时候，他又无规则地堆沙子，而且乱扔，后来又要修火车道。

在找碎石子的游戏中，他很认真，手磨得看起来很疼了还继续，中途担当者提问题，他嫌担当者烦，很不礼貌，在对其进行疏导后，他承认了自己的错误(有些应付)。DD 在捡到了他满意的石子后，就在沙盘上铺火车道，中间的轮廓上是石子，边上还用手划了两条线，像那么回事。

小结：担当者觉得还要在规矩形成上下工夫，强化他的自我控制能力，克服自我中心障碍及责任推脱想法，有点理想化，但是希望担当者的努力有一定的成效！

2009 年 4 月 11 日下午 1:30～3:30

这周的活动，担当者原本的计划是让 DD 玩木头人游戏，继续上次的数数和画画，但是由于 DD 出现了新情况，担当者就临时改变了一部分计划。

在开始的两组集体活动中，DD 就出现了在头上戴花、学女孩子说话等一系列表现。听 DD 的妈妈说，这是由于学校运动会上看到女孩子戴花觉得很漂亮，就一直学女孩子。不论是在装扮上，还是在说话上都在模仿女孩子。

针对这一现象，担当者临时改变了活动的方案。刚开始就和 DD 玩学说话的游戏。如果游戏中他用正常声音说话就算过关，学女生说话就不过关。

经过这个游戏，DD 学女孩子说话的现象得到了很大的改善。担当者发现，应用一定的行为疗法，DD 的问题行为还是可以得到改善的。当他学女孩子说话的时候，就假装听不懂，只在他用正常声音说话的时候，才回答他。经过这个训练，担当者觉得 DD 身上的许多行为也都是可以通过这个办法得到改善的。

接下来担当者就和 DD 玩他喜欢玩的木头人游戏。DD 在这个游戏中坚持不动的时间又比上次长了。在 DD 有兴趣的事情上，发现他能投入很大的精力，效果也很好。在以后的活动中，担当者可以从 DD 感兴趣的游戏入手，在游戏中纠正他的行为问题。

在画画的游戏中，DD 画了一幅很大的黑夜图。从他的画中发现，他喜欢把整个画面涂得很满，而且黑夜占了大半张纸。整个画面中，都没有人出现。

在这次活动中，担当者发现 DD 在礼貌方面还需要重点加强，一旦别人不听他说话或者是事情不如他愿，他就会出现暴躁、暴力的倾向。

2009年4月25日下午1:30～3:30

这次来，DD仍然学女生，他把花戴在自己的头上说好看，用很细的嗓音学女生说话，还说自己很喜欢女生，自己要穿女生的鞋子。活动开始前，担当者一直给他做工作，想让他把花自觉地从自己的头上拿下去，给他讲"男孩和女孩的身体不一样，像是脚上的骨头和手上的骨头一样，所以男孩不能穿女孩的衣服、戴女孩的花"。这似乎引起了他的兴趣，接着他就会问为什么不一样，如果穿了，男孩的脚会怎么样，并且要求我给他画出男孩和女孩的身体，给他表明哪儿不一样。最后担当者还是没能让他自觉地拿下花，而是在他不注意的情况下，偷偷地拿了下来，但是他还是一直用女孩的声音说话……

鉴于此，担当者首先让他学一个男生志愿者说话，DD说这么粗的声音不好听，不肯配合，担当者用他喜欢玩的"木头人"游戏作为交换条件，只要他说话正常，通过担当者的把关就让他玩游戏，但是成效并不显著。然后，担当者继续采用在他用假声说话的情况下不理他，假装听不懂他说话，并且朝着他说话的相反方向去做事情的方法。最终，他不这样说话了，恢复了正常。

于是，担当者开始了第一个游戏——"木头人游戏"，这次DD自己规定了时间——4分16秒(不知道他为什么会自己规定一个这样的数字)，DD还是坚持做到了。接着是由木头人改编的游戏"一二三，定"，DD开始没有做很夸张的动作(我们猜想他是不想自己定不住，所以不敢做大动作)，但第二次他的动作就大了起来，最终他定下的动作是两只手张开，像是张开翅膀在飞翔……

接下来，DD的活动是画画，他的画真的很乱，他拿起黑色的油画棒就在纸中间画了一条横线，接着把上面的部分很用力地都涂成黑色，他自己说，是晚上，午夜11点了，所以是黑色的。后来为了防止他再用这样的颜色，把桌子弄脏，担当者把深颜色的笔都藏了起来。他起初发现没有黑色的笔，就去找，虽然没找到但也没有追究，继续用别的颜色作画。他在黑色的天空中画了一个风筝，还画了一个东方明珠塔，说画的是上海，但DD的妈妈说他没去过上海。另外，还有很多小路灯、海洋、小河等，整幅画DD都涂上了颜色，没有露出白纸的地方。他还画了一幅画，车辆通过大门，并且他都在门框上标出高度，他画了大大小小的很多门，最后画了一个超高的门，门框画成了折线形的，说因为门框被撞坏了，最后还写上了"超高，限行"。在活动过程中DD还向ZZ的妈妈发了两次脾气，说出了很不好听的话，当时担当者给他讲解，让他向ZZ的妈妈道歉，他平静地道了歉。

感觉这样只是在一次一次地强化训练，过后他还是会说出不好听的话……规范性的东西还是担当者要训练他的重点。

2009年6月13日下午1:30～3:30

这一次DD的状况不是很好，主要的问题是，他似乎在某种程度上表现出了对担当者的排斥与厌恶，伴随着大发脾气。原因主要是担当者这次设计的两个活动在很大程度上限制了他，向他提出很多规范性的要求，要求他不能将画画得很脏、很乱，限制他彩笔的用色，并要求他必须经担当者同意，才能获取彩笔；担当者还要求他在玩木头人的游戏时，听从担当者的命令做一些动作。这些是不是会限制他的发展？担当者也想过，但是担当者的目的还是想培养他的规范性意识，让他尽可能地遵守规则。

在画画的活动中，担当者通过对彩笔颜色的限制，引导他画出了一幅比较阳光的画，有房子、草地、天空、小鸟、太阳等，但是他却在画画过程中一定要增加一朵乌云。原因可能有两种：第一，他本身就对云层、积聚、下雨、闪电感兴趣；第二，他可能遭受某种创伤。

在木头人的游戏中，担当者发现他在坚持不动的过程中会不自主地抽搐，看得出他自己努力在控制，但身不由己。最后给他的命令是闭上双眼回想一件事情，并能在 6 分钟时间到的时候对担当者讲出来，才是最后的胜利者。他最终所讲的故事是他的坏老师，坏老师有很多，会打骂学生、会教错题，他用了具有强烈攻击性的语言，说这样的老师会被抓起来，会被开除。之后引导他回想一下他的好老师，但是他能说出的很少，还是在担当者的引导下说出了给他得六个"优+"的老师们。最后让他画出他的好老师，结果他画出的仍旧是不好的、黑色的老师。他口中的喜欢似乎并不是真正意义上的喜欢，是给他好成绩他高兴，其实他仍然对老师充满了敌意，没有达到喜欢的程度。

五、广告男孩 XZZ

心理干预担当者：北京林业大学应用心理学系本科生，郭雅晶、李宗孝。

1. 儿童的一般资料

XZZ，11 周岁，男孩。语言极少，即便有语言，也多是广告语言。

三岁开始说话，二年级，饮食正常，听力正常，生活可自理。没有主动言语，极少与人交流，他人与其交流的时候多表现为不理睬。如果强迫其做不愿意做的事情就会表现出烦躁的情绪，情绪烦躁时会出现一定的自残行为，没有疼痛意识，如咬自己等。没有危险意识，对经历过的危险才知道是危险，如火灾之后知道火是危险的，对于没有经历过的危险就没法辨别其危险性。性格有些叛逆，不愿顺从，有不自主的拍手行为。XZZ 对声音比较敏感，对电视广告和音乐感兴趣，不自主地背诵广告词；注意力不能长时间集中；怕黑，对父母有一定的依赖性。从 XZZ 的面部表情和眼神中可以看出他的思维一直处于一种跳跃状态，而且情绪波动比较大。

2. XZZ 干预计划展示

2009 年 3 月 21 日下午 13:30～15:30

与 XZZ 拉近距离，建立亲密感，使他能够多与人交流(终极目标)。

在活动中担当者发现 XZZ 与妈妈的关系很亲密，与妈妈的交流也明显要好于其他人。并且，通过与 XZZ 妈妈的交流得知，XZZ 会顾及父母的情绪。例如，他知道父母不喜欢他看广告，因此会在看的时候特意调低声音；知道妈妈生气了，他会主动地套近乎(相对于中心的其他孩子，XZZ 的病症较重)。因此，担当者希望能够通过请 XZZ 的妈妈与担当者一起参加活动来带动 XZZ，从而间接地拉近担当者与 XZZ 之间的距离。

本周担当者想带 XZZ 做沙盘，在妈妈的引导下由他自己给担当者介绍他的家庭、学校等情况，并在沙盘上表现出来，从而使他能够有更多的交流。

2009 年 4 月 11 日下午 13:30～15:30

争取能和 XZZ 进行眼神交流，能够让他和担当者主动交换东西。

和 XZZ 一起玩上次的扔球游戏，在活动过程中让语言交流渗透其中。

用一些物品吸引 XZZ 的注意力，获得和 XZZ 的眼神交流。

如果可以出去活动的话，希望能够带 XZZ 去楼下的健身器材场活动，让一位担当者示范器材的使用方法，使用夸张的动作和语气，希望能够吸引 XZZ 的注意，然后能够让他主动参与到活动中。

2009 年 5 月 9 日下午 13:30～15:30

鉴于一直以来制定的针对 XZZ 的目标几乎都没有得到较好的结果，也许这次的目标仍然不能实现，但是希望在这一过程中能够更多地与 XZZ 进行交流。

担当者会带一些邮票和明信片过去，因为在交流过程中，他们发现 XZZ 对这些东西可能感兴趣。

另外，好像从未和 XZZ 一起画画，因此这次想试一试和 XZZ 一起画出一幅画。

3. XZZ 干预活动记录展示

2009 年 3 月 21 日下午 13:30～15:30

由于来得匆忙，XZZ 出了很多汗。在沙盘实验室中，XZZ 已经很少将沙子扬出沙盘之外了。但是，仍旧对摆放物品不感兴趣，只想玩沙子，即使担当者在旁边说话也很少有应答，对担当者中一个男生的话反应比较大，会重复他所说的话，或者跟他要手上的东西。XZZ 依然长时间地沉浸在自己的世界当中。玩沙子的时候，没有主动把恐龙模型埋掉的行为，只是一直用沙子喂恐龙，然后再高举恐龙，倒出沙子，虽然跟他说过不对，也会对他进行抑制和示范，但仍没有得到纠正。手会在面前挥舞或者双手互拍，也有手打头的行为，脸上是很灿烂的笑容，不知道这是激动的表现还是自伤的行为。后来用图册来刺激他的语言，结果看到喝水的图片就跑出实验室，去隔壁房间找水喝。

XZZ 喜欢待在窗户边上，看着窗外的某些东西，担当者无法判断出他的注意力集中在哪儿。有一定照顾自己的能力，在生理需求方面会有主动语言和动作。妈妈对他的行为纠正会有点严厉。仍旧对担当者没有太深的印象，在妈妈要求说出担当者名字的时候会不耐烦，想挣开妈妈的手。对新鲜的玩具会有一定的兴趣。上次喜欢玩橡皮泥，这次在被另一个玩具吸引之后，就忘了橡皮泥的存在了。刚开始玩新玩具的时候，注意力会集中，也能按照规则来做。但差不多七八分钟之后就按照自己的方式来，会用力地将球砸向盘子，对疼痛的感觉不是很强烈。有时担当者把球抢过来之后，他会急着想要拿回去，这时说"姐姐给我球""请给我球""我要球"，他才会跟着重复。整个过程之中，感觉他是开心的，情绪较为激动。

在总结的时候，他能按照要求来做，但不情愿的时候就会咬自己的手。

在跟像 XZZ 这样较为严重的自闭症儿童接触过程中，逐渐发现，担当者所能做的也只是让他们过得开心。干预方面由于担当者本身的不成熟，不太成功，效果也不明显。上星期制订的计划执行得不是很理想，以后仍旧要继续努力。跟他们越接触越发觉他们可爱，只是有时会对他们的无反应感觉挫败。或许以后时间久了，XZZ 就会慢慢地记得担当者，察觉到担当者的存在了。

2009 年 4 月 11 日下午 13:30～15:30

这次活动一开始，XZZ 因为疲倦休息了几分钟。在加深对担当者的印象时，清晰记得其中一位女生担当者的名字。后来担当者将XZZ带到楼下进行活动，下楼梯的时候会在有需要时抓着旁边人的手。一开始他并不十分愿意离开，到了楼下还是对广告很在意。对其他事物注意力集中的时间不长。往小区走的过程中，对草坪或者喷水有些兴趣。在对话过程中仍很少与人对视。不喜欢被人硬拉着往某处走，激动的时候拍手、跺脚。整个过程中有自伤行为(咬手)的出现。后来让他自己选择走的路线时，他选择回到中心。在上楼梯的时候，会跟担当者玩类似于躲猫猫的游戏。先是突然停住，然后又快速爬楼梯，有跟旁边的人进行小比赛的感觉。

上楼之后，XZZ进入沙盘室。他径直坐在了DX的对面，两人共用一个沙盘。一开始XZZ仍只玩沙子，用沙盘中本来就有的小锅舀沙子玩。倒沙子的高度高了，制止之后仍没有改正。沙盘中本来就有别的儿童放的一些模型，后来XZZ也会从后面的架子中拿几个进去，主要还是会拿贝壳等可以舀沙子的模型。XZZ似乎不太喜欢将东西埋起来。XZZ的状态还不错，主动交流的语言相对以前也增加了。在不想让别人说话或者唱歌的时候，会主动将手伸出挡在对方嘴巴前。危险意识仍不够，坐在椅子上时会向后倾倒。不知道是不是因为知道后面有人才这样做。激动的时候会挥手、拍打额头，声音比较响，但似乎感觉不到疼痛，增加了用手掌打下巴的动作。

在总结的时候，XZZ不怎么想说话，就算妈妈强调、经人提醒，说的话还是很少，而且是重复别人的话。结束之后就直接走了，似乎没有意识到妈妈还没出来。由于这次是直接坐车回家，离开学校的路线跟以往不一样，他显得很不安。脸上的表情很像在哭，但声音有时候像是在笑。不安的时候一直咬手，或者挥手、打头。他很想按照他所知道的路线走，但当妈妈说分开走，他又会跟着走，同时会咬手，表情较为委屈、纠结。在打开出租车门后，他就快速地趴在后座上哭。

此次活动本来是想训练他的交换语言能力，但似乎没有收到预期的效果。虽然在几次活动中都有强化，但他还是需要别人的提醒才会使用交换语言。

2009年5月9日下午13:30～15:30

今天XZZ的情绪波动幅度较大。活动开始之前，他还是在窗户边上，一直对窗户有兴趣，但不知兴趣点在哪儿。对人名有些记忆，能在提示下说出担当者的名字。XZZ与研究生学姐玩扔球游戏时，注意力持续的时间较长，而且明显情绪愉悦，也能按照她们的提示和要求做，基本可以根据距离调节力度。

在活动开始的陈述中，XZZ依旧没有太主动的语言表达，要依靠XZZ妈妈的提示和他人的提问才会说。在沙盘室中，原来已经较少地高举手臂扬沙子的行为出现频率增加了。在被阻止之后，依旧如故。也有吹沙子的举动，当把手挡在前面不让吹时，他仍会继续吹气，似乎没察觉到你的手。他主动拿了个舀沙子的工具，对其他物品不甚在意。当担当者把一些东西放入沙盘中(如一个桌子)，他会把沙子倒在上面，然后再拿起桌子倒掉沙子。仍旧记得"呕吐"。

后来他就跑出了沙盘室，去找妈妈。在担当者提出唱歌的要求后，他会主动说不唱。似乎他不太愿意听到"上课"这样的词语，或者是不愿与担当者在一起。当XZZ妈妈说出"上课"等要求他的话时，他显得很激动，有自伤行为，嘴里还会重复"在上课""要听话"等话语。后来又转回沙盘室，仍旧只玩沙子，情绪还是有些不稳定。

刚开始XZZ不愿意到户外去活动，直至XZZ妈妈软硬兼施，并用饮料诱惑他下去。后来在熟悉校园的过程中，对上次走过的路仍有印象，并没有上次那样的激动情绪，而且在走一段未走过的路时也很安静，没有表现出不安或者焦虑。XZZ 妈妈说他对路的记忆力很好，并且最近还能按照一定顺序将国家领导人的名字念下来，在看着橱窗中的照片时，大致也能说对国家领导人的名字。另外他对邮票也很感兴趣，在文化墙上众多的图画中，只要看到了画有邮票的那面墙，还会驻足观看，有些依依不舍。

作者点评

以上是"北京林业大学彩虹宝贝自闭症儿童心理干预中心"的干预纪实。由于心理干预的担当者均来自心理学专业的本科生，因具有专业知识，所以他们的设计方案有一定的价值。但是由于他们在儿童自闭症应对方面缺少经验，所以在干预过程中的稚嫩也一目了然。也正是这些稚嫩，或许能够给读者一些启示，能引出更为有效的干预。这也是我把这些纪实毫无加工地奉献给读者的用意。

青春期自闭症儿童在生理和心理上与一般儿童一样也会出现一系列变化，这是该年龄段自闭症儿童心理干预不可忽略的问题。本章通过对五名青春期自闭症儿童心理干预的纪实报告，从微观角度描述了青春期自闭症儿童的一些变化，使读者能够直观地体会和了解此类儿童的行为特征及其心理干预的特点。

第十五章　彩虹宝贝青春期自闭症儿童心理干预纪实

核心概念

青春期；性意识；叛逆心理

第一节　自闭症儿童的青春期

"青春期"对于今天的教育者来说，是一个非常熟悉又陌生的词汇。熟悉是因为每个教育者都懂得这是人生发展中的一个重要时期，教育者本身成长历程中这个阶段留给自己太多、太深刻的记忆。陌生是因为当被教育者进入青春期时，教育者很难从被教育者身上，看到自己脑海中青春期的样子。青春期是人生的多事之秋，每个时代都会赋予青春期清晰的时代特征，每个孩子身上都会有自己独特的青春印记。

一、青春期

青春期是人生长发育的第二个高峰期，是一个人在身体发育成熟之前的一个突变时期。在我国，青春期一般从十一二岁开始，到十七八岁结束[1]。青春期的变化主要为两个方面，一是身体发育，二是心理发展。

1. 青春期的身体发育特点

青春期是人的身体发育成熟的时期[2]。研究表明，在人的一生中，身体生长迅速、身体各部分的比例产生显著变化的阶段有两个，一个是在产前期与出生后的最初半年，另一个

---

[1] 何艳茹. 心理卫生与心理辅导[M]. 沈阳：辽宁大学出版社，2007：302.
[2] http://baike.baidu.com/view/18696.htm.

则是青春期。青春期的快速生长发育，被称为青春期急速成长现象。事实上，这种现象开始于性成熟之前或与性成熟同时开始，终止于性成熟后的半年到一年。男性的急速成长从10.5～14.5岁开始，在14.5～15.5岁左右达到顶峰期，以后逐渐减慢，到18岁左右时身高便达到充分发育水平，体重、肌肉力量、肩宽、骨盆宽等也都得到增加，与此同时，性机能和第二性征也发育成熟。如女性在出现月经及第二性特征这些外部变化的同时，生殖器官也逐渐成熟，外阴开始出现了阴毛，阴道内分泌物开始增多，子宫发育变大，卵巢皮质中的卵泡开始有了不同阶段的发育变化。这一切都表明已开始向性成熟期过渡。

2. 青春期的心理发展特点

身体及性的发育，可以对青少年的心理特征及社会生活产生重大的影响。从认知能力的发展看，青春期儿童的感觉精确性有了较大的发展，知觉的有益性、目的性、精确性与概括性发展显著，记忆的目的性明显增强，兴趣广泛而多有选择，求异思维、批判思维迅速发展，抽象逻辑思维逐步占据主要地位；从情感的发展看，青春期最大的变化是从儿童期依恋父母的感情转向依靠朋友的感情。从社会性发展看，青春期正是从家庭转入社会的历程；从性心理的变化看，青春期性心理的变化是以性意识的变化为代表的。

二、自闭症儿童青春期的特点

由于自闭症儿童自身存在不同程度的言语障碍，因此，目前关于该类儿童青春期的研究虽然不少，但所取得的研究成果并不尽如人意，其中多数研究通过个案分析、行为观察等方法了解了一些自闭症儿童青春期的特点。这里作者在借鉴相关研究成果的基础上，结合自己的研究实践，将自闭症儿童青春期的特点归纳如下。

1. 与一般儿童发展的相同点

第一，身体发育上的相同点。进入青春期大部分自闭症儿童在身体上与同龄儿童一样，随着年龄而增高，性功能开始发育，第二性征开始出现。女孩出现月经来潮、乳房凸起、骨盆发育变宽、皮下脂肪增多；男孩喉结突起、声音变粗、胡须渐现、肩宽体高，并有遗精现象[①]。

第二，要求独立的心理反应。虽然，自闭症儿童进入青春期后，大多不会表现出一般儿童那样的叛逆和独立欲望，但也会表现出对独立性不同程度上的要求。比如，开始强调自己应该做些什么，会产生安排自己事情的欲望。

2. 与一般儿童发展的不同点

一般儿童进入青春期后，无论在生理发育还是心理发育上，都会存在一定的个体差异，也会出现心理发育滞后于生理发育的现象。与之相比，自闭症儿童进入青春期后，整体反映出来的显著特征，就是心理发育明显落后于生理发育。具体表现如下所述。

第一，由于语言和情绪表达障碍，自闭症儿童面对生理变化会出现恐惧、焦虑、不安等心理。例如，女孩的月经来潮，男孩的遗精现象等。

---

① 戴淑凤，贾美香，陶国泰. 让孤独症儿童走出孤独[M]. 北京：中国妇女出版社，2008：42.

第二，由于自闭症儿童的社会交往障碍，他们不能领会性别的社会性含义，不懂得如何与异性进行交往，因此，经常会发生伤害他人和自己的事情。如自闭症男孩在不经别人允许的情况下，拥抱自己喜欢的女孩；自闭症女孩遭受性侵害等。

第三，自闭症儿童在进入青春期后，对于性功能发育带来的身体变化无法应对，会出现一些行为问题。如一些儿童在大庭广众面前抚摸、摩擦生殖器，当众脱裤子等。

第二节 青春期自闭症儿童心理干预纪实

一、帅气的 SQ

心理干预担当者：北京林业大学应用心理学系 2007 级本科生，任丽红、李鹏、成年。

1. 儿童一般情况

SQ，13 岁半，是个高高瘦瘦的男孩，智力有些低下，第一次系统训练是向他妈妈了解情况。妈妈觉得 SQ 到一岁都没有什么异常，一岁多以后妈妈开始觉得 SQ 有些和其他孩子不一样的地方，并不关注其他大多数小朋友都应该关注的事情，比如说带 SQ 去看演出，他不关注其他小孩所认为的新鲜事物，而是吵着要离开。

第一次送 SQ 上幼儿园没有成功，SQ 在幼儿园里不间断地哭了一天，嗓子哭哑了，眼睛也哭肿了，像是受了什么刺激，之后的一个星期内在送幼儿园的路上就不停地哭，只好放弃。两岁半以后又送幼儿园。妈妈发现 SQ 不喜欢串门，到别人家就哭，不像其他孩子那样到处玩，只是在妈妈身边待着，不和别人相处。在幼儿园也不和其他小朋友同步，好像都要比别人反应慢一些，SQ 妈妈举例说老师叫男生上厕所 SQ 没有反应，叫女生上厕所 SQ 却起来了，另外说 ZSQ(SQ 的大名)上厕所，他可以听得懂。三岁半 SQ 转了一次幼儿园，SQ 妈妈的朋友在给 SQ 查体的时候发现 SQ 和其他小朋友不一样，在医生要给他检查身体时他会有拒绝的反应，恐惧、逃避。SQ 妈妈带他去检查，被确诊为"自闭症"。老师给家长的反映是 SQ 更多的情况是"慢"，如游戏活动、做操都跟不上，课间别的小孩都在玩，只有他自己在台阶上坐着，妈妈觉得很难过。

妈妈讲述 SQ 没有玩伴，经常会有一些幼稚的言行，比如说在教室喊"我属猫的，我属猫的……"，妈妈了解到原因是老师在课上讲了十二生肖的故事，说猫不在十二生肖中。SQ 还会"故意"（"故意"这个词是 SQ 妈妈说的）说错话，例如，有一次妈妈不小心说错一个同学的名字，SQ 以后都会模仿妈妈叫那个同学错误的名字，即使其他人纠正他也不接受；看到图画上的蔬菜"荸荠"画得像巧克力，在买菜的时候他就会说买"巧克力"；爷爷奶奶对他很好，虽然 SQ 经常说"我不喜欢爷爷奶奶"，但其实每周都要去爷爷奶奶家……

SQ 妈妈介绍 SQ 有自己的表达方式或称其为语言，会叫某些人"黄围裙大哥"(这是 SQ 对孙悟空的称呼)、"红衣老爷爷"(对穿红色衣服老爷爷的称呼)……

另外，SQ 姥姥对 SQ 很好，只是姥姥脾气急，很严厉，SQ 曾在 3 岁时被姥姥狠狠地教训过一顿，SQ 从那时到现在都说"姥姥不是家人……" SQ 很不喜欢受批评，因而对表扬他的老师评价就很高，很喜欢。批评他的老师或是遭到批评的事都会记在心里，遇到他害怕的老师他就会很乖……

SQ 和其他自闭症儿童一样机械记忆力很好，他能记住所有同学家长的名字。妈妈认为，他很关心他人，怕别人生病受到伤害。很胆小，不接触危险的事物，不犯错误，也不伤害自己，但小的时候出现过咬自己的行为，现在几乎没有了。

2. SQ 心理干预计划展示

2009 年 3 月 21 日下午 3:30～5:30

通过担当者第一次的了解以及与 SQ 的接触，担当者感到 SQ 需要的是一种自我概念的建立，因而这次主要是想通过设计一些实实在在的虚拟情景，让 SQ 初步建立自我同一性及自我概念。

情景一：建立男女生意识

在沙盘室给 SQ 呈现不同性别的娃娃，并对其"讲解"，让其建立男女性别意识。

情景二：建立"你、我、他"意识

模拟上课的情景，由担当者扮演老师，SQ 和其他担当者是同学，先相互认识，老师分发作业，老师念完名字后让 SQ 发给大家，老师的话语中要有"给你""给他"等字眼。

担当者可以带一些糖果之类的零食，一个人拿着，让 SQ 看见，然后旁边的人可以说："我要，我想吃。"多次强化，如果 SQ 也说"我要"或者"我想"，而不是"SQ……"就给他糖果作为奖励。用这种方法来训练他对自我需要的理解。

情景三：建立归属意识

带 SQ 到户外，让一个担当者骑一辆自行车，对 SQ 说："这辆自行车是××的，所以他/她可以骑。但是 SQ 如果想要的话就要先征得对方的同意。"另外用别的可以吸引 SQ 注意力的东西来检验他是否建立了这种归属意识。

情景四：纠正错误

有两个人玩着玩着，一个人无缘无故地揪另一个人的辫子，被揪辫子的人很反感，就说："你不要弄我的头发好不好，我不喜欢这样……"旁边带 SQ 的担当者就让 SQ 看此情形，并问 SQ 这样对不对……

2009 年 4 月 18 日下午 3:30～5:30

上次的活动没有得到预期的结果，SQ 注意力集中的时间太短了，而且活动引不起 SQ 的兴趣，导致很多情景模拟并没有进行下去，因而担当者这次主要就 SQ 的注意力进行训练，并在这些训练中试图找到 SQ 的兴趣点。

活动一：单摆

SQ 很喜欢汽车，担当者准备一根绳子和沙盘室中的一辆 SQ 喜欢的车子，在其眼前晃动，让他跟着车子的轨迹转动眼珠，表现好的话给予他一定的鼓励。

活动二：录音

SQ 在与担当者相处的时候会不停地、刻板地说一些担当者听不太懂的话，比如他经常说"我喜欢三角形顶的××的汽车"等。这个活动是想在不经意间将 SQ 的这些话语录音(当然会征求 SQ 妈妈的同意，但是不告知 SQ)，再在不经意间放出来让 SQ 听，看他对于自己的这些话语到底是什么反应。

活动三：数字搜索

这是一个锻炼人注意力集中的小游戏。在 25 个方格中随机写上 1~25 这 25 个数字，游戏者要按顺序找到并念出数字，完成后看他所用的总时间，时间越短说明他的注意力越能集中，多加练习也有助于注意力集中(这个游戏的可行性还有待实际考察)。

活动四：画圈圈

像走迷宫一样，担当者先画好弯曲的圆环，让 SQ 用笔在空隙间画出轨迹。

活动五：沙盘

让 SQ 自由地玩沙盘，担当者通过 SQ 的沙盘找到一些突破点，就会更加了解 SQ。

活动六：户外活动

带 SQ 走出教室，到外面随处玩玩。

3. SQ 心理干预实施记录展示

心理干预活动记录之一

今天 SQ 来的时候显得很开心，他剪了头发，大家都夸他。担当者首先做了热身运动，SQ 可以跟着节拍做运动，做得很好。

分组活动时，担当者按照计划从沙盘室中拿来男女娃娃让 SQ 分辨，很显然 SQ 现在可以分清楚性别。于是担当者本想进行下面几个情景模拟的活动，但是 SQ 不喜欢，表现出抗拒的情绪，并且一直在重复说他所想到的事情，如"我喜欢三角形的××卡车……""我想上幼儿园，我能不能上幼儿园？""我不喜欢姥姥给我买的老雕……"等因而担当者接下来所设计的情景模拟并没能继续下去，为了不影响 SQ 的情绪，担当者只能放弃，随着他所想的和他聊天……

其间担当者还是围绕着本次的干预目的——建立自我概念来进行谈话与活动。担当者避免使用名字而是用"你、我、他/她"来和 SQ 交谈，并且尽量让 SQ 也使用这样的字眼来表达自己的观点。但是担当者还是发现第三人称的使用对 SQ 来说有困难。在这期间担当者跟 SQ 模拟了他在家生气就会使劲踩地板以至于楼下的奶奶跑上来说 SQ 的事情，把 SQ 也逗笑了。

担当者感悟：以后可以从家长或者 SQ 那里拿到适合的资料，进行情景模拟，提升 SQ 的理解能力。

这次活动中担当者还和 SQ 边玩扔接球的游戏边交谈。发现 SQ 玩球并没有阻断其脑子里想的东西，或者是玩球对于 SQ 来说并不是很有趣。所以，下一步担当者要发现 SQ 的兴趣点，通过其兴趣点来设计方案，争取让 SQ 跟着担当者走，把计划方案进行下去。

谈话时，SQ 不断地提到他放学回家想从房子后面走，交谈中得知那后面似乎没有路，而且以前还在施工。于是担当者提出让 SQ 到沙盘室摆出他所说的路，他很爽快地答应了。但 SQ 在沙盘室首先摆出了老爷爷和老奶奶，进而摆成了家的样子，里面有一个小孩，SQ 说他不知道那孩子是谁，也不知道他在干什么。另外他所摆的家里面有很多的花花草草。之后，他又在另外的沙盘中摆出了一片大海，里面有一条鱼、一只海星和一只大虾(其实是一条蝎子)。他似乎忘掉了沙盘室的任务。

SD 心理干预活动记录之二

在这次活动中，SQ 刚到辅导室时很开心。活动时，他没兴趣也不愿意配合，使计划很难实施。从他妈妈的口中得知，其实对于 SQ 而言，他的生活是很有规律的，到什么时候做什么事，就像到担当者学校来一样，做每件事很规律或者说很刻板。

从他不停地提问中感觉到他对外界的观察很仔细。他总是说自己喜欢三角形拉力卡车，不喜欢笘帚卡车，而且他在这次活动中反复提出的问题都是与其童年有关的，担当者分析，其是否有过什么童年创伤。

这次他说了一句话，"我不是小孩了"。担当者在思考这是否是 SQ 青春期叛逆心理的一种表现。这时候，当担当者以大人的口气问一些生活中出现的简单事情时，他还是回答，并没有多大反感。根据他妈妈的叙述，感觉他在家生活挺好的，每天该做什么就做什么，有时也会和妈妈说话，妈妈不在家的时候，会打电话希望妈妈回来，他希望别人在必要的时候出现，不必要的时候就不要干扰他做事，从他的这种倾向和那句"我已经长大了"这句话来看，他还是希望自己可以独立生活。

担当者反思：从干预计划实施的中断看，计划的制订是否过于实验化，而非生活化，故不能激发他的兴趣，而且有时会超出他的能力，以后的计划应与实际生活更接近一点。

目前，担当者把对 SQ 心理干预的重点放在了有关社会规则的问题上。

二、"管子"男孩 LL

心理干预担当者：北京林业大学应用心理学系 2007 级学生，李晓莹。

1. 担当者眼中的 LL

LL，13 岁，高高的小男孩。因为上小学时有过与管子有关的创伤经历，因此，经常会不分时间和场合地问及"管子"的相关问题。LL 已出现一些自闭症儿童特有的青春期症状，他有些表情倒错，不高兴或紧张时会笑个不停。

担当者第一次见到 LL，看他是一个高高瘦瘦的男孩子，微黑，眼睛很大，目光透过不厚的眼镜片看向窗外，看向楼房建筑顶上的管子。LL 的妈妈跟担当者讲述他的成长经历，说他从小体弱，家人不让他乱跑，不让他像其他孩子一样跑跳和游戏，因为 LL 是经不起剧烈运动的。担当者在这样的故事里看到了一个可怜的小孩子，弱小的孩子。但是这种怜惜的感受还没持续一分钟，担当者就被他高声的"妈妈——"(两个字尾音都是上扬的)拽回了现实。现实的 LL 是一个不忧愁的少年，他总是兴致勃勃，任何时候都能热情地问你"管子""冉阳(他同学的名字)"类的问题。无疑，他没有给担当者机会去怜悯他，他充满孩子气的思考和微微有些困惑的认真的表情总能让人从心里笑出来，忍不住去喜欢这个笨拙可爱的小男孩儿。LL 是一个非常可爱的小家伙儿。

但是，当他自顾自地说着他对管子的关注、提出有关管子的问题时，担当者感觉到自己仿佛是一个局外人。LL 一直在问管子通向哪儿，学校机房的电线能不能拔下来，"冉阳"的学校怎么样了。这些问题担当者无法回答，只能跟随着他的思路思考。其实，LL 应该只是在对自己说着过去发生的事，说着他的创伤经历，并没有要和听者分享的意思。初次见面，担当者面对着这样一个比自己高半头的"不正常"的男孩子，心里有一种不知所措的感觉。"我拿他怎么办呢？"在担当者眼里，他像一个小年纪的"祥林嫂"，比祥林嫂更加稚拙，更加封闭。但是，当他用干净的不带任何杂念的眼神看担当者的时候，担当者对这个把自己扔进另一个世界的小孩子突然多了一种宠溺，只是想让他能够走近快乐，抛却他的敏感和自卑。

这样一双黑白分明的眼睛，不应该是空洞的。

LL 的心理年龄比实际年龄小很多，13 岁的他给担当者的实际感觉只有五六岁，所以当担当者用看五六岁孩子的眼光去看他时，就能发现他的优点和品格。

2. LL 心理干预计划展示

2009 年 3 月 28 日上午 10:00～12:00

通过分析，担当者觉得 LL 对周围的破坏欲望来自他对周围的渴望。他渴望周围人关注他，教导他，和他说话，甚至责备在他看来也是一样。从这一点上来看，担当者每次在他说劈烂楼房或者拧灯泡的时候可以忽视，或者和他说"LL 你再说劈烂姐姐不理你了"。这样的话能够帮助他认识到他的做法并不能真正地让周围人关注他。忽视或打断他是一种可行的方法。

另一个亟待解决的就是 LL 抱人的问题。担当者决定当 LL 有良好表现时，由担当者主动拥抱他，疏导他对异性的好奇心，给他一个原则：除非女生主动过来拥抱你，否则不能抱女生。在学校里有人叫你去说"我爱你"之类的话，也不能随便对女孩子说，渐渐培养他与异性交往的观念。

LL 的母亲对他还有一个期待就是希望他能够有一些想象力。在平时的接触中，担当者也发现 LL 有一些刻板行为。比如，让他画画他永远只能画桌椅汽车，并且每一个细节都要一模一样。所以本次活动中担当者想和 LL 一起画画。在这个过程中担当者仍然先做出一个范本，让 LL 模仿。但是画的时候，担当者会在一旁修改自己的画，告诉 LL 也可以修改自己的画，慢慢地给画里创造新的人物，培养想象力。这部分担当者要和家长沟通，平常在他画得不像的时候要鼓励他，不是只说"LL 画得真像啊"而是说"LL 画得真好"。

2009 年 5 月 23 日上午 10:00～12:00

引导 LL 产生交往意识，包括聆听和理解，效果好的话进一步强化表达。

通过上次活动发现 LL 的状态并不是很好，自闭特征明显。担当者现在最大的任务是让他和担当者能够有所交流。所以，当他再说学校里的事，或者创伤事件的时候，也就是沉浸在自己的世界里的时候，担当者就要打断他，把他引导到担当者的话题上来。

所以，担当者想和 LL 玩传话的游戏，担当者一个人站在他前面说一句较长的话，然后由他转述给后一个人，一直传到队尾，然后由队尾的同学大声说出这句话，让 LL 判断和他听到的是否相同。这样的游戏主要是想培养 LL 的理解能力和沟通能力。现在预计这个活动会进行得很慢，担当者打算请家长一起完成这个游戏，以家长为榜样他的注意力能够更加集中。

之后如果有时间，担当者和他玩板球，让他的注意力也得到一些锻炼。

对于他的创伤性经验，我觉得可以尽量减少他说的机会，一旦他开始说就会陷入进去难以自拔。如果他开始说管子的事情，担当者就可以引导他画画，慢慢地由局部的管子、房子、公交车，到他受伤的环境，通过绘画使他慢慢正视过去的创伤体验。

2009 年 6 月 13 日上午 10:00～12:00

上次活动时，和 LL 玩传话的游戏他心不在焉。LL 的注意力往往很难集中，担当者想在这次活动中让他进行一些注意力训练，比如打球、扔沙包。LL 的注意力集中的时间非常短。如果有时间，担当者想让 LL 画出一幅图画来，将日常生活表现一下。担当者在 LL 的画中也能看出一些 LL 的生活事件，从而进一步了解他的心理状态。LL 是一个非常敏感的孩子，在平时的接触中担当者都要注意，不能太随便抱他。这个抱人的问题一直不能很好地解决，担当者在每次和他有身体接触的时候都要把目的告诉他。"姐姐这样拉着你是想 LL 能够不要去做××件事"，这样让他知道担当者去接触他不是无缘无故的，人们之间的接触不是无所顾忌的。

3. LL 心理干预实施记录展示

心理干预活动记录之一

本周六 LL 组活动，刚到中心时，担当者感觉 LL 今天的心情不错。然后组织大家开展准备活动，上次准备活动的时候 LL 就坐在地上，这次还是如此。担当者分析 LL 的心态，觉得 LL 可能认为，在大家集体活动时，自己做出与众不同的行为更容易引起关注。所以，担当者决定，这次让大家不去关注他，只是让身边的姐姐把他扶起来，且不和他说话，这种做法有效果。

然后是绘画时间，LL 在画画时，一直一边画一边给担当者讲关于小孩儿爬砖墙的故事。后来从 LL 妈妈处得知是德育教材上一个反讽的故事。然后 LL 自己会说，爬砖墙很危险，但是他想爬墙，这点反映了自闭症儿童对于负面信息更为感兴趣的特点(作者思考，此时是负面信息引起儿童注意，还是教育者在描述负面信息时的态度引起儿童的注意，作者更倾向于后者)。今天的绘画 LL 有进步。之前让他画画，比如画兔子，他一定要一个兔子模型摆在眼前作为参照。而现在能画简单的桌椅、烟囱等。还突破性地画了一幅叙事图(他说是他自己)，画面主要讲述他爬砖墙，掉下来摔疼哭了。他将书中的主人公换成了自己，并且能表明爬砖墙是有危险的。

户外活动时，担当者带 LL 下楼去认识校园(准确地说是 LL 带担当者，他走得比较快)。从他的大步幅、动作和好奇的表情都能看出来他很开心。LL 喜欢出来玩，喜欢自然，担当者认为，这不是对社交世界的逃避，而是一种本能的亲近，这一点很积极，亲近自然心情愉快。

之后在操场上他想去看台，担当者觉得他的要求还是与爬墙有关就让他上去了。他在看台上的时候，担当者只是在后面跟着，保证着他的安全，并没有多说话。从看台下来，担当者问 LL 高处的景色怎么样，他也没说出很不一样的东西。不过此后 LL 就不再提及爬墙的事，估计他关于爬墙的好奇心得到满足了。

LL 记住了北林的体育馆、主楼、二教、图书馆还有半导体研究所，甚至几个食堂，成绩斐然。学校认识得差不多了。

最后，回到中心参观结束的时候，看得出 LL 今天状态很好、很配合。担当者也觉得一上午非常开心。

心理干预记录之二

本次担当者组对 LL 的期待是能够通过重复别人的话增强理解能力，再通过传话增强表达能力，进而提升人际交往能力。

LL 今天完成了计划，他能够重复担当者的话，还能够将这句话传给别人，虽然他的思路不在状态，进度还很缓慢，但是他确确实实完成了这一项任务，非常值得鼓励。当然，在活动的过程中他又提到了管子，担当者不给任何反馈，可以表现出不感兴趣，而他说到别的事的时候就可以夸张一点做出鼓励性的反应。他在这种情况下就会渐渐不热衷于管子了。LL 非常渴望被关注，即使是消极关注。所以，LL 的"开关"就是关注。

在传话的游戏中，LL 一开始明显是不专心的，总是提五金店，担当者故意说错他也说是对的。后来慢慢融入情景中，他还能在担当者说错的时候有反应，这表明他在参与游戏。

另外，在今天的活动中 LL 认识了一个新朋友——QY，他们两个一起在楼下打球，LL 的注意力得到了锻炼，主动伸手去接球，这时候担当者立刻给他鼓励，给他的主动行为以正强化。最好的是他会跑去接球，能够有这样的意识很不容易。

后来在户外活动环节，他想去田家炳体育馆。去的时候担当者不停地提问，让 LL 记住了很多地方。在回来的时候，LL 想去看冷凝机的管子，担当者全程保护陪着他去看，看完之后没有问 LL 上面看到了什么，也没有提这件事。

心理干预记录之三

今天发现 LL 的状况不是很好，注意力仍是一个大问题。他对于担当者的活动参与程度很低，后来中心的负责人给担当者一些建议，可以从注意的过程入手而不是只重结果和游戏本身。游戏只是一个手段，对 LL 而言，游戏所要求的参与度都比较高，他理解担当者的活动不成问题，但是不能集中注意力玩游戏。所以担当者改变思路，改成让 LL 画画，奖励是让他提四个他感兴趣的管子的问题。一开始 LL 画两笔就会提到车轴，而以后再提到车轴担当者都不理他，装作没有听到他在说话，另外还要给他加上 30 秒画画时间，果然两三次以后他专心画画的时间变长了。LL 是一个特别遵守约定的孩子，担当者和他约定可以说四件有关车轴的事，果然到第四个问题他就乖乖去画画了。

担当者想在今后的活动中不断强调他去锻炼注意力，从最基本的注意环节开始重建。LL 不能和人对话，注意力是很大一个问题，所以培养注意力、理解重复话语、表达将是下学期 LL 的主题。

LL 今天的表现还是令人满意的，他很配合担当者，也完成了画作。虽然车轴的事情一直"困扰"着他，让他不断地提起，到后来他也能控制自己在两分钟的画画专属时间里不去提。担当者的活动结束以后 LL 去了沙盘室，在沙子上画了一个车轴。当问他为什么不把它画在纸上，这样就可以保存的时候，他又回避这个问题。他可能是觉得自己在纸上画得不像实物，所以比较抗拒。

三、听话的男孩 ZZ

心理干预担当者：北京林业大学应用心理学系 2007 级本科生，赵金超、武娇。

1. 儿童一般情况介绍

ZZ，14 岁，酷酷的小男孩。最大的特点是听话，不管什么时候，你让他做什么，即使他再不愿意也会说好。身体状态不好，一直在接受肾病的治疗，很让人怜惜。每天定点地干一些事情。他很被动，喜欢的事才会主动，不过只要支配他就会去干。

ZZ 妈妈的描述如下所述。

上幼儿园时没看出来，只是觉得他不爱说话，也不影响别人。拼音和10以内算术都会，就是看图理解不会，上幼儿园时，问他中午吃什么，就说"米饭米菜"。第一天，老师就说他自理能力差，不会表达。上小学报名时，老摸老师的手表，不知认生。到北大六院检查，被诊断为高功能孤独症。

ZZ的记忆力较强，能够记路，每天自己上学，但是比较死板，比如，来中心时，如果和妈妈走一条新路，他就显得比较焦虑，非要再回到原地，按照以前的路走到中心。

语言交流能力较差，学习上对课本知识不能理解。喜欢上学，但是学习费劲，不喜欢学习，每天上学就像是去玩，不让上学都不行。对家用电器感兴趣，喜欢鼓弄家用电器，比如，每次开电视、空调都得他来，不然就关了他再开。最近给他买了电脑，但是他不太会用，可是很感兴趣。

家庭关系：平时上学在奶奶家，周末回自己家。有时会觉得奶奶烦，对爸爸有抵触情绪，而对母亲有些依赖，母子俩也对彼此比较了解。在对待ZZ的教育上父母观点不太一致。

情绪理解能力：他能理解一点情绪，知道妈妈有时在生气，但是一会儿就忘了。由于在学校老师上课放英语磁带，他回家也开录音机听，听不懂但不许关。老师下课一般会让他拿录音机，有一次没让他拿，他就生气不回家了。老师可能是怕他摔坏，其实他喜欢的东西是不会弄坏的。他比较胆小，有气在外不发，到家才发泄，对外人比较怕，也较听话，对熟人又打又骂。他有自尊心，不喜欢别人说他，他想和其他人一样，但是能力不够，不喜欢别人管，想要自由。上小学时有个女同学和他挺好的，现在有时会联系。

关于钱：要钱但是不会花钱，他不知道找钱。

兴趣：可乐买回家摆着；可能是喜欢雕牌洗涤剂的外观(透明的)，要妈妈买，到家他就藏起来了，不让用。

认知能力：认字能力较强，没人教他，好多字都认识，但是读过之后不能理解。

身体状况：有肾病，现在吃药，要少吃肉等，营养跟不上，不喜欢吃鸡蛋喝奶，酸奶还行，也不喜欢吃零食。对主食挑剔，爱喝汤吃面条。

2. ZZ干预计划展示

2009年3月28日下午1:30～3:30

自我介绍。每个人依次说一句，比如我叫什么名字，大家都说完之后，接着每个人再说一句，引导ZZ尽量多说。

木头人。这个游戏担当者和ZZ，DD一起玩，看谁坚持的时间久。因为ZZ很喜欢DD，所以估计他比较愿意参与这样的游戏。

担当者选择几个小故事，让ZZ给担当者读，然后让ZZ和担当者一起把这个故事演出来，可以试着让他指挥，加深他对这个故事的理解。

唱歌。让他教担当者唱《特别的爱给特别的你》，然后再学一首简单的歌。

2009年4月25日下午1:30～3:30

沙盘：担当者会带一本喜洋洋与灰太狼的漫画书，从里面选一个故事，让ZZ在沙盘上给担当者摆出来，然后表演，增加他对人物之间关系的理解。

唱歌：和担当者一起学一首歌。

比赛篮球：ZZ说他很喜欢打篮球，但没有机会投篮。如果ZZ妈妈同意而且他身体条件允许的话，担当者也许可以带他去篮球场。

2009年5月23日下午1:30~3:30

沙盘：让他讲述上次活动的经历，让ZZ帮担当者找东西，训练他的目的意识。

传递声音、动作：把ZZ安排在中间。

盲人过河：设置一些障碍，把过河人的眼睛蒙住，另一个人指导他通过障碍，可以让ZZ和DD合作。

2009年6月13日下午1:30~3:30

二人三足：互相介绍对方的特点，最后可用猜谜的形式。

沙盘。

击鼓传花。

3. ZZ心理干预活动记录

活动记录1

总体来说，今天他表现真的很不错！担当者制订的计划也基本上都实现了。

开始是和DD一起，自我介绍，与DD不同的是，ZZ总是很被动，需要你去引导，他会模仿你。按照督导老师的意思，担当者就是要多让ZZ开心，多鼓励他。接下来玩的木头人，他很能坚持，本来就是一个特乖的孩子，很多人一起玩也就是想让他开心一下，结果还不错，他和DD都表现不错。

接下来就是特别设计的故事情节——三个和尚，先让他给担当者读一遍故事，然后担当者再给他讲其中的生字和故事的意思，再安排他表演这个小故事。在担当者一步步引导下，演得还不错，比想象的要好，最后被评为最佳演员。

他好像困了，是有病的缘故，很容易困。因脸上有好些小疙瘩，他不停地用手抓，大概是痒吧！那就休息一会儿，他去玩沙盘了，本来是预计唱歌的，不过他好像不乐意，担当者就放弃了，按他的意思去玩沙盘。先摆三个和尚，还有浴池小鸭，最后给担当者讲喜羊羊和灰太狼的故事，担当者用沙盘演示，他的状态还不错，今天的活动进行得还算顺利！

在回家的路上，担当者和他们一家三口走了一段路，爸爸基本不说话，担当者就和妈妈聊，也引导ZZ讲话，知道了他唱歌不会跑调，就是歌词记不清；喜欢打篮球，但没表现的机会，担当者决定下次活动结束后带他玩会儿篮球，这也许是一个接近他的好机会，希望有所进展！

反思：担当者的故事环节以后还会加强，会再想一些让他开心的事，让他感受到人与人之间的温暖。

活动记录2

这次见ZZ感觉很不一样，他看起来挺有精神的。之前两次他不讲话，看起来闷闷的，这次活泼了很多，精力挺充沛的。当妈妈问他还记不记得担当者是谁时，他说记得。每当他回答别人问题时，他总是看着他妈妈，或是头歪向一边，总之是不会看着你，或许他很胆小，不敢抬头，使他不自信。担当者注意到这点，会提醒他把头抬起来，看着大家，慢慢地他应该会有所改变。

沙盘活动：先是让他讲喜羊羊和灰太狼的故事(照着书念)，接下来就是按书里说的来摆沙盘，当然他很被动，很多地方根本不理解，或许是不想动脑筋，总之，是在担当者的提示下，他一步一步跟着摆，不过一切还算顺利。最后，还教他拿着刷子在沙子上写字，他很开心，整个过程都表现不错，没有烦躁，没有耍脾气。

集体总结完了以后，约好一起去打篮球的，在征得他妈妈的同意后，一伙人就去篮球场了。他投篮，担当者负责把球递给他。很不像平时的他，篮球场上很活跃，问他累吗，他说不累，玩得兴致勃勃，担当者也感到很高兴！他这样真的很好，和正常小孩一样，大家都觉得他进步了。担当者会继续陪他快乐地生活下去，虽然时光很短暂！

珍惜这点点滴滴的快乐，每个人都将会很富有！

活动记录3

担当者觉得这次活动很充实，内容很丰富。

过地雷这个活动很好，在担当者移动时，要求ZZ能够从担当者的角度而不是自己站的位置来看下一步往哪里移。一开始他只会说直走，别踩到，完全不顾担当者自己看不见，需要他来引导。后来，在引导下他渐渐学习如何与他人合作完成任务，并且能够学习换位思考。

ZZ的记忆还是可以的，虽然需要担当者的引导，在回忆上次的活动时，在引导下还是能想起来一些细节。沙盘活动中，他的方位感很好，哪个标志物在相对的哪个方向他能够很快摆出来且不需要引导。

找目标物的活动是训练ZZ的信息整合能力和语言组织能力。担当者让他找这个过程还算顺利，他描述让担当者找就遇到了困难，主要是他不能理解这个游戏的规则是不能将自己选定的目标物的名字讲出来而只能描述它的特点。他会在选好后问担当者选这个行不行，他只知道要选一个他喜欢的东西，不知道是要让担当者来找这个东西。他总是将担当者的身份认定为引导者，他很难在思维中使担当者转换身份成为他的游戏对手。

在模仿游戏中，ZZ一开始会忘了别人传给他的动作，后来他能很好地模仿。

反思：通过这次活动看到，ZZ的模仿能力和方向感挺好的。担当者以后应该多做类似躲地雷这样的合作游戏，而不是让他一个人摆沙盘然后讲故事。在合作游戏中，不但能训练他的语言表达能力和行动能力，更重要的是在实践中提高他的合作能力和换位思考能力。

四、美丽色彩女孩QQ

心理干预担当者：北京林业大学应用心理学系2007级本科生，毛海霞、林婉君。

1. 儿童一般情况介绍

QQ，14岁，是一个有超强的领导、统治欲望的小女孩。QQ在色彩上的天赋让担当者钦佩和感动。

妈妈的陈述

她母亲在QQ刚出生的时候就发现小孩子有点异常，她比一般小孩子睡眠要少。到两岁半的时候，差别就更大了。妈妈以为可能是家庭教育的缘故，就把QQ提前送到了幼儿园，但没在幼儿园待几天，校长就让妈妈把QQ给接回来，说带不了这孩子。

一次偶然的机会，一个当医生的亲戚发现QQ的症状跟自闭症很像，于是告诉了QQ妈妈。虽然不愿意接受这个事实，但这是无法改变的，因此坚强的 QQ 爸妈开始寻找治疗自闭症的途径。QQ 妈妈看了很多关于自闭症方面的书，自己通过一些活动如滚筒训练、练钢琴、接触大自然等方法来训练 QQ。在日常生活中，妈妈发现 QQ 在音乐和绘画方面较有天赋，于是就打算在艺术方面去培养她，带她去听音乐会、看芭蕾舞，尽管听不了十分钟她就会开始吵闹。

小时候她可能会玩一天洋娃娃，放学时妈妈去接她回家，她就像不认识妈妈一样，很冷漠。自闭症的孩子心里只有她自己，而没有别人。比如就在前几天，其实 QQ 已经吃得很饱了，QQ 爸爸故意说要吃她的东西，她死活不让，最后自己硬塞进嘴里，宁可自己撑着。这种以自我为中心的方式在每个自闭症患者的身上都有所体现。

还有就是自闭症儿童都会有很多刻板行为，如 QQ 就是喜欢上了出租车，问司机那个计费表是怎么跳动的，每上一辆车就会问一次，不厌其烦。还有，晚上睡觉讲故事也是一年 365 天每天都得听同一个故事。现在家里通过让她进行电话转述来锻炼她的注意力。近期的目标是希望 QQ 能顺利平稳地度过青春期，在表达上很欠缺，所以希望能再加强。也希望她能在性方面有所认识，希望有自我意识，以后可在沙盘测验中加入某些男女差异的概念。还有别强迫她，顺其自然就好。

2. 活动方案

2009 年 4 月 18 日上午 10:00～12:00

本次活动旨在让 QQ 学会控制自己的发言，担当者采取的形式是扔沙包。一方面，扔沙包的游戏可以使孩子们集中注意力，还因为春天到了多进行一些户外活动有利于小朋友的身心发展；另一方面，这是一项集体活动，也训练了团结合作的意识。担当者初步估计，QQ 和 HY 在玩的时候会出现一些矛盾和分歧，这时候担当者可以采取强化的手段，停下来教 QQ 和 HY 控制情绪，只要出现分歧就停下来，如果两个小孩想玩游戏就会试着接纳对方。然后在游戏结束的时候对他们全部予以表扬进行强化。

2009 年 6 月 6 日上午 10:00～12:00

由于 QQ 很有控制的欲望，担当者不妨让她承担一项工作，比如导演，让她导演一部情景剧，可以是本周最开心的一件事情，先让她给担当者讲出来，然后安排担当者演出，担当者会在彩排时提出一些与实际不同的情景，告诉她不用完全把当时的情景复现出来。当担当者排演好的时候，就请大家观赏，然后把荣誉让给QQ；如果失败了没有演好，担当者可以坐下来找不足，通过这样的方法让 QQ 体会到什么是责任。无论做什么事，结果是好是坏，担当者都要勇于承担，这是担当者的责任。

在剧本方面，担当者想可以让 QQ 尽量简化一点，台词少一点以保证每个人都能顺利地扮演角色。这又能使 QQ 去考虑别人的感受，替别人着想。这对她以后的人际交往也有好处。

2009 年 6 月 20 日上午 10:00～12:00

和她一起玩沙盘，担当者在她边上摆。时不时地说一些吸引她的话，如"看那几个小孩子在那儿玩得多开心呀，QQ 你也可以和他们一块玩儿"。强化几次，试图让她能进行模仿，逐步使她将鸳鸯放在一起，并有情境地摆放在一起，而不是机械化地堆放。

兴趣点的问题。由于她个性很强，不愿意听别人的意见，甚至不愿意搭理人，因此，担当者得想办法让她把注意力从她关注的事情上转移到担当者这里来。担当者从她妈妈处了解到 QQ 对天气、地理、地质、地貌等很感兴趣，可以从这方面切入，找一些报纸、网站上的地理方面的新闻，告诉她，使她愿意搭理担当者。另外，她喜欢旅游，担当者可以带她到学校主楼左前方的小花园逛逛，那里安静且环境不错，并且可以开展一些小游戏，逐步建立起友好感、信任感和依赖感。担当者想找一些有趣的东西，越新奇越好，越能引发她的兴趣越好，比如小魔术之类的，既可以延长她注意力集中的时间，又有利于建立良好关系。

3. 活动记录

活动记录 1

这次是 QQ 过来，所以担当者准备让两个孩子玩一些户外的游戏。选择沙包是考虑到这项活动能使 QQ 和 HY 集中注意力。真正操作起来却是状况百出……

一开始的时候担当者主持整个活动，因为误说了"今天姐姐来主持"惹得 HY 不高兴了，让他以为是 QQ 来主持，所以以后担当者要小心用词，他们的心其实都是敏感的。整个流程是先让两个小朋友讲讲最近发生的开心的事，主要目的是让他们带着快乐的情绪开始小组活动。其次是要讲清楚，"今天要让 HY 学会控制不发火，QQ 要学着在 HY 弟弟说话时不去打扰"，这样做能让他们意识到今天活动的意义。作为主持人，要让两人听担当者的话，集中注意力，这点非常重要。

然后是去楼下扔沙包，HY 总是躲在门后让担当者找他，是想让担当者多关注他。开始扔沙包游戏，发现 QQ 在玩的时候对 HY 是接纳的态度，很想和他做朋友和平相处，所以在后来的游戏中虽然很怕被沙包砸到，还是接了一个把 HY 救回来，很感动。对于一个自闭症的孩子来讲，想和周围人建立联系，这是一个很了不起的进步。而且，QQ 在活动结束的时候问妈妈："妈妈，我今天这样做是不是 HY 弟弟就和我做朋友？"说明 QQ 从智龄上来讲现在处于俄狄浦斯期，关注和外界的联系。在玩沙包的后半程中，大家也是在不断强化，HY 下去了就让 QQ 救，QQ 下去了就让 HY 救。这样的互动能够缓和他们的关系，也让 QQ 不打断 HY，HY 不随便对别人发脾气。

回到活动室，两个孩子还一直想玩沙盘，而担当者想让他们画画。于是就慢慢和他们解释，"今天时间不够了，我们不玩沙盘去做点别的，今天玩沙包很开心，我们把它画下来吧"等，然后 HY 说要玩橡皮泥，那也可以，总之应该让活动室的活动丰富起来。他们的脑中沙盘不应该是唯一的选择，活动是多样的，他们对于世界的概念应该是多样的，想象力应该是丰富的。比如，QQ 的沙盘永远是花店小卖部，而玩橡皮泥就是薯条汉堡和可乐，但是也能看到一些设计感，比如在可乐上加上可口可乐的字样，这些都是进步。

总结是由 HY 来主持的，整体感觉 HY 很急躁，对 QQ 的排斥心理还是存在的，而且对爸爸的依赖性很强。担忧的事情是，HY 的性别观念还没有系统地建立。这些孩子的青春期怎么平稳度过？真的要好好思考对策。

最后，担当者希望 QQ 下次过来时给她一些性别观念的教育。

活动记录 2

最大的感觉就是 QQ 已经开始意识到自己是一个大人了，在这次活动中，她先是拒绝担当者看着她摆沙盘，然后是拒绝其他人看着她照顾 Dou。她似乎认为大人做事情就是不能被别人管的，否则就是一个 1 米 2 以下的小孩。在后半段时间，她突然对照顾 Dou 产生了兴趣，提出照顾 Dou 的要求，然而担当者看到她试图喂 Dou 沙子，阻止了几次，跟她说"沙子是不能吃的，Dou 会以为沙子是能吃而真的吃下去的"，她说明白，并要求我不要看着她，但是后来我暗中观察发现她还是在试图喂 Dou 沙子。后来 Dou 就真的吃沙子了(不是 QQ 喂的，然而之前 Dou 玩了好久沙子都没有出现要吃沙子的行为，所以担当者觉得和 QQ 的做法是有关的)。当 Dou 不按照她的意识行动时她拽 Dou 的力就会偏重。觉得有必要让她认识到不是每个人都能够接受她的要求的，像 Dou 这样的小朋友是不会完全听话的，还有一些比较过分的要求别人是不会同意的，要让她学会尊重别人的意志。担当者对她似乎有点过于言听计从了，在她主持的时候，觉得担当者不能完全接受她的要求，这样会强化她的控制欲，担当者应该提出一些自己的要求，要求她考虑担当者的意见，让她习惯别人和自己想法的冲突。在其他方面，QQ 的表现都很不错。

五、爱讲故事的女孩 GG

心理干预担当者：北京林业大学应用心理学系本科生，陆柯雯、郭雅晶、任冰洁。

1. 儿童一般情况介绍

GG，12 岁，智力有些低下，听话的小女孩。GG 喜欢讲故事，尽管每个故事的内容单调重复，可是担当者还是喜欢听，喜欢她那纯纯的笑容。

GG 妈妈的描述如下所述。

由于父母工作的关系，GG 从小就由异地的爷爷奶奶照顾，直到三岁才被接回北京，并请了个保姆照看。在此期间，GG 并未遭遇到童年创伤事件，被照顾得很好。但是并不开口说话，对父母长辈也表现得缺少依恋和感情交流，其余均与正常儿童无差异。

三岁的时候，GG 表现出自闭症儿童的一些症状，如不与人对视、害怕关门声等嘈杂声音等，父母将其送往北医六院诊断后，确诊为孤独症。GG 也接受过核磁共振，发现脑部并无异常。之后父母就带着她求医。GG 曾接受过一年多的感统训练，父母也坚持一天之中带她去动物园 1～2 次，刺激她的语言发展并训练她的语言发音能力等。

GG 从小接受的是正常的幼儿园和小学教育，在语言理解能力上有些障碍，同时逻辑思维能力不强，想象力较为贫乏，但记忆力相对不错，外语学得不错。先前接受的语言刺激也有成效，发音基本没有问题，同时在音乐歌唱方面也发展得不错。

在与外界的接触中，三岁之前对大人没有一般小孩的依恋情况出现，行动能力正常，但喜欢一直晃手，有些刻板性的重复，喜欢跑来跑去。上幼儿园之后，显现出想与他人接触的意愿，但缺乏途径和方法，对语句的内在意思并不是很理解，如喜欢客人，想送客人回家就会一直问他什么时候要走，而忽视了这句话带有赶客人的潜在意思。

现在 GG 有些青春期焦虑的表现，如对自己的身高和体重的担忧，以及对自己学习能力的焦虑。性格偏内向，同时想与他人进行交流，所以就会有重复问题的现象出现，并且很在意别人对她的评价，需要得到别人不断的肯定和表扬。她也较为压抑，表现出来就显得很乖，很驯服。说话很直，还不会婉转表达想法。同时注意力集中的时间并不很长。

2. 心理干预计划

2009年3月14日上午 8:30~10:30

认识并了解GG，能够让GG信任并喜爱担当者。

将小组分为两部分，一部分人与GG接触，另一部分人向家长了解情况(如成长经历、性格、爱好等)，之后大家互相沟通，分享信息。

由于GG喜爱画画，因此想从这方面入手，通过画画和GG交流。

每名组员给自己取个外号，方便GG记忆(暂定)，如果GG能够记住本来的名字，就不用了。

2009年3月28日上午 8:30~10:30

开发GG想象力，培养创造性思维。

设置一些开放性话题让GG参与其中，比如给出一个故事的开头，让GG自己想接下来怎样发展，尽量让她能够多多锻炼自己的想象力。

与GG一起画画，不再总是画那些她早已熟悉的东西，引导她想象更丰富的画面。也可以结合故事，一边想，一边画。

2009年4月11日上午 8:30~10:30

锻炼GG的想象力。利用情景剧表演的方式与GG互动。鉴于上一次活动的经验，GG对童话故事很熟悉，可以利用角色扮演的方法，帮助她解决生活中遇到的一些问题。同时，考虑到GG一直不愿意提起校园生活，希望能够循序渐进地引导她讲出来，同时自己找到解决的方法。

3. 心理干预纪实

活动记录1

第一次见到GG，这个小姑娘的情况比想象中的要好得多。一进门就跟认识的姐姐们打招呼，尽管有些名字需要稍微想一想。感觉得出她对人多的环境并不排斥或畏怯，相反在这里她显得很放松、很开心。GG对外界有交往与融入的渴望，当被问到"GG什么时候最开心""GG最喜欢怎么样"的时候，她总会说"孩子们开开心心地在一起玩"，包括她编的故事也会有这样一个好的结尾。但问及学校的情况时，比如学校有什么老师，最喜欢哪个同学，什么学科最感兴趣，她则很少回答，通常会回避、转换话题。可见，GG能隐约从校园生活中意识到自己的特殊，与其他同学有一定的隔阂，而她对于融入集体的渴望就更强烈、更需要得到满足。也正是因为中心的哥哥姐姐们与小朋友们能积极地去和她交流，GG也就格外喜欢这里，特别想念"圣诞联欢会"这种集体氛围很融洽的活动。

GG对别人的亲近并不排斥，包括不是很熟悉的人(另一方面来讲，她对外界、危险的警觉性不强)。当拉她的手时，她很顺从并且会很配合地把手指和担当者交叉握着，她还很喜欢主动抚摸别人的头发。有问题的时候就会直接地表达，比如"你为什么把头发披着呀？"对周围环境也不冷漠，有好奇心，比如听到旁边姐姐们和LL哥哥说话，她会问"LL哥哥怎么了？他刚刚说什么了？"

GG在交流中能够比较合理地回答问题，但往往不会自由地表达或者联想话题，而只是按照"一问一答"的模式。对于不想回答的问题会直接跳过，并提出完全无关的话题。因此，对话常常很具有跳跃性，经常不能得到想要的信息。在交流过程中，她几乎不会有眼神的接触交流，除了问她"GG，你还记得姐姐叫什么吗？"这个时候，她会凝望，努力地思考。不得不承认，她的记忆力还是不错的，难度大的名字，她都能很正确地回答出来。

这次活动 GG 的表现很好，进步很大。在沙盘活动中，她第一次把现实生活中的事物放到她的作品中。担当者让她摆学校给担当者看，她同意了，并且摆得很有秩序感和空间感。先是学校的教学楼，然后是升旗台，再加了个操场，还告诉担当者要有个校门。这说明她的现实生活感已经增强，这一点对于她今后的生活是至关重要的。

GG 还画了两幅画，"男孩女孩做操"和"丑小鸭的故事"。这两幅画都可以反映出"孤独与陪伴"的主题。根据她自己的叙述，整个画面的基调是积极向上，阳光快乐的。有花草森林还有小蜜蜂，小男孩和小女孩一起做操很开心。在"丑小鸭"的画中，GG 最喜欢的是鸭妈妈，因为只有鸭妈妈不讨厌丑小鸭，关爱它。从她给鸭妈妈取的名字也可以看出，她是把自己的妈妈投射到鸭妈妈身上了，反映出她对母爱、温柔、关怀、安全感、归属感的依恋。但是 GG 的画显得比较刻板，缺乏想象力，每一幅画中都一定会画某些固定的事物，并且画法都一样。另外，有一点比较有趣，GG 的画中男女比例很均衡。连给小鸭子们取名字都是一男一女的轮流进行。这与她的青春期特征不无关系。GG 对自己的身高非常在乎。听到爸爸说自己身高 1.59 米后，她就不停地向妈妈求证。"妈妈，我到底有多高啊？""上次不是量了 1.60 米吗？""我什么时候才能 1.60 米啊？"不管妈妈怎么强调"160 与 159 没什么差别"，她都放不下，隔会儿就会问，喜欢与人比身高。

担当者觉得"故事联想"和有主题的沙盘治疗对 GG 是有效的，能够帮助她找到合适的表达方式，训练她的现实感和观察能力，加深她与外界的交流。这种活动便于担当者了解她的发展情况，给予及时的鼓励并帮助她建立自我效能感。

活动记录 2

因为孩子们玩沙盘不久，所以还是有了一些时间观察 GG。原来以为 GG 喜欢 QQ 就会一直黏着她，但是发现其实 GG 是想和 QQ 的妈妈讲话，一直问 QQ 妈妈自己乖不乖，QQ 的身高以及她们最近的活动。而且通常在做一些别的事的过程中就会跑过去要求 QQ 妈妈和她聊一聊。这是不是在寻求权威的认可，通过"权威"对她的褒奖来获得自我认同感和价值感？但是，除了找 QQ 的妈妈，GG 似乎就不找别的家长，可能也是因为 QQ 妈妈在过去对 GG 比较好吧，让 GG 对她产生了信任感。比如，这次特别开心的是，GG 一进门就主动和担当者打招呼。

GG 相当喜欢画画，在做完沙盘游戏后就去画画了，可是画的内容仍与之前的相似，甚至各种事物的排列也比较雷同。觉得担当者还是应该想一些方法去挖掘 GG 的创造潜能。

除此之外，还有以下两个发现。

一是 GG 对上次画的一幅画的解释。在上次画完后 GG 说画上的人是 GG 自己和弟弟，而这次她说是 QQ 和弟弟。说明 GG 还是有一定的协调能力，而且还是很有潜质的，不是死板地决定一幅画的意义后就一成不变。

二是当 QQ 决定要自己主持的时候，GG 也想主持，并且显得有些不开心，所以觉得给予 GG 更多的机会来展现自己还是比较有必要的。况且这个年龄的孩子都有互相比较、追求卓越的心理倾向。

活动记录 3

做第一个游戏的时候，GG 没有拒绝，但是显然积极性不强，感觉是在迁就着陪担当者玩，再加上运球不是特别难，球不容易从拍子上掉下，因此，没有收到明显的效果。担当者便终止了游戏，决定先和GG聊天，再找机会执行下一个计划。

问 GG 这周学校里有什么开心的事，她回答是五一出游的事，听完她的叙述后想将问题转移到之前的问题，她便说在学校里没有什么开心的事。然后她提到了五一出游的时候听过歌，于是担当者便问她喜欢什么歌，她说很多歌，最后她提到了《白桦林》这首歌，然后就由此一直在聊《白桦林》的演唱者朴树。在聊天过程中担当者发现 GG 提到《白桦林》可能并不是因为最喜欢这首歌，而是因为她最近在语文课上恰好学习了《白桦林》这篇文章，而且五一节外出游玩的时候也看到了白桦林。担当者鼓励GG唱歌，GG 很大方地接受了担当者的要求，给担当者唱了一首《隐形的翅膀》。在这之后想让 GG 说一些学校里或者家里这些现实场景中发生的事，结果 GG 说没什么，在一再要求下她大概说了下她们语文课和数学课教授的东西，但这期间她时常岔开话题，一下就扯到歌手朴树的身上，问他有没有姐姐啊，身高多高之类的问题。

反思：担当者以后要注意不能一下就被她牵着走，还是要回到原来的问题上，即便GG不想说也要说明一下。GG 对自己感兴趣的问题就很专注，但是对她不感兴趣的问题就集中不了注意力，常常岔开话题，这个方面以后还是要加强。

今天比较好的一点是，GG在担当者的建议下教担当者包饺子了，担当者用橡皮泥代替饺子馅，GG包得可好了，令人非常惊讶。

反思：担当者可以在活动中教 GG 一些日常的生活技能，扩展她各方面的能力。另外还有一点，不知道是不是因为话题让 GG 很感兴趣，她相当地开心，第一次看见她这么多次开心地笑。

活动结束之后，督导老师给担当者的建议是：以后加强 GG 对"钱"的认知，她现在对钱没什么概念，需要强化，将这一点设计在活动中，来培养她这个能力；注意力的培养还是一个比较长期的过程，要在每次的活动中都有相应的培训；可以多了解 GG 的兴趣，从她的兴趣点出发设计游戏和活动，可能她的积极性会更强，参与度也就提升了。

后　　记

　　本书第二版修订之时，恰逢新型冠状肺炎疫情肆虐期，注意力总是被疫情吸引过去，原本有很多的想法想写给大家，却无法理出一个头绪。再一次通篇阅读自己的文字，尽管有些需要修改，但大多数内容还是比较满意的。因为本书稿在第一版完成时，我也履行了对"彩虹宝贝"家长的承诺。记得刚刚开始接触自闭症儿童家长时，看到他们对孩子病情的无助，而投向我的期待的目光时，我就答应他们，用自己的知识为他们和孩子做点什么。2008年，我创立了"北京林业大学彩虹宝贝自闭症儿童心理干预中心"，今天随着本书的出版，我感觉在一定程度上兑现了自己的承诺，但可能还无法满足家长们的期待。

　　本书的完成首先要感谢我的研究生团队，杨阳、葛高飞、杨振、刘愫、郭成、任丽红、陆秋婷、赵梓晴、蔡梅、兰岚、车文婷、李璐、郭佳明、彭玮、邱圣童、王言、张凤、韩璞、赵亮、曲远山、彭越、白洁、李佳璟、李雨笛、吴延蕾和杨婷婷，是他们的努力成就了我在自闭症儿童教育心理学领域的研究与实践。我的每一个设想，在他们辛勤的工作中得以实现，本书中许多成果都出自他们的研究。"北京林业大学彩虹宝贝自闭症儿童心理干预中心"也是在他们的努力下才得以顺利发展的。

　　其次要感谢彩虹宝贝心理学专业志愿者团队，这支由北京林业大学应用心理学系本科生组成的专业志愿者团队，自中心成立以来，就把自己的知识和爱奉献给了彩虹宝贝们，让宝贝们得到了无私的关怀。

　　最后要感谢彩虹宝贝们及他们的家长，是他们赋予了我一种使命感——为自闭症研究贡献的使命感，孩子们纯真的笑容和家长们坚韧的意志是一种力量，这种力量强大无比。

　　期待本书能够给从事自闭症相关工作的同行们以启示，能够给自闭症儿童家庭以帮助，能够给自闭症研究事业以贡献。

雷秀雅
2020年2月17日